W0089265

Lexikon
der Irrtümer
über Männer
und Frauen

Karin Hertzer
Christine Wolfrum

Lexikon
der Irrtümer
über Männer
und Frauen

Vorurteile, Missverständnisse
und Halbwahrheiten
von Autofahren bis Zuhören

Eichborn.

2   3   4   03   02   01

© Eichborn AG, Frankfurt am Main, Oktober 2001
Umschlaggestaltung: Christina Hucke
Satz: Fuldaer Verlagsagentur, Fulda
Druck und Bindung: Bercker Graphischer Betrieb, Kevelaer
ISBN 3-8218-1630-9

Verlagsverzeichnis schickt gern:
Eichborn Verlag, Kaiserstraße 66, D-60329 Frankfurt/Main
www.eichborn.de

Inhaltsverzeichnis

Die Irrtümer des Menschen machen ihn eigentlich liebenswert.

Johann Wolfgang von Goethe

Liebe Leserinnen und Leser!

»Als Ergebnis zahlreicher Umfragen darf als gesichert gelten, dass für die meisten Frauen an einem Mann ein Paar eleganter kleiner Pobacken das sexuell erregendste Detail des Körpers darstellt.« Hat der Po eines Mannes tatsächlich eine solche Wirkung auf Frauen, wie Hanswilhelm Haefs in seinem »Handbuch des nutzlosen Wissens« behauptet? Oder anders gefragt: Gibt es denn überhaupt die Frau und den Mann? Was haben Marilyn Monroe, die Queen und Alice Schwarzer gemein? Ihre Weiblichkeit. Und was verbindet Alfred Biolek, Winston Churchill und Michael Schumacher? Ist es vielleicht nicht doch eher so, dass zwar Frauen zu der einen und Männer zu der anderen Gruppe gehören, dass es aber viel entscheidender ist, ob ein Mann und eine Frau den gleichen Charakterzug, ein ähnliches kulturelles Umfeld, dasselbe Hobby oder denselben Glauben haben? Nehmen wir mal die Monroe und den Churchill: Beide stotterten. Verbindet das nicht viel mehr? Und war dieses Handicap nicht möglicherweise für beide auch Ansporn, sich entgegen aller Voraussagen in der Öffentlichkeit erfolgreich durchzusetzen? Nach dem Motto: Jetzt aber erst recht!

Wie um Himmels willen können also Unterschiede zwischen Männern und Frauen wissenschaftlich präzise gemessen und bewertet werden?

Zunächst versuchten wir es mit Fragebögen, die wir etlichen Männern und Frauen in die Hand drückten. Statistisch gesehen sicher nicht repräsentativ, konnten wir jedoch Erstaunliches feststellen: Denn grundsätzlich kritisierten Frauen wie Männer ihr eigenes und das andere Geschlecht mehr, als dass sie sich positiv äußerten. Bewunderung für die Frauen gab es aber dennoch: Ein Mann mag Frauen, wenn sie typgerecht und nicht nach der letzten Mode gekleidet herumlaufen. Ein anderer bewundert sie für ihre Ausdauer, ihre Spontaneität, ihren Humor und ihre Schönheit.

Toll auch: »Wenn's wirklich ernst wird, kann man(n) sich auf Frauen verlassen.«

Und was ist so wunderbar an den Männern? Eine Frau schreibt: »Ich mag ihre Geradlinigkeit, ihre Lockerheit, ihren Beschützerinstinkt und ihre Stärke. Und ich mag sie, wenn sie feminin sind.« Die Schulter zum Anlehnen ist für eine andere wichtig. Und ganz pragmatisch: »Ich liebe es, wenn Männer tanzen können.«

Geht's ums Meckern, ist die Liste deutlich länger. Hier die heftigsten Kritikpunkte der Männer: 1. Frauen sind Klammeraffen. 2. Frauen nützen Sex für ihre Vorteile aus. 3. Frauen brauchen drei Handtücher zum Duschen. 4. Frauen glauben immer, Männer hätten es im Leben leichter. 5. Frauen finden sich immer zu dick oder zu dünn. 6. Frauen sind den Männern in der Regel verbal überlegen und schließen daraus, dass sie immer Recht haben. 7. Frauen brauchen zu viele Cremes. 8. Manchmal wundere ich mich über ihre Arroganz. 9. Frauen nerven mit ihrer Ungeduld, mit ihrer Pingeligkeit und mit ihrem Einkaufsfimmel. 10. Ihren Ordnungsfimmel finde ich scheiße.

Und die Frauen kontern ebenso heftig: 1. Männer sind obrigkeitsgläubig. 2. Ich mag nicht, wie Männer über Frauen reden. 3. Männer sind Besserwisser. 4. Ich hasse ihr Fußballgeschwätz, ihre Sexbezogenheit und ihre Aggression. 5. Männer brauchen andere (die Familie) vorgeblich weniger. 6. Schöne Männer können nicht treu sein. 7. Ich hasse die typischen Männerrunden, bei denen es nur ums Saufen geht. 8. Viele Männer sind unlogisch und sehr launenhaft. 9. Männer sind bequem. 10. Männer mit großen Autos haben Potenzprobleme.

Die bunte Mischung all der Aussagen über Frauen und Männer machte uns noch einmal bewusst, dass wir auf der richtigen Fährte waren. Aufschlussreiche Partygespräche, engagierte Runden am Küchentisch und feuchtfröhliche Kneipenabende brachten uns weitere Vorurteile ein: »Männer schweigen, wenn sie nichts zu sagen haben«, so ein guter Bekannter. »Kann ich nicht bestätigen«, schnippte eine Freundin zurück. »Wenn's anders ist, dann sind sie angetrunken«, so die Antwort. »Männer schweigen, wenn's brenzlig wird«, behauptete eine andere Freundin.

Was Frauen über Männer denken, was Männer von Frauen halten und wie sie ihre eigene Spezies beurteilen – Vorurteile hörten wir im Vorfeld unserer eigentlichen Recherche mehr als genug. Wir aber brauchten harte

Fakten. Wir erkundigten uns bei Wissenschaftlern und Forschern, die sich von Berufs wegen mit Frauen und Männern beschäftigen. Wir wühlten in Archiven, sichteten unzählige Studien und Promotionsarbeiten, klapperten alle relevanten Ministerien ab und durchforsteten das Internet nach brauchbaren Informationen. Und wir wurden fündig. Insgesamt 232-mal. Manchmal marschierten wir direkt auf unser Ziel zu, manchmal mussten wir aber auch ein paar Umwege machen und Geduld und Beharrungsvermögen beweisen, bis wir die nötigen Informationen beisammen hatten. Spannend waren die Ergebnisse jedoch immer.

Doch es gab auch diese Momente, in denen es überhaupt nicht voranzugehen schien: Ob der Gärtner immer der Mörder ist, wollten wir zum Beispiel wissen. Und was kam dabei heraus? Eigentlich nicht viel, obwohl zu Anfang alles so einfach zu sein schien. Die Odyssee begann mit dem bekannten Lied von Reinhard Mey und dem Refrain: »Der Mörder war wieder der Gärtner, und er plant schon den nächsten Coup. Der Mörder ist immer der Gärtner, und der schlägt erbarmungslos zu.« Doch welche Berufe haben Mörder denn, wenn sie nicht alle Gärtner sind? Das Internet sollte uns da weiterhelfen, und tatsächlich: Im Jahr 1999 erfasste das Bundeskriminalamt 962 Mordfälle mit 521 Opfern, 93 Prozent davon konnten aufgeklärt werden. Unter den 1.140 Tatverdächtigen waren 87,5 Prozent Männer – das hieß zumindest schon mal: Morde gehen in der Regel auf das Konto von Männern.

Aus der polizeilichen Kriminalstatistik erfuhren wir zwar weitere interessante Details. Doch welche Berufsausbildung Mörder haben, ging aus der Website leider nicht hervor. Auch Kriminalkommissarin Sabine Hamm vom Bundeskriminalamt in Wiesbaden konnte uns da nicht weiterhelfen. Blieben noch das Statistische Bundesamt und das Justizministerium, doch auch die Nachfragen dort brachten uns nicht weiter. Auch das FBI und Scotland Yard konnten keine brauchbaren Fakten für uns bieten.

Doch bevor wir völlig entmutigt die Recherche abbrachen, hörten wir uns das Lied von Reinhard Mey noch einmal ganz genau an – und das war unsere Rettung: Denn der Mörder ist ja überhaupt nicht der (männliche!) Gärtner. Erst im letzten Refrain kommt heraus, wer all diese mysteriösen Mordfälle auf dem Gewissen hat: »Der Mörder war nämlich der Butler, und der schlug erbarmungslos zu. Der Mörder ist immer der Butler, man lernt eben täglich dazu.« Wie wahr!

Und nun liegt es vor Ihnen, unser Lexikon der Irrtümer über Männer und Frauen. Lassen Sie sich überraschen und urteilen Sie selbst. Beim Lesen werden Sie an einigen Stellen wahrscheinlich schmunzeln, bei anderen Passagen ungläubig staunen. Wenn Sie das Buch später noch mal aufschlagen, werden Sie sich vielleicht sogar mal aufregen – weil Sie die Fakten ungeheuerlich finden, weil endlich Wasser auf Ihre Mühlen kommt oder weil Sie es irritierend finden, welche Quellen wir benutzt haben, um den Irrtümern auf die Spur zu kommen.

Sie werden wahrscheinlich erst einmal bei den Themen nachschlagen, zu denen Sie schon immer mal mehr wissen wollten. Und da jede Leserin und jeden Leser etwas anderes interessiert, gibt es keine einheitliche Lesart des Lexikons. Damit Sie aber nicht ständig hin- und herblättern müssen, um alle wichtigen Hintergrundinformationen zusammenzukramen, haben wir auf Querverweise verzichtet und notfalls auch mal eine wichtige Aussage wiederholt.

Für ihre Mitarbeit und ihre Unterstützung möchten wir uns besonders bedanken bei: Hubertus Feldmann, unserem Praktikanten. Professor Norbert Kluge, Professor Astrid Schütz, Professor Harald Euler, Professor Gertrud Pfister, Professor Albert Gebert, Dr. Ingrid Frisch und Simone Ortner für ihre fundierten Untersuchungen. Elisabeth Böhmert, Magdalena Köster, Brigitte Henneberg, Renate Benja und Ullrich Jackus sowie Nadia Maina, Christa Schmid, Isabel Kielian, Stephanie Rohde, Sibylle Schütz und Matthias von Fragstein für ihre hilfreichen Anmerkungen. Und ohne Martin Wolfrum und Ellen Kreipe, die auch in hektischen Zeiten einen kühlen Kopf bewahrten, wäre es so nicht zu schaffen gewesen.

Ein serbisches Sprichwort sagt: Tatsachen sind harte Nüsse.

In diesem Sinne wünschen wir Ihnen viel Spaß beim Lesen.

Karin Hertzer, Christine Wolfrum

Was bewundern Sie an Frauen? Was können Sie nicht leiden?

Ich bewundere bei Frauen ihre Intuition.

Sie können sich in andere reindenken, hören

zu, nehmen Anteil. Außerdem bewundere

ich an Frauen: charmante Schlagfertigkeit,

Anmut.

Nicht leiden kann ich: aufgesetzt emanzipes

Machtgehabe, Konkurrenzverhalten, Intriganz.

Was ich auch nicht so mag, daß Frauen

sich über Kleinigkeiten zu viele Gedanken machen,

ständige Kompromißbereitschaft.

Sie selbst sind: ☒ Frau   ☐ Mann   ☐ Transgender

Was finden Sie an Männern toll? Was stört Sie an ihnen?

Toll finde ich den Charme der "alten
Schule", Understatement, Zuvorkommen-
heit, Hilfsbereitschaft.

Mich stört ihr ständiger Drang, im
Mittelpunkt stehen zu wollen, Besserwisser:
und fehlende Selbstreflexivität.

Mich stört auch ihre Sprachlosigkeit,
Männer drücken sich oft vor einer
Aussage. Sie haben Angst vor starken
Frauen

Vielen Dank für Ihre Mithilfe.
Christine Wolfrum, Fax: 089 - 26 84 80

Abenteuer

Mancher Mann knöpft seiner Frau morgens das Kleid falsch zu, und abends stimmen die Knöpfe trotzdem.

Mario Adorf

Aggression
Männer sind wesentlich aggressiver als Frauen

Die Kriminalstatistiken belegen es: Männer sind bei Gewaltdelikten führend, denn Überfall, Raub, Mord, Totschlag, Erpressung, Entführung und Körperverletzung gehen hauptsächlich auf ihr Konto. Einzige Ausnahme sind Kindsmisshandlung und Kindstötung. »Frauen stellen (je nach Land und Jahr) nur zwischen 17 bis 14 Prozent der wegen Mord und Totschlag Verurteilten, zirka zwischen 10 bis 20 Prozent der Fälle der Gesamtkriminalstatistik und nur drei bis fünf Prozent aller Gefängnisinsassen«, bestätigt die deutsche Wissenschaftlerin Christiane Schmerl.

In den Medien berichten Journalisten jedoch über prügelnde Mädchengangs. Und Filme mit aggressiven Frauen wie »Fatal Attraction« und »Basic Instinct« zeigen die perfide Bandbreite weiblicher Aggression. Sind das vereinzelte Ausnahmen fehlgeleiteter Weiblichkeit, oder stimmt das Bild von der sanftmütigen Frau gar nicht?

Aggressiv verhalten sich jene Menschen, die eine andere Person (oder ihr Eigentum) vorsätzlich schädigen, verletzen oder zerstören. Das können sowohl körperliche wie verbale Angriffe sein, direkte wie indirekte, offensive wie defensive, kaltblütig-instrumentelle oder emotionale. Seit den 70er Jahren gibt es eine Flut von Arbeiten, die sich mit den psychischen Gechlechtsunterschieden befassen, auch mit denen der Aggression. Zunächst einmal schien die Untersuchung der Forscherinnen Eleanor Maccoby und Carol Jackson an Kindern zu bestätigen, dass Jungen aggressiver sind als Mädchen, weil sie eher zuschlagen und prügeln. Ann Frodi sichtete mit ihren Kolleginnen 314 einschlägige Studien, die sich ausschließlich auf die Aggression erwachsener Frauen und Männer konzentrierte. Sie kamen zu dem Ergebnis: Unterschiede zwischen den Erwachsenen beider Geschlechter gibt es nicht, vorausgesetzt es handelt sich nicht wie bei den Studien an Kindern um rein körperliche Aggressionen wie Schlagen, Treten und Prügeln.

Hohe Aggressionswerte bei Frauen waren abhängig von der Untersuchungssituation und der untersuchten Aggressionsart. Sollten beispielsweise Geldstrafen verhängt werden oder wurden die Testpersonen geärgert und konnten ihren Ärger mit Elektroschocks abreagieren, die keinen handgreiflichen Einsatz erforderten, dann gab es keine Unterschiede der Geschlechter. Beide langten zu, und Frauen teilten ebenso heftig aus wie Männer.

Anders sah es aus, als männliche und weibliche Versuchspersonen einen schlechten Schüler in einer Lernsituation bestrafen sollten. Da schien bei Frauen aufgrund ihres Mitgefühls – im Gegensatz zu den männlichen Probanden – aggressives Verhalten nicht aufkommen zu wollen. Auch auf beleidigende Worte reagierten Frauen weniger aggressiv als ihre männlichen Teilnehmer. Ann Frodi und ihre Kolleginnen schließen daraus, dass dann keine Unterschiede im Handeln zwischen Männern und Frauen bestehen, wenn das aggressive Verhalten für Frauen gesellschaftlich erlaubt ist.

Die in den 80er Jahren gemachten Studien setzten mehr auf das Beobachten von Menschen in realen Situationen. Diese Untersuchungen bestätigten, dass Geschlechtsunterschiede nur dann ausgeprägt waren, wenn es um körperliche Aggressionen unter Kindern und Jugendlichen ging. Je mehr über andere Mittel, etwa verbale, verfügt wurde, verschwanden die Unterschiede. Eines der durchgängigsten Ergebnisse finnischer, amerikanischer und deutscher Studien ist, wie es die Wissenschaftlerin Christiane Schmerl formulierte, »dass a) mit steigendem Lebensalter der deutlich männliche Vorsprung an körperlichen Aggressionen verschwindet und dass b) weibliche Kinder und Jugendliche indirekte Aggressionen bevorzugen«. Weibliche Kinder und Jugendliche sind also nicht weniger aggressiv, wenn sie üble Nachrede, Entzug von Freundschaft und Manipulationen einsetzen. Und diese indirekten Aggressionen, so beispielsweise Eagly und Steffen 1986, deuten darauf hin, dass der Geschlechtsunterschied im aggressiven Verhalten daraus resultiert, dass Frauen häufiger Schuld und Angst als Folge eigener Aggressionen erlebten. Offene weibliche Aggressionen sind unerwünscht.

Systematische Kulturvergleiche in mehreren hundert unterschiedlichen Gesellschaften haben gezeigt, dass diese sich viel mehr in ihrem Ausmaß an Aggression und den dazugehörigen Mitteln unterscheiden als das kulturübergreifend ihre beiden Geschlechter tun. Die Forscherin Victoria Burbank analysierte 317 nichtwestliche Gesellschaften hinsichtlich der Formen, Ziele und Motive weiblicher Aggression. Das häufigste Ziel einer weiblichen Aggression ist eine andere Frau, das zweithäufigste der eigene Mann. Und danach richtet sich auch die Form: Gegnerinnen werden beschimpft, ihr Eigentum beschädigt. Angriffe werden mit den bloßen Händen ausgeführt, so dass häufig kein immenser körperlicher Schaden entsteht. Ehemänner werden mit Worten attackiert, ausgesperrt, nicht mehr versorgt. Frauen wählen lieber verbale und passiv/indirekte Aggressionsformen als körperliche. Doch auch sie nutzen die gesamte Fülle menschlicher Möglichkeiten, eben nur anders.

Die britische Psychologin Anne Campbell vermutet hinter der unterschiedlichen Handhabung von Aggressionen eine unterschiedliche Auffassung aggressiven Verhaltens. Ihrer Meinung nach betrachten Frauen Aggressionen als Ausdruck von Kontrollverlust, während Männer dieses Verhalten eher als Mittel zur Kontrolle über andere sehen. Der Mann glaubt, durch aggressives Verhalten mehr Macht und Selbstwertgefühl zu erlangen. Für die Frau ist es dagegen ein Verlust der Selbstkontrolle und ein Versagen der Selbstdisziplin. Sie empfindet deswegen danach große Schuldgefühle.

Und noch immer gilt es in unserer Gesellschaft als unweiblich, Feindseligkeit und Wut offen zu zeigen. Frauen empfinden das als Gesichtsverlust. Deshalb spielen sie Aggressionen eher herunter, wie eine neue Studie von C. Rushing und S. Nolen Hoeksema von der Universität von Michigan bestätigt. Von Männern wird dieses Niedrigstapeln nicht erwartet.

Allerdings gibt es für Christiane Schmerl noch einen weiteren, weniger offensichtlichen Unterschied, warum Frauen anders mit Aggressionen umgehen als Männer: Frauen müssen nicht ständig klären, wer die Größte ist. »Wenn sie, die Frauen, in vielen Situationen nicht aggressiv reagieren, dann nicht aus Passivität, Sanftmut oder Unfähigkeit, sondern weil sie die Situation anders wahrnehmen und keine Status-, Macht- oder Selbstdarstellungsfrage daraus machen müssen«, so die Professorin von der Universität Bielefeld. Ohne das alte Frauenideal der Selbstverleugnung und Opferbereitschaft aufleben zu lassen, sieht sie einen dritten Weg, mit Aggressionen umzugehen: Strategien der konstruktiven Konfliktlösung sollten individuell erlernbar sein, sowohl für Kinder als auch für Frauen und Männer.

Was aber ist nun mit den viel zitierten Mädchengangs? Nach den neuesten Zahlen der Kriminalstatistik von 2001 sank bei Jugendlichen unter 14 Jahren und bei den 14- bis 18-Jährigen die Anzahl der offiziell registrierten Gewalttaten, bei Ersteren auf 145.834 (minus 3,2 Prozent) Straftaten, bei Letzteren auf 294.467 (minus 0,8 Prozent). Der Anteil der beteiligten Mädchen daran ist zwar über die letzten Jahre leicht angestiegen. Trotzdem kann niemand von einer Welle weiblicher Gewalt sprechen.

»Wenn Frauen zu Hyänen werden«, Psychologie heute Compact, 1998; »Are women always less aggressive than men? A review of the literature«, Psychological Bulletin, 84,4/1977; »Female aggression in cross-cultural perspective«, Behavior Science Research, 21/1987; Ingrid Frisch, Eine Frage des Geschlechts. Mimischer Ausdruck und Affekterleben in Gesprächen, Röhrig Universitätsverlag, St. Ingbert 1997; »Was tun mit der Wut«, Psychologie heute, September 1999.

Aktien
Frauen haben keine Ahnung von der Börse

Seitdem die Telekom an die Börse gegangen ist, hat es sich auch bei vielen Frauen herumgesprochen, was eine Aktie ist. Wenn es aber darum geht, wie man einen Geschäftsbericht analysiert, müssen viele passen. Doch liebe Männer, Hand aufs Herz: Können Sie aus dem Stegreif erklären, was es mit den Aktiva und Passiva im Gegensatz zur Gewinn-Verlust-Rechnung auf sich hat, wie sich das Kurs-Gewinn-Verhältnis (KGV) berechnet und was sich hinter dem Kürzel EBITDA versteckt?*

Okay, Sie haben ja Recht, wenn Sie behaupten: Nur acht Prozent der Frauen interessieren sich überhaupt für Wirtschaftsthemen, bei den Männern sind es 22 Prozent. Und auch um Kapitalanlagen kümmern sich nur 20 Prozent der Frauen, aber 33 Prozent der Männer. Das ergab zumindest eine repräsentative Umfrage des Instituts für Demoskopie Allensbach, bei der 2.114 Bundesbürger ab 16 Jahren befragt wurden.

Doch liegt das Desinteresse der Frauen vielleicht auch daran, dass die

---

* Das Kurs-Gewinn-Verhältnis (KGV) entspricht dem Verhältnis des Kurses einer Aktie zu dem auf diese Aktie entfallenen Ergebnis. Je höher das KGV einer Aktie ist, desto höher sind die Erwartungen an die Ertragskraft des Unternehmens. EBITDA steht für »Earnings before interests, taxes, depreciation and amortization«.

meisten gar nicht so viel Geld auf der hohen Kante haben, das sie investieren könnten? Nachdenklich stimmt auch eine Studie der Stiftung Warentest, die 1992 feststellte: Anlageberater empfehlen männlichen Kunden meist Aktien, weiblichen hingegen raten sie zu Sparbüchern oder Sparbriefen. Uwe Döhler von der Stiftung Warentest rückt das schiefe Bild zwar wieder etwas zurecht, wenn er auf Nachfrage am Telefon sagt: »Spätere Untersuchungen zu diesem Thema konnten die Aussagen nicht bestätigen.« Doch bleibt die Frage, ob es sich auch bis zum letzten Anlageberater herumgesprochen hat, dass sich Frauen schon an Aktien oder Fonds herantrauen würden, wenn sie nur genug darüber wüssten.

»Der Beratungsbedarf ist zunächst sehr groß«, erzählt Susanne Kazemieh, Gründerin der FrauenFinanzGruppe in Hamburg und Sprecherin des Bundesverbandes unabhängiger Finanzdienstleisterinnen für Frauen. Doch anders als die Männer hätten Frauen weniger Hemmungen als Männer, wenn sie etwas über die Börse wissen wollen. Und wenn sie dann über die nötigen Informationen verfügen würden, seien Frauen gewissenhafter: »In dem Wissen, mit den meist eher knappen finanziellen Mitteln auskommen zu müssen, prüfen Frauen viel genauer, bevor sie ihr Geld investieren.« Männer hingegen neigen nach Meinung der Finanzfachfrau dazu, sich selbst zu überschätzen und zu viel zu riskieren.

Ähnliche Erfahrungen machte auch Elvira Baier, die 1998 in München den ersten reinen Frauen-Investmentclub (MWF-IC) gründete: »Bei professionellen Aktienfonds sind meist Männer am Werk. Sie sind zu hektisch. Sie glauben, Aktivität beweisen zu müssen, indem sie das Depot ständig umschichten. Frauen haben stärkere Nerven, auch wenn die Kurse mal sinken.«

Insgesamt gibt es zwar noch nicht so viele Frauen, die Aktien oder Fonds besitzen – im Jahr 2000 waren es in Deutschland knapp 15 Prozent der Frauen, dagegen 25 Prozent der Männer. Doch wenn sie investieren, sind sie die besseren Anleger. Zu diesem Schluss kamen jedenfalls Wissenschaftler der University of California, die das Anlageverhalten von 35.000 Kunden eines Discountbrokers über sechs Jahre hinweg beobachteten: Die Depots der Frauen erzielten ein um 1,4 Prozent besseres Ergebnis als die der Männer. »Unverheiratete Frauen übertrafen ihre männlichen Kollegen sogar um 2,3 Prozent«, fügt der Münchner Soziologe Reinhard Kreissl hinzu. Finanzexperte und Buchautor Bodo Schäfer setzt noch eins drauf:

»Eine Studie belegt, dass Frauen, die sich mit dem Thema beschäftigen, durchschnittlich fünf Prozent mehr Rendite erwirtschaften als Männer« – seine Quelle nennt er in dem Zeitungsartikel jedoch leider nicht.

So langsam hat es sich also bei den Frauen herumgesprochen, dass es ganz lohnenswert sein kann, einen Teil des Ersparten in Aktien und Fonds anzulegen. Und immer mehr Frauen entdecken auch, dass es in der Gruppe viel mehr Spaß macht, sich in die komplizierte Materie einzuarbeiten. Mittlerweile haben sich etwa 300 reine Frauen-Investmentclubs gegründet, schätzt Jürgen Kurz von der Deutschen Schutzvereinigung für Wertpapierbesitz (DSW). Bei insgesamt rund 5.500 privaten Investmentclubs ist das zwar noch eine kleine Zahl, aber die Frauen sind im Kommen. Selbst arabische Frauen haben die Aktien mittlerweile für sich entdeckt: Erst kürzlich gründete Sheika Mouza Nasser, die Frau des Emirs von Katar und Mutter des künftigen Thronfolgers, einen Frauen-Investmentclub.

Vorreiter sind die legendären »Beardstown-Ladies«, die 1983 in einem Dorf namens Beardstown (Illinois/USA) begannen, gemeinsam an der Wallstreet zu spekulieren. Dem Club gehören 16 Frauen an, nach 16 Jahren hatten sie mit Hilfe der Aktienkäufe und -verkäufe mehr als 210.000 Dollar angespart. Ihre Anlagestrategien beschrieben die Frauen in dem Buch »Anlage-Erfolg durch gesunden Menschenverstand«, das 1996 auf den Markt kam und viele Leserinnen und Leser ermutigte, es auch mal mit Aktien zu probieren. Die Folge: In den USA stieg die Zahl der privaten Investmentclubs von 16.000 auf 26.000, von den Neugründungen waren über die Hälfte reine Frauenclubs. Maxine Thomas von den Beardstown-Ladies ist überzeugt, dass Frauenclubs »insgesamt erfolgreicher als die Mehrzahl der gemischten oder reinen Männerclubs (wirtschaften), weil viele Männer unbedingt Kopf und Kragen riskieren wollen und scheitern. Unsere Methode dauert länger und erfordert Geduld.«

Und wie erfolgreich sind die Frauen-Investmentclubs? »Investmentclubs mit ausschließlich weiblichen Mitgliedern [sind] im Mittel erfolgreicher als gemischte Clubs«, erklärt Stefan Bubolz von der Vereins- und Westbank. Eine Studie der National Association of Investors Corporation wird da noch genauer: Demnach erzielten die Frauen-Investmentclubs eine durchschnittliche Jahresperformance von 32,1 Prozent, während die Männerclubs nur auf 23,2 Prozent kamen.

Dr. Heli Aurich, Vorsitzende des Münchner Investmentclubs, erklärt, warum das so ist: »Frauen legen anders an: Sie arbeiten genauso analytisch wie Männer, verwenden Charts, lesen Berichte über Unternehmen, informieren sich über alle verfügbaren Medien. Aber: Sie gehen bei vielen Entscheidungen auch mit einer Prise Intuition vor, sie entwickeln einen Riecher für gute Aktien, sie betrachten den Markt mit dem so genannten gesunden Menschenverstand. Dieses Vorgehen hat sich oft als erfolgreicher erwiesen als die rein analytische Vorgehensweise.« Terrance Odean, Professor an der Universität von Kalifornien, ist nicht ganz davon überzeugt, dass Frauen zur Aktienanlage besser geeignet seien. Seiner Meinung nach hapert es bei beiden Geschlechtern, die richtigen Gewinneraktien herauszufiltern: »Der entscheidende Unterschied ist lediglich, dass Männer – insbesondere ledige Männer – sich trotzdem einbilden, es gut zu können.«

»Sture Böcke, eitle Zicken«, Geo Wissen Nr. 26 Frau & Mann, August 2000; »Frauen – fit für Fonds«, Abendzeitung vom 18. Januar 2000; »Sind Frauen die besseren Anleger?«, Financial Times Deutschland vom 3. Mai 2001; »Moneeeey!«, Emma, Januar/Februar 1999; »Fraueninvestmentclubs machen weltweit Schule«, womanticker vom 9. Februar 2000; Reinhard Kreissl: Die ewige Zweite, Droemer Verlag, München 2000; »Frauen sind die besseren Anleger – wenn sie investieren«, Welt am Sonntag vom 11. Juni 2000; »Willkommen im Club«, Brigitte 9/1999; www.mfw-ev.de; »Frauen machen weniger Anlagefehler als Männer«, www.faz.net vom 12. März 2001.

Alter
Unzufriedene Männer und Frauen leben länger

Für jede Frau kommt einmal der Zeitpunkt, an dem sie beschließt, keinen Tag älter zu werden.

Curt Goetz

Mit nichts im Leben sind sie zufrieden. Sie schimpfen über den schlechten Service im Restaurant, über die missratene Jugend, über den Undank ihrer Mitmenschen und den lauten Nachbarn. Sie haben das Gefühl, zu wenig zu verdienen und nicht wirklich anerkannt zu werden. Die Rede ist von unzufriedenen Menschen. Diese ewig zu kurz gekommenen Zeitgenossen scheinen nur mit einem gesegnet zu sein: mit einem besonders langem Leben. Wie sonst lässt sich erklären, dass die böse alte Hausmeisterin oder

der miesepetrige Alte, die uns als Kinder von der Spielwiese jagten, noch in so vielen Köpfen herumspuken.

Dem ist aber nicht so, widersprechen Forscher vom Universitätsklinikum in Kuopio in Finnland. In einer Studie, die über 25 Jahre lief, fand das Wissenschaftsteam um Heli Koivumaa-Honkanen heraus, dass vor allem der Mann, der mit sich und seinem Leben zufrieden ist, den bestehenden Geschlechternachteil in Sachen Lebenserwartung etwas ausgleichen kann. Unzufriedenheit dagegen hat für Männer schlimmere Folgen als für Frauen: Unzufriedene Männer haben im Vergleich zu ihren zufriedenen Geschlechtsgenossen demnach ein zweimal so hohes Sterberisiko. Bei Frauen scheint der Faktor Zufriedenheit geringen Einfluss auf die Lebenserwartung zu haben. Untersucht wurden in der Mehrzahl gleichgeschlechtliche Zwillingspaare. Die rund 11.000 Männer und 11.000 Frauen waren zum Zeitpunkt der ersten Befragung 1975 zwischen 18 und 64 Jahren alt und allesamt gesund. Anhand von Fragebögen gaben sie Auskunft über gesundheitsbezogene Daten wie Bewegung, Ernährung, Alkohol- und Zigarettenkonsum, psychosoziale Stellung und machten Aussagen über ihre persönliche Lebenszufriedenheit. Dabei stellte sich heraus, dass Männer sich wesentlich häufiger unzufrieden fühlten. Zwanzig Jahre später wurden die Daten auf Krankheitsursachen und Todesfälle hin überprüft. 1996 waren insgesamt 1.533 Teilnehmer verstorben. In 1.105 Fällen (720 Männer, 385 Frauen) war eine Krankheit die Todesursache, bei 303 der Personen eine Verletzung (254 Männer, 49 Frauen). 125 der Untersuchten (107 Männer, 18 Frauen) begingen Selbstmord. Die unzufriedenen Männer waren in allen Gruppen überproportional vertreten.

Die Autoren der Studie vermuten, dass Frauen mit schwierigen Lebensphasen besser umgehen können. Und sie holen sich offensichtlich eher Unterstützung. So reden sich Frauen viel häufiger als Männer den Frust von der Seele, während Männer in schwierigen Situationen eher mit »Fluchtverhalten« reagieren. Anstatt Lösungsmöglichkeiten zu suchen oder wenigstens mit einem Freund über das Problem zu reden, ertränken sie es lieber im Alkohol.

Trotzdem wirkt sich Unzufriedenheit mit dem eigenen Leben auch bei Frauen aus. So stellten die Psychologinnen Abigail J.Stewart von der Universität von Michigan und Elizabeth A. Vandewater von der Universität von Texas, Austin in einer Längsschnittstudie mit Frauen im mittleren Alter fest, dass unerfüllte Lebenswünsche sehr wohl die Gesundheit belasten. Die Wissenschaftlerinnen hatten dazu 83 Frauen im Alter von 36 Jahren nach ihren Karrierewünschen und Lebenszielen befragt. Diese Frauen bedauerten, bestimmte Chancen nicht genutzt zu haben. Ein Teil war darüber unzufrieden, nicht die traditionelle Frauenrolle verlassen zu haben. Mit Sätzen wie: »Ich hätte einen Mann heiraten sollen, der mich bei der Kindererziehung besser unterstützt.« »Wir hätten unser Leben nicht ausschließlich nach den Bedürfnissen meines Mannes ausrichten sollen«, gaben die Frauen ihrem Bedauern Ausdruck. Elf Jahre später wiederholten die Wissenschaftlerinnen ihre Befragungen. 57 der Frauen hatten ihr Leben in der Zwischenzeit verändert. Eine hatte ihren Doktor gemacht, eine andere ihren unbefriedigenden Job gegen einen interessanteren gewechselt, um die Unzufriedenheit abzubauen. 26 unzufriedene Frauen hatten allerdings nichts an ihrer Situation geändert. Für ihre Unentschlossenheit zahlten sie einen hohen Preis. Im Alter von 47 Jahren waren sie depressiver, ängstlicher, grübelten mehr und hatten weniger Vertrauen in ihre eigenen Fähigkeiten als ihre Geschlechtsgenossinnen, die sich für eine Veränderung entschieden hatten. Auch körperlich waren sie weniger gesund als diejenigen, die noch mal die Weichen in ihrem Leben anders gestellt hatten.

»Zufriedene Männer leben länger«, www.sueddeutsche.de/gesundheit/news, März 2001; »Der Preis des Verharrens«, Psychologie heute, Oktober 1999.

Androgyn

Androgyn, ach mein Gott, androgyn. Das müssen Sie sich vorstellen wie mit diesem Nimm-zwei-Bonbon: Wickelst du's aus, ist nur noch eins drin.

Georgette Dee

Anziehungskraft

Es gibt junge Männer, die dafür sterben würden, mit einer alten Frau ins Bett zu gehen.

Doris Lessing

Aphrodisiaka 1
Lakritze macht müde Männer scharf

Lakritze, auch Bärendreck genannt, galt von alters her als Geheimtipp zum Ankurbeln der Lust. Diese seit Jahrhunderten bekannte Süßigkeit wird aus dem Saft der gelben Wurzeln des Süßholzstrauchs hergestellt. Er enthält 15 Prozent Glycyrrhetinsäure, 10 Prozent Zucker und 20 Prozent Stärke, Gummi und Bitterstoffe.

In zahlreichen Ratgebern kann man über eine gewisse sexuell anregende Wirkung von Lakritze lesen. Alte Rezepturen sprechen von Süßholz, gemischt mit warmer Butter, Zucker, Fenchel und Milch als Kräftigungsmittel, »nach der sich ein Mann so wohl fühlt, dass er nicht nur eine Frau haben möchte«.

Mag sein, dass Lakritze – in homöopathischen Dosen genascht – zu größerer Lust verhilft. Allerdings warnen italienische Ärzte vor dem Genuss der lackglänzenden Pastillen und Schneckchen. Sie haben nämlich herausgefunden, dass Männer sich entscheiden müssen: Lakritze oder Libido, weil häufiger Lakritze-Konsum die Enzyme, die für die Bildung des Sexualhormons Testosteron nötig sind, hemmt. Schon wer täglich Lakritze esse, könne beim Sex Schwierigkeiten bekommen.

Bei ihrem Versuch verabreichten die Mediziner jungen Männern zwischen 22 und 24 Jahren eine Woche lang 250 Gramm gewöhnliche Lakritze. Schon nach einer Woche sank der Testosteronspiegel um 44 Prozent. Frühere Versuche an Ratten brachten ähnliche Ergebnisse.

Im »Deutschen Ärzteblatt« wurde sogar über den Fall eines 37-jährigen Mannes berichtet, der mit Schwindelanfällen, Bluthochdruck, Herzrhythmusstörungen, Schwäche und Muskelschwund ins Krankenhaus eingeliefert wurde. Auf Befragen stellte sich heraus, dass der Patient täglich zwei Tüten Gummipastillen mit Lakritzextrakt gegessen hatte.

Allerdings ist die Wirkung des »schwarzen Gifts« nicht von Dauer. Bereits nach vier Tagen Abstinenz normalisierte sich der Testosteronspiegel bei den Versuchspersonen wieder, schrieben die Wissenschaftler aus Padua und Sassari.

Übrigens, ein ähnlich heftiges Absinken der Produktion an Testosteron kann durch Rauchen von zehn Marihuana-Zigaretten pro Woche erzielt werden.

»Giftige Lakritze«, Süddeutsche Zeitung, 14. März 2000; »Lust-Bremse Lakritz«, Spiegel online, 11. 10. 1999; »Ein verdächtiges Bonbon«, Süddeutsches Magazin, 3.12. 1999; »Liquorice, an Anti-Aphrodisiac«, www.santesson.com/aphrodis/lakrits.htm.

Aphrodisiaka 2
Alkohol törnt die Lust bei Mann und Frau an

Der eine oder andere Drink lockert zuerst die Zunge und macht empfänglicher für Gefühle. Und Champagner macht ein leichtes Bein und vielleicht auch einen beschwingten Schwanz. Doch alles was darüber hinausgeht, wirkt kontraproduktiv. Beim Mann senkt Alkohol den Testosteron-, bei der Frau den Östrogenspiegel. Alkohol mindert jedoch nicht nur die Werte des männlichen Sexualhormons Testosteron im Blut des Mannes, sondern stört auch die Nervenimpulse vom Gehirn zu den Schwellkörpern im Penis. Die Folge: Der Penis macht schlapp. Und nicht nur das. Häufiges Trinken lässt die Hoden schrumpfen. Dazu genügen schon etwa fünf Bier zweimal die Woche. Zu viele Drinks sind keinesfalls männlich, Männer entwickeln mit der Zeit Brüste, denn »Alkohol scheint den Umbau von Testosteron in Östrogen zu beschleunigen«, erklärt Dr. Mary Ann Emanuele von der Loyola University in Illinois.

Zudem senkt Alkohol die Chance auf Nachkommen. Denn er verändert beim Mann nicht nur Form und Struktur der Spermien, sondern stört auch die Arbeit der Enzyme am Spermienkopf. Und ohne die haben Samen keine Chance, in eine Eizelle zu kommen.

Bei Frauen schädigt regelmäßiges Trinken die Keimzellen und schwächt ebenfalls die Fruchtbarkeit. Ab welcher Alkoholmenge die Fruchtbarkeit sinkt, ist bisher wissenschaftlich noch nicht geklärt. Offenbar ist es jedoch schädlicher, täglich ein Gläschen zu trinken als seltener größere Mengen.

Ingrid Gerhard, Christine Wolfrum, Kinderwunsch. Natürliche Wege zum Baby, Gräfe und Unzer, München 1998; »Penis-Panne bei Promille«, Men's Health, 4/2000; »Das große Gesundheitslexikon, Teil 1«, Brigitte Dossier, 9/1989.

Aphrodisiaka 3
Nashornpulver, Anis und Sellerie steigern die sexuelle Lust und Potenz

Die Vorstellung, dass es anregende Gewürze, Nahrungsmittel und Substanzen gibt, die die sexuelle Lust steigern sollen, ist so alt wie die Menschheit selbst. Überall auf der Welt gibt es zahlreiche Mittel, denen geheime sexuell anregende Kräfte nachgesagt werden. Meistens sind es seltene und dadurch sehr kostbare Substanzen, denen diese besondere Wirkung anhaften.

Ob in Indien, den arabischen Ländern oder in China: Viele der Rezepte enthalten ähnliche Grundzutaten, von denen wir heute wissen, dass sie den Körper ganz allgemein kräftigen, stärken. Sie enthalten viele Mineralstoffe und sind reich an Vitaminen: Empfohlen wird etwa eine Mixtur aus Eidottern mit frischer Milch verquirlt, gewürzt mit Honig, Zucker, Fenchel, Jasmin, Spargel – oder Anissaft. Ob das allerdings schmeckt, sei dahingestellt.

Scharfe Gewürze wie etwa Chilli, Curry und Ingwer stehen ebenfalls im Ruf, die sexuelle Lust zu steigern und Körper und Geist zu erhitzen. Tatsächlich kommt man ins Schwitzen, isst man derart gewürzte Speisen: Der Herzschlag wird rascher, die Körpersäfte geraten in Wallung, was entfernt an den sexuellen Akt erinnert. Das ist zwar eine gute Voraussetzung, um in die richtige Stimmung zu kommen, anregende Liebesmittel sind diese Gewürze aber allesamt nicht.

Weitere klassische Mittel wie Ginseng, Nashornpulver, Austern und Kaviar galten als aphrodisierende Substanzen, waren ebenfalls rar und erinnerten gleichzeitig durch ihre Form an die männlichen oder weiblichen Sexualorgane.

Das Wort Ginseng bedeutet »Männerwurzel« und hatte seit jeher in China, Tibet, Korea, Vietnam und Indien den Ruf als Verjüngungsmittel und sanft stimulierende Substanz, ähnlich dem Kaffee. Beim Nashornpulver ist hinlänglich bekannt, dass es allein dazu dient, die letzten dieser urzeitlichen Tiere auszurotten, ohne ein Quäntchen an phallischer Verbesserung zu bieten. Austern enthalten viel Zink und Phosphor – wichtige Mineralstoffe für den Zellaufbau. Dem unersättlichen Liebhaber Casanova wird nachgesagt, dass er jeden Morgen im Bad 50 dieser rohen Muscheln gemeinsam mit der Dame seines Herzens schlürfte und danach zu ausdauernden Taten schritt.

Früher wurde gerne eine Prise aufbereiteter Genitalien von Tieren, denen ein starker Sexualtrieb zugeschrieben wird – wie Stier, Hengst, Eber, Hahn, Hase – unter die verschiedensten Rezepturen gemischt. Und noch heute sind frisch zubereitete Stierhoden eine teure und bei manchen Herren beliebte Delikatesse.

Die Römer benutzten Hoden von Wölfen als Aphrodisiakum, die Inder bevorzugten solche von Ziegenböcken, die Gallier die von Hunden und die Medizinmänner einiger Indianerstämme sollen die Hoden von Bibern verabreicht haben.

Bei dem berühmten Urvater aller Ärzte, dem Griechen Hippokrates, und bei dem römischen Arzt griechischer Herkunft namens Galen standen Anis, Kardamom und Knoblauch als Aphrodisiakum hoch in der Gunst. Sellerie, diese unscheinbare Knolle, galt schon im Altertum, in der altarabischen Kultur und später im Mittelalter als luststeigernd. Bis heute ranken sich Potenzvorstellungen um dieses erdige Gemüse. Die erste berühmte Naturärztin Hildegard von Bingen soll gesagt haben: »Gekocht macht Sellerie gute Säfte.«

Neben diesen Gewürzen waren es Lauch und Zwiebeln, die den Appetit auf Sex anheizen sollten. Und weil Gurke und Spargel an das beste Stück des Mannes erinnerten, wurden ihnen gleich auch Wunderdinge angedichtet.

Es ist also nicht selten die Assoziation von Form zu Wirkung, weshalb einem Nahrungsmittel sexuelle Kraft zugeschrieben wird.

Was bleibt heute von der zugesprochenen aphrodisierenden Wirkung all dieser Nahrungsmittel, Kräuter und Gewürze, sobald Wissenschaftler sich ihrer annehmen? Viel hohler Zauber, heiße Luft. Aber in einigen Fällen finden sich auch handfeste Hinweise. Bei bestimmten Nahrungsmitteln, Kräutern und Gewürzen analysierten Forscher, dass sie zwar nicht direkt sexuell anregend wirken, jedoch den Körper harmonisieren und stärken und seine Säfte ausgleichen. Dennoch: Ernsthafte Forschungen in diese Richtung gibt es kaum, weil es ein tabubehaftetes Gebiet ist und der Placebo-Effekt nicht unterschätzt werden darf.

Einmütigkeit besteht unter Fachleuten darüber, dass all jenes, was der allgemeinen körperlichen und seelischen Gesundheit dient, normalerweise auch fürs Sexualleben gut ist. Das gilt für Körper und Geist gleichermaßen.

So ist beispielsweise Sellerie, auch Staudensellerie, bei den Ernährungswissenschaftlern als muntermachendes Gemüse mit vielen B-Vitaminen und den Mineralstoffen Magnesium und Kalzium anerkannt. Die Wirkstoffe der Knolle sollen den Körper aufbauen und von Schadstoffen befreien.

Austern haben ihren Ruf als Aphrodisiakum wegen ihres hohen Mineralreichtums und des hohen Zinkgehalts vielerorten beibehalten, obwohl bei ausgewogener Ernährung ein Zinkmangel unwahrscheinlich ist. Es gibt auch nachweislich Nahrungsmittel, die ausgleichend wirken und sozusagen gute Laune machen, Nudeln und Schokolade gehören dazu. Schokolade, wegen ihrer Seltenheit früher als Aphrodisiakum sehr begehrt, erlebte Anfang der 80er Jahre eine Renaissance. Dann nämlich, als Wissenschaftler feststellten, dass diese süße Masse viel Phenylethylamin (PEA) enthält, eine Substanz, die vor allem Verliebte vermehrt im Körper aufweisen. Allerdings scheint das PEA der Schokolade vor allem im Magen-Darm-Trakt zu wirken und dort zu beruhigen. Damit ist Schokolade eher ein Seelentröster bei Liebeskummer als ein Anheizer der Liebesgefühle.

Weil das Gehirn die Lust beeinflusst, ist die psychische Wirkung sämtlicher Aphrodisiaka nicht zu unterschätzen. In den meisten Fällen ist zwar das Prinzip Hoffnung am Werk und die Mittel haben vor allem einen Effekt: Sie funktionieren als Placebo. So versetzt der Glaube an bestimmte Ingredienzien einer Rezeptur tatsächlich manchmal Berge und bringt den Penis wieder in Schwung. Dem Mann kann das nur recht sein.

Trotz alledem scheint ein Aphrodisiakum aus der Naturapotheke heutige Mediziner zu überzeugen: Yohimbin, ein aus der Rinde einer westafrikanischen Baumart gewonnene Substanz. Sie regt die Blutversorgung der Geschlechtsorgane an und könnte deshalb erektionsfördernd sein. In hohen Dosen verursacht das Mittel jedoch Gliederzittern und Vergiftungen.

Am besten hält man sich an den Rat der Fachleute und greift zu solchen Mitteln, die der Gesundheit nutzen oder ihr zumindest nicht schaden. Erst kürzlich machte Kaffee als Aphrodisiakum von sich reden. Eine Studie der

Universität von Michigan mit 744 Paaren ergab, dass Kaffee anregend auf das zentrale Nervensystem wirke, die Herzleistung steigere, die Blutgefäße erweitere und deshalb zu einer besseren Durchblutung führe. Auch beim Penis. Potenzprobleme und Müdigkeit können da nach Meinung der Wissenschaftler erst gar nicht aufkommen. Wer's glaubt. Allerdings schränken die Forscher die positive Wirkung ein: Wird zu viel Kaffee getrunken, stellen sich Herzrasen, Schlaflosigkeit und höherer Blutdruck ein. Das wusste schon der berühmte Arzt Paracelsus: »Alle Dinge sind Gift und nichts ist ohne Gift, allein die Dosis macht, dass ein Ding kein Gift ist.«

Vivien Marx, Das Samenbuch. Alles über Psyche und Potenz, über Fruchtbarkeit und Verhütung, über Treue und Untreue, über Umweltgifte und Zeugungskraft, Eichborn, Frankfurt/Main 1997; Tamar Nordenberg, »Looking for a Libido Lift? The Facts about Aphrodisiacs«, Food and Drug Administration, USA, Consumer magazine, January-February 1996; Friedrich Bohlmann, Essen als Medizin. Genußvoll vorbeugen – natürlich heilen, Gräfe und Unzer, München 1999; »Aphrodisiaka: Und sie wirken doch...«, Psychologie heute, November 1993; Christine Wolfrum, Karin Hertzer, Hauptsache gesund, München 2001, Anne Mc Intyre, Frauen Handbuch Heilkräuter, BLV, München, Wien, Zürich 1994; »Kaffee macht Lust«, vital, 3/2000.

Arbeitszeit
Junge Väter arbeiten weniger

Eine Woche hat 168 Stunden. 58 Stunden davon schläft man, zehn benötigt man fürs Waschen, Duschen, Baden und die Körperpflege – bleiben noch 100 Stunden. Wer einen Ganztagsjob hat, verbringt zwischen 40 bis 60 Stunden in der Firma, hinzu kommen durchschnittlich etwa zehn Stunden für Fahrten zur Arbeit und für Geschäftsreisen. Die restliche Zeit – also wöchentlich 30 bis 50 Stunden – verbringen Berufstätige mit Einkäufen, Essen, Hausarbeit, Fernsehen, Hobbys sowie Partnerschaft und Familie.

Bei Paaren, die Kinder haben, verändert sich die Wochenbilanz zugunsten des Familienlebens – schließlich will man ja etwas von seinen Kindern haben, so die verbalen Bekundungen vieler Eltern. Für die jungen Mütter stimmt das tatsächlich: Sie reduzieren ihre Arbeitszeit, um sich ihren Kindern widmen zu können. Die jungen Väter handhaben das jedoch etwas anders: Wenn sie ihr erstes Kind bekommen haben, arbeiten sie nicht weniger, sondern mehr – pro Jahr kommen sie auf durchschnittlich 85 zusätzliche Stunden. Nach der Geburt des zweiten Kindes kommen noch einmal 29 Stunden hinzu. Werden noch weitere Kinder geboren, hat das jedoch kaum noch einen Einfluss auf die Arbeitszeit des Vaters. Das zumindest ergab eine amerikanische Studie, bei der die Aussagen von 2.243 Vätern analysiert wurden.

Ein Grund, weshalb Väter mehr arbeiten, liegt nahe: Wenn ihre Frauen wegen der Kinder zu Hause bleiben, müssen sie allein das Geld verdienen, um die Familie zu ernähren. Und tatsächlich: Wenn Männer Väter werden, arbeiten sie mehr und bekommen ein höheres Gehalt. Die Studie ergab, dass sich dieser Effekt vor allem bei den Männern zeigt, die vor 1950 geboren sind und zwei Kinder haben. Weitere Kinder lassen den Stundenlohn wieder sinken. Jüngere Väter scheinen sich im Beruf etwas mehr anzustrengen: Wer nach 1950 geboren ist, lässt sich auch von vier Kindern nicht von der Arbeit abhalten und verdient entsprechend mehr als zuvor.

Shelly Lundberg und Elaina Rose, Wirtschaftsexpertinnen von der Universität von Washington, fanden aber noch etwas ganz anderes heraus: Bei den Umfragen gaben die Väter nämlich an, nach der Geburt ihres ersten Kindes länger und härter gearbeitet zu haben, wenn es sich um einen Jungen handelte. Männer, die einen oder mehrere Söhne haben, arbeiten im Vergleich zu Vätern von mindestens einer Tochter pro Jahr 53 Stunden mehr. Männer, die als erstes Kind einen Sohn bekamen, investierten jährlich 66 Stunden mehr in ihren Beruf als Männer, die zuerst Vater einer Tochter wurden.

Solche Ergebnisse lassen nicht nur den mathematischen Laien, sondern auch die Expertinnen aus Seattle staunen: Sollten wir etwa wieder in alte Zeiten zurückgefallen sein, als Jungen mehr wert waren als Mädchen? Warum sonst sollten sich Väter für ihre Söhne mehr anstrengen als für ihre Töchter? Shelly Lundberg und Elaina Rose können sich die Unterschiede auch nicht rational erklären. Sie stellen drei Argumente zur Diskussion: Demnach könnte es sein, dass Väter von Söhnen mehr arbeiten, weil sie

1. den Jungen eine bessere Ausbildung finanzieren wollen,
2. aus Freude über den ersehnten Stammhalter den Wert der Ehe und der Familie höher einschätzen und sich dafür finanziell erkenntlich zeigen wollen,
3. nach der Geburt des Stammhalters weitere Kinder haben und schon

früh anfangen wollen, sich ein finanzielles Polster anzulegen. Beweise für diese Thesen gibt es jedoch noch nicht.

Michel E. Domsch, in: Bundesministerium für Familie, Senioren, Frauen und Jugend (Hrsg.), Konzertierte Aktion Gleichberechtigung für die 90er Jahre, Stuttgart 1998; »Väter arbeiten mehr nach der Geburt eines Jungen«, Süddeutsche Zeitung vom 17. Juni 2000; Shelly Lundberg und Elaina Rose, »The Effects of Sons and Daughters On Men's Labor Supply and Wages«, University of Washington, Oktober 1999.

Armdrücken
Frauen sind zu schwach zum Armdrücken

Männer sind einfach besser als Frauen. Vor allem im einarmigen Reißen, beim Knödelwettessen und als Heldentenor.

Monika Hohlmeier

Nach ein paar Bierchen in der Kneipe – vor allem in einer bayrischen Wirtschaft – kommt es schon mal vor, dass sich die Herren ermutigt fühlen, ihre Kräfte beim Armdrücken zu messen. Dann werden Biergläser vom Tisch geräumt, die beiden Kontrahenten setzen sich gegenüber und stützen einen Ellenbogen auf: Rechts packt rechts und links packt links. Und dann heißt es: Drücken und noch mal drücken, so lange bis die Knöchel einer Hand auf die Tischplatte knallen. Ein paar Muskeln sind dafür schon notwendig – und deshalb glauben die meisten Menschen, dass sich nur Männer zum Armdrücken herausgefordert fühlen.

Doch weit gefehlt: Auch Frauen haben Spaß an diesem Spektakel. Nicht nur beim Zuschauen. Denn es gibt Frauen (wie auch Männer), die das Armdrücken als einen ernst zu nehmenden Sport ansehen: Der Dachverband der Armdrücker, die World Armsport Federation (WAF), wurde 1967 im amerikanischen Bundesstaat Pennsylvania gegründet. Heute gehören ihm Vereine aus mehr als 70 Staaten an. Und wie steht es mit der Anzahl der Frauen? »Weltweit gibt es etwa 20.000 Armdrückerinnen, etwa 500 von ihnen gehören zur Spitze«, erklärt Barij Baran Das, WAF-Generalsekretär aus Indien. Die Armdrückerinnen treten bei Weltmeisterschaften, nationalen und regionalen Wettkämpfen an. Mittlerweile gibt es sogar Bestrebungen, das Armdrücken als olympische Disziplin anerkennen zu lassen.

Bei den Wettkämpfen machen Frauen schätzungsweise einen Anteil von etwa 30 Prozent aus. Sie kommen aus mehr als 30 Staaten. Die besten stammen aus den USA, aus Russland, Ägypten, Kanada, Schweden, Usbekistan, Indien, Südafrika, Brasilien, Italien, Litauen, der Slowakei und der Tschechischen Republik.

Zu den zur Zeit erfolgreichsten Armdrückerinnen gehören Mary McConnaughey aus den USA, Lilia Khamidulina aus Russland und Nahla Said Osman aus Ägypten. In Mitteleuropa scheint dieser Sport jedoch noch nicht so viele Anhängerinnen gefunden zu haben. Lediglich Christine Gfeller, die Freundin des Schweizer Armsportlers Thomas Bleiker, machte immer wieder von sich reden – 1998 wurde sie zum dritten Mal Schweizer Meisterin im Armdrücken. In Deutschland gibt es jedoch noch nicht so viele Frauen mit stählernen Unterarmen: »Ich kenne keine aktiven weiblichen Mitglieder in Deutschland«, bedauert denn auch der WAF-Generalsekretär. In seiner Antwort-Mail fragte er bei den Autorinnen sogar an, ob sie sich nicht dafür einsetzen könnten, dass sich auch in Deutschland ein paar Frauen für das Armdrücken begeistern.

Falls Sie sich also für diesen Sport interessieren sollten, hier die Wettkampfregeln: Linkshänderinnen treten in sechs Gewichtsklassen von 45 bis 80 plus Kilogramm an, bei den Rechtshänderinnen sind es zehn Klassen. Für Juniorinnen, Behinderte und Frauen über 40 gibt es jeweils vier Gruppen. Der Kampf kann im Sitzen und im Stehen am Tisch ausgetragen werden, eine Sonderform ist das Knien. Auf dem Tisch liegen jeweils zwei Schaumstoffpolster – auf dem einen ruhen die Ellenbogen, das andere soll den Aufprall des Unterarms und der Knöchel abfedern. Siegerin ist, wer die Hand der Gegnerin so weit herunterdrückt, dass sie das Touch-Polster berührt. Das Match ist auch bei zwei Fouls bzw. einem Foul in der Verlierer-Situation gewonnen: Dann ist die Hand der Gegnerin im letzten Drittel über der Tischplatte abgerutscht. In der Regel dauert ein Match 15 bis 20 Sekunden.

Immer wieder kommt es vor, dass sich jemand beim Armdrücken den Arm bricht. Das kann vor allem dann geschehen, wenn der Arm nicht in einer Linie zur Schulter aufgestellt ist. Doch wer glaubt, dass vor allem die Frauen gefährdet sind, der irrt. »Das passiert bei Männern häufiger«, erklärt Barij Baran Das. In der Mai-Ausgabe 2000 des amerikanischen Fachmagazins »The Armbender«, auf dessen Titelbild sich übrigens Arnold Schwarzenegger mit der amerikanischen Top-Armwrestlerin Mary McConnaughey misst, findet sich dann auch ein kurzer Hinweis auf ein männliches »Opfer«: Christian Binnie ereilte das Unglück 1997 bei den Amerikanischen Meisterschaften – der 1,83 Meter große und 134 Kilogramm schwere Sportler brach sich beim Armdrücken den linken Arm.

Mail von Barij Baran Das, General Secretary of the World Armsport Federation (WAF), Kalkutta/Indien, 11. Januar 2001; The Armbender, Mai 2000; World Armsport Federation (Hrsg.), The official WAF Book of Armsport, Kalkutta/Indien 1998; www.swisstxt.ch/ planetsport/aroundsport/society/armdruck2.html

Arroganz

Mancher Hahn meint, dass die Sonne seinetwegen aufgeht.

Theodor Fontane

Auto 1
Der Mann fährt, die Frau ist Beifahrerin

Ein Mann am Steuer ist ein Pfau, der sein Rad in der Hand hält.

Anna Magnani

»Wer fährt?« – Diese Frage beantwortet sich bei vielen Paaren ganz von selbst. Denn in der Regel ist es der Mann, der wie selbstverständlich die Fahrertür aufschließt und sich hinter das Steuer setzt. Seiner Partnerin mag das häufig ganz recht sein, denn dann läuft sie keine Gefahr, wegen ihres Fahrstils kritisiert zu werden. »Nun fahr doch endlich!«, »Warum bremst du da denn?« oder »Grüner wird's nicht« – solche dummen Sprüche lässt sich keine Frau gern gefallen. Deshalb tun die meisten ihrer Geschlechtsgenossinnen ihren Partnern den Gefallen und lassen sie fahren. »Fährst du?« – Wenn Männer ihren Frauen diese Frage stellen, hört sich das oft schon so an, als ob sie die Antwort sowieso schon kennen würden: Hin fährt der Mann, aber zurück fährt natürlich die Frau, damit der Mann bei der Feier etwas trinken kann.

Doch stimmt es wirklich, dass in der Regel der Mann fährt und seine Partnerin daneben sitzt? Umfragen haben ergeben, dass sich diese Beobachtung tatsächlich verallgemeinern lässt. Wie extrem sich manche Männer auch heute noch zum Thema »Beifahrer« äußern, erstaunt jedoch. Die gute Nachricht vorweg: Fast jeder zweite Mann fährt manchmal bei seiner Lebenspartnerin im Auto mit, und 42 Prozent aller befragten Männer fühlen sich auch sicher, wenn eine Frau am Steuer sitzt.

Doch nun die »schlechte« Nachricht: 16 Prozent der Männer würden sich niemals von ihrer Lebenspartnerin fahren lassen, fünf Prozent aller befragten Männer würden sich dann nicht sicher fühlen. Das Erstaunliche dieser Umfrage unter 1.641 weiblichen und männlichen Autofahrern ist jedoch: 35 Prozent der Männer machten keine Angaben auf die Frage, ob sie manchmal mit ihrer Partnerin mitfahren. Bei der Frage nach dem Sicherheitsgefühl waren es sogar mehr als die Hälfte der befragten Männer, die sich um eine Antwort drückten.

Sicher Direct Versicherung AG (Hrsg.), Selbst- und Fremdbilder deutscher Autofahrer, Dreieich 1999.

Auto 2
Heutzutage fahren ebenso viele Frauen Auto wie Männer

Es gibt selten so klassische Rollenvorbilder wie im Urlaub. Erstens habe ich im Stau gesehen, dass der Mann immer am Steuer sitzt. Dann kannst du hundert Autos betrachten: In keinem einzigen Familienauto fährt die Frau. Absolut stereotyp. Zweitens hat Vater auch die Landkarte in der Hand. Wenn ich nach Schweden fahre, sehe ich, wie immer die Männer das Auto auf die Fähre fahren. Es ist noch traditioneller als im öffentlichen Fernsehen.

Maren Kroymann, Kabarettistin

In Deutschland sind zur Zeit 43,7 Millionen Autos zugelassen. Doch wer glaubt, dass es ebenso viele weibliche wie männliche Fahrzeughalter gibt, der irrt: In den vergangenen Jahren haben die Frauen ihren Anteil zwar kontinuierlich gesteigert – die Hälfte der Fahrzeughalter machen sie aber noch längst nicht aus. Für den 1. Januar 2001 nennt das Kraftfahrzeug-Bundesamt einen Anteil von 28,5 Prozent an »weiblichen Haltern«.

Das bedeutet jedoch nicht, dass eine Frau nur dann Auto fährt, wenn es auf ihren Namen zugelassen ist: Sie könnte ja auch den Wagen ihres Partners fahren oder den von Familienangehörigen, Kollegen oder Freunden. Und tatsächlich sieht die Statistik dann schon wieder ganz anders aus: Frauen machen 43 Prozent der deutschen Autofahrer aus. Die Männer liegen also immer noch vorn, aber es ist abzusehen, dass die Frauen ihren Anteil in den nächsten Jahren weiter vergrößern werden.

www.kba.de/pre-hpt.htm; Sicher Direct Versicherung AG (Hrsg.), Selbst- und Fremdbilder deutscher Autofahrer, Dreieich 1999.

Auto 3
Frauen kaufen am liebsten rote Autos

Wenn ein Macho ein Rasseweib beschreiben soll, sieht er nur noch rot: roter Lippenstift, rote Highheels und rote Dessous – und dazu am besten noch ein roter Porsche. Das ist zwar ein Klischee, aber manchmal ist da ja auch etwas dran. Zumindest stimmt es, dass Frauen noch vor wenigen Jahren eine auffallende Vorliebe für rote Autos hatten: Unter den knapp 300.000 Neuwagen, die Frauen im ersten Halbjahr 1993 anmeldeten, waren 30 Prozent rot. Doch die Zeiten haben sich geändert: Denn zu Beginn des Jahres 2000 entschieden sich nur noch 9,8 Prozent der Käuferinnen für rote Autos. Wesentlich beliebter waren Grau- und Silbertöne (29,3 Prozent) und Dunkelblau (25,8 Prozent).

Das Kraftfahrzeug-Bundesamt stellte fest, dass es bei der Farbentscheidung kaum Unterschiede zwischen den Geschlechtern gibt. Die Geister scheiden sich nur bei zwei Autofarben: Weiß bevorzugten nur 2,4 Prozent der Frauen, aber 4,1 Prozent der Männer. Auch beim Rot ist der Unterschied etwas größer, denn den 9,8 Prozent der Frauen stehen weniger als 8 Prozent der Männer gegenüber.

Homepage des Kraftfahrzeug-Bundesamtes www.kba.de

Auto 4
Männer fahren aggressiver Auto als Frauen

Rüpel am Steuer sind auch ruppig im Bett.

Verkehrspsychologin Gisela Thiedemann

Vor allem bei hoher Geschwindigkeit erleben Fahrer den Rausch von Macht und Können im Auto: Da werden langsamere Autofahrer von hinten bedrängt, rechts überholt, geschnitten, wild ausgebremst und obendrein noch beschimpft. Immer noch gilt auf deutschen Straßen: Freie Fahrt für freie Bürger.

Der Verhaltensforscher Klaus Atzwanger vom Institut für Anthropologie der Universität Wien glaubt, dass die Menschen ihr stammesgeschichtliches Erbe auf den Straßen ausleben: »Evolutionsbiologisch gilt nämlich, ›Wer mobil war, war erfolgreich‹. Und dieses Bedürfnis können wir eben auch ausleben, wenn wir mit dem Auto herumfahren.« Für den Wissenschaftler Atzwanger sind Menschen »Steinzeitjäger im Straßenkreuzer«.

Aber wer ist nun der aggressivere Rambo auf unseren Straßen, Mann oder Frau? Bei einer aggressiven Fahrweise spielt zunächst der persönliche Charakter eine Rolle. So zeigt der eine Mensch weniger Aggressionen beim Autofahren als ein anderer. Doch »obwohl Männer in vielen Lebensbereichen schneller Aggressivität oder gar Gewalt einsetzen«, so der Wissenschaftler, »war in unseren Studien der geschlechtsspezifische Unterschied beim Autofahren kleiner als vermutet«. Auch Frauen fuhren aggressiv und häufig dicht auf. Allerdings machten sie das nicht mit 200 Sachen, sondern bei niedrigerer Geschwindigkeit als die Männer.

»Die Straße ist ein Freiraum der Aggression«, Psychologie heute, Mai 2001.

Auto 5
Frauen nehmen mehr Rücksicht im Straßenverkehr als Männer

Ich würde nie sagen, Frauen seien die besseren Fahrer. Aber natürlich sehe ich die Trottel, die immer auf der Überholspur hängen – und die sind doch häufiger männlich.

Jutta Kleinschmidt

In einem Punkt sind sich weibliche und männliche Autofahrer ziemlich einig: Etwa drei Viertel von ihnen sind der Meinung, dass Frauen mehr Rücksicht auf andere Verkehrsteilnehmer nehmen als Männer. Das ergab zumindest die Umfrage einer Autoversicherung, die 1999 erschien.

Doch im selben Jahr berichtete die amerikanische Zeitschrift »Psychology today«, dass die weiblichen Rowdys im Vormarsch seien. Hintergrund dieser Behauptung sind Interviews der Soziologin Nancy Herman mit 97 Frauen, die mindestens einmal im Straßenverkehr unangenehm aufgefallen waren. Die Wissenschaftlerin stellte fest, dass die meisten der befragten Frauen berufstätig waren und häufig unter Stress und schlechten Arbeitsbedingungen litten. Aufgrund ihrer Beobachtungen entwickelte die Soziologin eine These: Die Zahl der weiblichen Verkehrsrowdys hat zugenommen, weil es immer mehr Frauen gibt, die im Beruf Spitzenpositionen einnehmen. Je höher eine Frau auf der Karriereleiter klettert, desto mehr Durchhaltevermögen hat sie wahrscheinlich. Diesen Biss zeigt sie auch beim Autofahren – und benimmt sich im Straßenverkehr eher mal als andere Frauen daneben.

Die Begründung: Erfolgreiche berufstätige Frauen müssen sich immer noch gegen Ungleichbehandlung und Vorurteile wehren, ihren Ärger darüber dürfen sie aber am Arbeitsplatz nicht zeigen: »Wenigstens im Straßenverkehr wollen sie sich dann nichts mehr bieten lassen und vergessen angesichts von Trödlern und Träumern schon mal ihre guten Manieren.« Erstaunlicherweise verhalten sich erfolgreiche Männer im Straßenverkehr eher vorbildlich.

Sicher Direct Versicherung AG (Hrsg.), Selbst- und Fremdbilder deutscher Autofahrer, Dreieich 1999; »Weibliche Rowdys im Vormarsch«, in: Psychologie heute, Januar 2000.

Auto 6
Frauen verursachen kaum Unfälle, weil sie so wenig Auto fahren

Wer nichts tut, kann auch keine Fehler machen. Diese Binsenweisheit übertragen viele Menschen auch auf das Thema »Autofahren«. Nach dem Motto: Frauen fahren seltener Auto als Männer, deshalb bauen sie auch weniger Unfälle.

Es stimmt tatsächlich, dass Frauen pro Jahr weniger Kilometer als Männer zurücklegen: Nur 23 Prozent der Frauen fahren mehr als 15.000 Kilometer pro Jahr, auf solche Strecken kommt jedoch fast die Hälfte aller männlichen Autofahrer. Weniger deutlich ist das Geschlechterverhältnis in der mittleren Kategorie »10.000 bis 15.000 Kilometer« – auf solche Entfernungen kommt jede fünfte Autofahrerin und fast jeder vierte Autofahrer. 58 Prozent der Frauen (aber nur 28 Prozent der Männer) gehören zu den Autofahrern, die 10.000 Kilometer und weniger pro Jahr zurücklegen.

»Übung macht den Meister« – das sollte man auch bezogen auf das Autofahren meinen. Doch die Realität sieht da ganz anders aus: Denn es sind nicht die Frauen, die die meisten Unfälle verursachen, weil sie ja weniger Übung haben, sondern die Männer – sie produzieren doppelt so viele Unfälle wie Frauen, fahren jedoch nur eineinhalbmal so viele Kilometer. Wenn man die Kilometerzahl berücksichtigt, reduziert sich zwar der Prozentsatz. Doch bezogen auf die gefahrenen Kilometer verursachen Männer immerhin noch 1,39-mal so viele Unfälle wie Frauen. Das ergab eine Umfrage unter 692 Frauen und 949 Männern, die mindestens viermal im Monat selbst Auto fahren.

Sicher Direct Versicherung AG (Hrsg.), Selbst- und Fremdbilder deutscher Autofahrer, Dreieich 1999.

Auto 7
Ältere Frauen bauen mehr Unfälle als ältere Männer

»O je, ein Mann mit Hut«, stöhnen jüngere Autofahrer, wenn der Wagen vor ihnen zu langsam fährt oder abrupte Lenkmanöver macht. Der

»Mann mit Hut« ist schon ein Synonym geworden für den Mann, der sich trotz seines fortgeschrittenen Alters noch hinters Steuer wagt. Wenn sich die Herrenmode in Zukunft nicht grundsätzlich ändert, wird es wahrscheinlich immer weniger Autofahrer geben, die einen Hut tragen und ihn auch im Auto nicht absetzen. Das wird aber wohl kaum etwas an dem Vorurteil ändern, dass ältere Autofahrer gemeinhin als Risikogruppe im Straßenverkehr gelten.

Umfragen können die älteren Autofahrer jedoch »rehabilitieren«, wobei die Klassifikation »älter« jedoch schon im besten Mannesalter beginnt – nämlich bei 55 Jahren. Für den Vergleich werden die Unfallzahlen durch die durchschnittliche Kilometerleistung pro Jahr geteilt: Der Durchschnittswert für alle Altersgruppen liegt dann bei knapp 3,0. Die über 55 Jahre alten Autofahrer kommen jedoch nur auf einen Wert von 1,7 – die älteren Autofahrerinnen und Autofahrer bauen also weniger Unfälle als allgemein angenommen.

Auch wenn die Mode den Frauen viel mehr Möglichkeiten bietet, sind am Steuer nur selten »Frauen mit Hut« zu sehen. Das heißt aber nicht, dass es keine älteren Frauen gibt, die mehr oder weniger leidenschaftlich Auto fahren. Die Frage ist nur, wer in der Altersgruppe ab 55 Jahren mehr Unfälle verursacht: die Frauen oder die Männer? Wie auch bei den Jüngeren liegen die Männer wieder mal vorn – mit einem Wert von 2,1 verschulden sie deutlich häufiger einen Unfall als die Frauen. Denn die liegen mit einem Wert von 0,8 sogar weit unter dem Gesamtdurchschnitt.

Sicher Direct Versicherung AG (Hrsg.), Selbst- und Fremdbilder deutscher Autofahrer, Dreieich 1999.

Auto 8
Frauen haben was gegen Alkohol am Steuer

»Fahr ich oder fährst du?« Diese Frage wird meist erst nach einem feucht-fröhlichen Abend gestellt, wenn alle schon einiges an Alkohol oder anderen Drogen intus haben. Bisher nahm man an, dass Frauen einen positiven Einfluss darauf haben, ob der angeheiterte Fahrer sich noch hinter das

Steuer seines Autos klemmt oder es doch lieber bleiben lässt. Dass das nicht stimmt, fand Nina Pöhlmann von der Julius-Maximilians-Universität Würzburg in einer Pilotstudie heraus. Mit Fragebögen und Kasettenrecorder ausgestattet, bat sie nachts an den Ausgängen von Diskotheken junge Leute (114 junge Fahrer und Fahrerinnen) sich zur typischen Situation des Nachhausefahrens zu äußern.

Ihre Ergebnisse: Allein unterwegs, entscheiden sich Frauen häufiger als Männer dazu, nach Alkohol- oder Haschischgenuss ihr Auto stehen zu lassen. Auch wenn sie mit einem Freund unterwegs sind, setzen sich Frauen nach der Einnahme von Drogen seltener ans Steuer. Allerdings waren die jungen Frauen bedenkenlos bereit, bei ihren angeheiterten männlichen Begleitern einzusteigen. Damit bestärkten sie die jungen Männer noch, selbst zu fahren. Der Einfluss der jungen Frauen ist sogar noch schlechter als der männlicher Begleiter.

Pöhlmann meint, dass Frauen aus ihrer passiven Beifahrerolle herausgelockt werden müssten. Sie sollten deutlich die Mitfahrt verweigern, wenn der Fahrer beispielsweise angetrunken ist, um eine Änderung seines Fahrverhaltens zu erzwingen.

Nina Pöhlmann, Konsum-Fahr-Entscheidungen in Dyaden junger Fahrer: Die Entwicklung einer Methode zur Erfassung sozialen Einflusses, Diplomarbeit Uni Würzburg, 2001; »Fahren unter Drogen«, Informationsdienst Wissenschaft, Pressemitteilung der Bayerischen Julius-Maximilians-Universität Würzburg vom 07. Mai 2001; »Chauffeur unter Drogen«, Süddeutsche Zeitung, 22.Mai 2001.

Backen

*Wie viele Männer braucht es, um einen Schokoladenkuchen zu backen?
Fünf – einer rührt den Teig und vier schälen die Smartys.*

EMMA

Beschneidung
Beschnittene Männer haben mehr Spaß am Sex

Um dieses kleine schrumpelige Stück Pelle, das der Mediziner Präputium nennt, gibt es seit einigen Jahren fast eine Art Glaubenskampf. Die einen Vertreter beharren auf der Beschneidung der Vorhaut aus medizinischen Gründen, die anderen halten das für einen kompletten Unfug. Und manche Männer glauben sogar, dass mit der verlorenen Vorhaut ein Teil der Lustgefühle gedankenlos weggeschnippelt wird.

Was passiert eigentlich genau beim Beschneiden? Die überstehende Vorhaut wird weggeschnitten und die Eichel und deren Rand sind nicht länger geschützt. Die unbedeckte Eichel ist dann nicht mehr so feucht wie eine, die noch eine vollständige Vorhaut besitzt. Und auch die Empfindlichkeit lässt normalerweise etwas nach.

Tatsächlich gibt es in den USA Selbsthilfegruppen männlicher Beschnittener, die über die »sexuelle Verstümmelung« an ihren Gliedern klagen und ihr »Menschenrecht« auf eine intakte Vorhaut einfordern. Sie trauern um die vielen tausend Nervenenden, 90 Zentimeter Adergeflecht und 100 Schweißdrüsen, die ihnen als Säuglinge geraubt wurden.

Bis vor kurzem war es in manchen Ländern üblich, die Vorhaut zu beschneiden, da die so genannte Vorhautbutter, das Smegma, diese käsige Paste aus Talgdrüsensekret und abgeschilferten Hautpartikelchen, für zahlreiche Erkrankungen verantwortlich gemacht wurde. Und auch bei den Engländern liefert die Oberschicht ihre Söhne ans Messer. In Deutschland dagegen behält jedoch die Mehrzahl der Männer ihre Vorhaut, auch wenn es zurzeit unter jungen Männern en vogue ist, sich zum Beschneiden unters Skalpell zu legen. Die wenigen Beschneidungsstudien, die es gibt, legen nahe, dass es dem Penis eher gleichgültig ist, ob er bedeckt oder blank ist. Bei 99 Prozent der heterosexuellen Männer bleibt er frei von ernsthaften Beschwerden. Nur hinsichtlich der Ansteckungsgefahr durch

51

Aids scheint, so behauptet beispielsweise der US-Virologe Bruce Patterson an der Northwestern Universität in Chicago, die Beschneidung der Vorhaut Männer eher vor der Ansteckung zu bewahren. Für unbeschnittene Männer, das haben Forscher errechnet, steigt die Infektionsrate auf das 2,5- bis 8fache gegenüber Geschlechtsgenossen ohne Vorhaut.

Beschneidung ja oder nein? Ob es dem Penis wirklich so ganz egal ist? Immerhin gibt es Stimmen, die behaupten, es mache sehr wohl einen Unterschied beim Sex, ob man mit oder ohne liebe. Schließlich sei die sonst so empfindsame Eichel etwas abgehärteter. Zudem verläuft am unteren Eichelrand eine Zone, die außerordentlich sensibel auf Berührungen reagiert. »Wenn nun beim Beschneiden zu viel von dieser Haut entfernt wird, bis zu einem Millimeter vor dem Eichelrand«, verschwindet natürlich die gesamte erogene Zone, ist der niederländische Männerarzt (Androloge) Bo Coolsaet überzeugt. Er ist sich sicher, dass Chirurgen und Urologen aus Unwissenheit leider noch allzu oft an dieser kritischen Stelle zu viel Haut wegschneiden. Dann kann auch nicht ausgeschlossen sein, dass durch das Entfernen dieses Randes eine ganze Reihe von empfindlichen Nerven durchtrennt wird. Und genau das ist die Angst vieler erwachsener Männer. Woher sollen sie wissen, wie es sich anfühlt, wenn ihnen das Lust verheißende, schrumpelige Etwas fehlt. Coolsaets Rat »Man muss versuchen, etwa einen Zentimeter Haut unter dem Eichelrand intakt zu lassen« kommt für manche dieser Jungs leider zu spät.

»Saubere Verhältnisse«, Der Spiegel, 33/1999; »Schnitt im Schritt«, Der Spiegel, 3/2001; Bo Coolsaet, Der Pinsel der Liebe. Leben und Werk des Penis, Kiepenheuer & Witsch, Köln 1999.

Bierbauch

Flirtende Männer am Strand sind keine Gefahr, denn sie schaffen es nicht lange, den Bierbauch einzuziehen.

Heidi Kabel

Bisexuell
Bisexuelle sind sexbesessen

Das Programm dienstags Damen, mittwochs Herren ist Unsinn. Bisexuellen wird permanente Promiskuität unterstellt, obwohl sie den Partner auch nicht öfter wechseln als andere. Ich zum Beispiel war immer gerne monogam.

Wolfgang Joop

Über Lesben und Schwule kursieren immer noch viele Vorurteile, doch outet sich jemand als bisexuell, geht vielen heterosexuellen Menschen die Phantasie durch. Denn wenn sich jemand mal in eine Frau und mal in einen Mann verliebt, widerspricht das dem traditionellen Denken. »Bisexuelle sind sexbesessen«, »Bisexuelle schlafen heute mit einer Frau und morgen mit einem Mann« oder »Bisexuelle haben zugleich mit einem Mann und einer Frau Sex« heißt es dann.

Mit solchen Vorurteilen wollen bisexuelle Autoren und Verbände aufräumen. Sie weisen darauf hin, dass die bisexuellen Menschen eine recht bunt zusammengewürfelte Gruppe bilden und scheinbar sogar widersprüchliche Eigenschaften haben: »›Den‹ oder ›die‹ typische(n) Bisexuelle(n) gibt es nicht, wohl noch weniger als ›den‹ typischen Schwulen, ›die‹ typische Lesbe oder ›die‹ oder ›den‹ typische(n) Heterosexuelle(n)«, schreiben Francis Hüsers und Almut König in ihrem Buch »Bisexualität«.

Der amerikanische Soziologe Martin S. Weinberg geht davon aus, dass die meisten Bi-Frauen und Bi-Männer in heterosexuellen Beziehungen leben. Lesbische bzw. schwule Beziehungen kommen unter Bisexuellen nicht so häufig vor. Zugleich eine Liebesbeziehung zu einer Frau und zu einem Mann zu haben, bleibt für viele Bisexuelle jedoch ein Idealtraum, meinen Francis Hüsers und Almut König, »denn die Schwierigkeiten und Belastungen, die durch Doppelbeziehungen entstehen, sind oft nur allzu gut bewusst«. Wenn alles gut gehe, sei die bisexuelle Person in der Mitte privilegiert, sie könne sich aber auch zerrissen und überfordert fühlen. Wirklich gleichwertige oder sehr ähnliche Beziehungen seien kaum möglich – schon allein deshalb, weil es sich um Beziehungen zu zwei Menschen verschiedenen Geschlechts handele.

Entschieden widersprechen die beiden Autoren der Ansicht, Bisexuelle seien untreu: »Bisexualität ist ... keineswegs automatisch gleichzusetzen mit vorprogrammierter Untreue.« Denn: »Auch Bisexuelle leben ja häufig monogame Beziehungen.« Das Missverständnis sei entstanden, weil viele Menschen zwei Dinge nicht auseinander halten: »Bisexualität ist als eine sexuelle Orientierung wie Hetero- und Homosexualität anzusehen, sie beantwortet eine Frage des Selbstbildes. Monogamie einerseits und das Konzept einer ›offenen‹ Beziehung andererseits aber beantworten eine Frage der zwischen zwei Menschen gewollten Verbindlichkeit.«

Und wie steht es mit der angeblichen Vorliebe von Bisexuellen für die Triole? Der gemeinsame Sex von drei Personen sei ein Klischee, sagen Francis Hüsers und Almut König: Denn es gäbe »Bisexuelle, die ihr Vermögen, mit Frauen und Männern Sex haben zu können, als völlig voneinander losgelöste Ausdrucksformen ihrer Sexualität verstehen« und bestimmte Bedürfnisse eher mit Männern und bestimmte andere Bedürfnisse eher mit Frauen erleben wollen.

Die beiden Autoren kommen schließlich zu dem Fazit: »Frauen und Männer, die sich von Personen beiderlei Geschlechts angezogen fühlen, sind weder krank noch sexbesessen, weder unreif noch narzisstisch, weder Verheimlicher noch Beziehungschaoten. Jedenfalls sind sie das nicht mehr oder häufiger als Hetero- und Homosexuelle auch.«

Francis Hüsers, Almut König, Bisexualität, Trias, Stuttgart 1995.

Blitz
Ob Mann oder Frau – ein Blitz kann jeden treffen

In der Praxis sieht es jedoch anders aus. Der National Weather Service in den USA zählte zwischen 1959 und 1994 exakt 3.239 Todesfälle, die durch Blitzschlag verursacht wurden. Überraschenderweise traf es mehr als 80 Prozent Männer. Ist es möglich, dass diese eindrucksvolle Lichterscheinung bevorzugt Männer auswählt oder das männliche Geschlecht eine besondere Anziehungskraft auf Blitze ausübt? Wohl kaum, denn längst weiß der aufgeklärte Mensch, dass Blitze nicht von Zeus und Thor übers Firmament geschleudert werden, sondern eine physikalische Ursache haben. Tatsache ist, dass sich Männer wesentlich häufiger im Freien aufhalten – so die Wissenschaftler – auch während eines Unwetters.

»Der Blitz trifft meist Männer«, Süddeutsche Zeitung vom 8. Mai 2001.

Blond 1
Blonde Frauen sterben aus

Bereits in zweihundert Jahren soll Skandinavien von dunkelhaarigen Menschen bevölkert sein. In Deutschland prophezeit man sogar schon in 60 Jahren das Ende aller blonden Lichtgestalten. Dieses Gerücht hält sich hartnäckig. Tatsache ist, es gibt weniger Blondinen als Brünette oder Schwarzhaarige: Nur acht Prozent aller Frauen und nur sechs Prozent aller Männer in Deutschland kommen blond zur Welt. Trotzdem sind Zeitungsmeldungen, die den Untergang der naturblonden Frau verkünden, reine Panikmache. Denn nichts verschwindet, was Menschen auf ihren Genen durchs Leben tragen, es sei denn, sie stellten die Fortpflanzung ein. Zwar stimmt es auch, dass der Anteil blonder Menschen an der Gesamtbevölkerung der Erde in den letzten fünfzig Jahren abgenommen hat und von vierzig auf vierzehn Prozent gesunken ist. Prognosen über den Untergang der Haarfarbe Blond hält Professor Friedrich Rösing, Leiter der erbbiologischen Untersuchungsstelle in der Abteilung Humangenetik der Universität Ulm, trotzdem »schlicht für Unsinn«. Denn die scheinbar alarmierenden Zahlen kommen nicht dadurch zustande, dass die Farbe Blond etwa rezessiv vererbt wird und deshalb einer dominanten dunklen Pigmentierung unterliegt, sondern dadurch, dass die Weltbevölkerung in den Ländern am schnellsten wächst, in denen die Menschen dunkelhäutig und -haarig sind. Das erklärt das globale Phänomen.

Welch ein Glück, dass es mehr als genug Mittel zum Blondieren gibt. So verdoppelte sich in den Jahren 1993 bis 1997 weltweit der Absatz von Blondierungsmitteln. Der Kosmetikkonzern L'Oreal beziffert den deutschen Gesamtmarkt aller Färbe- oder Bleichmittel für blonde Haare auf 74 Millionen Mark. Allein von 1997 bis 1998 wuchs dieser Geschäftszweig um 15,5 Prozent, Strähnchenprodukte bringen 35,7 Prozent des Umsatzes. Denn Blond ist schön, Blond ist die Gute, sie verspricht Unschuld, Reinheit und gleichzeitig einen Hauch von Verderbtheit und Gefahr. Blondie bevorzugt, heißt es deshalb bereits in der Kindheit. Wer kann schon einem süßen Blondschopf widerstehen? Und später kommt die Blondine auch besser bei den Männern und Arbeitgebern an. Schon aus diesem Grund werden Blondinen nicht aussterben – ob echt oder unecht.

»Der helle Wahnsinn. Die Wissenschaft warnt vor einer Katastrophe: Sterben Blondinen aus? Wir lassen sie noch einmal hochleben«, Süddeutsche Zeitung Magazin, 2000.

Blond 2
Fernsehansagerinnen müssen blond sein

Unter dem Titel »Frauen, die nichts mehr zu sagen haben« bildete das Magazin der Süddeutschen Zeitung im Mai 2000 die Fotos von 86 Fernsehansagerinnen ab, die seit 1950 bei der ARD, beim ZDF und beim DFF, bei PRO 7, SAT 1 und RTL gearbeitet haben. Die Auszählung ergab: Von den 86 Frauen waren nur 34 blond.

Süddeutsche Zeitung Magazin vom 19. Mai 2000.

Boxen 1
Beim Boxen treten Frauen nicht gegen Männer an

Frauen, die Abwechslung mögen, sollten sich am besten einen Boxer nehmen. Der sieht nach jedem Kampf anders aus.

Jerry Lewis

Jahrhundertelang war das Boxen ein Sport nur für Männer. Die ersten Faustkämpfe fanden 3000 vor Christus in Ägypten statt und bei den Olympischen Spielen des Altertums gab es seit 688 vor Christus schon Boxkämpfe. Auch den ersten Kampf um die Weltmeisterschaft im Jahre 1810 gewann ein Mann, und zwar der Amerikaner Tom Molineaux. Seit 1904 ist das Boxen der Männer olympische Disziplin, in St. Louis demonstrierten einige Boxerinnen ihr Können lediglich in einem Schaukampf. Es dauerte aber noch einmal 90 Jahre, bis eine Frau für ihre Rechte kämpfte: 1993 verklagte die 16 Jahre alte Dallas Malloy den amerikanischen Amateurboxverband, weil er Boxerinnen kategorisch ausschloss. Sie gewann den Prozess, und so wurde das Frauenboxen in den USA und später auch in anderen Ländern eingeführt. Die ersten amerikanischen Meisterschaften in dieser Disziplin fanden 1997 statt, zwei Jahre später folgten die ersten Europameisterschaften.

Männer boxen gegen Männer und Frauen gegen Frauen – das war lange Zeit die Regel, doch im Jahre 1999 wollte es eine Frau ganz genau wissen: Die 36 Jahre alte Farmerin Margret McGregor trat bei dem ersten offiziell zugelassenen Boxkampf zwischen Mann und Frau in den USA an. Und wen wundert's: Sie streckte ihren Gegner in der vierten Runde nieder. Trotz dieses Erfolges für die Frauen werden solche Geschlechterkämpfe in Zukunft wohl doch eher selten ausgetragen werden. Das jedenfalls vermutet Laila Ali, die Tochter des ehemaligen Schwergewichtsweltmeisters Muhammed Ali, die mittlerweile selbst als Profiboxerin in den Ring steigt. Auf die Frage, ob Boxkämpfe zwischen Frauen und Männern für die 21-Jährige eine Perspektive seien, antwortete sie: »Nein. In nächster Zeit nicht. Im Boxen sind die Männer weiter und – noch – stärker als die Frauen.«

Einer hat es dann aber doch versucht: Ulk-Moderator Stefan Raab forderte Profiboxerin Regina Halmich vor 7,37 Millionen Fernsehzuschauern zu einem Wettkampf heraus. Er hielt fünf Runden durch, aber nach zehn Minuten gab er sich schließlich geschlagen. Sein Fazit: »Das ist ja doch keine Mami-Sportart.«

»Ich tue, was ich will«, Der Spiegel, 48/1999; »Ali Jr.«, Emma, November/Dezember 1999; »Ganz schön schlagfertig«, Brigitte, ohne Datum; www.kontaktrunde.de/boxen; »Killerschnauze, nix dahinter: Raab verliert Boxkampf«, Die Welt vom 24. März 2001.

Boxen 2
Frauen können keine Profiboxerinnen werden

Und es gibt sie doch, die Profiboxerinnen: Im Bund der Deutschen Berufsboxer sind 13 Frauen lizensiert. Pionierin ist Regina Halmich aus Karlsruhe, die bei der Universum-Boxing-Promotion unter Vertrag steht und
1998 erstmals Bantam-Weltmeisterin (bis 53,5 kg) wurde. Ihren Titel ver-
teidigte sie bislang 21-mal erfolgreich. Die Profiboxerin gewann 31 von
insgesamt 32 Kämpfen, ihre einzige Niederlage musste sie 1995 gegen
Yvonne Trevino einstecken. Sie nahm an 22 Weltmeisterschaften teil. Furore machte Regina Halmich mit ihrem K.-o.-Sieg über Lourdes Gonzales
– nach 79 Sekunden sackte ihre Gegnerin zusammen: »Da es ein Schlag
auf den Körper war, wusste ich …, dass sie dadurch keine wahnsinnigen
Schäden hatte erleiden können. Als sie dann so dalag und nicht mehr auf-
stand, war es schon ein Schreck für mich«, erzählt Regina Halmich in einem Interview. Doch auch sie weiß: »Das kann genauso gut mir passieren.
Es handelt sich hier um Berufsboxen – und das ist ein harter Sport. Ich bin
mir der Gefahr bewusst, und auch meine Gegnerinnen wissen, worauf sie
sich einlassen. Da beschwert sich auch niemand.«
  Regina Halmich macht keine Unterschiede darin, ob ein Sport von einer
Frau oder einem Mann ausgeübt wird – Hauptsache, die Leistung stimmt:
»Mit Emanzen und emanzipatorischen Dingen habe ich eigentlich überhaupt nichts zu tun. Der Sport macht mir einfach Spaß.« Die 1976 gebo-
rene Athletin gibt aber auch zu, dass sie den Leuten etwas beweisen will:
»Nämlich dass man diese Sache, das Boxen also, auch als Frau sehr wohl
beherrschen kann.« Übrigens: Dem Bund der Deutschen Berufsboxer gehören auch Männer an – zurzeit sind es 159.

Telefon-Interview mit dem Bund Deutscher Berufsboxer, März 2001; www.preston.de/ regi-
na.html; »Mensch, jetzt könnte sie wieder aufstehen«, taz vom 10. Juli 1999.

Boxen 3
Bei den Deutschen Box-Meisterschaften können auch Frauen antreten

Der Deutsche Amateur-Box-Verband hat insgesamt 53.520 Mitglieder, davon sind 9.342 Mädchen und Frauen. Wie viele davon jedoch aktiv boxen, ist nicht bekannt. Renate Fehr vom DABV schätzt, dass nur etwa die Hälfte der Mitglieder tatsächlich auch im Ring steht. Für die Amateurboxerinnen führt das zu einem Dilemma: Denn seit 1995 gilt auch für Frauen die Regel, dass eine Deutsche Einzelmeisterschaft nur dann ausgetragen werden kann, wenn sich mindestens drei bzw. vier Teilnehmerinnen pro Gewichtsklasse und insgesamt mehr als 32 Frauen anmelden. Das ist bei den Boxerinnen bislang jedoch noch nicht gelungen. Aber Hoffnung ist in Sicht: Die Regelkommission des Amateur-Box-Verbandes beschloss Anfang 2001, die Mindestzahl der Teilnehmerinnen zu reduzieren – man wird sehen, wann es dann die erste Deutsche Frauen-Boxmeisterschaften gibt.

Für die vier erfolgreichen Boxerinnen aus Köln – Hülya Sahin, Fikriye Selen, Gülay Kilic und Cigdem Lenbet – müssten jedoch noch ganz andere Regeln geändert werden, damit sie auch bei den Deutschen Meisterschaften antreten könnten: Denn sie sind zwar in Deutschland geboren, haben aber die türkische Staatsbürgerschaft. So kommt es auch, dass die vier Frauen in Deutschland trainieren, aber für die Türkei antreten. 1999 gewannen die Frauen drei Goldmedaillen bei den türkischen Meisterschaften, und auch bei den Europameisterschaften der Amateurboxerinnen in Schweden kämpften sie für die Türkei. Fikriye Selen bedauert: »Der Amateursport Boxen bei Frauen bietet hier nicht mehr – im Moment.« Und ihr Trainer Ali Cakir schiebt augenzwinkernd nach: »Mohammedanische Frauen sind eben fortschrittlicher als die deutschen.«

Interview mit Renate Fehr vom Deutschen Amateur-Box-Verband, März 2001; »Vom Profitum rät Coach Ali ab«, taz vom 9. Juni 1999.

Briefe

Wenn Männer Briefe schreiben, kommen nach der Anrede gleich die Aus-reden.

Glenn Close

Brustwarzen
Jeder Mensch hat zwei Brustwarzen

Wir gehen davon aus, dass Frauen und Männer je zwei Brustwarzen ha-ben. Allerdings besitzen Menschen häufig eine oder mehrere überzählige Brustwarzen als Andenken an die Milchleisten, die sich beim Embryo rechts und links von der Schulter bis über die Hüften bilden. Bei den meis-ten Säugetieren entwickeln sich daraus eine Reihe von Zitzen. Beim Men-schen bildet sich diese embryonale Milchleiste normalerweise vor der Ge-burt zurück. Bei einigen bleiben jedoch eine oder mehrere Brustwarzen er-halten. Warum das so ist, konnte bisher noch nicht geklärt werden. Die Ärzte sprechen dann von Polythelie. In ein bis fünf Prozent der Fälle sind Frauen betroffen, deren Mütter ebenfalls überzählige Brustwarzen besa-ßen. Aus den zusätzlichen Brustwarzen kann bei stillenden Frauen sogar Milch fließen. Oft wissen die Betroffenen gar nicht, dass es sich um Brust-warzen handelt, weil diese Warzen wie Muttermale aussehen.

Auch Männer können überzählige Brustwarzen haben. Allerdings soll das wesentlich seltener vorkommen als bei Frauen. Vielleicht liegt es aber nur daran, dass Männer in aller Regel seltener ihren Körper inspizieren und aufgrund von dichter Behaarung Brustwarzen auch weniger auffallen. Weil Polythelie keine Krankheit ist, brauchen überzählige Brustwarzen nicht entfernt zu werden. Wen's stört, der kann es trotzdem machen las-sen.

Susan Love, Das Brustbuch. Was Frauen wissen wollen, Limes Verlag, München 1996; Na-talie Angier, Frau. Eine intime Geographie des weiblichen Körpers, Bertelsmann Verlag, München 2000; Christine Wolfrum, Karin Hertzer, Hauptsache gesund, München 2001.

Bundeswehr 1
Soldatinnen als Vorgesetzte? Niemals!

Bis Ende des Jahres 2000 gab es in der Bundeswehr etwa 54.000 Frauen, die in der Verwaltung sowie im Sanitätswesen und im Musikzug ihren Dienst taten. Am 2. Januar 2001 kamen noch einmal 244 junge Frauen hinzu – 151 von ihnen sind dem Heer zugeordnet, 76 traten ihren Dienst bei der Luftwaffe an und 17 bei der Marine. Bis die ersten dieser Neulinge jedoch einen verantwortungsvollen Posten bekommen, wird es noch einige Jahre dauern.

Wann es so weit ist, dass es eine Frau Oberstleutnant, eine Generalin oder gar eine Frau Generalmajor gibt, lässt sich nicht voraussagen. Im Sanitätswesen zumindest dauerte es 19 Jahre, bis die erste Frau 1994 in einen Generalsrang befördert wurde. Und auch in den USA gibt es nur wenige Soldatinnen in Top-Positionen: Insgesamt sind zwar mehr als 200.000 Frauen in der amerikanischen Armee, sodass der Frauenanteil bei 14 Prozent liegt. Aber von den insgesamt 918 Generälen waren nur 18 weiblich, das sind weniger als zwei Prozent (1994). Den höchsten Dienstgrad, den eine Frau im amerikanischen Heer bislang erreicht hat, ist der Drei-Sterne-General – im Jahr 2000 hatten ihn drei Frauen und 113 Männer inne.

Zum Vergleich die Angaben für Israel, wo die Frauenquote im Militär bei zwölf Prozent liegt: 1995 gab es weder einen weiblichen Generalmajor, die Quote für weibliche Brigadegenerale lag bei 0,8 Prozent und für den Oberst bei 2,2 Prozent – an der Spitze war die israelische Armee also jahrelang ein frauenfreier Verein. Erst Ende 1999 entschied der Oberste Gerichtshof in Jerusalem, dass zwei Frauen an der Aufnahmeprüfung für die Pilotenausbildung teilnehmen dürfen. Sie haben die Prüfung geschafft, doch ihre Namen sind nicht bekannt, da die Pilotinnen – ebenso wie die Piloten – der höchsten Geheimhaltungsstufe unterliegen.

Trotz dieser Entwicklung sind Experten wie Gerhard Kümmel vom Sozialwissenschaftlichen Institut der Bundeswehr überzeugt, dass Frauen »durchweg Probleme (haben), als Vorgesetzte von Männern akzeptiert zu werden«. Im internationalen Vergleich zeige sich zwar, dass Frauen eine »zumeist hohe Leistungsbereitschaft« haben und dass es weibliche Vorgesetzte »selten an der notwendigen Fürsorge für die unterstellten Soldaten fehlen« lassen. Hinderlich auf dem Weg nach oben sei jedoch, dass Soldaten das berufliche Engagement vieler Frauen als »übereifrig« bewerten, dass die Frauen Männern gegenüber »kritikanfälliger und leichter frustrierbar« seien und Schwierigkeiten haben, sich kompromisslos durchzusetzen.

So oder so ähnlich mögen auch all die männlichen Soldaten denken, die bei einer nichtrepräsentativen Umfrage ankreuzten, dass sie sich Frauen als militärische Vorgesetzte nicht vorstellen können – die Mehrheit, nämlich 77 Prozent der 2.648 befragten Soldaten, ist jedoch überzeugt davon, dass sich Frauen für Top-Positionen in der Bundeswehr eignen.

Auch Hauptmann Georg Annen, der seit Anfang Januar 2001 im bayerischen Roding 34 Soldatinnen zum Dienst an der Waffe ausbildet, ist überzeugt: »Wir Männer können von den Frauen viel lernen – auch soldatisch. Frauen sind stressresistenter und widerstandsfähiger. Sie haben einfach die höhere Leidensfähigkeit.«

Sozialwissenschaftliches Institut der Bundeswehr (Hrsg.), Zwischen Differenz und Gleichheit: Die Öffnung der Bundeswehr für Frauen, Strausberg, Mai 2000; »Überfliegerinnen im Kampfjet«, Süddeutsche Zeitung vom 12. Januar 2000; »Die Mädels müssen richtig schmutzig werden«, Abendzeitung vom 13. Januar 2001.

Bundeswehr 2
Soldaten wollen keine kämpfenden Frauen beim Bund

Bei der Bundeswehr treffen Frauen von heute auf Männer von gestern.
    Rita Scholz-Villard, Frauenbeauftragte im Verteidigungsministerium

Tanja Kreil wollte Soldatin werden. Sie bewarb sich 1996 für den freiwilligen Dienst in der Bundeswehr und gab als gewünschten Einsatzort die Instandsetzung (Elektronik) an. Und da sie das nach dem damaligen Recht nicht durfte, klagte sie vor dem Europäischen Gerichtshof gegen die Bundesrepublik Deutschland – und gewann. In dem Urteil vom 11. Januar 2000 stellte das Gericht in Luxemburg fest, dass es gegen eine Richtlinie der Europäischen Gemeinschaft aus dem Jahre 1976 verstoße, wenn die Bundeswehr die Hälfte der deutschen Bevölkerung von einem ganzen Berufszweig ausschließt. Ein Gremium der Bundeswehr plädierte zwar noch an den Verteidigungsminister, die einzelnen Streitkräfte nur beschränkt zugänglich zu machen, doch Rudolf Scharping entschied: »Zukünftig sind die Streitkräfte in ihrer ganzen Vielfalt für den freiwilligen Dienst von Frauen geöffnet. Alle Laufbahnen... und alle Verwendungen werden offen stehen. Das Geschlecht eines Menschen darf kein Grund für eine Benachteiligung sein. Einstellungen in die Bundeswehr erfolgen ausschließlich nach Eignung, Befähigung und Leistung.«

Der Mann lässt der Dame den Vortritt

Einen Gentleman erkennt man daran, dass er die Tür öffnet und der Dame dann den Vortritt lässt – was laut Knigge stimmen mag, gilt jedoch nicht bei der Bundeswehr. Diese schmerzliche Erfahrung machte jedenfalls ein Fregattenkapitän, der zu einer Reserveübung einberufen worden war. Als er sich zusammen mit einem weiblichen Stabsbootsmann des Sanitätsdienstes einer Tür im Dienstgebäude näherte, öffnete er sie galant und ließ der Frau den Vortritt. Doch das war ein Fehler, denn laut Dienstvorschrift müssen die Untergebenen dem Vorgesetzten die Tür öffnen. Die Strafe: eine Disziplinarbeschwerde wegen »unsittlicher Avancen«. Höflich wie der Offizier nun mal war, wollte er sich bei der Frau entschuldigen – und zwar mit einem Blumenstrauß. Das hätte er lieber sein lassen sollen, denn die Frau fragte ihn prompt, ob er dies auch bei einem Mann tun würde. Als der Gentleman das verneinte, drohte ihm die Frau – und zwar mit einer zweiten Beschwerde.

»Offene Türen und andere Hindernisse«, Berliner Morgenpost vom 28. August 2000.

Die Energieanlagen-Elektronikerin Tanja Kreil hatte es also geschafft, auch wenn sie auf den Dienst mit der Waffe »gar nicht so erpicht« war. Aber wenn das zum Job dazugehöre, habe sie auch nichts dagegen. »Es ist mir doch lieber, ich habe ein Gewehr in der Hand, als im Notfall blöd dazustehen«, erklärte die 23-Jährige in einem Interview.

Bevor der Bundestag beschlossen hatte, Artikel 12a des Grundgesetzes zu ändern, hieß es: »Sie (Frauen) dürfen auf keinen Fall Dienst mit der Waffe leisten.« Die jetzige Formulierung lautet: »Sie dürfen auf keinen Fall zum Dienst mit der Waffe verpflichtet werden.« Frauen können sich also nicht nur – wie bisher – für den Sanitätsbereich und als Militärmusikerinnen bewerben, sondern auch für den Dienst im Heer, in der Luftwaffe und in der Marine.

Mit der Entscheidung, Soldatinnen auch bei Kämpfen einzusetzen, steht Minister Scharping nicht allein da: Insgesamt haben zwölf Mitgliedsstaaten der NATO ihre Kampfunterstützungstruppen für Frauen geöffnet, sieben davon nehmen auch Frauen in der Kampftruppe auf. Zu den Staaten, in denen Frauen auch an Kampfeinsätzen teilnehmen dürfen, gehören zum Beispiel Belgien, Norwegen, Spanien und Ungarn sowie Österreich und Schweden. Mit der Ausnahme von Spanien handelt es sich jedoch um Länder mit kleineren Armeen.

Und nehmen die Frauen ihr Recht, kämpfen zu dürfen, auch wahr? Eher nicht, denn zum einen scheitert ihre Bewerbung häufig an den geforderten körperlichen Leistungen. Zum anderen sind Frauen »an einem Dienst als ›Kämpfer‹ auch weniger interessiert«. In einem Papier des Sozialwissenschaftlichen Instituts der Bundeswehr heißt es dazu: »Trotz völliger Gleichstellung dienen die Frauen in den Streitkräften dieser Gruppe überwiegend in technischen und administrativen Funktionen, im Fernmeldewesen, im militärischen Rechtsdienst, bei der Sanitätstruppe, im Versorgungswesen und in der Verwaltung.«

In Schweden gibt es Frauen, die Panzer fahren. Norwegen hat eine U-Boot-Kommandantin. Eine Französin fliegt einen Mirage-2000-Kampfjet, eine andere ist Kapitänin eines Kriegsschiffs. In den USA können sich Frauen für die Eliteangriffstruppe der Marines qualifizieren, einige Amerikanerinnen fliegen Kampfflugzeuge, Militärhubschrauber und Transportflugzeuge. Und Finnland hatte sogar schon mal eine Verteidigungsministerin. Doch das heißt für die Schlagkraft der Truppen noch nicht allzu viel, denn die Staaten, die Frauen bei Kampfeinsätzen zulassen, haben keine Studien vorzuweisen – den »Ernstfall« gab es bislang noch nicht.

Für Deutschland hat nun zwar auch der oberste Dienstherr ein Machtwort gesprochen, doch nicht alle Soldaten sind mit seiner Entscheidung einverstanden. Das zumindest legen die Ergebnisse einer nicht repräsentativen Umfrage des Sozialwissenschaftlichen Instituts der Bundeswehr nahe: Im März 2000 – also nach der Verkündung des Gerichtsurteils, aber noch vor der Entscheidung des Verteidigungsministeriums – wurden 2.648 männliche Soldaten zu diesem heiklen Thema befragt, und es ist wahrscheinlich, dass vor allem die Hardliner bei ihrer damaligen Meinung geblieben sind.

Bezogen auf den Streitpunkt, ob es für den Einsatz von Frauen in der Bundeswehr Einschränkungen geben sollte oder nicht, kommt die Studie zu einem erstaunlichen Ergebnis: Denn das Pro und Contra hält sich bei den befragten Soldaten die Waage – 50,9 Prozent sind dafür, Frauen in allen Bereichen einzusetzen, die anderen 49,1 Prozent sprechen sich dagegen aus. Interessant ist, dass rund die Hälfte aller befragten Soldaten eine ganz klare Meinung zu diesem Thema hat.

Die Diskussion, wie weit sich die Bundeswehr für Frauen öffnen sollte, kreist vor allem um die Frage, ob Soldatinnen kämpfen dürfen oder nicht. Die Bundeswehrstudie ergibt: 60 Prozent der Befragten sind dafür, dass Frauen auch in Kampfhandlungen eingesetzt werden sollen. Und was ist mit dem Argument, die Streitkräfte würden an Kampfkraft verlieren, wenn Frauen und Männer an der Waffe sind? Auch das sehen knapp 62 Prozent der befragten Soldaten anders, die meisten trauen den Frauen also im militärischen Sinne alles zu – selbst die zum Teil hohen körperlichen Anforderungen (57 Prozent) und das »harte Leben im Felde« (69,2 Prozent).

Gerhard Kümmel und Heiko Biehl, die Autoren der Bundeswehrstudie, weisen jedoch auch darauf hin, dass 15 Prozent der befragten Soldaten prinzipiell gegen eine Öffnung der Bundeswehr für Frauen sind, bzw. 27 Prozent von ihnen sind dafür, Frauen weiterhin nur im Sanitäts- oder Militärmusikdienst einzusetzen.

»Frauen müssen beschützt werden. Sie dürfen deshalb keine Kampfhandlungen ausüben« – dieser Meinung schließen sich 75 Prozent der befragten Soldaten an. In eine ähnliche Kerbe hauen die Soldaten, denen es schwer fällt sich vorzustellen, von einer Soldatin mit der Waffe in der Hand verteidigt zu werden – das sind immerhin 56 Prozent. Soldaten, die stärkere Vorbehalte gegen Frauen in der Bundeswehr haben, gehören zu den »Traditionalisten«. Ihre Haltung beruht auf den Vorstellungen, was das Militär, die Frau bzw. der Mann ist oder sein soll. Da sind die Rollen klar verteilt: Die Männer zeichnen sich durch eine »männliche Aggressivität« aus, sie sind fürs Kämpfen, Töten und Zerstören zuständig. Den Frauen hingegen wird eine »weibliche Friedfertigkeit« zugeschrieben, sie sollen sich um das Nähren, Gebären und Pflegen kümmern. Hinzu kommt, dass die Traditionalisten das Bild des männlichen Kriegers aufrechterhalten wollen. Gerhard Kümmel und Heiko Biehl gehen in ihrer Beschreibung der Bundeswehr sogar noch einen Schritt weiter: »Man könnte sogar vermuten, dass die Streitkräfte für eine bestimmte Gruppe von Männern quasi als Zufluchtsort, als Hort und Ort, wo man noch ein echter Mann sein kann, eine große Attraktivität besitzt.«

Brigitte Schulte, Parlamentarische Staatssekretärin im Bundesverteidigungsministerium, lässt sich von dem Bild der Bundeswehr als Auffangbecken für Machos mit wenig Selbstbewusstsein jedoch nicht abschrecken. Im November 2000 erklärte sie: »Ich glaube nicht, dass die Bundeswehr die Frauen verändert. Im Gegenteil, ich glaube, die Frauen werden die Bundeswehr verändern.«

Sozialwissenschaftliches Institut der Bundeswehr (Hrsg.), Die weitere Öffnung der Bundeswehr für Frauen aus der Sicht männlicher Soldaten, Strausberg, Juli/August 2000; »Kreil gegen Deutschland«, Emma, Januar/Februar 2000.

Bundewehr 3
Soldaten akzeptieren Frauen in der Truppe – sind sie erst mal dabei

Im Herbst 1975 traten die ersten Frauen ihren Dienst in der Bundeswehr an – und zwar im Sanitätsbereich. Damals argumentierte man weniger damit, dass sich Frauen besonders gut als Krankenschwestern und Ärztinnen eignen oder dass man mit diesem Schritt zur Gleichberechtigung im Militär beitragen wolle. Es ging vielmehr darum, die Löcher im Stellenplan der Bundeswehr zu stopfen – es fehlten damals schlichtweg 1.300 länger dienende Sanitätsoffiziere. Die Zahl der Frauen im Sanitätsdienst stieg im Laufe der Jahre immer weiter an, 1994 wurde die Ärztin Verena von Weymarn schließlich als erste Frau in der deutschen Militärgeschichte in den Rang eines Generals befördert.

Im Jahr 1999 dienten 4.350 Frauen im Sanitätsbereich, davon waren 400 Offiziere und mehr als 700 Offiziersanwärter. Im Sanitätswesen arbeiten die Männer also seit etlichen Jahren mit den Frauen zusammen, und da sollte man doch meinen, dass sie ihre Vorurteile gegenüber Frauen in der Truppe bereits etwas abgebaut hätten.

Die männlichen Sanitätssoldaten scheinen jedoch einen »Realitäts-schock« erlitten zu haben, denn sie sind es, die »der Integration von weiblichen Soldaten augenscheinlich skeptischer gegenüberstehen als die Angehörigen der anderen Truppengattungen«. Zu diesem Ergebnis kommen jedenfalls Gerhard Kümmel und Heiko Biehl, die im April 2000 für das Sozialwissenschaftliche Institut der Bundeswehr insgesamt 2.648 männliche Soldaten zu dem Thema »Frauen in der Bundeswehr« befragten.

Doch wie erklärt sich dieser »Realitätsschock«? Die Autoren der nicht repräsentativen Bundeswehrstudie vermuten, dass die Sanitätssoldaten schlichtweg von den Frauen enttäuscht sind. Vielleicht hatten sie sich erhofft, dass die Zusammenarbeit mit Soldatinnen harmonischer und produktiver sei als sie es dann im tatsächlichen Dienstalltag war.

Vermutlich gibt es aber noch einen ganz anderen Grund für die ablehnende Haltung der Soldaten im Sanitätswesen: Denn dort erleben viele Männer die Frauen unmittelbar als Konkurrenz. Sie nehmen wahr, dass es beim Nachwuchs mehr weibliche Offiziere und Unteroffiziere gibt und dass sie bessere Noten in den Prüfungen haben als die Männer.

Insgesamt befürchten knapp 23 Prozent der Befragten, dass ihnen die Frauen den Arbeitsplatz wegnehmen könnten – diese Meinung vertreten vor allem auch die Soldaten auf Zeit, über deren weitere Laufbahn noch nicht entschieden ist.

Viele Sanitätssoldaten ärgern sich aber auch über eine vermeintliche oder tatsächliche Sonderbehandlung der Kolleginnen: Sie müssen zum Beispiel keinen Wachdienst übernehmen, können ihre Haare länger wachsen lassen als die Männer und dürfen dezenten Schmuck tragen. Auch in anderen Bereichen der Bundeswehr sprechen sich mehr als 86 Prozent der befragten Soldaten dafür aus, dass es keine Sonderbedingungen für Frauen geben darf – mit einem kategorischen »Ja« antworteten sogar 63 Prozent.

Zumindest in Sachen Schmuck sind die Männer noch keinen Schritt weitergekommen, denn im Oktober 2000 erklärte das Verteidigungsministerium, dass die bestehende Dienstvorschrift zur Anzugsordnung für Soldaten völlig ausreiche. Demnach dürfen Soldaten in Uniform nach wie vor weder Ohrringe noch anderen sichtbaren Schmuck tragen, erlaubt sind nur zwei schlichte Ringe, Manschettenknöpfe und eine Krawattenspange. Den Frauen jedoch traue man zu, selbst zu entscheiden, welcher dezente Schmuck im Dienst angemessen und zweckmäßig sei: »Eine einheitliche Regelung für Männer und Frauen ist weder notwendig noch sachgerecht.«

Sozialwissenschaftliches Institut der Bundeswehr (Hrsg.), Zwischen Differenz und Gleichheit: Die Öffnung der Bundeswehr für Frauen, Strausberg, Mai 2000; Sozialwissenschaftliches Institut der Bundeswehr (Hrsg.), Die weitere Öffnung der Bundeswehr für Frauen aus der Sicht männlicher Soldaten, Strausberg, Juli/August 2000; »Frauen bei der Bundeswehr dürfen weiter Schmuck tragen«, ap-Meldung vom 3. Oktober 2000.

Bundeswehr 4
In der Kaserne lassen Soldaten die Finger von ihren Kolleginnen

Nun ist es ja nicht so, dass es in der Bundeswehr früher überhaupt keine Frauen gab: 1999 leisteten 57 Frauen ihren Dienst im Musikkorps, 4.350 waren im Sanitätsdienst und rund 49.700 Frauen waren als zivile Bedienstete in den Streitkräften und in der Bundeswehrverwaltung beschäftigt – insgesamt sind das mehr als 54.000 Frauen, die sich trauten, mehr oder weniger »hautnah« mit insgesamt 320.000 männlichen Soldaten zusammenzuarbeiten. In der Verwaltung war das Verhältnis sogar nahezu halbe-halbe.

Und wie steht es mit dem Vorurteil, dass es in gemischtgeschlechtlichen Streitkräften vermehrt zu anzüglichen Bemerkungen, sexueller Belästigung und Vergewaltigungen kommt? Die nichtrepräsentative Umfrage des Sozialwissenschaftlichen Instituts der Bundeswehr lässt Schlimmstes befürchten. Denn von den 2.648 männlichen Soldaten, die im März 2000 befragt wurden, war eine überwältigende Mehrheit von fast 84 Prozent der Meinung: »Mit der weiteren Öffnung der Bundeswehr für Frauen werden die mit Sexualität verbundenen Probleme zunehmen.«

Über das »dunkelste Tabu in gemischtgeschlechtlichen Streitkräften« schreiben denn auch die Experten des Sozialwissenschaftlichen Instituts der Bundeswehr in einem Thesenpapier, das der oben genannten Umfrage vorausging. Zum Vergleich verweisen sie auf die USA, die ebenso wie Israel am meisten Erfahrung mit Frauen in der Armee haben: »Die Wahrscheinlichkeit, sexuell belästigt zu werden, liegt in den US-Streitkräften deutlich höher, manchen Einschätzungen zufolge zwischen drei- und viermal höher als in der Zivilbevölkerung.«

Der Hintergrund: In einer Umfrage unter mehr als 3.600 weiblichen US-Veteranen gaben 55 Prozent an, sexuell belästigt worden zu sein. Zudem berichteten 23 Prozent von sexuellen Gewalterfahrungen während des Dienstes. Das war im Jahre 2000 – also in dem Jahr, in dem die Drei-Sterne-Generalin Claudia J. Kennedy, die ranghöchste Frau im amerikanischen Heer, einen ihrer gleichrangigen Kollegen beschuldigte, sie im Büro unsittlich berührt zu haben.

In einer anderen Untersuchung, die das US-Verteidigungsministerium fünf Jahre zuvor vorlegte, heißt es: 61 Prozent aller befragten Soldatinnen wurden schon mal während des Dienstes sexuell belästigt, vier Prozent wurden Opfer einer versuchten oder vollendeten Vergewaltigung. Schlagzeilen machte in den USA der so genannte Tailhook-Skandal, zu dem es 1991 in einem Hotel in Las Vegas kam: An dem alljährlichen Tailhook-Symposion, das schon lange für seine ausschweifenden Partys bekannt war, nahmen damals etwa 5.000 Personen teil, die vor allem zu den Marinefliegern gehörten. Im Laufe der dreitägigen Konferenz wurden 83 Frauen und sieben Männer sexuell bedroht, eine Frau erstattete Anzeige wegen Vergewaltigung. Die mutmaßlichen Täter – 119 Navy- und 21 Marine-Offiziere – wurden ins Pentagon zitiert, aber niemals vor Gericht gestellt. Die Hälfte der internen Disziplinarverfahren stellte man wegen »Belanglosigkeit« ein, in den meisten anderen Fällen wurden die Männer »nur« mit einem Karriereknick bestraft. Über die Jahre hatte der Skandal negative Auswirkungen auf die Laufbahn von insgesamt 14 Admirälen und nahezu 300 Angehörigen des Marineministeriums.

Alarmierende Zahlen meldet auch die belgische Armee, in der Soldatinnen in allen militärischen Aufgabenbereichen eingesetzt werden. Im Jahr 1998 ergab eine Umfrage unter den Soldatinnen: 35 Prozent wurden mit pornografischem Material konfrontiert, 28 Prozent fühlten sich von eindeutigen sexuellen Angeboten belästigt, fünf Prozent fühlten sich sexuell erpresst und drei Prozent waren Opfer sexueller Gewalt.

Von »gravierenden Problemen mit sexueller Belästigung und sexueller Gewalt« im Militär berichtet auch Uta Klein, Soziologin an der Universität Münster. Die Geschlechterforscherin, die sich unter anderem mit dem israelischen Militär beschäftigte, gibt zu bedenken, dass nur ein Bruchteil der sexuell motivierten Vorfälle überhaupt bekannt wird. Andererseits solle man aber auch nicht annehmen, dass sexuelle Gewalt in den Armeen an der Tagesordnung sei. Ihrer Meinung nach ist die Sexualisierung von Gewalt ein Ergebnis der militärischen Sozialisation, die vor allem in der Grundausbildung mit einer »Verweiblichungsangst« einhergeht: »Frauen werden vor allem als Objekte gesehen: Teile der Ausrüstung und ganze Waffensysteme werden mit weiblichen Namen versehen. Frauen erscheinen vorwiegend im Zusammenhang mit sexuellen Fantasien. Männlichkeit wird mit Gewalt und sexueller Dominanz verbunden... Die Verweiblichungsangst führt zu der Tendenz, Frauen als schwache Objekte zu fantasieren. Deshalb finden sich auch in der soldatischen Sprachstruktur frauenverachtende und frauenfeindliche Ausdrücke.«

Mit Blick auf das amerikanische Militär ist es wahrscheinlich, dass es auch in der Bundeswehr zukünftig nicht mehr Probleme mit sexueller Belästigung gibt als bisher. Die US-Soldatinnen berichten nämlich von ganz anderen Mechanismen: »Heute stehen die Offizierinnen verstärkt vor dem Problem, dass sie isoliert werden, dass man ihnen Informationen vorenthält, dass man sie bei Entscheidungsfindungen ausschließt und sie subtiler spüren lässt, dass sie als Frauen untergeordnet sein müssen«, berichtet die Soziologin Uta Klein.

Auch die Militärsoziologin Ruth Seifert ist überzeugt, dass in der Bundeswehr sexuelle Belästigungen und sexuelle Übergriffe nicht in dem Maße zu erwarten sind, wie sie zum Beispiel in der amerikanischen Armee vorkommen. Die Regensburger Professorin, die zehn Jahre bei der Führungsakademie der Bundeswehr in Hamburg war, geht davon aus, dass »solche Übergriffe in der Bundesrepublik kein großes Problem darstellen werden«.

Allen guten Vorsätzen zum Trotz scheint der Fall der Fälle jetzt aber doch eingetreten zu sein, denn im April 2001 gab es die erste (bekannt gewordene) Vergewaltigung in einer Bundeswehrkaserne: Nach einem Bewerbungsgespräch in der Münchner Sanitätskaserne übernachtete eine 18 Jahre alte Frau in einem Bundeswehrzentrum. Ein 23 Jahre alter Wehrdienstleistender drang in das Zimmer ein, zerrte die Frau in einen anderen Raum und vergewaltigte sie dort. Der beschuldigte Soldat befindet sich in Untersuchungshaft.

Sozialwissenschaftliches Institut der Bundeswehr (Hrsg.), Zwischen Differenz und Gleichheit: Die Öffnung der Bundeswehr für Frauen, Strausberg, Mai 2000; Sozialwissenschaftliches Institut der Bundeswehr (Hrsg.), Die weitere Öffnung der Bundeswehr für Frauen aus der Sicht männlicher Soldaten, Strausberg, Juli/August 2000; www.pbs.org/wgbh/pages/frontline/shows/navy/tailhook/91.html; »Fällt die letzte der Männerbastionen? Zur Öffnung der Streitkräfte für Frauen«, Vortrag von Uta Klein am 14. September 2000 im Wiener Renner-Institut; »Frauen in der Bundeswehr«, Der Tagesspiegel vom 14. Januar 2000; »Vergewaltigung in der Kaserne«, Süddeutsche Zeitung vom 27. April 2001.

Allein, gemeinsam und miteinander

Der israelische Militärhistoriker Martin van Creveld schreibt über das Zusammenleben von Soldatinnen und Soldaten auf dem Flugzeugträger Eisenhower im Jahr 1944: »Hunderte von Anweisungen wurden erlassen, die alles regelten, was männliche und weibliche Rekruten allein, gemeinsam und miteinander tun durften. Doch alle Regeln konnten nicht verhindern, dass 39 Frauen – knapp zehn Prozent – an Bord schwanger wurden und daraufhin das Schiff verließen. Die Navy erklärte, ihr Fehlen habe die Operation nicht beeinträchtigt – wenn das stimmt, ist die Frage angebracht, wozu man sie überhaupt gebraucht hatte.«

»Kelter des Krieges«, Süddeutsche Zeitung vom 28.4.2001, Zitat aus: Martin van Crefeld: Frauen und Krieg, Gerling Akademie Verlag, München 2001.

Bundeswehr 5
Israelische Soldatinnen sind besonders taff

Wenn von Frauen in der Bundeswehr die Rede ist, kommt die Sprache schnell auf die Soldatinnen in Israel, die angeblich nicht nur hübsch sein sollen, sondern auch besonders taff. Ob sich vor allem die schönen Israelinnen zum Militärdienst hingezogen fühlen, können wir nicht beurteilen. Der Kampfgeist und die Schlagkraft der israelischen Soldatinnen lässt sich jedoch anhand von Zahlen und Fakten kritisch beleuchten.

Israel ist weltweit der einzige Staat, in dem es eine Wehrpflicht für (jüdische) Frauen und Männer gibt. Das entsprechende Gesetz trat 1948 in Kraft, der Grundwehrdienst dauert heutzutage 24 Monate. In der israelischen Berufsarmee liegt der Frauenanteil in einzelnen militärischen Bereichen bei mehr als zwölf Prozent.

»Im Gegensatz zu den Streitkräften in Nordamerika und Europa sind

Israels Soldatinnen in einem Frauenkorps zusammengefasst, das seine eigene Hierarchie, seine eigene Versorgung und eigene gesetzliche Regelungen kennt«, erklärt Gerhard Kümmel vom Sozialwissenschaftlichen Institut der Bundeswehr. Diese Sondereinheiten für Frauen besitzen zwar eine recht starke Lobby, wenn es um Frauenfragen in der Armee geht. Bei Diskussionen über allgemeine Themen können die Soldatinnen jedoch nicht ausreichend mitmischen.

Wie wenig Einfluss die israelischen Berufssoldatinnen in den vergangenen Jahren hatten, belegen die Zahlen: 1976 standen den Frauen nur 30 Prozent der militärischen Jobs offen, 1980 waren es 50 Prozent, in den folgenden Jahren stieg der Anteil auf 78 Prozent, denn die Soldatinnen durften immer noch keine unmittelbaren Kampffunktionen übernehmen. Erst vor kurzem entschied sich das israelische Parlament für die Gleichstellung von Männern und Frauen in den Streitkräften – seitdem dürfen Frauen in Notfällen auch an vorderster Front und in Eliteeinheiten eingesetzt werden.

»Die Tatsache, dass in Israel Frauen zum Beispiel auch als Panzerkommandanten, Piloten oder Bootskommandanten ausgebildet werden, berechtigt noch nicht dazu, von einer völligen Gleichberechtigung von Soldaten und Soldatinnen zu reden«, erklärt Gerhard Kümmel vom Sozialwissenschaftlichen Institut der Bundeswehr. »Es ist vielmehr so, dass Frauen auch in den israelischen Streitkräften eher als Hilfspersonal angesehen und verwandt werden, denn als vollwertige Soldaten.«

Der israelische Militärtheoretiker Martin van Creveld drückt sich sogar noch drastischer aus, denn er hält den Triumphzug der Frauen in der Armee für eine »große Illusion«. Seiner Meinung nach haben die Soldatinnen viel zu wenig Einfluss, um tatsächlich etwas zu bewirken: »In Wahrheit stehen die Frauen vor dem Aus.« Der israelische Militärtheoretiker behauptet sogar: Je mehr weibliche Soldaten es gäbe, desto weniger attraktiv seien die Streitkräfte für Männer. Die Eingliederung der Frauen in die Armeen sieht er deshalb als »Symptom und Ursache für den Niedergang des Militärs«.

www.bundeswehr.de; »Fällt die letzte der Männerbastionen? Zur Öffnung der Streitkräfte für Frauen«, Vortrag von Uta Klein am 14. September 2000 im Wiener Renner-Institut; Sozialwissenschaftliches Institut der Bundeswehr (Hrsg.), Zwischen Differenz und Gleichheit: Die Öffnung der Bundeswehr für Frauen, Strausberg, Mai 2000; »Überfliegerinnen im Kampfjet«, Süddeutsche Zeitung vom 12. Januar 2001; »Frauen sollen als Soldatinnen nicht tauglich sein«, Standard vom 18. April 2001; Martin van Creveld, »The Great Illusion: Women in Military«, Millenium 29, Nr. 2 (2000), Seite 429 – 442.

Camel Trophy
Im Geländewagen durch den Matsch – nichts für Frauen

Ein 111 PS starker Turbodiesel treibt jeweils die zweieinhalb Tonnen schweren Landrover an. Die Karawane wirbelt den Sand der Wüste auf oder versinkt im Matsch – je nachdem, wo die knapp 2.000 Kilometer lange Route die Teilnehmer der Camel Trophy entlangführt. Insgesamt 20-mal wurde die Tour seit 1980 ausgerichtet, zum Jubiläum wurden erstmals Boote statt der Geländewagen eingesetzt. Die Zweierteams kommen aus 22 Ländern – von den drei Wochen dauernden Touren quer durch die wildesten Landschaften von Sibirien, Indonesien, von der Demokratischen Republik Kongo (früher: Zaire) und von Chile versprachen sich die Teilnehmer einen »Ausbruch aus dem Alltäglichen«, einen »Aufbruch in fremde Länder und Kulturen, in unbekannte geheimnisvolle Welten«.

Das Abenteuer ruft also bei der Camel Trophy – und da fühlen sich vor allem die Männer angesprochen. Seit 1994 trauen sich aber auch einige Frauen zu, ihren Weg durch die Wildnis zu finden. Den Anfang machten die Französin Carine Duret und die Schwedin Christel Persson – beide hatten einen männlichen Partner an ihrer Seite. 1998 ging das erste Frauenteam an den Start: Die beiden Spanierinnen Emma Roca and Patricia Molina machten ihre Sache gleich so gut, dass sie den »Land Rover Award« gewannen – einen Preis, der an das Team vergeben wurde, dass die meisten auf der Rallye zu entdeckenden Orte aufgesucht hatte. Auch an der 20. und letzten Tour der Camel Trophy im Jahr 2000 nahm ein reines Frauenduo teil: Die beiden Russinnen fuhren mit ihren Schnellbooten von Tonga nach Samoa quer durch die polynesische Inselwelt.

Interview mit Edith Käferböck, Camel-Trophy, Pressestelle für Österreich; 4wd.sofcom.com/LandRover/Camel/Camel.html; www.cameltrophy.at/ct2000/ct_about.htm; www.truckworld.com/Travel-Adventure/98-cameltrophy/stage4-final/stage4.html.

Casanova
Umschwärmte Männer sind nichts zum Heiraten

Keine Frau trägt gerne ein Kleid, das eine andere abgelegt hat. Mit Männern ist sie nicht so wählerisch.

Francoise Sagan

Treue, Fürsorglichkeit und Zuverlässigkeit stehen bei Frauen hoch im Ansehen, wenn sie sich an einen Partner binden wollen. Das bestätigen die Jahr für Jahr gemachten Umfragen. Lässt sie also lieber die Finger von dem umschwärmten Mann, dem die weiblichen Herzen nur so zufliegen? Nein, sagen neuerdings die Forscher. Begründen dies allerdings meist mit Beispielen aus der Tierwelt. Wachtelweibchen lassen sich zum Beispiel am liebsten mit Männchen ein, denen sie gerade beim Kopulieren zugeschaut haben. Und auch Schneehuhn-Damen sind sich in ihren Vorlieben oft einig: Haben sich die Schneehuhn-Herren an bestimmten Orten versammelt – so wie Menschen-Männer in Single-Bars – trippeln die Damen zwischen ihnen herum und picken sich einen zum Sex heraus. Wenige der männlichen Schneehühner haben das ganze Glück: Die erfolgreichsten von ihnen können bis zu 80 Prozent der Schneehühner für sich begeistern.

Der Biologe Lee Dugatkin von der Universität Louisville in Kentucky brachte sogar Guppy-Weibchen dazu, sich von ihrer naturgemäßen Vorliebe zu trennen. Normalerweise versucht ein Guppy-Weibchen, das Männchen mit dem leuchtendsten Orange für sich zu gewinnen. Vor die Wahl gestellt, sich einem einzelnen leuchtenden Original in einem Glaszylinder anzuschließen oder lieber in einem Becken mit einem von anderen Guppy-Weibchen heftig begehrten graugelben Männchen zu schwimmen, entschieden sich Guppy-Frauen für den »Umschwärmten«. Versuche anderer Forscher zeigten ähnliche Ergebnisse.

Warum ist der Casanova so begehrt bei den Weibchen? Evolutionstheoretisch gibt es dafür einige Erklärungen. Schließlich ist es meist das Weibchen, das die Arbeit mit der Aufzucht hat. Aber auch da, wo das Männchen die Aufzucht besorgt, legt das Fischweibchen lieber seine Eier demjenigen ins Nest, der bereits welche hat. Weibchen nutzen also auch eine Art Vorauswahl, halten sich an die Männchen, die von anderen Weibchen schon für gut befunden worden sind. Allerdings, räumten die Forscher ein, sind Vögel und Fische nicht gerade für ihre sprühende Intelligenz bekannt und vielleicht ist das der Grund, sich auf Nachahmung zu verlassen.

Würden individuelle Menschen mit Verstand und freiem Willen sich tatsächlich von der Wahl anderer Leute beeinflussen lassen? Eine spannende Frage fand Dugatkin und tat sich mit dem Psychologen Michael Cunningham zusammen. Sie luden 166 Frauen zum Experiment und stellten ihnen einen erfundenen Bericht gleichaltriger Frauen vor, der angeblich nach einem 20minütigen Interview mit einem gewissen Chris entstanden war. Überraschendes Ergebnis: Je mehr die erfundenen Interviewerinnen von Chris schwärmten, desto interessierter waren die Probandinnen an einem realen Treffen mit diesem Mann. Cunningham meinte: »Die dahinter liegende Annahme der Testfrauen ist, dass er etwas haben muss, was andere für ihn einnimmt.«

Der gleiche Versuch – Chris war jetzt eine Frau – wurde mit einer ähnlichen Anzahl von Männern gemacht. Auch sie sind durch Gleichaltrige beeinflussbar – aber weniger als Frauen. Der Unterschied zwischen den Männern und Frauen wurde noch deutlicher, nachdem sie gebeten wurden, ihr Interesse, Chris zu heiraten, auf einer Skala festzuhalten. Starke Aufmerksamkeit von anderen Männern für die erfundene Chris steigerte das männliche Interesse des Einzelnen nur um 0,5 Prozent. Hatte dagegen eine Frau das Gefühl, andere Geschlechtsgenossinnen seien hinter dem männlichen Chris her, so war das Interesse zwei- bis dreimal so hoch. Fazit: Je begehrter ein Mann, desto bessere Karten hat er bei einer Frau. Allerdings stehen noch weitere Studien dazu aus.

»Was ihr wollt«, Focus, 844/1999; »Move over Casanova«, New Scientist, 9. Dezember 2000; »Frauen wollen begehrte Männer«, Medical Tribune, 16. März 2001.

Chauvi

Mir gehen die Klemmchauvis auf den Sack, die auf breiter Schleimspur der Frauenemanzipation hinterherkriechen.

Joschka Fischer

Chef 1
In den Chefetagen sitzen heutzutage mehr Frauen als früher

Wenn eine Frau die Erfolgsleiter Sprosse um Sprosse höher steigt, schaun ihr alle unter den Rock.

Werner Schneyder

Die Nachricht ging um die Welt: Im Sommer 1999 wurde Carly Fiorina zur Vorstandschefin von Hewlett-Packard ernannt. Als Chief Executive Officer (CEO) und Präsidentin der amerikanischen Computerfirma führt die 45-Jährige nicht nur die Liste der 50 mächtigsten Frauen an, die das Wirtschaftsmagazin »Fortune« erstellt hat. Sie ist auch die dritte Frau, die die Geschäftsführung eines »Fortune 500«-Unternehmens inne hat. Noch mehr Aufsehen erregte sie jedoch dadurch, dass es mit ihr zum ersten Mal eine Frau gibt, die einen »Dow-Jones-30«-Konzern leitet.

Nach wie vor schaffen es aber nur sehr wenige Frauen an die absolute Spitze: Von den Top 500, die »Fortune« jedes Jahr ermittelt, gibt es nur 22 Unternehmen, in denen Frauen die fünf höchst bezahlten Managerposten einnehmen. Das sind weniger als fünf Prozent der Spitzenpositionen.

Bezogen auf Europa gehören Spanien und Belgien zu den Ländern mit den meisten Frauen in Führungspositionen. Dort waren es nach Angaben von Eurostat 7,7 bzw. 7,6 Prozent, Deutschland liegt mit 3,7 Prozent im unteren Mittelfeld der genannten zwölf Staaten, und Italien bildet mit 0,6 Prozent das Schlusslicht.

Auch in Deutschland sind die Führungspositionen also immer noch fest in Männerhand – aber der Frauenanteil steigt von Jahr zu Jahr. Im Top-Management und in den Großunternehmen sind die Zuwachsraten von 1995 bis 1999 jedoch weit niedriger als im mittleren Management und in den mittelständischen Unternehmen, bei den »Großen« erhöhte sich der Anteil weiblicher Manager von 4,8 auf rund 8 Prozent. In den mittelständischen Betrieben sank die Frauenquote sogar leicht von 11,04 auf 10,85 Prozent.

Den höchsten Frauenanteil gibt es im Management der Verbände und Behörden, die Werte liegen dort bei 12,5 Prozent. Beim Vergleich der einzelnen Branchen steht der Einzelhandel am besten da, dort liegt der Frauenanteil in den Führungspositionen bei 16,3 Prozent.

»Zumindest im mittleren Management hat sich einiges bewegt. Dort arbeiten inzwischen fast 20 Prozent Frauen«, erklärt Sonja Bischoff, Professorin an der Hochschule für Wirtschaft und Politik in Hamburg. Bei ihren Untersuchungen von 1986, 1991 und 1998 stellte sie auch fest, dass sich ein deutlicher Wandel bei den Großunternehmen abzeichnet, denn dort seien in den letzten Jahren überproportional viele Frauen eingestellt worden: »Die Großunternehmen besetzten im Schnitt 27 Prozent ihrer Führungsnachwuchs-Positionen mit Frauen, die sie direkt von der Uni engagierten.«

Doch zurzeit sieht die Lage nicht überall so rosig aus: Weder im Zentralbankrat der Bundesbank – einem der wichtigsten und mächtigsten Gremien in der Bundesrepublik – noch im BMW-Vorstand gibt es eine Frau. Im Aufsichtsrat von Siemens sitzen 19 Männer und eine Frau, bei BMW sind es zwölf Männer und zwei Frauen – und diese Liste ließe sich sicherlich noch weiter fortführen.

Aber warum haben es bislang nur so wenige Frauen ins Top-Management und in die Vorstände geschafft? Waren sie nicht so gut wie die Männer? Hatten sie Angst vor den Nachteilen, die die Macht mit sich bringt? Oder sind sie an der »gläsernen Decke« gescheitert? Die Antworten darauf fallen je nach Sichtweise der Experten unterschiedlich aus. Sonja Bischoff weist auf einen ganz anderen Aspekt hin: Denn traditionell hatte nur derjenige gute Chancen auf eine Spitzenposition, der ein Diplom in Wirtschafts-, Rechts- oder Ingenieurwissenschaften vorlegen konnte. Da die jetzigen Vorstandsmitglieder heute um die fünfzig sind, wird deutlich, dass es vor 25 Jahren schlichtweg nur sehr wenige Absolventinnen mit dem »richtigen« Diplom gab: »Wo also sollen die vielen Top-Managerinnen herkommen?«

Hoffnung ist in Sicht: Denn viele Mädchen träumen davon, später mal eine Führungsposition einzunehmen. Das zumindest ergab eine amerikanische Umfrage unter 650 Mädchen und Jungen im Alter zwischen 15 und 18 Jahren. Das Erstaunliche: Die Mädchen sehen sich jetzt und in Zukunft gemeinsam mit den Jungen an der Spitze, während die Jungen sich allein dort oben wähnen. Den Frauen unter 30 ist es tatsächlich auch schon gelungen, auf Gleichstand zu ziehen: Sieben Prozent von ihnen arbeiten in einer Führungspositition, der Anteil ist genauso hoch wie bei den gleichaltrigen Männern. Das ergab der Mikrozensus 2000 des Statistischen Bundesamtes. Auch Sonja Bischoff ist optimistisch: Sie schätzt, dass bis zum

Jahr 2020 mindestens ein Drittel der Führungspositionen von Frauen besetzt sein wird.

»50 Most Powerful Women«, in: www.pathfinder.com/fortune/mostpowerful/1.html; »America's Top Businesswomen«, forbes.com-Artikel vom 28. März 2001; Reinhard Kreissl, Die ewige Zweite, Droemer, München 2000; »Gleiche Noten für Frauen und Männer«, Die Welt vom 6. März 2000; Sonja Bischoff, Männer und Frauen in Führungspositionen der Wirtschaft in Deutschland, Wirtschaftsverlag Bachem, Köln 1999; »Fordert, was ihr kriegen könnt«, Der Spiegel, 47/1999; »Unternehmen, die Frauen für ein Risiko halten, sollten ignoriert werden«, Brigitte special, 2/1998; »Frauen-Power im Management nimmt zu«, Hoppenstedt Presseinformation vom 25. Januar 2000; Bundesministerium für Familie, Senioren, Frauen und Jugend (Hrsg.), Materialien zur Frauenpolitik, Nr. 74/2000; Bundesministerium für Familie, Senioren, Frauen und Jugend (Hrsg.), Frauen in der Bundesrepublik Deutschland, Bonn, März 1998; Gleichberechtigung von Frauen und Männern. Wirklichkeit und Einstellung in der Bevölkerung 1998, Verlag W. Kohlhammer, Stuttgart 1998; »Die Statistik zeigt: Führungskräfte bleiben männlich«, Tagesspiegel online vom 20. April 2001; »Mädchen sind von der Venus, Hightech vom Mars?«, womanticker vom 9. April 2001; »Sehen Sie das Gute in der Macht!«, Marie Claire, 1/2000.

Chef 2
Frauen sind die besseren Chefs

Ich muss zweimal so gut sein und dreimal so viel arbeiten, damit mir drei Viertel des Gehalts und die Hälfte der Anerkennung zugebilligt werden.

Zitat einer amerikanischen Physikerin, die zu den Spitzenkräften gehört

Die meisten Angestellten haben einen männlichen Vorgesetzten. Und deshalb wissen nur wenige aus eigener Erfahrung, wie gut oder schlecht die Zusammenarbeit mit einer Chefin ist. Und dennoch sind viele davon überzeugt, Frauen seien die besseren Chefs: Aber was versteht man in diesem Fall unter »besser«? Sind Chefinnen besser als Chefs, weil sie für die Unternehmen weniger Kosten verursachen? Oder sind sie besser, weil die Mitarbeiter mit einer weiblichen Vorgesetzten besser klar kommen?

Abteilungen, die eine Frau leitet, arbeiten effizienter. Das stellte Sonja Bischoff bei ihren Untersuchungen über Frauen und Männer in Führungspositionen fest. »Frauen… erwirtschaften Leistungen in der Regel mit weniger Mitarbeitern und Kosten«, erklärt die Professorin an der Hochschule für Wirtschaft und Politik in Hamburg. Demnach erledigen fast drei

Viertel der befragten weiblichen Vorgesetzten die anfallenden Aufgaben mit weniger als zehn Mitarbeitern, während etwa die Hälfte der Chefs mehr als zehn Mitarbeiter zur Verfügung haben. Zudem verbringen Frauen in Führungspositionen wesentlich weniger Zeit am Arbeitsplatz. Denn nur jede dritte Chefin hat eine wöchentliche Arbeitszeit von mehr als 50 Stunden, während es bei den Männern zwei Drittel sind. Frauen haben ihr Pensum früher erledigt, weil sie ihren Tag konsequenter planen und mehr Disziplin haben, wenn es darum geht, wichtige von unwichtigen Dingen zu unterscheiden und die anfallenden Aufgaben in Angriff zu nehmen. Frauen in Führungspositionen sind also die besseren Zeitmanagerinnen.

Für die Firmen sind Chefinnen auch noch aus einem ganz anderen Grund lukrativ: Denn viele der weiblichen Führungskräfte verdienen weniger als ihre männlichen Kollegen. Vor allem in kleineren Unternehmen sind die Gehälter der Frauen – sogar auf derselben Führungsebene – wesentlich niedriger als die der Männer. Aber auch die größeren Firmen geben für weibliche Vorgesetzte weniger Geld aus als für männliche. Diese Unterschiede ziehen besonders dann große Kreise, wenn es in einem Unternehmen viele weibliche Führungskräfte gibt: Dann verdienen nicht nur die Chefinnen weniger, sondern auch die Angestellten – weil ja die Hierarchie gewahrt bleiben muss.

In die Kosten-Nutzen-Rechnung bezieht Sonja Bischoff auch noch ein, dass Frauen nach ihrer Ausbildung meist ihrem Arbeitgeber treu bleiben und nicht gleich das Unternehmen wechseln, wenn sie die nächste Karrierestufe anpeilen. Aus Sicht der Firmen sind Chefinnen also tatsächlich die besseren Chefs, weil sie weniger Kosten verursachen.

Doch wie sieht es aus, wenn man die Zusammenarbeit in der Firma betrachtet? Schneiden die Chefinnen dann ebenso gut ab? Noch Ende der 80er Jahre ging man davon aus, dass es einen weiblichen Führungsstil gibt, der sich vom männlichen wesentlich unterscheidet und der sehr hoch bewertet wurde. Mit dem Begriff »soft skills« beschrieb man all die angeblichen Fähigkeiten der Chefinnen: Sie hätten eine größere emotionale Intelligenz, gingen mehr auf die Mitarbeiter ein, könnten besser im Team arbeiten und seien sachlicher und flexibler. Sie dächten weniger in Hierarchien und verhielten sich nicht so autoritär – alles Eigenschaften, die man auch allgemein den Frauen zuschreibt.

Den Chefinnen gehört die Zukunft, das glaubte man zumindest eine

Zeit lang. Es hieß, dass in den 90er Jahren 50.000 Führungskräfte gebraucht würden – und da man befürchtete, nicht genug Männer finden zu können, kamen die Frauen mit ihrem so hoch gelobten weiblichen Führungsstil gerade recht. Die Voraussagen erfüllten sich nicht, denn es gab schließlich doch genügend Männer für die neuen Posten – und damit waren auch die »soft skills« wieder vom Tisch.

»Man muss unterscheiden zwischen dem, was gefordert wird, und dem, was honoriert wird. Gefordert wird Kommunikationsgeschick – honoriert wird Durchsetzungskraft«, erklärt die Karriere-Expertin Sonja Bischoff in einem Interview. Und sie fügt hinzu: »Die Frauen, die oben angekommen sind, wissen ganz genau, dass sie nicht aufgrund ihrer Teamfähigkeit Karriere gemacht haben.« Um Karriere zu machen, brauche man eine gehörige Portion Selbstbewusstsein, und das sei bei den meisten Frauen nicht so stark ausgeprägt.

Je höher die Position ist, desto ähnlicher wird der Führungsstil – und zwar ganz unabhängig vom Geschlecht. Um diesen Mechanismus zu erklären, verweist der Soziologe Reinhard Kreissl auf das Bild von den Rüttelsieben mit immer feineren Maschen: »Wer es schafft, durch die groben Maschen des ersten zu gelangen, der bleibt möglicherweise an der feinmaschigeren Barriere des zweiten hängen. Wer dort noch durch die Löcher passt, der verfügt möglicherweise über zu viele Ecken und Kanten, so dass er am nächsten oder übernächsten Raster scheitert. Am Ende schließlich kommt fein gesiebtes, gleichartiges Material heraus, der graue Staub, aus dem die Macht besteht.«

Bei ihren Untersuchungen stellte Sonja Bischoff fest, dass sich der Führungsstil von Frauen und Männern zwischen 1991 und 1998 immer weiter angeglichen hat: »Grundsätzlich führen Männer und Frauen kooperativ und verhalten sich – wenn es denn sein muss – auch autoritär.« Und zu dem letzten Stichwort gibt es noch einen bemerkenswerten Zusatz: Denn wenn man weibliche und männliche Vorgesetzte auf derselben Führungsebene vergleicht, fällt auf, dass sich Frauen sogar etwas häufiger als Männer autoritär verhalten. Zu einem ähnlichen Ergebnis kam auch das Institut für Führung und Personalmanagement der Universität St. Gallen. Beim Vergleich von Managerinnen und Managern stellten sie fest, dass Frauen zwar einen ähnlichen Führungsstil wie Männer haben, aber bei den Chefinnen überwiegen oft die »patriarchalischen Elemente«.

Die wohl bekannteste Vertreterin eines autoritären Führungsstils war Margaret Thatcher. Nachdem die Politikerin zur ersten Premierministerin Großbritanniens gewählt worden war, kursierten etliche Witze über sie – nach dem Motto »Stimmt das Gerücht, dass Mrs. Thatcher eine Frau ist?« Man zweifelte an der Weiblichkeit der Premierministerin, weil sie keine Widerworte duldete und immer darauf bedacht war, dass alles nach ihren Vorstellungen ablief. Die »taz« kam schließlich zu der Einschätzung, sie sei die »kaltlächelnde Widerlegung eines weiblich-weichen Führungsstils, die stahlharte Widerrede auf die Utopie einer fraulich dirigierten Welt«.

Autoritär oder auch nicht – welche Eigenschaften sind es denn nun, die einen besseren Chef ausmachen? Diese Frage beantworteten 1998 mehr als 1.000 Leserinnen der Frauenzeitschrift »Für Sie«. Die Befragten nannten vor allem fünf Fähigkeiten, die sie von einer Chefin bzw. einem Chef erwarten. Auch wenn die Unterschiede nur gering waren, schnitten die Frauen bei drei Punkten schlechter ab als die Männer: Demnach haben weibliche Vorgesetzte nicht so ein gutes Geschick, Mitarbeiter zu führen und anzuleiten. Sie können unter Stress nicht so gelassen und fair wie Männer bleiben und haben eher mal Probleme damit, ein klares Wort zu sprechen und Entscheidungen zu treffen. Nur in zwei Punkten trauten die Leserinnen den Chefinnen etwas mehr als den Chefs zu: Sie können ihre eigenen Fehler etwas besser eingestehen und Mitarbeiter besser motivieren. Den sechsten Grund hält nur gut ein Drittel der Befragten überhaupt für wichtig – doch dabei gewinnen noch einmal die Chefinnen: Sie sind kreativer als Chefs.

Wenn man den Unternehmensberatern glaubt, schneiden Führungsfrauen in 42 von 52 Kriterien besser ab als die Männer. Zu diesem Ergebnis kommt eine amerikanische Management-Studie, die sich über die Qualitäten von 425 hochrangigen Vorständen von Unternehmen aus der Hightech-Industrie, der Produktverarbeitung und dem Dienstleistungssektor informierten. Jeweils 25 Personen aus ihrem Arbeitsumfeld gaben ihre Bewertungen ab. Das Ergebnis: Frauen durchdenken ihre Entscheidungen besser, sie arbeiten kooperativer, wirken stabiler, handeln weniger aus egoistischen Gründen, sondern bedenken eher die Folgen für die Firma. Vor allem die Anforderungen, die zum heutigen Informationszeitalter gehören, erfüllen die beurteilten Frauen besser als die Männer.

Ob Frauen aber tatsächlich die besseren Chefs sind, lässt sich auch an dem Betriebsklima einer Firma ablesen: Wie gut kommen also die Angestellten mit den Chefinnen klar? Und wie ist das Verhältnis der Führungskräfte untereinander, wenn an der Spitze eine Frau steht? Bei einer Umfrage der Frauenzeitschrift »Maxi« schneiden die Chefinnen auf den ersten Blick nicht so gut ab, denn nur sieben Prozent der Leserinnen kommen mit weiblichen Vorgesetzten besser zurecht, fast ein Drittel bevorzugt einen männlichen Chef. Das Bild wird aber wieder zurechtgerückt, weil es den anderen Leserinnen im Grunde egal ist, ob sie eine Frau oder einen Mann als Vorgesetzten haben. Erstaunlich ist jedoch, was einige Frauen an den Chefinnen bemängeln: Sie seien angeblich launischer und behinderten das berufliche Fortkommen der weiblichen Angestellten. Hinzu kommt, dass befragte Leserinnen bedauern, in einer solchen Firma ihre eigenen weiblichen Reize nicht einsetzen zu können.

Bei ihren Untersuchungen kommt Sonja Bischoff zu dem Ergebnis, dass die meisten der weiblichen und männlichen Vorgesetzten die Zusammenarbeit mit einer Frau für genauso gut wie die Zusammenarbeit mit einem Mann halten – ganz gleich, ob sie ihnen vorgesetzt, gleichrangig oder untergeordnet sind. Männer scheinen jedoch etwas toleranter zu sein, denn für etwa zwei Drittel der befragten Führungskräfte, die eine Chefin haben, spielt das Geschlecht gar keine Rolle. Ein Viertel der Frauen hingegen meint, dass sie es mit weiblichen Vorgesetzten schwerer haben als mit männlichen – bleibt nur die Frage, ob sie tatsächlich schlechtere Erfahrungen gemacht haben oder ihre Chefinnen grundsätzlich etwas kritischer sehen als ihre Chefs.

Auch wenn die Frage danach, ob Frauen nun tatsächlich die besseren Chefs sind, nicht endgültig geklärt werden kann, scheint es doch noch einen Unterschied zwischen den besseren und den schlechteren Chefinnen zu geben: Die besseren haben einen kleineren Busen als die schlechteren. So jedenfalls könnte das überspitzt formulierte Ergebnis einer Umfrage der Gesellschaft für Rationelle Psychologie lauten, an der 3718 Personen teilnahmen. Die seriösen Wissenschaftler stellten tatsächlich fest: »Flachbrüstige Frauen gelten bei Chefs und Kollegen als risikobereiter, ehrgeiziger, erfolgreicher und sind eher zur Chefin geeignet als Frauen mit großem Busen.«

Kleine Brüste, große Karriere – so scheint also die Erfolgsformel der

Chefinnen zu lauten. Zumindest dann, wenn man der Stern-Kolumnistin Heide-Ulrike Wendt glauben darf. Aber ob sich die Zeiten ändern werden?

Sonja Bischoff, Männer und Frauen in Führungspositionen der Wirtschaft in Deutschland. Wirtschaftsverlag Bachem, Köln 1999; »Frauen müssen den Aufstieg wollen«, Süddeutsche Zeitung vom 26. November 1999; »Fordert, was ihr kriegen könnt«, Der Spiegel, 47/1999; »Gleiche Noten für Frauen und Männer«, Die Welt vom 6. März 2000; Reinhard Kreissl, Die ewige Zweite, Droemer, München 2000; »Chef oder Chefin – wem trauen Frauen mehr zu?« Für Sie, 11/1998; Verlagsgruppe Bauer (Hrsg.), Frauen, Job, Karriere, Hamburg 1999; »Frauen sind die besseren Manager(innen)«, womanticker vom 16. November 2000; »Oben ohne nach oben«, Stern, 44/1994.

Was die Deutschen von Chefinnen halten

89 Prozent der Bundesbürger sind weibliche Vorgesetzte willkommen.
60 Prozent der Deutschen glauben, dass Frauen emotionaler führen.
55 Prozent halten sie für offener als männliche Chefs.
48 Prozent sagen, Chefinnen haben einen verbisseneren Führungsstil.
46 Prozent meinen, Frauen auf dem Chefsessel seien partnerschaftlicher.
28 Prozent sagen, Chefinnen verhalten sich intrigant.
28 Prozent schreiben Chefinnen einen autoritären Führungsstil zu.
19 Prozent finden, dass Chefinnen zur Besserwisserei neigen.

Repräsentative Forsa-Umfrage unter 1000 Arbeitnehmern.
»Die meisten haben nichts gegen Chefinnen«, Süddeutsche Zeitung vom 24. Januar 2001.

Computerspiele
Frauen haben keine Lust auf Computerspiele

Action- und Adventure-Spiele stehen hoch im Kurs. Hinzu kommen all die vielen Sport-, Simulations- und Strategiespiele, mit denen sich sechs Millionen Menschen in Deutschland nach Feierabend vergnügen. Für das Ballern und Prügeln, Rennen und Rasen können sich vor allem Jungen und Männer begeistern, fast die Hälfte aller Spielefreaks sind zwischen 20 und 39 Jahren alt.

Und was ist mit den Mädchen und den Frauen? Zumindest in Deutschland haben sie scheinbar wenig Interesse an Computer- und Videospielen, der Frauenanteil unter den Spielern beträgt gerade mal fünf Prozent. In den USA und in Japan ist das jedoch schon ganz anders: In Nordamerika sind bereits 43 Prozent derjenigen, die Computer- und Videospiele nutzen, weiblich. In Japan nehmen sich 95 Prozent aller jungen Frauen die singende Lara-Croft-Kopie Kyoto Date als Vorbild – die weiblichen Kunden gilt es also erst noch bei uns zu entdecken.

Dieser Meinung ist auch Sean Wargo, ein Analyst von PC Data: »Hersteller und Marketingleute haben Frauen eine Zeit lang einfach übersehen.« Über die Gründe dafür kann man nur mutmaßen: Vielleicht liegt es daran, dass die Männer ihre Spiele eher kaufen und die Frauen nur Spiele downloaden, die nichts kosten. Vielleicht sind die Frauen aber auch nur in ihrem Kaufverhalten schwerer einzuschätzen als die Männer. In Fachkreisen heißt es dann: »Die Frauen wissen nicht, was sie wollen.«

Mit ihrer Homepage Womengamers.com stößt Phaedra Boinodiris jedoch auch bei Frauen auf großes Interesse. 5.000 Frauen (und ein paar Männer) informieren sich regelmäßig auf der Website über die neuesten Spiele und tauschen sich über ihre Erfahrungen aus. Mädchen und Frauen wären durchaus für Computerspiele zu haben, meint auch Schelley Olhava von der International Data Corporation in Kalifornien. An den meisten Spielen, die bislang auf dem Markt sind, sei zu bemängeln, dass sie nicht auf die Bedürfnisse von Mädchen und Frauen zugeschnitten sind. Noch schlimmer: Fast die Hälfte der Computerspiele schreiben Frauen ein negatives Image zu – zu diesem Ergebnis kam die amerikanische Organisation »Children Now« im Dezember 2000. Ähnliches kritisiert auch die Psychologin Kathryn Wright: »Viele Spiele vermitteln eine frauenfeindliche Haltung.« Doch so lange die Spieleindustrie auf weibliche Protagonisten setzt, die wie eine »Barbie mit sadomasochistischen Tendenzen, … unrealistischen Körpermaßen, sexy Kleidung und dümmlichen Sprüchen« daherkommen, so lange braucht man sich nicht zu wundern, dass Mädchen und Frauen keine Lust auf solche Spielchen haben, meint die Korrespondentin Rita Neubauer aus Palo Alto. Doch der Playboy-Kolumnist Tony Parsons möchte am liebsten, dass alles so bleibt, wie es ist. Denn: »Videospiele sind die letzte Bastion der Männlichkeit... Das Videospiel lässt alle männlichen Instinkte auf Hochtouren laufen... Ein Videospiel ist die vage Erinnerung daran, dass wir Männer einst die Welt unterworfen haben.« Und dennoch macht der Autor ein paar Vorschläge, wie man die Frauen für Video- und Computerspiele begeistern könnte: »Vielleicht sollte man mal ein Videospiel erfinden, wo die Spielfigur einkaufen geht, über den Ex-Freund heult und nicht einparken kann – so könnte man den weiblichen Markt erobern.«

»Barbies mit sadomasochistischen Tendenzen«, www.diestandard.at vom 27. Februar 2001; »Die Fun-Factory«, BIZZ, 8/1999; »Spielverderberinnen«, Playboy, 10/1999.

Countertenöre
Männer mit einer hohen Stimme sind kastriert

Als der Film »Farinelli« 1995 in die Kinos kam, waren viele Zuschauer von der hohen Stimme des Hauptdarstellers fasziniert. Stefano Dionisi spielte die Rolle des Farinelli, der mit bürgerlichem Namen Carlo Broschi hieß und von 1705 bis 1782 in Italien lebte. Er konnte über drei Oktaven hinweg singen und Spitzentöne über eine Minute hinweg an- und abschwellen lassen.

Hohe Männerstimmen waren seit dem 14. Jahrhundert in der italienischen Chormusik sehr beliebt. Anfangs übernahmen speziell ausgebildete Tenöre diesen Part, seit dem 16. Jahrhundert wurden dafür Kastraten bevorzugt. Auch Farinelli war ein solcher Kastrat: Ihm hatte man schon vor der Pubertät die Hoden entfernt, damit später keine männlichen Hormone ausgeschüttet werden konnten und sich die Stimmbänder nicht verlängerten. Der Stimmbruch blieb deshalb aus, und Farinelli konnte auch als Erwachsener noch mit einer Knabenstimme singen. Doch längst nicht alle Kastraten wurden so berühmt wie Farinelli oder Alessandro Moreschi, der »Engel von Rom«, der noch Anfang des 20. Jahrhunderts im päpstlichen Chor den ersten Sopran sang. Musikforscher fanden heraus, dass nur jeder fünfzigste Kastrat seinen Lebensunterhalt mit dem Singen verdienen konnte.

Auch heute gibt es Männer, die in der Lage sind, sehr hoch singen zu können. Man bezeichnet sie als Countertenöre – doch sie sind nicht kastriert, sondern haben gelernt, ihre Kopfstimme einzusetzen: Dafür lassen sie nur die Ränder ihrer Stimmbänder schwingen. Zum Sprechen kehren die Männer aber in ihre natürliche Tieflage zurück. Zu den in Deutschland bekannten Countertenören gehören Andreas Scholl, Kai Wessel und Orlando alias Roland Kunz, sie singen italienische Barockkantaten und Arien von Bach und Händel.

Ihr Gesang lässt so manche Opernsängerin vor Neid erblassen, und auch die Frauen im Publikum sind begeistert. »Vielleicht ist es das Eunuchensyndrom. Frauen sehen uns als Männer, die ihnen nicht gefährlich werden können«, vermutet Roland Kunz, der Vater zweier Kinder ist.

Eunuchen sind Männer, denen irgendwann im Laufe ihres Lebens die Hoden entfernt wurden – das musste aber nicht wie bei den Kastraten unbedingt vor der Pubertät sein. Als »Eunuchos« bezeichnete man im alten Griechenland die »Betthalter« und die »Kämmerer« – da sie zeugungsunfähig waren, setzte man sie auch gern als Haremswächter ein.

Eunuchen, Kastraten, Countertenöre – bei vielen purzeln diese Begriffe noch immer durcheinander. Auch Roland Kunz wird hin und wieder mal mit Vorurteilen konfrontiert: »Die Leute halten dich vielleicht nicht gleich für kastriert«, erzählt der 34 Jahre alte Countertenor in einem Interview, »aber sie vermuten irgendeinen physischen Defekt.«

»Heintje, aber vom Feinsten«, Allegra, September 1995; »Eine Stimme, schwebend wie im Paradies«, Süddeutsche Zeitung vom 7. November 1996; Karin Hertzer, Mann oder Frau – Wenn die Grenzen fließend werden, Ariston, München 1999.

Das erste Mal
Beim »ersten Mal« tut's immer weh

Das finden Mädchen heute keinesfalls. Rund drei Fünftel von 1.481 befragten Mädchen sagen, dass sie mit dem »ersten Mal« vorwiegend angenehme Gefühle verbinden und es durchaus als etwas Schönes erleben. Nur ein Sechstel der Befragten behielt den ersten Geschlechtsverkehr in unangenehmer Erinnerung. Übrigens machen die meisten Mädchen diese Erfahrung heute mit 16 Jahren. Ein knappes Drittel erlebt das erste Miteinanderschlafen mit 15 Jahren.

Das hängt sicherlich damit zusammen, dass für die meisten Mädchen heute das »erste Mal« kein zufälliges oder überraschendes Ereignis mehr ist. 47 Prozent der befragten Mädchen sagen, sie hätten das Gefühl gehabt, das es nun bald an der Zeit gewesen wäre. 32 Prozent wussten sogar ganz genau, dass »der Tag der Tage« gekommen war. Und nur ein knappes Fünftel wurde von diesem Erlebnis völlig überrascht.

Je länger eine Beziehung dauert, desto eher ahnen Mädchen, dass es demnächst so weit sein wird. Und diese Ahnung hat grundsätzlich auch auf das Erleben des ersten Geschlechtsverkehrs eine positive Wirkung. Und noch etwas Interessantes: Wenn das Erlebnis angenehm ist, dauert die Beziehung mit dem Partner verhältnismäßig lang, bei rund der Hälfte über ein Jahr, während bei Jugendlichen mit mieser Erfahrung die Beziehung schneller zu Ende ist.

Norbert Kluge, Sexualverhalten Jugendlicher heute. Ergebnisse einer repräsentativen Jugend- und Elternstudie über Verhalten und Einstellungen zur Sexualität, Juventa Verlag, Weinheim, München 1998.

Das letzte Wort

Es gibt Frauen, die sogar einem Echo gegenüber das letzte Wort behalten.

Robert Lembke

Denken
Frauen können nicht räumlich denken

Und das soll bei vielen Frauen der Grund sein, warum sie nicht einparken können. Können sie das wirklich nicht? Interessant für Forscher ist, dass Sexualhormone tatsächlich einen Einfluss auf das räumliche Denken haben. Erst kürzlich hat wieder eine Forschergruppe der Ruhr-Universität den Versuch unternommen, die Wirkung der Hormonschwankungen im Laufe des weiblichen Zyklus mit den Fähigkeiten des räumlichen Denkens in einen Zusammenhang zu bringen. Dazu nahmen die Wissenschaftler 12 Teilnehmerinnen innerhalb von sechs Wochen alle drei Tage Blut ab und untersuchten es auf die verschiedenen Hormone. Zusätzlich machten die Frauen am 2. und am 22. Tag ihres Monatszyklus bewährte Tests zur räumlichen Vorstellungskraft in verschiedenen Schwierigkeitsstufen. Bei dem schwierigen, dem so genannten Mental Rotation Test (MRT), waren die Ergebnisse eindeutig: Während ihrer Menstruation schnitten sämtliche Frauen deutlich besser ab als rund um den Eisprung, der sich durch hohe Werte von Östrogen, dem weiblichen Geschlechtshormon, auszeichnet. Zur Zeit der Periode bekommt das Testosteron, ein eher dem Mann zugeordnetes Hormon, mehr Gewicht. Der Psychologe Dr. Markus Hausmann ist seit langem den Sexualhormonen auf der Spur: »Allen unseren Untersuchungen zufolge ist nicht das biologische, sondern das hormonelle Geschlecht entscheidend für bestimmte kognitive Fähigkeiten.« Und so folgerte er, wie auch seine Kollegen und Kolleginnen, dass die Hormone Testosteron und Östrogen fähig sind, das räumliche Denken während des monatlichen Zyklus zu beeinflussen. Zusammen mit Kolleginnen der Universitätsklinik Utrecht untersucht er diese Phänomene auch bei Transsexuellen vor und nach einer Hormonbehandlung – die Ergebnisse weisen in die gleiche Richtung. Eine weitere Bestätigung erhielt Hausmann durch eine andere Studie, die zeigte, dass sich Frauen nach den Wechseljahren in der Art ihrer kognitiven Fähigkeiten kaum mehr von Männern unterscheiden. Und ältere Männer, denen Testosteron verabreicht wurde, steigerten ihr räumliches Denkvermögen. Deutliche Auswirkungen auf den Alltag sollen diese Hormonschwankungen nach Aussage der Wissenschaftler allerdings nicht haben. So glaubt Hausmann nicht, dass

Frauen schlechter einparken als Männer, sofern sie dieselbe Fahrpraxis haben. Denn räumliches Vorstellungsvermögen lässt sich trainieren.

»Sex Hormones Affect Spatial Abilities During the Menstrual Cycle«, Behavioral Neuro science, Vol. 114, No.6, 2000; »Menstruation beeinflusst räumliches Denken«, www.sued deutsche.de, 17. Januar 2001.

Dessous
Modebewusste Italienerinnen geben mehr Geld für Dessous aus als Engländerinnen

Früher trugen die Frauen Unaussprechliches. Was sie heute tragen, ist nicht einmal der Rede wert.

Louis de Funès

Wenn es um die Mode geht, sind die italienischen Designer ganz vorn: Armani, Versace und Dolce & Gabbana kleiden die Damen der Gesellschaft mit extravaganten Modellen ein, und da liegt es recht nahe zu vermuten, dass sich die Italienerinnen auch ihre Dessous einiges kosten lassen. Für die modebewussten Frauen mag das zwar stimmen, nicht jedoch für den Durchschnitt der Bevölkerung. Vergleicht man nämlich die Summen, die europäische Frauen für Unterwäsche investieren, stehen die Italienerinnen ziemlich schlecht da – sie geben jährlich »nur« 100 Mark aus und kommen so auf Platz fünf. Selbst die deutschen Frauen gönnen sich da etwas mehr: Sie kaufen durchschnittlich 4,5 Höschen und 1,3 BHs für insgesamt 109 Mark und stehen damit auf dem dritten Platz. Spitzenreiter in Sachen Dessous sind jedoch die Frauen in Großbritannien – sie geben pro Jahr 125 Mark für Slips & Co. aus.

»Hip in Slips«, XXLiving, Mai/Juni 1998.

Dildo
Lesben brauchen einen Dildo, um richtigen Sex zu haben

Beim lesbischen Sex gibt es praktisch fast nichts, was es nicht auch bei heterosexuellen Paaren geben würde – die Bandbreite geht von zart bis hart. Die einen stehen auf Kuschelsex, langes Vorspiel und Fingerspiele, die anderen auf analen Sex, Fesselspiele und sadomasochistische Praktiken. Die Lesben, die ihre Sexualität ungezwungen leben können, sind beim Liebemachen recht erfinderisch: Sie probieren nicht nur Dildos aus, sondern auch Liebeskugeln und andere Sexspielzeuge.

Und dennoch: Das Vorurteil, Lesben können nur dann »richtigen« Sex haben, wenn sie einen Dildo benutzen, hält sich hartnäckig – vor allem bei den heterosexuellen Männern. Wahrscheinlich gehen sie immer noch davon aus, dass Frauen nur dann einen Orgasmus bekommen können, wenn ein Penis mit im Spiel ist. Doch selbst in heterosexuellen Kreisen sollte es sich eigentlich schon längst herumgesprochen haben, dass es unzählige Alternativen zum Rein-raus-Sex gibt – auch Hetero-Frauen wissen die anderen Spielarten wohl zu schätzen und in diesem Punkt unterscheiden sie sich kaum von den Lesben.

Ob mit dem Dildo, mit den Fingern oder mit der Zunge: Studien haben ergeben, dass die meisten Lesben sexuell zufrieden sind. Sie haben ähnlich viele sexuelle Abenteuer wie heterosexuelle Frauen, zwei Drittel der Lesben leben in einer Paarbeziehung. Und dennoch gibt es einige lesbische Frauen, die Probleme mit ihrer Sexualität haben. Welche Gründe es dafür gibt und was den Frauen helfen könnte – dieses Thema wurde bislang in der deutschen Forschung vernachlässigt. Deshalb läuft zurzeit in München eine Studie über die Sexualstörungen bei lesbischen Frauen. Und wie erklären sich Psycho-Experten die Lustlosigkeit einiger Lesben? Die Münchner Psychoanalytikerin Manuela Torelli vermutet, dass die Diskriminierung von Lesben bis ins Bett hineinwirkt: »Ich möchte herausfinden, wie Frauen mit dieser Diskriminierung auf der unbewussten Ebene umgehen. Da gibt es noch viel zu entdecken.«

Interview mit LeTra, Lesbenberatung in München, Dezember 2000; Susie Bright, Susie Sexperts Sexwelt für Lesben, Krug & Schadenberg, Berlin 1993; Manuela Kay, Anja Müller (Hrsg.), Schöner kommen. Das Sexbuch für Lesben, Querverlag, Berlin 2000; Pat Califia, Wie Frauen es tun. Das Buch der lesbischen Sexualität, Orlanda Frauenverlag, Berlin 1998; »Noch immer ein Tabu?«, Queer, Mai 2000.

Dominanz

Frauen heiraten am liebsten einen großen Mann, weil es sie reizt, ihn kleinzukriegen.

Maurice Chevalier

Dummheit
Dumme Frauen leben länger

Dumme Frauen werden mit gescheiten Männern fertig, aber es bedarf einer sehr klugen Frau, um einen Dummkopf zu lenken.

Rudyard Kipling

Frauen haben heute bei uns eine Lebenserwartung von 79,5 Jahren. Warum sterben manche Frauen mit 60, andere mit 80 und einige wenige mit 100 oder mehr Jahren? Was haben die weiblichen »Methusalems«, was anderen Frauen fehlt? Die neuere Langlebigkeitsforschung ist aufgrund der enormen Fortschritte in Medizin, Biologie und Genetik sehr naturwissenschaftlich orientiert. Ansätze, die die Langlebigkeit von Frauen und Männern durch psychologische, soziale und gesellschaftliche Faktoren zu erklären versuchen, sind dagegen selten. Das genau war der Ausgangspunkt zweier Arbeitsgruppen von Psychologen unter der Leitung der Wissenschaftler Heiner Maier vom Max-Planck-Institut für demographische Forschung in Rostock und Christoph Rott vom Deutschen Zentrum für Alternsforschung in Heidelberg.

Die Rostocker Arbeitsgruppe ging der Frage nach, inwieweit geistige Leistungsfähigkeit mit dem Sterberisiko zusammenhängt. Dazu wurden 1981 dänische Zwillinge im Alter von 75 Jahren und älter über Jahre hinweg begleitet und befragt.

Was sind nun die so genannten »psychosozialen Determinanten von Langlebigkeit«? In Maiers Gruppe waren fünf Jahre nach der ersten Befragung 36 Prozent der Studienteilnehmer gestorben. Dabei zeigte sich, dass – unabhängig vom Geschlecht – geistig rege Menschen ein geringeres Sterberisiko hatten. Überhaupt scheinen produktive Aktivitäten das Leben zu verlängern, während die Selbstpflege und ausgedehnte Ruhephasen offenbar lebensverkürzend wirken. Damit bewahrheitet sich das alte Sprich-

wort »Wer rastet, der rostet«. Und: Wer eine geringere geistige Leistungsfähigkeit besitzt und ein niedrigeres subjektives Wohlbefinden, muss mit
einem kürzeren Leben rechnen. Die kluge, die geistig wendige Frau ist's,
die die Chance hat, länger zu leben als ihre dumme Schwester. Dummheit
und Desinteresse zahlen sich nicht in Lebensjahren aus.

Das Heidelberger Team interessierte sich dafür, ob die Lebensdauer davon beeinflusst wird, wenn Frauen sich mehr auf den häuslichen oder auf
den gesellschaftlichen Bereich konzentrieren. Ihre Studie beruhte auf ausführlichen Befragungen und Tests von über 60-jährigen Frauen und Männern über mehrere Jahre hinweg. Dabei erfassten die Forscher auch die
Daten der während der Studiendauer gestorbenen Teilnnehmer. Ausgangspunkt für die Wissenschaftler Christoph Rott und Insa Fooken war die
Überlegung, dass den Menschen zeitlebens zwei Grundbedürfnisse bestimmen: Sie nannten es »agency« und »communion«. Während »agency« die
eigene Person in den Mittelpunkt stellt, konzentriert sich »communion«
auf familiäre Beziehungen. Diese zwei Bestrebungen sind im mittleren Erwachsenenalter häufig mit der Geschlechterrolle verknüpft: Frauen sind
eher auf die Familie, Männer eher auf den Beruf fixiert. Wird diese Rollenverteilung bis ins hohe Lebensalter verfolgt, bringt sie enorme Nachtei-
le: Überraschenderweise fanden die Forscher heraus, dass Frauen, die sich
zeitlebens auf Familie und Heim konzentrierten und sich stark mit ihren
Kindern identifizierten, eine geringere Lebenserwartung hatten als diejenigen Frauen, die sich interessiert und aufgeschlossen mit gesellschaftlichen
Entwicklungen befassten. Selbst wenn Frauen in höherem Alter sich nicht
mehr ausschließlich um ihre Familie kümmern, sondern beispielsweise ehrenamtlich im sozialen Bereich tätig sind, ändert das nichts an einer ver-
kürzten Lebenserwartung. Der Grund: Sie setzen im Ehrenamt die Familienarbeit nur in anderer Form fort. Rotts Studie legt nahe, dass Frauen wie
Männer davon profitieren, wenn sie sich im höheren Lebensalter von traditionellen Geschlechterrollen lösen: »Letztlich bedeutet das für Frauen,
die eigene Person mehr in den Mittelpunkt zu stellen und sich selbst stärker zu behaupten. Für Männer gilt, um lange zu leben, eher der umge-
kehrte Weg. Sie sollten sich der Familie zuwenden, was durchaus auch bedeutet, ein Stück Selbstbestimmung aufzugeben«, so Rott und Fooken.

Daneben, so die Wissenschaftler, hat vermutlich die soziale Stellung einen erheblichen Einfluss auf das Alter. »Sozioökonomisch benachteiligte

Frauen unterliegen bis ins hohe Alter einem höheren Mortalitätsrisiko als deren besser gestellte Geschlechsgenossinnen«, so Heiner Maier vom Max-Planck-Institut. Was nichts anderes heißt, als dass arme Frauen eher sterben. Und er betont weiter: »Auch wenn man eine Reihe objektiver Gesundheitsfaktoren berücksichtigt, lebt von zwei ungefähr gleich kranken Menschen derjenige länger, der geistig leistungsfähiger ist.«

Doch nicht nur Klugheit und Geld verlängern Frauen und auch Männern das Leben. So haben die Wissenschaftler Thomas Perls und Margery Silver von der Harvard Universität in einer Studie an Hundertjährigen erkannt, dass eine optimistische Lebenseinstellung und Humor nicht zu unterschätzende Faktoren sind. Kommt dazu noch ein gewisser Eigensinn, sind das die besten Voraussetzungen für ein langes Leben. Die bisher älteste Frau, die inzwischen verstorbene Französin Jeanne Calment, hat es mit ihren 122 Lebensjahren vorgemacht. Andere bewundernswerte Vorbilder sind beispielsweise Marion Gräfin Dönhoff mit über 90 Jahren noch Mitherausgeberin der Wochenzeitung »Die Zeit«, und die 101-jährige Queen Mum, Königinmutter in England, die zeigen, wie es gehen könnte.

»Cognitive Function and Self-ratings of Health Predict Survival in Danish Twins Aged 75 Years and Older«, Heiner Maier, Max-Planck-Institut für demographische Forschung und Kaare Christensen, Institute of Public Health, University of Southern Denmark, Odense, Draft of paper to be presented at »42 Kongress der Deutschen Gesellschaft für Psychologie«, 24-28 September 2000, Jena, Deutschland; »›Agency‹ und ›Communion‹ als geschlechtsspezifische Prädiktoren der Langlebigkeit«, Dr. Christoph Rott, Deutsches Zentrum für Altersforschung, Insa Fooken, Universität-Gesamthochschule Siegen, anlässlich des Kongresses der Deutschen Gesellschaft für Psychologie an der Universität Jena, September 2000; »Auf ein langes Leben«, Psychologie heute, Februar 2001; Till Bastian, Lebenskünstler leben länger. Gesundheit durch Eigensinn, Kindler Verlag, München 2000; »Was die Lebensuhr schneller ticken lässt«, einblick, Zeitschrift des Deutschen Krebsforschungszentrums, 04/2000.

Ehe

In der Ehe stammen Drehbuch und Regie vom Mann, Dialoge und Ton von der Frau.

Federico Fellini

Ehe 1

Ledigen Männern geht's besser als verheirateten

Gut gehängt ist besser als schlecht verheiratet.

William Shakespeare

Tatsächlich fanden Wissenschaftler heraus, dass Männer kurz nach der Heirat weniger zufrieden mit der Ehe sind als Frauen. Das kehrt sich allerdings mit der Zeit um. Nach sechs Jahren sind nämlich tendenziell mehr Frauen unzufrieden als Männer.

In einer amerikanischen Studie mit über 6.000 Personen zeigten sich für Männer größere Unterschiede im Wohlbefinden zwischen Verheirateten und Nichtverheirateten als für Frauen. Andere Forscher kamen zu ähnlichen Ergebnissen.

Erklärt wird dieser Unterschied damit, dass Frauen ihre Partner mehr unterstützen als umgekehrt. So führen Frauen im Durchschnitt ein gesünderes Leben als Männer. In einer Ehe profitieren Männer von dieser gesünderen Lebensweise. Denn meist ist es die Frau, die für regelmäßige Mahlzeiten mit vitaminreichen Lebensmitteln sorgt. Bei einem ungesunden Lebensstil wie zu fetter Ernährung, Trinken von Alkohol und Rauchen bilden Frauen sozusagen das schlechte Gewissen der Männer, die soziale Kontrolle. Das bestätigt auch ein Beitrag der »Zeitschrift für Bevölkerungswissenschaft«. So sterben beispielsweise wesentlich mehr geschiedene und ledige Männer nach regelmäßigem und exzessivem Alkoholkonsum an Leberzirrhose als verheiratete. Dagegen werden verheiratete Männer oft von ihren Frauen aufgefordert, zum Arzt zu gehen.

Gleichzeitig neigen Männer eher zu riskanten Verhaltensweisen. In Kraftfahrzeugunfälle mit tödlichem Ausgang sind geschiedene und ledige Männer zwei- bis dreimal häufiger verwickelt als verheiratete Männer der gleichen Altersgruppe.

So verändert der verheiratete Mann durch die partnerschaftliche Beziehung unmerklich seinen Lebensstil, wird risiko- und gesundheitsbewusster. Wird ein verheirateter Mann Vater, so erlebt er das häufig sehr positiv und verhält sich offensichtlich dann auch weniger gesundheitsgefährdend als Personen gleichen Alters ohne Kinder.

Also besser unglücklich verheiratet als gar nicht? Nein, sagen die Wissenschaftler. Das würde in die falsche Richtung zielen. Forscher wie Astrid Schütz und Christof Wiesner stellen fest, dass unglücklich Verheiratete insgesamt stärker gesundheitlich belastet sind als Unverheiratete. »In Bezug auf gesundheitliche Beeinträchtigung rangieren glücklich Verheiratete vor Geschiedenen und diese vor unglücklich Verheirateten«, so die beiden Wissenschaftler. Deshalb warnt Studienautor Ichiro Kawachi von der Harvard Medical School in Boston davor, mit dem Wechsel von der Partnerschaft ins Single-Dasein sich wieder alten Gewohnheiten wie Fastfood statt Obst und Gemüse hinzugeben.

Astrid Schütz und Christof Wiesner, »Partnerschaft und Gesundheitszustand«, in: Peter Kaiser (Hrsg.), Partnerschaft und Paartherapie, Hogrefe, Göttingen 2000.

Ehe 2
Homosexuelle dürfen nicht heiraten

Jahrzehntelang kämpften die verschiedenen Verbände, in denen sich Lesben und Schwule organisiert haben, um die Gleichberechtigung der Homosexuellen. Es ist schon viel erreicht, aber es gibt auch noch viel zu tun – zum Beispiel in Sachen Ehe. Das Argument der homosexuellen Paare: Wenn sich zwei Menschen lieben und miteinander leben wollen, sollten sie auch heiraten dürfen – und zwar mit denselben Rechten und Pflichten, wie sie auch für heterosexuelle Paare gelten. Dagegen sprechen sich konservative Politiker aus. Sie meinen, dass die Homo-Ehe dem Prinzip des Grundgesetzes widerspräche. Artikel 6 GG lautet: »Ehe und Familie stehen unter dem besonderen Schutz der staatlichen Ordnung.«

Mittlerweile ist man einen kleinen Schritt weiter, denn am 1. August 2001 trat in Deutschland das Gesetz zur eingetragenen Lebenspartnerschaft in Kraft. Seitdem können homosexuelle Paare ihre Partnerschaft amtlich eintragen lassen und genießen annähernd gleiche Rechte wie Hetero-Paare. Der Wortlaut von 112 Gesetzen wurde dafür geändert, unter anderem auch die entsprechenden Stellen im Miet-, Erb- und Namensrecht. Wer seine Partnerschaft eintragen lässt, verpflichtet sich dazu, füreinander zu sorgen und im Falle einer Trennung Unterhalt zu zahlen. Diese Lösung geht Bischof Karl Lehmann, dem Vorsitzenden der Deutschen Bischofskonferenz, jedoch schon zu weit: »Die Bedeutung von Ehe und Familie wird damit noch mehr geschwächt.« FDP-Vorsitzender Guido Westerwelle sieht das aber ganz anders: »Wenn jemand seinen zu Tode erkrankten Partner bis zum Schluss pflegt und umsorgt, ist das kein Werteverlust, sondern ein Wertegewinn.«

So »richtig« heiraten dürfen homosexuelle Paare in Deutschland also immer noch nicht. Doch es ist vielleicht nur eine Frage der Zeit, bis sich die hiesigen Politiker ein Beispiel an der Gesetzgebung in den Niederlanden nehmen: Dort dürfen sich seit dem 1. April 2001 lesbische und schwule Paare standesamtlich trauen lassen. Dass die Meldung kein Aprilscherz ist, bewiesen die Schlagzeilen und Fotos, die tags darauf um die Welt gingen. Denn unmittelbar nach Inkrafttreten des Gesetzes – also gleich nach Mitternacht – gaben sich Frank und Peter Wittebrood, Ton Janse und Loues Rogmans, Dolf Pasker und Gert Kasteel sowie Helene Faasen und Anne Marie Thus vor dem Amsterdamer Bürgermeister Job Cohen das Ja-Wort. Ein Vertreter des Standesamtes schätzte, dass in den Niederlanden 15 Prozent aller Eheschließungen auf Homo-Paare entfallen könnten.

Voraussetzung für die Homo-Ehe in den Niederlanden ist, dass mindestens ein Partner seinen festen Wohnsitz dort haben muss. Die homosexuellen Ehepaare können auch niederländische Kinder adoptieren. Wenn in einer Lesben-Ehe eine Frau ein Kind bekommt, wird ihre Partnerin ebenfalls erziehungsberechtigt, wenn sie das Kind adoptiert. Das niederländische Justizministerium gab jedoch zu bedenken, dass die Homo-Ehe möglicherweise nicht in allen Ländern anerkannt wird.

»Kirchen gegen Homo-Ehe«, taz vom 1. Juli 2000; »›Homo-Ehe‹ macht nicht alle glücklich«, vivian, 47/2000; »Weltweit erste Homosexuellen-Trauung«, in: Queer, Mai 2001; »Weltweit erste Homo-Ehen«, in: www.stern.de; »Hochzeit mit allem Drum und Dran«, Berliner Morgenpost vom 2. April 2001.

Ehrenamtliche Arbeit
Mehr Männer als Frauen machen's umsonst

22 Millionen Menschen in Deutschland arbeiten in ihrer Freizeit ehrenamtlich, die Männer sind dabei mit 55 Prozent führend – zu diesem Ergebnis kommt das Forschungsinstitut Infratest Burke in einer Umfrage, die das Bundesfamilienministerium beauftragte. Auch das Nachrichtenmagazin »Focus« meldete, dass der typische Ehrenamtler männlich sei: »Er ist zwischen 41 und 59 Jahre alt und Vater zweier Kinder... Er hat Abitur, arbeitet Vollzeit und in gehobener Stellung mit gutem Gehalt.« Die Männer engagieren sich vor allem in den Rettungsdiensten (Männeranteil: 84 Prozent), in der Politik (73 Prozent), in den Gewerkschaften (69 Prozent) und beim Sport (66 Prozent). Im Gegensatz dazu engagieren sich Frauen lieber für Soziales (Frauenanteil: 67 Prozent), Gesundheit (66 Prozent), Kindergarten/Schule (65 Prozent) und für die Kirche (65 Prozent) – beim Ehrenamt stimmt das Klischee also.

Der Behauptung, es würden mehr Männer als Frauen ehrenamtlich arbeiten, widerspricht die Sozialwissenschaftlerin Dr. Gisela Notz energisch: »Allen anderen Aussagen zum Trotz: Es sind weit überwiegend Frauen, die ehrenamtliche Arbeit leisten.« Ihr Argument: Man müsse streng zwischen dem politischen und dem sozialen Ehrenamt trennen. Denn: Für den politischen Bereich engagieren sich vor allem die Männer – und zwar neben der eigenen Berufsarbeit und meist sogar freigestellt unter Fortzahlung der Bezüge. Hinzu komme, dass sich die meisten Männer in Bereichen engagieren, die mit gesellschaftlicher Macht und Anerkennung und zum Teil mit hohen Aufwandsentschädigungen verbunden sind: Schöffen, ehrenamtliche Richter, Leitungsfunktionen in Vereinen und Verbänden sowie Positionen in Aufsichtsräten. Im sozialen Ehrenamt engagieren sich jedoch vor allem die Frauen. Die meisten von ihnen arbeiten unentgeltlich, stecken noch nicht einmal viel Ruhm und Ehre ein und haben obendrein meist auch noch ein geringes Einkommen oder sind finanziell abhängig von ihren Ehemännern. Und tatsächlich: Knapp die Hälfte aller Frauen, die für eine Studie in Bayern befragt wurde, verdienten weniger als 1.000 Mark pro Monat. Bei den ehrenamtlich engagierten Männern lag der Anteil in dieser Einkommensgruppe bei 7,5 Prozent.

Die Entscheidung darüber, ob nun die Frauen oder auch die Männer »echte« ehrenamtliche Arbeit leisten, wird auch noch durch ein anderes Problem erschwert: »Es gibt keine klare Definition für das Ehrenamt«, erklärt Professor Thomas Rauschenbach von der Universität Dortmund. So lange man den Begriff aber nicht eindeutig fassen kann und sich die Experten darüber streiten, ob das Ehrenamt eine »freiwillige unbezahlte Arbeit« oder eine »unbezahlte soziale Arbeit«, eine »Freiwilligenarbeit« oder ein »freiwilliges Engagement« ist, so lange wird sich wohl auch nicht eindeutig klären lassen, ob sich die Männer tatsächlich mehr als die Frauen ehrenamtlich engagieren.

Gisela Notz kommt jedenfalls zu dem Ergebnis: »Untersuchungen, die feststellen, dass insgesamt mehr Männer als Frauen sich freiwillig sozial engagieren…, zählen die Bereiche Sport, Parteien, Gewerkschaften, Rettungsdienste, Freiwillige Feuerwehr, in denen von fünf ehrenamtlich Arbeitenden nur eine Frau ist, mit zu dieser Arbeitsform.«

»Ehrenamt«, Focus, 49/2000; www.buerger-fuer-buerger.de/ehrenamt.htm; »Frauenarbeit in Selbsthilfe und Ehrenamt«, www.reformwerkstatt-ruhr.de/notz.html.

Eifersucht
Frauen sind eifersüchtige Drachen

Eifersucht ist so alt wie die Menschheit; als Adam einmal spät heimkam, fing Eva an, seine Rippen zu zählen.

Spruch aus Belgien

»O, bewahrt Euch, Herr, vor Eifersucht, dem grüngeäugten Scheusal, das selbst schafft die Speis, die es nährt.« So drastisch und treffend zugleich beschreibt William Shakespeare die Eifersucht – diese menschliche Plage, eine Mischung aus Besitzanspruch und Argwohn. Und der deutsche Volksmund äußert Vergleichbares: »Eifersucht ist eine Leidenschaft, die mit Eifer Leiden schafft.«

Frauen wird der Hang zu Eifersucht häufiger nachgesagt als Männern. Typische Klischee-Bilder: Die Ehefrau durchwühlt heimlich die Taschen ihres Mannes nach fremden Telefonnummern, inspiziert das gebrauchte Taschentuch nach Spuren körperlicher Liebe oder verräterischem Lippenstift.

Ursprünglich war Eifersucht jedoch eine männliche Domäne, die im Zusammenhang mit der Veteidigung der Ehre in früheren Zeiten eine große Rolle spielte. Im 19. Jahrhundert wurde sie jedoch zur weiblichen Eigenschaft umdefiniert und um 1900 waren sich die Experten einig, dass Eifersucht ein größeres Problem unter Frauen als unter Männern sei. Ursache der Eifersucht, so die Fachleute, sei die sich ständig vergrößernde Kluft zwischen häuslichem Bereich und männlicher Arbeitswelt. Beide Geschlechter wurden in Ratgebern vor Eifersucht gewarnt, da dieses Gefühl die Liebe und Harmonie zerstöre. Allerdings war in den Büchern nicht von männlicher Eifersucht die Rede, so, als sei sie allein ein weibliches Gefühl.

Und wie steht es heute mit dieser Emotion? Laut einer Umfrage der Zeitschrift »Elle« sind 82 Prozent der Deutschen eifersüchtig. Männer scheinen jedoch häufiger unter diesem quälenden Gefühl zu leiden. 39 Prozent (Frauen 30 Prozent) gaben an, dauernd eifersüchtig zu sein.

Ob Anthropologen oder Evolutionsbiologen – bis auf wenige Ausnahmen sind sich Wissenschaftler darin einig, dass Männer wie Frauen gleichermaßen und jederzeit von diesem alles vergiftenden Gefühl der Eifersucht überwältigt werden können. Denn dort, wo Liebe mit im Spiel ist, besteht gleichzeitig eine tiefe Sehnsucht nach sexueller Exklusivität. Scheint diese aber bedroht, kommt Eifersucht auf. Dabei ist es völlig gleich, ob die Betroffenen gerade bis über beide Ohren verliebt sind, ein enges Zusammengehörigkeitsgefühl entwickelt haben oder der oder die Eifersüchtige selbst Seitensprünge begeht.

Allerdings, so beispielsweise die amerikanischen Forscher Martin Daly und Margo Wilson, unterscheidet sich die weibliche Eifersucht von der männlichen grundsätzlich. Männer macht allein der Gedanke rasend, ihre Frau läge mit einem anderen Mann im Bett. Sie geraten bei dieser Vorstellung geradezu außer sich vor Wut und greifen den vermeintlichen Rivalen verbal oder körperlich an. Ihr Zorn richtet sich dann auch gegen die Partnerin. Deshalb ist Mord an der Geliebten aus Eifersucht wahrscheinlich auf der ganzen Welt mit Abstand das häufigste Motiv bei Gewaltverbrechen an Ehefrauen.

Wilfried Rasch vom Institut für Forensische Psychiatrie an der FU Berlin beschäftigt sich seit 30 Jahren mit Partnertötungen und hat festgestellt, dass über 90 Prozent der Täter Männer sind. Meistens handelt es sich um paradoxe Verzweiflungsakte: Der Mann tötet seine Frau, weil er sie nicht verlieren will.

Und selbst wenn die Wut ihn nicht zum Mord treibt, sondern sich nach einiger Zeit wieder legt, sind Männer kaum fähig, die Beziehung mit ihrer Partnerin fortzusetzen.

Anders bei Frauen. Sie sind bereit, einen One-Night-Stand des Partners zu übersehen oder sogar eine kurze Affäre zu ignorieren, so lange sie vorübergehend und unbedeutend ist. Bindet sich jedoch der Partner gefühlsmäßig an die Rivalin, schäumt die Partnerin ebenfalls vor Aggression. Sie hat Angst davor, dass sich der Partner von ihr abwendet, weitere Zuneigung verweigert und damit oft auch die finanzielle Unterstützung abzieht. Demnach fürchtet der Mann die sexuelle Untreue, während eine Frau bei emotionaler Untreue rot sieht.

Dieses Phänomen haben Evolutionsbiologen um David Buss mit akribischer Genauigkeit bestätigt. Sie legten Männern und Frauen Elektroden an und forderten sie auf, sich ihren Ehegefährten oder ihre Ehegefährtin bei allerhand beunruhigenden Tätigkeiten vorzustellen. Stellten Männer sich die sexuelle Untreue ihrer Frauen vor, machte ihre Herzfrequenz einen solchen Sprung, wie er sonst nur nach drei kurz hintereinander hinuntergestürzten Tassen starken Kaffees üblich ist. Zudem begannen sie zu schwitzen. Stellten sie sich jedoch aufkommende Zuneigung zu einem anderen vor, beruhigten sie sich wieder, wenngleich die Frequenz sich nicht auf den Normalspiegel einpendelte. Bei Frauen war es genau umgekehrt.

Um festzustellen, ob es sich wirklich um ein evolutionäres Erbe handelt und nicht nur um ein in den USA typisches Verhalten, wurden in den USA, in Deutschland und den Niederlanden parallele Studien durchgeführt. Die Ergebnisse waren überall dieselben: Männer reagierten besonders auf den Gedanken sexueller Untreue, Frauen fanden emotionale Untreue schwerwiegender.

Die amerikanischen Wissenschaftler Christine R. Harris und Nicholas Christenfeld stellen jedoch die Annahme in Frage, dass diese unterschiedlichen Reaktionen angeboren seien. Ihr Ergebnis aus einer Studie, an der 55 Männer und 82 Frauen teilnahmen: Frauen machen sich weniger Sorgen, wenn es sich um einen sexuellen Seitensprung handelt, weil sie davon ausgehen, dass Männer Sex ohne Liebe genießen können. Es bedeutet also nicht unbedingt, dass der Partner sich in die andere Person verliebt hat. Männer dagegen glauben, dass Frauen nur dann eine sexuelle Beziehung haben, wenn auch Liebe mit im Spiel ist.

»Wer sich unzulänglich, unsicher oder übermäßig abhängig fühlt, neigt im Allgemeinen mehr zu Eifersucht«, ist die amerikanische Anthropologin Helen Fisher überzeugt. Der amerikanische Wissenschaftler Donald Symons meint dagegen, dass der Mann viel mehr über seine Frau wacht, da er sich ja nie ganz sicher sein kann, ob er wirklich der Vater seiner Nachkommen ist. »Es besteht immer die Gefahr, dass das begrenzte Fortpflanzungspotenzial seiner Frau von anderen Männern in Anspruch genommen wird und dass es die Nachkommen eines anderen Mannes sind, um die er sich kümmert« schreibt er. Aus diesem Grund sind seiner Meinung nach Männer anfälliger für Eifersucht als Frauen. Denn ein gehörnter Mann war schon immer Zielscheibe des allgemeinen Spotts.

Auch wenn in unserer Gesellschaft Eifersucht ein oft verachtetes Gefühl ist, so rehabilitierte (der Wiener Psychoanalytiker) Sigmund Freund dieses Image: »Die Eifersucht gehört zu den Affektzuständen, die man ähnlich wie die Trauer als normal bezeichnen darf. Wo sie im Charakter und im Benehmen eines Menschen zu fehlen scheint, ist der Schluss gerechtfertigt, dass sie einer starken Verdrängung erlegen ist und darum im unbewussten Seelenleben eine umso größere Rolle spielt.«

Helen Fisher, Anatomie der Liebe. Warum Paare sich finden, verbinden und auseiander gehen, Droemer Knaur, München 1993; Ingrid Frisch, Eine Frage des Geschlechts? Mimischer Ausdruck und Affekterleben in Gesprächen, Röhrig Universitätsverlag, St. Ingbert 1997; »Besessen bis zum Mord«, Liebe, Spiegel special, 5/1995; Robert Wright, Diesseits von Gut und Böse. The moral animal. Die biologischen Grundlagen unserer Ethik, Limes, München 1996; Helen Fisher, Das starke Geschlecht. Wie das weibliche Denken die Zukunft verändern wird, Wilhelm Heyne, München 2000; »Grund zur Eifersucht«, Psychologie heute, März 1997; Mary Batten, Natürlich Damenwahl. Die Paarungsstrategien in der Natur, Deutscher Taschenbuch Verlag, München 1994; »Eifersucht«, Psychologie heute, Mai 1997.

Einkaufen 1
Mit Männern kann man nicht shoppen gehen

Frauen sind zum Einkaufen geboren, Männer dagegen sterben dabei tausend Tode – zu diesem frustrierenden Ergebnis kommt Rebecca Krieger in der Frauenzeitschrift »Für Sie«. Die Kolumnistin ist davon überzeugt, dass eine Shopping-Tour mit dem Liebsten fatale Folgen hat und garantiert in eine Beziehungskrise führt. Das jedenfalls legt eine britische Studie nahe: »Jeder zweite Einkaufstrip endet im Streit. Die befragten Frauen bereuten einhellig, ihre Partner zum Einkaufen mitgenommen zu haben, und ihre Männer legten Stresswerte an den Tag, die denen von Kampfpiloten und Polizisten im Einsatz entsprachen.«

Doch wie kommt es, dass Männer angeblich keine Lust zum Duett-Shopping haben? Rebecca Krieger nennt vier Gründe:

1. Männer gehen nicht einkaufen, sie kaufen ein. Wenn sie etwas Passendes gefunden haben, nehmen sie gleich drei Stück davon – und damit ist der Einkauf für sie erledigt.

2. Männer haben keinen Schimmer von der Sinnlichkeit eines Einkaufsbummels. Sie lassen sich nicht von der Atmosphäre begeistern, die eine elegante Boutique ausströmt, und können sich auch nicht freuen, mal über weichen Kaschmir zu streichen.

3. Männer denken zweckmäßig nach dem Motto: »Brauchen wir das wirklich?« Da bleibt kein Raum für Träume und Hoffnungen auf eine bessere Zukunft. Sie tun so, als ob ihnen alles gefallen würde, was die Frau ihnen zeigt – aber nur deshalb, weil sie so schnell wie möglich wieder aus dem Laden rauswollen.

4. Männer sind sparsam und freuen sich diebisch, wenn sie beim Einkaufen einen Rabatt raushandeln können. Was sie da eigentlich kaufen, interessiert sie weniger. Wichtiger ist ihnen der Triumph, beim Verkaufsgespräch gewonnen zu haben.

Aber keine Angst – es gibt sie doch noch, die Männer, mit denen man gemütlich durch die Boutiquen und Kaufhäuser bummeln kann. Zumindest meldeten sich nach dem Erscheinen der Kolumne »Mit Männern kann man nicht shoppen« einige Leserinnen, deren Partner gern mit zum Einkaufen gehen. Ines Elvert schreibt zum Beispiel: »Da habe ich mit meinem Mann wohl eher Glück gehabt. Sind wir in der Stadt, ist er eigentlich derjenige, der sagt: ›Schatz, wie gefällt dir das?‹ Ob Parfums, Outfits, Haushaltswaren oder Werkzeuge, wir sehen es uns gemeinsam an. Es ist sehr angenehm, mit ihm bummeln zu gehen.«

So emanzipiert die Frauen auch sind – zumindest beim Weihnachtseinkauf zählen viele immer noch auf ihre Männer. Davon ging 1999 jedenfalls die Stadt Göppingen aus. Und um den nörgelnden Männern die verkaufsoffenen Samstage vor dem Fest so angenehm wie möglich zu machen, dachte man sich in der schwäbischen Kreisstadt etwas ganz Besonderes aus: Die Konsummuffel konnten in einem Männerhort abgegeben werden. Die Frauen mussten sich lediglich entscheiden, wo sie ihre Männer abliefern wollten. Würden sie sich die Zeit lieber beim Dartspielen oder beim Golftraining vertreiben? Oder wäre es nicht besser, sie eine Weile lang am Rennsimulator fahren oder mit der Modelleisenbahn spielen zu lassen? Auf dem Programm standen auch ein Finanzmanagement-Seminar, ein Mini-Kochkurs und ein Anti-Stress-Programm. Wem das alles nicht zusagte, konnte den Liebsten auch im Kino abliefern – dort lief der Film »Männer«.

Olaf Hinrichsen, im Göppinger Rathaus zuständig für die Öffentlichkeitsarbeit, war von der Idee des Männerhorts begeistert. Am Tag vor der ungewöhnlichen Aktion gab er den Journalisten zu Protokoll: »Wenn der Test morgen klappt, wollen wir den Männerhort künftig an jedem ersten Samstag im Monat eröffnen.«

»Mit Männern kann man nicht shoppen«, Für Sie, 8/2000; »Dialog«, Für Sie, 11/2000; »Quengler kommen in den Männerhort«, Süddeutsche Zeitung vom 5. November 1999.

Einkaufen 2
Egal welches Geschlecht: Top-Verdiener geben gleich viel für ihr Outfit aus

Knapp 7.200 Mark investieren berufstätige Frauen jährlich für Kleidung, Schuhe, Uhren und Schmuck, für die Körperpflege, den Friseur und die Kosmetikerin. Männern ist ihr äußeres Erscheinungsbild jedoch nur die Hälfte wert – zu diesem Ergebnis kamen Professor Barbara Seel und Dr. Rainer Hufnagel von der Universität Hohenheim, die das Konsumverhalten allein lebender Frauen und Männer mit einem monatlichen Nettoeinkommen von bis zu 10.000 Mark verglichen.

Die Top-Verdiener geben am meisten Geld für Kleidung und Schuhe aus: Um up to date zu sein und im Büro immer eine gute Figur zu machen, investiert Sie jährlich mehr als 5.000 Mark in Kostüme, Hosenanzüge, Kleider und Pumps. Er hingegen kommt mit 2.400 Mark aus – denn seine

Anzüge, Oberhemden und Schuhe werden nicht gar so schnell wieder unmodern.

Und wie steht's bei den Accessoires? Treiben nicht wenigstens die Liebhaber alter Armbanduhren, modischer Krawattennadeln und schöner Manschettenknöpfe die Zahlen für die Männer in die Höhe? Nein, lautet da die Antwort der Finanzexperten. Denn statistisch gesehen kommt er auf nur knapp 220 Mark pro Jahr. Sie hingegen gibt fast 500 Mark für Uhren und Schmuck aus.

Ganz ähnlich sieht es auch in puncto Körperpflege aus: Ganz gleich, ob es sich nun um Cremes, Shampoos und Parfums handelt oder um den Besuch beim Friseur oder bei der Kosmetikerin – den berufstätigen Frauen scheint eine gepflegte Erscheinung wesentlich wichtiger zu sein als den Männern. Denn während sie knapp 1.650 Mark pro Jahr investiert, zahlt er noch nicht einmal 650 Mark für die Körperpflege.

Besonders drastisch wirkt der Vergleich, wenn man die Unterschiede bei den Ausgaben bis zur Rente hochrechnet. Rainer Hufnagel: »Frauen lassen sich ihr perfektes Aussehen in 40 Berufsjahren 160.000 Mark mehr kosten als Männer.«

Interview mit Dr. Rainer Hufnagel von der Universität Hohenheim.

Einkaufen 3
Frauen gehen gern shoppen, aber nicht online

In Deutschland ist der tägliche Einkauf überwiegend Frauensache – zu diesem Ergebnis kam eine Umfrage der Immobilienberatung Healey & Baker, die knapp 7.000 Personen in zwölf europäischen Staaten befragte. In der Bundesrepublik übernehmen Frauen rund 84 Prozent aller Besorgungen, in Frankreich, Großbritannien und den Niederlanden sind es 70 Prozent. In Schweden scheint die Gleichberechtigung schon recht weit vorangeschritten zu sein: Dort beteiligen sich die Männer fast zur Hälfte am Einkaufen.

Die deutschen Frauen scheinen sich aber nicht unbedingt darüber zu beklagen, dass sie fürs Einkaufen zuständig sind – zumindest haben drei Viertel aller Frauen beim Sommerschlussverkauf so »richtig Spaß am Shopping«, nur sechs Prozent haben kein Interesse daran, sich an den

Wühltischen zu tummeln. Das ergab eine repräsentative Markt-Media-Studie, bei der 5.000 Frauen befragt wurden. Ob der alltägliche Einkauf den Frauen aber auch an all den anderen Tagen im Jahr »richtig Spaß« macht, wissen wir leider nicht.

Doch wie gut, dass man zum Einkaufen heutzutage gar nicht mehr aus dem Haus gehen muss: Lebensmittel, Garderobe, Möbel und was der Mensch sonst noch so zum Leben braucht, kann man mittlerweile ja auch per Knopfdruck bestellen und nach Hause liefern lassen. Vorausgesetzt man besitzt einen Computer mit Modem oder mit ISDN-Anschluss und möglichst auch eine Kreditkarte. E-Commerce heißt hier das Zauberwort.

Auch wenn die Online-Verkäufe an den Endverbraucher nicht so gut laufen wie vorhergesagt, wird der virtuelle Marktplatz doch aufmerksam beobachtet. Zunächst hatten die Online-Firmen die männlichen Kunden im Visier, denn sie boten vor allem Computer und das entsprechende Zubehör im Internet an. Doch das hat sich mittlerweile geändert, denn es gibt auch immer mehr E-Commerce-Seiten speziell für Frauen.

Trotz allem: In Deutschland interessieren sich immer noch mehr Männer als Frauen fürs Online-Shopping, wobei sie anteilig nur knapp vorn liegen – laut einer Untersuchung der Gesellschaft für Konsumforschung vom März 2001 kaufen 26 Prozent der Männer, die im Internet sind, auch online ein, bei den Frauen sind es 25 Prozent. In den USA sieht das Bild etwas anders aus: 1999 nutzten dort 40 Prozent der Frauen das Netz vor allem zum Einkaufen, bei den männlichen Surfern lag der Anteil nur bei 30 Prozent. Doch für den Umsatz kommt man auf ein ähnliches Ergebnis wie in Deutschland, denn die amerikanischen Männer geben online mehr Geld aus als die Frauen.

Doch alle Experten sind sich einig: Die Cybergirls sind im Kommen, in einzelnen Bereichen haben sie die Männer auch schon überholt. So stellte zum Beispiel der Online-Monitor der Gesellschaft für Konsumforschung fest, dass 24,6 Prozent der Frauen, die einen Netzanschluss haben, Kosmetikartikel und Körperpflegeprodukte online kaufen. Dieses Angebot nehmen aber nur 7,5 Prozent der Männer wahr. Aus den USA kommt noch eine weitere Meldung: Dort haben erstmals mehr Frauen als Männer online eingekauft – und zwar vor Weihnachten. Zwischen dem 20. November und dem 26. Dezember 2000 meldeten die Marktforscher von BizRate.com, dass die Einkäufer im Netz zu 55 Prozent Frauen sind. Ihr

Anteil hatte sich von Jahr zu Jahr gesteigert. 1998 lag er noch bei 39 Prozent und ein Jahr später schon bei 49 Prozent. Chuck Davis von BizRate.com erklärte in einem Interview, dass das gute Ergebnis auf ein größeres Online-Angebot von Kosmetika, Schmuck und Spielzeug zurückzuführen sei.

Laut Peoplesupport ist der Frauenanteil aber nicht nur im Weihnachtsgeschäft, sondern übers ganze Jahr hinweg höher als der Männeranteil: Eine Umfrage des amerikanischen Instituts ergab nämlich, dass fast zwei Drittel der Internet-Shopper Frauen sind.

Geschäftsführer Lance Rosenzweig findet das auch ziemlich logisch: »Frauen sind traditionell für 80 Prozent aller Haushaltseinkäufe zuständig, also ist es ganz normal, wenn sie auch in der Online-Welt die führende Rolle übernehmen.«

Zum Schluss aber noch einmal kurz zurück zu den Weihnachtseinkäufen, denn die Umfrage von BizRate.com liefert uns noch ein Schmankerl: Denn es sind nicht die Frauen, sondern die Männer, die in der letzten Woche vor Weihnachten zuschlagen. Ihr Anteil macht nämlich 54 Prozent der Last-Minute-Shopper aus. Und je näher das Fest rückt, desto mehr kommen die Männer auf Trab – 24 Prozent der männlichen Online-Shopper kaufen auch noch am Heiligen Abend die letzten Geschenke.

»In Deutschland ist Einkaufen überwiegend Frauensache«, www.icn4u.de/TopNews/9289/; »Sommerschlussverkauf«, womanticker vom 2. August 2000; »Internetnutzung von Frauen: Drei kleine feine Unterschiede«, womanticker vom 4. April 2001; »Mehr Frauen im Web«, PC-Welt vom 23. März 2000; »Women Out-clicked Men as Online Holiday Buyers«, www.emarketer.com vom 2. Januar 2001; »USA: Frauen und Männer nutzen das Internet zu gleichen Teilen«, womanticker vom 11. Februar 2000; »US-Frauen sind die E-Konsumentinnen«, womanticker vom 29. Mai 2000.

Ejakulat 1
Männer haben 10.000 Schuss

Einer neuen Wahrheit ist nichts schädlicher als ein alter Irrtum.

Johann Wolfgang von Goethe

Diese hinter vorgehaltener Hand weitergegebene Volksmeinung kursiert auf Pausenhöfen, in Sportvereinen, bei der Bundeswehr und in Kneipen;

also immer dort, wo sich Jungen und Männer treffen und besorgt darüber debattieren, ob nicht doch eines Tages der Saft plötzlich versiegt.

Einige Väter sprechen noch heute von 3.000 bis maximal 20.000 »Schuss« und erschrecken damit ihre Sprösslinge. Verunsichert grübeln die darüber nach, ob sie nun Hand an sich legen oder ihren kostbaren Samen lieber für wichtigere Gelegenheiten aufbewahren sollten.

Eine absolut unbegründete Angst verfolgt da die Männer, denn von der Pubertät bis zum Tod produzieren die männlichen Hoden Spermien. Häufige Samenergüsse ändern daran nichts – eher im Gegenteil. Allenfalls kann ein medizinischer Eingriff den Samenfluss verringern. Wer freilich über einen längeren Zeitraum ohne ersichtlichen Grund einen Schwund an Samenmenge entdeckt, sollte sich zur Sicherheit ärztlich untersuchen lassen.

34 befragte Schüler zwischen 13 und 15 Jahren einer Münchner Hauptschule; Vivien Marx, Das Samenbuch. Alles über Psyche und Potenz, über Fruchtbarkeit und Verhütung, über Treue und Untreue, über Umweltgifte und Zeugungskraft, Eichborn, Frankfurt/Main 1997; Robin Baker, Krieg der Spermien. Weshalb wir lieben und leiden, uns verbinden, trennen und betrügen, Limes Verlag, München 1997.

Ejakulat 2
Nur Männer können ejakulieren

Kürzlich bat eine Frau eine Newsgroup im Internet um Hilfe: »Ich habe seit kurzem einen neuen Freund. Er fragte mich, ob ich schon mal eine Ejakulation erlebt hätte ... Was ist das?« Was Frauen des 21. Jahrhunderts nicht ohne weiteres geläufig ist, galt bei unseren Vorfahren in der griechischen Antike als Binsenweisheit: Damals schon hielt der griechische Arzt Hippokrates seine Beobachtungen ohne Schnörkel fest: »Frauen werden nicht weniger als Männer von nächtlichen Pollutionen beunruhigt; und bei Witwen und bei denen, die von hysterischen Leiden geplagt werden, bricht eine sehr reichliche Menge des Samens hervor durch Kitzeln der Geschlechtsteile.« Auch im babylonischen Talmud finden sich Hinweise auf den weiblichen »Lustfluss« als »weißer Samen«.

Erst im 19. Jahrhundert wurde die weibliche »Fontäne der Lust« verleugnet. Das allerdings bis heute weitgehend erfolgreich. Der anerkannte

Mediziner Rudolf von Virchow hatte 1853 zwar auf die Ähnlichkeit zwischen einer weiblichen, Flüssigkeit produzierenden Drüse und der männlichen Prostata hingewiesen – seine Forschungsergebnisse nahm jedoch kaum jemand zur Kenntnis.

Kinsey schrieb 1954 über die Ejakulation nur, sie sei »das einzige Phänomen der sexuellen Reaktion, das bei Mann und Frau nicht in entsprechend gleicher Form eintritt«. Die Sexualforscher William Masters und Virginia Johnson bekräftigten 1970: »Im Reaktionszyklus des Mannes ist die wichtigste Reaktion selbstverständlich die Ejakulation, der keine vergleichbare Reaktion der Frau entspricht.«

Erst nachdem der Gynäkologe Ernst Gräfenberg Anfang der 80er Jahre des 20. Jahrhunderts den so genannten G-Punkt entdeckt hatte, eine Stelle in der Vagina, die sehr empfindlich auf Streicheln und sanften Druck reagiert, begann eine heftige Diskussion unter den Wissenschaftlern.

So wurden im Jahr 1989 in den USA und in Kanada 1.289 weibliche Beschäftigte des Gesundheitswesens dazu befragt. Von ihnen nahm man an, dass sie »besonders geschult in der Körperbeobachtung« seien. Die Ergebnisse decken sich mit denen einer Untersuchung der Kölner Sexualforscherin und Ärztin Sabine zur Nieden: 39,9 Prozent dieser Frauen gaben an, schon einmal einen plötzlichen Flüssigkeitserguss im Augenblick des Orgasmus gehabt zu haben. Ein weiteres Drittel war sich »nicht sicher«.

Es gibt sie also doch, die weibliche Ejakulation. Doch auch heute noch sind viele Frauen verunsichert und peinlich berührt, wenn sie während des Orgasmus größere Mengen an Flüssigkeit ausstoßen. Häufig glauben sie, aus höchster Lust gepinkelt zu haben. Weil viele Frauen, die sexuell erregt sind, das Gefühl haben, die Kontrolle über ihre Blase zu verlieren, unterdrücken sie lieber ihr heftiges Lustempfinden, um derartige »Unfälle« zu vermeiden.

In ihrer unbegründeten Angst werden sie von Wissenschaftlern und Ärzten auch noch bestärkt. So berichten Patientinnen, dass Ärzte ihnen weismachten, es gehe nur Urin ab und Tabletten dagegen verschrieben. Gunter Schmidt, Leiter der Abteilung für Sexualforschung an der Universität Hamburg, tut das Phänomen als »geheime Phallusfantasie von Frauen« ab.

Dabei haben die geheimnisvollen Drüsen, die für das Ejakulat verantwortlich sind, bereits einen Namen: Skene'sche Drüsen. Das sind kleinste

Gefäße innerhalb der Vagina, dort wo die Blase in die Harnröhre mündet. Bewiesen scheint mittlerweile auch, dass das weibliche Ejakulat Harnstoffe enthält, aber auch eine erhöhte Menge der sauren »Prostata-Phosphatase« eines Enzyms, das auch im männlichen Ejakulat vorkommt.

Sicherlich gibt es auch Frauen, die kein Ejakulat beim Orgasmus ausstoßen. Bei anderen variiert die Menge – kein Grund also zur Sorge.

»Weibliche Ejakulation«, Quelle: 5054/messages/10/40.htm, 12. Januar 2000; »Fontäne der Lust. Neue Beweise für die uralte These, dass auch Frauen ejakulieren«, Die Woche, 11. November 1994; Bo Coolsaet, Der Pinsel der Liebe. Leben und Werk des Penis, Kiepenheuer&Witsch, München 1999.

Elternzeit
Immer mehr Väter nehmen die Elternzeit in Anspruch

Es gibt Männer, die keine Kinder haben. Und es gibt Männer, die eine Frau für ihre Kinder haben.

anonym

Soll er oder soll er nicht? Diese Frage bewegte einige Monate lang ganz Großbritannien. Denn die Premiersgattin Cherie Blair hatte öffentlich verkündet, was sie von ihrem Ehemann Tony nach der Geburt des gemeinsamen vierten Kindes erwartet: Er solle in den Vaterschaftsurlaub gehen – weil seine Regierung kurz zuvor diese Möglichkeit eingeführt hatte und sie es auch für ihre eigene Familie gut fände. In Fernsehinterviews erklärte die hochschwangere Juristin, dass sich auch schon andere Politiker einige Zeit um die Kindererziehung gekümmert hätten. Als positives Beispiel erwähnte sie den finnischen Regierungschef Paavo Lipponen, der bereits zweimal Erziehungsurlaub genommen hatte. Die Briten wägten das Für und Wider der Argumente ab, und schließlich sprachen sich fast 60 Prozent dafür aus, dass Tony Blair regieren – und nicht die Windeln wechseln – soll.

Damit fügt sich der Premierminister in das traditionelle Bild ein: Der Vater geht zur Arbeit und verdient den Hauptteil des Einkommens für die

Familie, die Mutter kümmert sich erst einmal um die Kinder und den Haushalt. Wenn man jedoch heutzutage die deutschen Väter fragt, ob sie sich vorstellen könnten, nach der Geburt ihrer Kinder ein paar Wochen oder Monate zu Hause zu bleiben, dann sind die meisten von ihnen begeistert: Zwei Drittel der westdeutschen Männer finden es grundsätzlich gut, dass Väter die Elternzeit in Anspruch nehmen können. Das ergab 1991 eine Umfrage des Instituts für praxisorientierte Sozialforschung in Mannheim. Wenn es jedoch darum geht, sich diese Möglichkeit in der eigenen Familie konkret vorzustellen, sieht das Ergebnis schon etwas anders aus. Dann äußert sich nur noch die Hälfte der Befragten positiv, für die andere Hälfte ist es nicht vorstellbar, dass in der eigenen Familie ein Mann die Elternzeit in Anspruch nehmen würde.

Fragt man jungverheiratete Männer vor der Geburt des ersten Kindes nach ihren Plänen, ob sie oder ihre Partnerinnen die Elternzeit in Anspruch nehmen wollen, antwortet jeder zehnte »weiß nicht«. 4,7 Prozent der westdeutschen Männer wollen die Elternzeit später mit ihrer Partnerin teilen. Nur 0,5 Prozent planen, sich selbst um Kind und Haushalt zu kümmern. In den neuen Bundesländern scheinen die Männer aufgeschlossener zu sein: Jeder fünfte befragte Mann würde die Elternzeit später gern teilen, nur 2,5 Prozent der Männer wollen bis zu drei Jahre beim Kind bleiben. Zu diesen Ergebnissen kam 1998 das Staatsinstitut für Familienforschung an der Universität Bamberg.

Und wie sieht es aus, wenn das Kind dann auf der Welt ist und die Eltern sich entscheiden müssen, wer zu Hause bleibt? Wunsch und Wirklichkeit klaffen da noch stark auseinander: »Die Zahl der Väter, die Erziehungsurlaub in Anspruch genommen hat, bewegt sich in den letzten Jahren immer um zwei Prozent«, erklärt das Familienministerium im Februar 2000. Genauere Aussagen seien nicht möglich, da diese Daten nur auf freiwilliger Basis erhoben werden – im Zusammenhang mit der Zusage des Erziehungsgeldes.

Beim Ost-West-Vergleich fällt auf, dass die Mütter in den neuen Bundesländern die Elternzeit seltener in Anspruch nehmen (74 Prozent) als die Mütter in den alten Bundesländern (90 Prozent). Die befragten ostdeutschen Mütter bleiben durchschnittlich 19 Monate lang zu Hause, während es bei den westdeutschen Müttern 27 Monate sind.

Fazit: Bereits 1986 wurde das Gesetz verabschiedet, das den Anspruch auf Erziehungsgeld und Erziehungsurlaub garantiert. 14 Jahre später entscheiden sich nur knapp zwei Prozent der deutschen Väter dafür, diese Möglichkeit auch tatsächlich wahrzunehmen. Vergleicht man die absoluten Zahlen, dann beantragen mehr als 400.000 abhängig beschäftigte Mütter die Elternzeit, aber nur rund 6.000 Väter.

Bei den Umfragen stellte sich übrigens heraus, dass sich die Paare meistens völlig einig sind, wer die Elternzeit in Anspruch nimmt. 79 Prozent der Eheleute stimmen in ihren Vorstellungen überein, dass sich nur die Frau beurlauben lassen wird. Lediglich bei zwei Prozent bestanden ernst zu nehmende Meinungsverschiedenheiten – in der Regel wollte sich der Mann um die Kinder kümmern, die Frau hatte jedoch andere Pläne.

Die Mütter scheinen sowieso wesentlich mehr dazu beizutragen, dass sie und nicht die Väter zu Hause bleiben, als gemeinhin angenommen wird. Während die Männer auf die finanziellen Einbußen und die negativen beruflichen Konsequenzen hinweisen bzw. den »Erziehungsurlaub für Väter« grundsätzlich ablehnen, gehen viele Frauen davon aus, sich besser um die Kinder kümmern zu können: 92 Prozent wollen das Kind selbst betreuen, 65 Prozent wollen zunächst »ganz für das Kind da sein«, erst dann folgen die Argumente über die besseren Verdienstmöglichkeiten und Karrierechancen der Partner (45 Prozent). »Viele Frauen ›beanspruchen‹... geradezu den Erziehungsurlaub für sich«, stellte das Bundesfamilienministerium 1998 fest. Die Begründung liefert drei Jahre später eine Umfrage des Instituts Infratest Burke: Demnach sind 55 Prozent der Frauen der Meinung, dass sie sich in Erziehungsfragen schlichtweg besser auskennen als die Männer. Ein ähnliches Stimmungsbild ergab eine Befragung des Statistischen Bundesamtes, denn da behaupteten 47 Prozent der Frauen (und 53 Prozent der Männer): »Es ist für alle Beteiligten besser, wenn der Mann voll im Berufsleben steht und die Frau zu Hause bleibt und sich um den Haushalt und die Kinder kümmert.«

Wer Kinder hat, muss etwas zurückstecken – sollte man meinen. 80 Prozent der Väter fühlen sich jedoch durch die Existenz eines Kindes »in keiner Weise beruflich oder sonstwie eingeschränkt«. Zu diesem Ergebnis kommt eine Studie des Deutschen Jugendinstituts in München. Rund 80 Prozent der Mütter sehen das ganz anders, für sie bedeuten Kinder allemal eine Einschränkung im Berufsleben: Die meisten steigen vorübergehend aus ihrem Job aus, obwohl sie das Hausfrauen-Dasein nicht besonders

spannend finden und das Männerleben als »besser« und »schöner« bezeichnen.

In den skandinavischen Ländern sei die Situation viel besser als bei uns,
heißt es. Stimmt, denn seit Mitte der 90er Jahre gibt es zum Beispiel in
Schweden den »Papamonat« – und dieses Angebot nimmt mittlerweile jeder dritte Vater wahr: Wenn die Männer eine Vaterschaftspause einlegen
wollen, erhalten sie 85 Prozent ihres vorherigen Einkommens. Der Anspruch verfällt jedoch, wenn die Männer ihn nicht nutzen. Das Deutsche
Jugendinstitut ist jedoch nicht besonders optimistisch: »Selbst unter ver-
gleichbaren ökonomischen und sozialen Bedingungen wie in Schweden
(ist) auf absehbare Zeit keine Parität von Männern und Frauen in dieser
Hinsicht zu erwarten... Das bedeutet nach unserer Einschätzung, dass der
Erziehungsurlaub... auf absehbare Zeit im Wesentlichen ein Projekt von
Müttern bleiben wird.«

Dass es in Deutschland in Sachen Gleichberechtigung noch einiges zu
tun gibt, zeigt auch ein Blick auf das Titelbild des »Stern«: Im März 2001
berichtete die Zeitschrift ausführlich über Frauen, die Beruf und Karriere
unter einen Hut bekommen. Die Schlagzeile lautete »Kinder und Karriere?
Wie Frauen heute den Konflikt zwischen Job und Familie lösen«. Sensa-
tionell wäre jedoch eine ganz andere Schlagzeile gewesen: »Kinder und
Karriere? Wie Männer heute den Konflikt zwischen Job und Familie lösen«.

»Familienvater in Entscheidungsnot?«, Focus 14/2000; Schreiben des Bundesministeriums
für Familie, Senioren, Frauen und Jugend vom 28. Februar 2000; Bundesministerium für Familie, Senioren, Frauen und Jugend (Hrsg.), Väter und Erziehungsurlaub, Verlag W. Kohlhammer, Stuttgart 1999; Bundesministerium für Familie, Senioren, Frauen und Jugend
(Hrsg.), Gleichberechtigung von Frauen und Männern. Wirklichkeit und Einstellung in der
Bevölkerung 1998, Verlag W. Kohlhammer, Stuttgart 1998; »Mehrheit der Frauen hält Väter
in Erziehungsfragen für unfähig«, yahoo.com-Meldung vom 20. April 2001; »Papa ante Por-
tas«, Süddeutsche Zeitung vom 28. April 2001; »Wie zeugungsfähig ist Vater Staat?«, Der
Spiegel, 15/2001; »Vorbilder im Ausland«, Stern, 10/2001; »Kinder und Karriere? Wie Frau-
en heute den Konflikt zwischen Job und Karriere lösen«, Stern 10/2001.

Emanzipation

*Man muss das Selbstbewusstsein der Männer stärken, denn selbstbewuss-
te Männer haben keine Angst vor emanzipierten Frauen.*

Julia Dingwort-Nussek

Erfindungen
Alle großen Erfindungen kommen von Männern

Viele Dinge, die wir ständig im Alltag benutzen, die uns das Leben angenehmer machen oder die wir als praktisch, kurios oder genial bezeichnen,
wurden von Frauen erfunden: Vom Kaffeefilter über das Tipp-Ex bis zur
Currywurst, vom Büstenhalter über die Wegwerf-Windel bis zum sprechenden Pinkelpott – die Ideen dazu stammen allesamt von Frauen. Die
Beispiele sind Ihnen zu banal, das sei alles nur Weiberkram?

Keine Sorge, Frauen können noch mehr. Vor allem im Bereich der Medizin sind viele sehr erfindungsreich: So entschlüsselte die Amerikanerin
Dorothy Crowfoot Hodgkin mit Hilfe von Röntgenstrahlen den Aufbau
von mehr als 100 Molekülen – unter anderem von Penicillin, Vitamin B
12, Vitamin D und Insulin. Asma Ismail aus Malaysia erfand ein Mittel,
um Typhus schnell nachzuweisen, und auch das berühmte Herpes-Mittel
mit dem Wirkstoff Acyclovir stammt von einer Frau.

Hand aufs Herz: Hätten Sie gewusst, dass eine Frau die Scheibenwi-
scher für Autos erfunden hat? Sie heißt Mary Anderson, das Patent erhielt sie im Jahre 1905. Oder haben Sie schon mal den Namen Stephanie
Louise Kwolek gehört? Sie erfand in ihrem Labor ein Material, das fünf-
mal so hart wie Stahl ist, dessen spezifisches Gewicht aber nur halb so
groß wie Glaswolle ist. Es heisst Kevlar und wurde weltberühmt, weil
man daraus unter anderem kugel- und feuersichere Westen herstellen
kann.

Auch in Sachen Computer können Frauen sehr wohl mitreden: Bereits
um 1830 schrieb Ada Lovelace Byron Programme für mathematische Berechnungen, die Tochter des englischen Dichters Lord Byron gilt als die erste Informatikerin. Rund hundert Jahre später verfasste Magdalene Villa-
ruz die Programme für einen der ersten »echten« Computer. Den sprechenden Computer erfand die Elsässerin Martine Kempf 1986, das Gerät

wird heute vor allem in der Mikrochirurgie verwendet. Und wenn Ihnen COBOL etwas sagt, dann haben Sie vielleicht auch schon mal von Grace Hopper gehört – sie war es nämlich, die die berühmte Computersprache entwickelte.

»Männliche« Kaffeemaschinen und Kläranlagen

Wenn von Männern die Rede ist, dann (Spot an!) wird sie hervorgezogen, die Negativliste »männlicher« Kultur, »männlicher« Technik, »männlicher« Gesellschaftsorganisation. (Die bewegte Frau) schreibt über Briefmarken sammelnde Mannsbilder die herrlichsten Vernichtungsfeuilletons, Dreckschleuder-Kritiken und Missachtungstraktate, wirklich hoch amüsant – aber die Briefmarke erfindet sie nicht. Deshalb ist auch keine Beschwerde über das »männliche« Postwesen, den »männlichen« Toaster, die »männliche« Spülmaschine, die »männlichen« Telefone, die »männlichen« Kaffeemaschinen, »männliche« Kläranlagen, »männliche« Fußbodenheizungen, »männliche« Radio- und Fernsehgeräte, »männliche« Fachwerkhäuser, »männliche Gewächshäuser«, Skilifte, Sanitärkeramik oder Rigipsplatten zu hören.

Paul-Hermann Gruner, Frauen und Kinder zuerst

Die Liste der Erfinderinnen ließe sich noch endlos fortführen, und dennoch tauchen beileibe nicht alle genialen Frauen in den Geschichtsbüchern auf. Denn einige teilten ihr Wissen mit ihren Ehemännern oder Geschäftspartnern, die den Ruhm dann allein einstrichen. Andere unterschätzten ihre Ideen, ließen sie nicht schützen und mussten ohnmächtig mitansehen, dass später jemand anders damit berühmt wurde. Und heutzutage kommt für viele Frauen erschwerend hinzu, dass es einige tausend Mark kosten kann, um eine Erfindung patentieren zu lassen. Da braucht es schon ein dickes finanzielles Polster und einen wirklich festen Willen, um nicht an den Auflagen des Deutschen bzw. des Europäischen Patentamtes zu scheitern.

Die tüftelnden Hausfrauen machen jedoch nur einen kleinen Teil der Erfinderinnen aus. Unterstützt werden sie vom Deutschen Erfinderverband und vom Deutschen Erfinderring, sie können ihre Ideen auch bei der jährlich stattfindenden internationalen Ausstellung »Ideen – Erfindungen – Neuheiten« (IENA) in Nürnberg vorstellen. Die Erfahrung zeigt jedoch, dass die Erfinderinnen die größten Chancen haben, die an Universitäten und Forschungsinstituten arbeiten.

Und wie viele Erfinderinnen gibt es nun? Die Autoren des Fernsehberichts »Patente Frauen« sprechen davon, dass der Anteil der Frauen unter den Erfindern zwischen sechs und zwölf Prozent liegt – sogar unabhängig davon, ob es sich um einen Staat in der Dritten Welt oder um ein Industrieland handelt. Auf weniger als zehn Prozent kamen auch die Veranstalter der Erfindermesse, die 1998 in London stattfand. Für Deutschland geht der Freiburger Patentvermarkter Tobias Krebs von insgesamt 30.000 Erfindern aus – das heißt, es gäbe etwa 2.700 Erfinderinnen.

Auch wenn es noch wesentlich weniger Frauen als Männer sind, die etwas erfinden, geht doch immer noch Qualität vor Quantität. Denn: »Über 90 Prozent der Patente werden als unbrauchbar erklärt... Wer vergeudet also seine Zeit, um nutzlose Patente anzumelden? Die Männer wahrscheinlich, denn jüngste Studien legen nahe, dass Erfinderinnen relativ erfolgreich sind«, schreibt Mary Bellis in einem Online-Artikel über berühmte Erfinderinnen.

Die amerikanische Expertin geht davon aus, dass die meisten Erfindungen von Privatleuten durch fünf Prozent Kreativität, fünf Prozent Recherche und 90 Prozent Egoismus zustande kommen – und das Ego ist nach Meinung der Autorin nur selten ein Grund für Frauen, um ein Patent anzumelden. Die Redakteurin vermutet: »Frauen orientieren sich eher an den Gegebenheiten des Marktes.«

Eine wichtige Hürde haben jedoch alle Erfinderinnen zu nehmen, wenn sie wirklich erfolgreich werden wollen: Sie müssen schweigen können. Diesen Rat legt auch Claire Lingard all ihren Kolleginnen wärmstens ans Herz. »Wenn eine Frau eine Idee hat, möchte sie allen davon erzählen, aber das darf sie nicht. Das ist sehr schwierig, das kann ich wirklich sagen«, erzählt die britische Unternehmerin, die einen reflektierenden Magnetstreifen für Autos erfand, damit sie im Dunkeln besser erkennbar sind. »So hart es ist, man muss seine Absicht für sich behalten, bis das Patent da ist. Dann kann man es allen erzählen, und niemand kann es einem wegnehmen.«

Patente Frauen, Vox am 29. September 1998; www.inventors.about.com/education/inventors; »Düsentriebs Hürdenlauf«, taz vom 26. Februar 2000; http://fair/iena99/press.dbm; www.invention-ifia.ch; www.uni-kl.de/Ada-Lovelace/ada.htm.

Erfolg

Der Weg zum Erfolg ist voll von Frauen, die ihre Männer vorwärts schieben.

Walter Harrison

Ernährer
Männer waren schon immer die Ernährer der Familie

Der Mann begab sich auf die gefährliche Jagd von Mammuts und Bären. Stolz blickte er dem Feind ins Gesicht, während die Frau im Schutz einer Höhle die gemeinsamen Kinder umsorgte und hin und wieder Früchte von Sträuchern und Bäumen zupfte und genießbare Wurzeln aus der Erde grub, um die Fleischmahlzeiten der erfolgreichen Jäger anzureichern.

So etwa stellten wir uns viele Jahre lang das Leben unserer Vorfahren vor. Und zahlreiche Archäologen und Anthropologen unterstützten diese Klischees: Solche Bilder prähistorischen Alltags vermitteln die Geschichtsbücher in Wort und fantastischen Illustrationen. Denn schließlich beruhte die Rekonstruktion der Geschichte auf Grabungsfunden, greifbaren Beweisen vergangenen Menschenwerks. Diese Arbeitsaufteilung – so die althergebrachte Vorstellung – war auch der Grund, warum die für den Menschen typische Familienstruktur im Laufe der Millionen Jahre entstanden war. Die Männer sicherten das Überleben ihrer Frauen und Kinder und trugen maßgeblich zu deren Ernährung bei.

Das von Männern geprägte Menschenbild unserer Vorfahren hat leider einen gravierenden Schönheitsfehler. Anhand des Studiums der Lebensgewohnheiten heutiger Jäger- und Sammler-Völker stellten Archäologen und Anthropologinnen überall auf der Welt überrascht fest, dass es nicht die oft tagelang jagenden Männer einer Jäger-Sammler-Gesellschaft sind, die die entscheidende Rolle der Versorgung der Sippe mit Nahrung inne haben, sondern es sind die älteren Kinder, Mütter und Großmütter, die nachweislich den Hauptteil der Nahrung zusammentragen. Regelmäßig stellen die Frauen etwa 80 Prozent der Mahlzeiten bereit, so die Wissenschaftler. »Nüsse, Melonen, wilde Zwiebeln, Pflaumen, ein Hase oder eine Schildkröte, Vogeleier, Krabben oder ein Stück einer unendlich wertvollen Honigwabe gehörten zu den Grundnahrungsmitteln und Leckereien«, mit denen die Frauen ins Lager zurückkehrten, stellte die amerikanische Anthropologin Helen Fisher fest. Darüber hinaus brachten sie wichtige Informationen mit über die besten Wasserstellen, über Spuren wilder Tiere und die genauen Aufenthaltsorte großer Tiere, beispielsweise von Antilopen.

Erlegten die Männer nach tagelanger, manchmal sogar wochenlanger Verfolgungsjagd eines dieser großen Tiere, dann bekamen zunächst Freunde und Partner die besten Stücke davon, ebenso Geliebte oder solche, die es werden sollten. Da blieb gar nicht mehr so viel für die »daheimgebliebenen« Frauen und Kinder.

Auch die amerikanische Archäologin Olga Soffer, die die Ausgrabungsstätte Dolni Vestonice in Tschechien untersuchte, war von der Frage getrieben: »Wie sollten die Menschen damals ihre Existenz allein auf die Mammuts gegründet haben?« Schließlich gibt es immer nur wenige Tiere, verteilt auf weite Gebiete. Und die Jagd ist gefährlich. Im tschechischen Dolni Vestonice, einem Lager der Steinzeitahnen, fand die Wissenschaftlerin ganz spezielle Muster auf Tonplättchen. Zurück in Amerika zeigte sie die Einbuchtungen ihrem Kollegen James Adovasio. Der erkannte darin Abdrücke von Textilstruktur. Gemeinsam enträtselten sie die in regelmäßigen Abständen geknüpften Knoten: Es mussten Netze sein, Fangnetze für die Jagd. Wenn Menschen der jüngeren Altsteinzeit Tiere mit Netzen fingen, dann konnten auch Frauen ohne weiteres an der Jagd beteiligt gewesen sein, folgerte Soffer. Zumindest würden diese Netze erklären, warum in der Ausgrabungsstätte fast die Hälfte aller Knochen von Kleintieren stammten. Schließlich zeigten und zeigen sich immer noch Frauen in anderen Gebieten der Welt geschickt darin, mit Hilfe von Fallen kleine Tiere zu fangen.

Nicht das selten erbeutete Großwild-Fleisch der Männer sicherte also das Überleben dieser Gruppen, sondern vor allem die Fleißarbeit der Frauen beim Sammeln und Fangen kleiner Tiere.

Auch die Männer des australischen Inselvolkes der Meriam, die ihre Zeit hauptsächlich mit dem Jagen von Schildkröten und dem Speerfischen verbringen, füllen damit nicht die Mägen ihrer Lieben. Denn das Sammeln von Schalentieren, das ausschließlich Frauensache ist, bringt wesentlich mehr ein, berichtet das Anthropologenteam um Rebecca Bliege Bird von der Universität von Utah. Es mache keinen Sinn, das Verhalten der Männer mit Nahrungserwerb zu erklären, so die Forscherinnen weiter. Vielmehr wollen diese Männer mit riskanten Jagdmanövern potenziellen Partnerinnen und Konkurrenten ihre Kühnheit beweisen.

Dass die tägliche Ernährung Sache der Frauen ist, davon überzeugten !Kung-Frauen die amerikanische Anthropologin Helen Fisher in der Kalahari. Zwar stehen dort gute und geschickte Jäger in hohem Ansehen – auch bei den Frauen. Doch die Männer bringen nur jeden vierten Tag Fleisch nach Hause. Das bedeutet, dass bis zu 75 Prozent der Ernährung allein von den Frauen bestritten wird.

Wissenschaftler vieler Fachrichtungen sind sich heute einig, dass unsere jagenden und sammelnden Vorfahren in nahezu gleichberechtigten Verbänden zusammenlebten. »Die ursprüngliche menschliche Lebensweise«, so Helen Fisher, »basierte auf Verschiedenartigkeit und Gleichberechtigung.« Diese Gleichheit wurde mit der Erfindung des Pflugs und des damit verbundenen Sesshaftwerdens ihrer Meinung nach zerstört. Mit dem Beginn der Landwirtschaft, der Anhäufung und Verteidigung von Privatbesitz, weiterer technologischer und wirtschaftlicher Veränderungen ging der Frau ihre einstige entscheidende Rolle in der Produktion sowie ihre soziale Stellung, die sie in der Urzeit genossen hatte, verloren.

Natalie Angier, Frau. Eine intime Geographie des weiblichen Körpers, C. Bertelsmann Verlag, München 2000; Helen Fisher, Das starke Geschlecht. Wie das weibliche Denken die Zukunft verändern wird, Wilhelm Heyne Verlag, München 2000; »Evolution brachte Frauen ein langes Leben und die Menstruation«, Frankfurter Rundschau vom 24. Januar 1998; »Der verzichtbare Mann«, Der Spiegel, 15/1998; »Der mit dem Fisch protzt«, www.spiegel.de/wissenschaft, 9. April 2001; Helen Fisher, Anatomie der Liebe. Warum Paare sich finden, sich binden und auseinander gehen, Droemer Knaur, München 1993.

Erste Geige

So musikalisch ist jede Frau, dass sie in der Ehe die erste Geige spielen will.

Johannes Heesters

Essen
Männer sind Allesfresser

Die meisten Männer essen, um satt zu werden. Sagen sie selbst. Dem widerspricht die deutsche Motivations- und Kognitionsforscherin Gisla Gniech aus Bremen entschieden: »Männer wollen sich Kraft und Potenz anfuttern.« Und wo scheint ein Stück (Lebens)kraft enthalten zu sein? Die Werbung suggeriert es den Männern seit Jahren: im Fleisch. Nicht nur deshalb nennen Männer am häufigsten Fleischgerichte als beliebteste Speise. Amerikanische Untersuchungen zeigen, dass Männer gern alle Sorten Fleisch und Braten, Milch, Bier und mexikanische Gerichte mögen. In einer großen Untersuchung zu Vorlieben bei Speisen und Gewürzen unter berufstätigen Erwachsenen wurde auch in Deutschland dieses Muster gefunden. Ganz oben auf der Hitliste stehen Fleischgerichte wie Jägerschnitzel, Currywurst mit Brötchen, Rindswurst mit Pommes, Schlachtplatte, Schweinshaxe, Wildschwein und Bockwurst. Bei den Gewürzen lieben Männer es mit Peperoni hauptsächlich scharf.

Interview mit Professor Gisla Gniech, Institut für Psychologie und Kognitionsforschung, Universität Bremen; Gisla Gniech, Essen und Psyche. Über Hunger und Sattheit, Genuss und Kultur, Springer Verlag, Heidelberg 1995.

Eunuch
Eunuchen sind geschlechtslose Wesen

In weiblichen Harems wurden Haremswächtern die Hoden entfernt. Haremsbesitzer, die Männer dadurch zu Eunuchen machten, wollten sichergehen, dass in ihrem Harem absolute sexuelle Abstinenz herrschte. Sie nahmen an, die Entfernung der Hoden sei gleichbedeutend mit einer vollständigen Entmannung. Diese Vorstellung beruhte jedoch auf einem Irrtum. Sicher, die kastrierten Männer wurden unfruchtbar und aufgrund ihres deutlich abgesunkenen Testosteronspiegels wurden einige der sekundären Geschlechtsmerkmale nicht voll ausgebildet. Bekannt ist vor allem, dass der Stimmbruch meist nicht stattfand. Die Erektionsfähigkeit des Mannes blieb jedoch erhalten. Und auch der Geschlechtstrieb verschwand nicht notwendigerweise. »Mit anderen Worten«, so der niederländische Männerarzt (Androloge) Bo Coolsaet, »in den Harems konnten kastrierte Männer mit den Frauen Geschlechtsverkehr ausüben.«

Bekannt geworden sind Kastraten vor allem als Sänger. Knaben wurden dafür vor der Pubertät zwangskastriert. Doch nicht jeder Kastrat wurde mit einer engelgleichen Stimme für die Barbarei belohnt, wie etwa der berühmte Carlo Broschi, besser bekannt unter seinem Künstlernamen Farinelli. Er war ein Zeitgenosse Mozarts, Bachs und Händels und verfügte über einen Stimmumfang von mehr als dreieinhalb Oktaven. Zu seiner Zeit war Farinelli umschwärmter als die heute noch berühmten Komponisten.

Auch wenn Stimme und Hoden weg waren – was sicher als niederschmetternd erlebt wurde – war es den Kastraten noch möglich, aktiv Liebe zu machen. Aus der Literatur und den Chroniken sind verschiedene ihrer amourösen Abenteuer überliefert.

Bo Coolsaet, Der Pinsel der Liebe. Leben und Werk des Penis, Kiepenheuer & Witsch, Köln 1999; »Eine Laune der Natur. Androgyne Stimmen«, Neue Zeitschrift für Musik 1/1999.

Ewige Liebe

Seine Liebe war ewig. Als seine Frau starb, nahm er eine andere.

Wilhelm Busch

Familienfreundliche Betriebe
Kleine Firmen können nicht familienfreundlich sein

Betriebe, die als familienfreundlich gelten, berücksichtigen die Bedürfnisse der Mitarbeiterinnen und Mitarbeiter. Die verschiedenen Maßnahmen erleichtern vor allem Müttern und Vätern das Leben: Sie haben den Kopf frei zum Arbeiten und fühlen sich ihrem Betrieb besonders verbunden, wenn die Kinder in ihrer Abwesenheit gut betreut sind und sie bei Schwierigkeiten in der Familie flexibel reagieren können.

Dass familienfreundliche Betriebe nicht grundsätzlich große Unternehmen sein müssen, zeigte sich im Jahr 1996 bei einem Wettbewerb, den das Bundesministerium für Familie, Senioren, Frauen und Jugend ausgeschrieben hatte. Um den Titel »Der familienfreundliche Betrieb« bewarben sich 215 Unternehmen aller Größenordnungen – mehr als die Hälfte davon waren jedoch Firmen mit bis zu 50 Mitarbeitern und Mitarbeiterinnen. Außer diesen 133 so genannten Kleinbetrieben stellten sich 36 mittelgroße Betriebe (50 bis 500 Mitarbeiter/innen) und »nur« 46 Großbetriebe (mehr als 500 Mitarbeiter/innen) vor.

In die Kategorie »Kleinbetriebe« fielen z. B. zwei Architektur- und Ingenieurbüros, ein Pflegedienstleister, eine Computerfirma, ein Hersteller von Kerzen sowie eine Kommune, die als Verein organisiert ist und mehrere Werkstätten auf dem Lande betreibt. Und was lassen sich die Kleinbetriebe einfallen, um als familienfreundlich gelten zu können? Die meisten bieten flexible Teilzeitmodelle an, und Gleitzeit ist selbstverständlich. In einigen Fällen können die Beschäftigten ihre wöchentliche Arbeitszeit selbst bestimmen, sie können ihre Aufgaben – je nach Projekt – im Büro oder zu Hause erledigen und sich für geleistete Überstunden freistellen oder auszahlen lassen. Den Müttern und Vätern kommen die Firmen entgegen, indem sie eine betriebseigene Kinderbetreuung anbieten oder die Kosten für einen auswärtigen Kindergartenplatz übernehmen. In einigen Firmen können Babys und Kleinkinder auch stundenweise mit ins Büro gebracht werden, andere bieten sogar Betreuungsmöglichkeiten in den Schulferien an. Ein etwas ausgefallenes, aber sehr beliebtes Angebot macht z.B. ein Steuerberater aus Friedrichshafen: Seine 40 Mitarbeiterinnen und Mitarbeiter können jeweils 1,5 Stunden im Monat den kostenfreien betriebseigenen Bügelservice in Anspruch nehmen.

Das Motto »Kindergeld als Kinderzeit« vertritt die Freie Holzwerkstatt in Freiburg: In dem kleinen Betrieb können die Schreiner, die Kinder haben, monatlich einige Stunden bezahlt freinehmen. Beim ersten Kind werden die Arbeitsstunden im Wert von 300 Mark und für jedes weitere Kind im Wert von 150 Mark in Freizeit umgewandelt, das Gehalt wird jedoch nicht gekürzt. So kommen die Mitarbeiter auf 4,5 Stunden bezahlte Familienzeit bei einem Kind, auf 6,5 Stunden bei zwei Kindern usw. – ein Konzept, das die Jury des Bundeswettbewerbs 1996 begeisterte.

Angesichts der familienfreundlichen Ideen, die viele Kleinbetriebe entwickelt haben, kam denn auch der damalige Bundespräsident Roman Herzog zu dem Fazit: »Familienorientierung ist ... kein ›Luxus‹ für einige Großunternehmen, sondern sie ist auch in Mittel- und Kleinunternehmen möglich, und dort besteht offenbar die von keiner Gewohnheit und keiner starren bürokratischen Starre behinderte Bereitschaft, wirklich neue Wege zu gehen.«

Bundesministerium für Familie, Senioren, Frauen und Jugend (Hrsg.), Der familienfreundliche Betrieb. Bundeswettbewerb 1996, Bonn 1997.

Fernsehen 1
Frauen hocken länger vor der Glotze

Ja, es stimmt: In ganz Europa verbringen die Frauen mehr Zeit vor dem Fernseher als die Männer. In Deutschland ist es ein durchschnittliches Plus von 17 Minuten täglich, im Durchschnitt kommen die Frauen so auf eine Fernsehnutzung von dreieinviertel Stunden pro Tag. Die größten Differenzen gibt es in der Gruppe der 20- bis 34-Jährigen – da schauen die Frauen durchschnittlich sogar 26 Minuten länger Fernsehen als die gleichaltrigen Männer.

Das ist ja auch kein Wunder, kontern Soziologinnen. Ihr Argument: Viele Menschen in dieser Altersgruppe haben Kinder und es sind traditionell immer noch die Mütter, die deshalb zu Hause bleiben. Und Hausfrauen haben nun mal schlichtweg mehr Zeit, sich vor den Fernseher zu hocken, als berufstätige Männer.

Doch ganz so einfach ist das mit den Zahlen zur geschlechtsspezifischen Fernsehnutzung dann doch nicht: Denn was sind schon 26 Minuten am Tag, wenn man davon ausgeht, dass Frauen dieser Altersgruppe täglich zwei bis dreieinhalb Stunden länger zu Hause sind als die gleichaltrigen Männer? Die Soziologin Waltraud Cornelissen weist außerdem noch darauf hin, dass die Mütter oder deren Kinder den Fernseher zwar häufig tagsüber anstellen, aber oftmals ein Kommen und Gehen ist oder sich gar »niemand mehr in dem Fernsehraum aufhält und der Fernseher unbemerkt weiterläuft«.

Eine andere Vermutung: Frauen lassen den Fernseher zwar länger laufen als die Männer, aber sie schauen gar nicht so genau hin. Denn Frauen tun etliche Dinge parallel zum Fernsehen: 23 Prozent unterhalten sich, 18 Prozent essen Abendbrot, ebenso groß ist der Anteil der Frauen, die nebenbei handarbeiten. 17 Prozent lassen die Glotze flimmern und lesen dabei. Neun Prozent bügeln, acht Prozent schlafen zeitweise auch mal ein, sieben Prozent spielen mit den Kindern und vier Prozent widmen sich der Schönheitspflege. Umfragen belegen, dass auch Männer den Fernseher zunehmend als Hintergrundkulisse willkommen heißen – Aktivitäten parallel zum Fernsehen sind bei ihnen aber nicht so beliebt wie bei den Frauen. Vor allem dem Bügeln vorm Fernseher scheinen sich die wenigsten Männer zu widmen: Eine Balkengrafik des Hamburger Freizeitforschers Horst Opaschowski aus dem Jahr 1993 gibt magere »0 Prozent« an.

Nun gut: Die Frauen schauen mehr Fernsehen als die Männer, aber eigentlich machen sie nebenbei ganz andere Dinge. Ist ja auch verständlich, wenn man bedenkt, wer über das Programm bestimmt – die Männer nämlich. In Befragungen geben die meisten Paare zwar an, dass auch im Wohnzimmer die Gleichberechtigung eingezogen sei und mal der eine und mal der andere seinen Programmwunsch durchsetzt. Doch wenn die Sprache darauf kommt, wer denn die Fernbedienung in der Hand hält, sieht das Bild schon ganz anders aus. Denn über dieses Machtinstrument verfügt meist der Hausherr, wie eine repräsentative Umfrage der Mediagruppe München herausfand: Nur in 21 Prozent der Zweipersonenhaushalte hält die Frau allein die Fernbedienung in der Hand, aber in 47 Prozent der Fälle sind es die Männer.

Es gibt aber auch Menschen, die verzichten bewusst auf die Medien: Sie lesen weder Zeitungen noch Zeitschriften, sie hören kein Radio und sehen nicht fern. In drei dieser vier Sparten liegen die Frauen vorn, nur bei den Radioverweigerern bilden die Männer die größte Gruppe – das fand die Münchner Studentin Uschi Braun bei den Recherchen zu ihrer Diplomarbeit heraus. Demnach sind die Radioverweigerer am häufigsten zwischen 50 und 59 Jahre alt, die wenigsten von ihnen sind verheiratet, die meisten haben keine Kinder. In der Regel sind sie sehr gut gebildet und haben ein Einkommen über 5.000 Mark netto. Wie all die anderen Medienverweigerer sind sie politisch eher links eingestellt.

Zum Vergleich die Fernsehverweigerer: In diese Gruppe gehören vor allem Frauen, die zwischen 40 und 59 oder älter als 70 Jahre sind, auch sie sind hoch gebildet und haben ein Nettoeinkommen zwischen 4.000 und 5.000 Mark. Die Frauen, die grundsätzlich kein Fernsehen schauen, sind ledig, geschieden, leben getrennt oder sind verwitwet.

»Einige Befunde zur geschlechtsspezifischen Rezeption des Mediums Fernsehen«, in: Dagmar Beinzger, Sabine Eder, Renate Luca, Renate Rölleke (Hrsg.), Im Wyberspace. Mädchen und Frauen in der Medienlandschaft, Schriften zur Medienpädagogik 26, Bielefeld 1998; »Männersache Vergangenheit«, Abendzeitung vom 1. Februar 2000; »Fernsehen? Ohne uns!«, Brigitte, 17/1999; www.uschi-braun.de.

Fernsehen 2
Frauen interessieren sich nicht für die Sportschau

Und sie gucken sie doch: Ob Fußball-Bundesliga, Leichtathletik-Meisterschaften oder die Olympiade – viele Frauen interessieren sich für die sportlichen Events, die Athletinnen und Athleten und deren Ergebnisse. Eine Umfrage beim Publikum von ARD, ZDF, RTL, SAT.1 und Pro 7 (ab 14 Jahren) belegt, dass Sportsendungen zu 43 Prozent von Frauen gesehen werden. Ob sie das Programm allein auswählen oder sich nur dazusetzen, wenn die Sportschau läuft, geht aus der Untersuchung leider nicht hervor.

Grundsätzlich spiegeln sich die traditionellen Frauen- und Männerbilder auch bei der Auswahl der Fernsehsendungen wider: »Frauen bevorzugen deutlich häufiger als Männer dialogorientierte, gefühlsbetonte Sendungen, während Männer den Fernsehsport und fiktionale Actionsendungen stärker als Frauen präferieren«, erklärt die Soziologin Waltraud

Cornelissen. Sie schränkt aber ein, dass bei der Medienbeobachtung nur eine Tendenz festzustellen ist, denn »es gibt zahllose Übergänge und untypische Einzelfälle«.

In einigen Fällen scheint es sich um ziemlich viele »untypische Einzelfälle« zu handeln: Oder hätten Sie gedacht, dass sich mehr Frauen als Männer für Fernsehsendungen über Politik und Wirtschaft sowie für die Fernsehnachrichten interessieren? Das Verhältnis ist 55 zu 45 bzw. 54 zu 46.

»Einige Befunde zur geschlechtsspezifischen Rezeption des Mediums Fernsehen«, in: Dagmar Beinzger, Sabine Eder, Renate Luca, Renate Rölleke (Hrsg.), Im Wyberspace. Mädchen und Frauen in der Medienlandschaft, Schriften zur Medienpädagogik 26, Bielefeld 1998.

Fernsehen 3
Journalistinnen machen keine frauenfeindlichen Sendungen

Kennen Sie »Abwasch«? Wer dabei an den Geschirrabwasch denkt, liegt falsch. Denn »Abwasch« ist der Name einer Radiosendung, die der WDR jeden Samstagnachmittag ausstrahlt. Sie wendet sich gezielt an Frauen – ebenso wie zwei andere Fernsehsendungen im WDR und im ZDF: Seit 1997 wird »frau tv« dreimal im Monat je 30 Minuten lang auf WDR3 gesendet, verantwortlich für den Inhalt war viele Jahre lang die Journalistin Inge von Bönninghausen. Im ZDF machte sich Maria von Welser 1988 beim Intendanten Dieter Stolte für das Frauenmagazin »Mona Lisa« stark, das am frühen Sonntagabend gesendet wird und sich als »Lobby für Frauen« versteht.

Im Gegensatz zu »Abwasch«, «frau-tv« und »Mona Lisa« setzt sich die Wirtschaftsjournalistin Sabine Christiansen nicht gezielt mit Frauenthemen auseinander. Bei ihrer Diskussionsrunde am Sonntagabend sind vor allem Spitzenpolitiker zu Gast, die Sendung hat durchschnittlich mehr als vier Millionen Zuschauer – eine Quote, von der Moderatoren andere Polit-Formate nur träumen können.

Auch wenn »Sabine Christiansen« keine Frauensendung ist, könnte man von der Moderatorin doch erwarten, dass sie bei der Auswahl ihrer Gäste auf ein ausgewogenes Geschlechterverhältnis achtet. Doch für die

Redaktion von »Sabine Christiansen« hagelte es schon im zweiten Jahr ihres Bestehens heftige Kritik: Die Medienfrauen – ein Netzwerk deutscher, österreichischer und Schweizer Fernsehjournalistinnen – zeichneten die Sendung »Sabine Christiansen« mit der »Sauren Gurke« aus. Dieser Negativ-Preis wird jedes Jahr für die frauenfeindlichste Sendung des Jahres verliehen.

21-mal hatten nur Männer die Trophäe gewonnen, doch bei der 22. Preisverleihung erwischte es zum ersten Mal eine Frau. »Bei Christiansen wurde die Redaktion ausgezeichnet und zwar für die einseitige Auswahl der Gäste, nicht Frau Christiansen als Einzelperson«, erklärt Friederike Sittler von den Medienfrauen. Ihre Entscheidung, die Redaktion einer Frau als frauenfeindlich zu bezeichnen, begründete die Jury damit, dass in den 38 Sendungen des Jahres 1999 insgesamt 201 Männer zu Gast waren, aber nur 43 Frauen. Als besonders anschauliches Beispiel verwiesen die Medienfrauen auf die Sendung vom 26. September 1999: Über das Thema »Zehn Jahre Wende – Frust ohne Ende« diskutierte Sabine Christiansen mit sechs Männern, selbst der einzige Nicht-Politiker war ein Mann.

»Das ist zu viel der Ehre«, kommentierte Christiansen-Sprecher Stephan Clausen die »unerwartete Nachricht«. Der Pressesprecher bezifferte den Anteil der weiblichen Gäste auf 16,6 Prozent, ein Jahr zuvor habe man 75 Frauen eingeladen und eine Quote von 25 Prozent erreicht. Trotz allem versprach er, dass man den Hintergrund der Auszeichnung ernst nehme: »Wir werden uns künftig befleißigen, Frauen ungeachtet von Person und Position einzuladen.«

www.wdr.de/tv/kultur/frau-tv/index.html; http://zdf.onl3.zdf.de/ratgeber/monalisa/sendung; »Seichtes Geplauder«, Journalist, 1/2000; www.sabine-christiansen.de; »Lustiges Beisammensein der Medienmacherinnen – und ausgerechnet ›Sabine Christiansen‹ ist frauenfeindlich«, Tagesspiegel vom 1. November 1999; »Medienfrauen geben Sabine Christiansen Saures«, Journalistinnen 36, Bonn, Dezember 1999.

Fetischismus
Fetischismus reizt nur Männer

Früher glaubte man, dass – wenn überhaupt – nur männliche Fetischisten existieren. Denn Dessous, Strapse und hochhackige Pumps regen die Fantasie vieler Männer an. Erste Hinweise in den Medien auf weibliche Fetischisten gab es in den 60er Jahren, als die beliebte Fernsehserie »Mit Schirm, Charme und Melone« ausgestrahlt wurde. Star der Sendung war Diana Rigg alias Emma Peel, die ihren Kampfgeist und ihre sexuelle Attraktivität auch äußerlich demonstrierte: Sie trug einen hautengen schwarzen Lederanzug und hochhackige Lederstiefel und machte diesen »Catsuit« erstmals als Fetischkleidung für Frauen populär.

In den folgenden Jahrzehnten griffen international anerkannte Modeschöpfer den Trend auf und schickten ihre Models in Leder-, Gummi- und Second-Skin-Modellen über die Laufstege. Öffentliche Aufmerksamkeit erregte schließlich in den 90er Jahren die Pop-Ikone Madonna, als sie bei einem Konzert ein weißes Korsett mit spitzen Brüsten trug, das Jean-Paul Gaultier entworfen hatte.

Heute wird in jeder größeren Stadt für Fetischpartys und Lack-und-Leder-Clubs geworben, in speziellen Modegeschäften können sich Frauen komplett ausstatten mit Damen- und Herrenunterwäsche, Korsetts, Anzügen, Kleidern, hochhackigen Schuhen und Stiefeln.

Als Fetisch eignen sich jedoch nicht nur Kleidungsstücke, sondern auch viele andere Gegenstände – Hauptsache, die Accessoires und die damit verbundenen Handlungen regen zu intensiven sexuellen Fantasien und Wohlgefühlen an.

Warum einige Menschen eine mehr oder weniger starke Vorliebe für bestimmte Stimulationen oder sexuellen Handlungen haben, konnte bislang noch nicht eindeutig geklärt werden. Die einen verweisen auf Fantasien von Macht und Erniedrigung, die beim Fetischismus mit im Spiel sein sollen. Die anderen glauben, dass auf diese Weise die ursprüngliche Einheit von Mutter und Kind wiederhergestellt werden soll. Wieder andere zitieren Sigmund Freud, der den männlichen Fetischismus als Reaktion auf Kastrationsängste beschrieb, die bei der Wahrnehmung der mütterlichen Genitalien auftreten: Für Frauen repräsentiert der Fetisch demnach nicht die Geschlechtsteile der Mutter, sondern den Penis des Vaters.

Wie viele Frauen eine Neigung zum Fetischismus haben, ist nicht bekannt. Sie zu erfassen ist schon deshalb schwierig, weil viele Fetischgegenstände auch im Rahmen anderer Sexualpraktiken verwendet werden – zum Beispiel bei sadomasochistischen Rollenspielen.

Valerie Steele, Fetisch. Mode, Sex und Macht, Berlin Verlag, Berlin 1996; »The perversion of fetishism in women«, Psychoanal. Q., Juli 1982.

Figur

Jede Frau hat drei Figuren: eine, die sie zeigt, eine, die sie hat und eine, von der sie glaubt, dass sie sie hat.

Robert Lembke

Firmengründung
Frauen kriegen dieselben Kredite wie Männer

Wer eine Firma gründen will, braucht Geld. Denn zuerst einmal muss man die Miete für die Räumlichkeiten, die Einrichtung, das technische Equipment und das Gehalt für sich selbst und die Angestellten zahlen können. Erst wenn diese Zahlungen für ein paar Monate gesichert sind, geht es an die eigentliche Arbeit und – wenn's gut läuft – auch ans Verdienen.

»Venture Capital« heißt das Schlagwort, das seit einiger Zeit in aller Munde ist, zumindest im Munde der Firmengründerinnen und -gründer. Denn wer genügend Risikokapital ergattern kann, hat Chancen auf einen guten Start ins eigene Business.

Nun könnte man annehmen, dass Frauen ebenso viel Risikokapital auftreiben können wie Männer. Schließlich geht es ja um eine Firma, die an ihren guten Ideen oder Produkten gemessen wird, und nicht um das Geschlecht des Firmeninhabers oder des Geschäftsführers.

Doch leider weit gefehlt: Es werden zwar immer mehr Firmen von Frauen gegründet (38 Prozent) und auch der Anteil der Gründerinnen von Internetfirmen, die durch Venture-Kapital finanziert werden, ist auf knapp sieben Prozent gestiegen. Doch insgesamt erhielten diese neuen Frauen-Firmen im Jahr 2000 nur knapp sechs Prozent des gesamten Risikokapitals – aber das ist zumindest der doppelte Anteil von dem, was sie noch fünf Jahre zuvor bekamen.

Eine Analyse von »internetvcwatch.com« zeigt jedoch, wie Gründerinnen zu mehr Geld kommen: Sie müssen nur einen Mann als Geschäftsführer einstellen – dann klappt das Ganze schon wesentlich besser, fand das Online-Magazin heraus.

Tröstlich ist dann auch noch, dass es Firmen, die von Frauen gegründet wurden, langfristig besser geht – ganz gleich, ob die Gründerin den Posten des Geschäftsführers an eine Frau oder an einen Mann vergeben hat.

»Weibliches Venture-Kapital«, womanticker vom 8. März 2001.

Frau

Frauen sind wie Kreuzworträtsel: senkrecht und waagrecht zusammen ergeben erst die Lösung.

Henry Miller

Frauenbeauftragte
Es gibt keine männlichen Frauenbeauftragten

Nur Frauen können Frauenbeauftragte werden – auf den ersten Blick scheint diese Annahme ziemlich logisch. Doch es gab da auch mal einen Mann, der ernsthaft versuchte, sich für die Belange von Frauen einzusetzen. Sein Name: Markus Schmelcher. Der Ort des Geschehens war das Arbeitsamt in Heilbronn – und was sich dort abspielte, bewegte nicht nur die Bürgerinnen und Bürger der schwäbischen Stadt, sondern erregte sogar bundesweit Aufsehen. Monatelang kursierten Schlagworte wie »krasse Fehlentscheidung«, »Provokation« und »Skandal«. Die »taz« beschwor gar einen »Geschlechterkrieg«, den der 33-Jährige schließlich verlor. Er hatte »seine Kapitulation erklärt«.

Was war geschehen? Im Mai 1998 hatte der Diplom-Verwaltungswirt Markus Schmelcher überraschend zwei weibliche Mitbewerberinnen ausgestochen – er konnte eine Kommission überzeugen, die mehrheitlich aus Frauen bestand. So wurde er Deutschlands einziger männlicher Frauenbeauftragter bei einem Arbeitsamt. Er sollte Frauen beraten, die einen Job suchten, und deren Interessen bei den Unternehmen der Region vertreten – doch von Anfang an musste er sich mit dem Argument auseinander setzen, dass sich Frauen angeblich besser um Frauen kümmern können.

Der Gegenwind kam vor allem aus dem Heilbronner Rathaus, und zwar von den dortigen Frauenbeauftragten. Silvia Payer, eine der beiden Alteingesessenen, meinte, es sei generell falsch, Männern diese Position zu geben. Sie fand es vollkommen widersinnig, dass ausgerechnet ein Mann Frauen helfen soll, ihre eigenen Interessen selbst zu vertreten. Trotz allem ging Markus Schmelcher voller Elan ans Werk – doch wenn er bei den Frauenverbänden anklopfte, wurde er häufig mit Ausreden wie »viel zu tun« oder »sind im Urlaub« vertröstet. Der Frauenbeauftragte sei von den Frauenverbänden geschnitten worden, er habe nicht so effektiv arbeiten können wie eine Frau in dieser Position, sagte eine Sprecherin des Arbeitsamtes später.

Und wie reagierten die anderen? Hatte der männliche Frauenbeauftragte tatsächlich alle gegen sich? Im Arbeitsamt selbst habe es keine Schwierigkeiten gegeben, erklärte Markus Schmelcher. Auch den Rat suchenden Frauen sei es egal gewesen, wer ihnen weiterhilft. Bleiben noch die schwäbischen Unternehmer, mit denen der Frauenbeauftragte Kontakt aufnahm. Ja, man habe sich manchmal über sein Anliegen gewundert und es sei auch schon mal »die eine oder andere flapsige Bemerkung« gekommen – aber nein, ernsthafte Probleme habe es mit der Wirtschaft nicht gegeben.

Und dennoch machten die Frauenbeauftragten des Rathauses und die Frauenverbände dem Frauenbeauftragten des Arbeitsamtes das (berufliche) Leben weiterhin schwer. Das Lager war gespalten, und noch nicht einmal Daniela Nowak, die Geschäftsführerin des Deutschen Frauenrats, bezog eindeutig Stellung: Sie ist grundsätzlich auch für männliche Frauenbeauftragte, weil sich daran zeige, dass Männer allmählich umdenken und etwas für Frauen tun. Nur in der individuellen Beratung im Arbeitsamt fand sie Männer dann doch »nicht so günstig«.

Im Oktober 1999 hatte Markus Schmelcher genug: Er warf »die Flinte in die Körnerinnen«, wie es der »Tagesspiegel« umschrieb. Der Geschlagene, der jetzt wieder ein »normaler« Arbeitsberater ist, beteuerte tapfer, er sei »ganz freiwillig gegangen«. Seinen heißen Stuhl räumte er für eine Frau – und in der Stadt Heilbronn kehrte langsam wieder Ruhe ein. Auch Andrea Rupp, die Pressesprecherin des Arbeitsamtes, weinte dem männlichen Frauenbeauftragten keine Träne nach. Sie erklärte: »Die Zeit war noch nicht reif für ihn. Und wenn sie einmal reif sein sollte, brauchen wir keine Frauenbeauftragten mehr.«

»Männlicher Beauftragter für Frauenbelange gibt auf«, Süddeutsche Zeitung vom 29. Oktober 1999; »Allein unter Frauen – das war doch zu hart«, taz vom 1. November 1999.

Frauenbewegung

Erst wenn der Feminismus fordert, dass auch der Beelzebub eine Frau sein müsse, wird die Frauenbewegung wieder interessant.

Paul-Hermann Gruner, Frauen und Kinder zuerst

Frauenministerium
An der Spitze des Frauenministeriums steht immer eine Frau

In Deutschland ist die Welt noch in Ordnung, denn bei uns gibt es eine Frauenministerin. Ganz genau besehen ist Dr. Christine Bergmann jedoch Mädchen für alles. Ihr Ministerium läuft unter der Abkürzung BMFSFJ und das steht für Bundesministerium für Familie, Senioren, Frauen und Jugend. In der Europäischen Union ist die deutsche Frauenministerin umringt von 13 anderen Frauenministerinnen – doch im Oktober 2000 tauchte erstmals ein Mann in dieser Runde auf, und zwar der österreichische Tierarzt Herbert Haupt.

Acht Monate lang, zwischen Februar und Oktober 2000, hatte Österreich keine Frauenministerin mehr. Doch dann kam mit Herbert Haupt (FPÖ) ein Sozialminister ins Amt, der auch für Frauenangelegenheiten zuständig ist. »Herr Frauenministerin«, witzelten die einen, »Herr Männerminister«, spotteten die anderen. Doch davon ließ sich der Politiker nicht beirren, sondern setzte noch eins drauf: Im März 2001 kündigte der Frauenminister an, er wolle in seinem Hause eine Abteilung für spezifische »Männerprobleme« ins Leben rufen. Anlass für diese Entscheidung war, dass sich immer mehr Männer bei der Gleichbehandlungsanwaltschaft beschweren – im Jahr 1999 wandten sich 145 Männer (und 627 Frauen) an diese Stelle.

In der Männerabteilung will sich Frauenminister Haupt um Themen wie Mobbing, Alkoholismus, Partnerschaftskonflikte, männliche Wechseljahre, Einsamkeit und Verwahrlosung im Alter kümmern. Vizekanzlerin Susanne Riess-Passer unterstützt ihren Parteifreund bei seinem Vorhaben, denn man solle »jetzt nicht so tun, als hätte ein Geschlecht das Paradies auf Erden und das andere nur Probleme«.

Bei den Österreichern löste der Plan des Frauenministers keine große Begeisterung aus: Ablehnend äußerten sich 73 Prozent der grünen Wähler, 59 Prozent der SPÖ und zwei Drittel der FPÖ – der Partei von Haupt, Riess-Passer und Haider – halten diese Einrichtung für nicht besonders sinnvoll. Nur die Wähler der Volkspartei können dem Ganzen etwas Positives abgewinnen, 29 Prozent sind dafür und 24 Prozent sind dagegen. Das ergab eine Umfrage des Meinungsforschungsinstituts OGM im Auftrag des österreichischen Nachrichtenmagazins »Format«.

Und wie sehen das die Männer selbst? Die meisten, nämlich 56 Prozent der befragten Männer, äußerten sich ablehnend, während 35 Prozent dafür sind. Die Frauen hingegen sehen das Ganze etwas lockerer: Nur 43 Prozent finden eine Männerabteilung überflüssig, auf der anderen Seite sind aber auch nur 29 Prozent von der Idee des Frauenministers überzeugt. Insgesamt sind die Unter-30-Jährigen aufgeschlossener als die älteren Österreicher: 27 Prozent der Jüngeren sind dafür, aber nur jeder 5. der »Senioren«.

Als die Nachrichtenticker im März 2001 die Meldung von der geplanten Männerabteilung im österreichischen Frauenministerium verbreiteten, dachten viele, es handele sich um einen verfrühten Aprilscherz. Doch was Herbert Haupt ankündigt, setzt er auch in die Tat um: Im Juni 2001 hat die neue Abteilung mit ihrer Arbeit begonnen. Bleibt also nur noch abzuwarten, was sich der Frauenminister in Zukunft noch so alles ausdenken wird. Andreas Kollross, Landesvorsitzender der Sozialistischen Jugend Niederösterreichs, befürchtet jedenfalls Schlimmstes: »Was plant der Herr Frauenminister mit den Finanzmitteln der Frauen als Nächstes? Eine Stammtisch- oder Kegelbrudersektion? Eine Sektion für besoffene Ehemänner?«

»Ist Haupt nun der erste männliche Frauenminister?« und »Der Fasching ist vorbei, Herr Frauenminister«, in: www.sjoe.at; »Sektion VI, Abteilung 6/6«, in: www.freitag.de vom 9. März 2001; »Männerpolitik in Österreich«, www.maennerpolitik.de; »Herr Frauenministerin im Zielkonflikt«, in: www2.kurier.at; »Frauenminister für Männer«, taz vom 27. Februar 2001.

Frauenpolitik
Frauen halten Frauenpolitik für sinnvoll

Männer wollen nur das eine, lautet das eine Vorurteil. Das andere: Alle oder zumindest die meisten Frauen haben gemeinsame Interessen, sie wollen also nicht nur das eine, sondern dasselbe – dieser Meinung sind jedenfalls 75 Prozent der Frauen, die das Institut für Demoskopie Allensbach im Frühjahr 2000 im Auftrag des Bundesfamilienministeriums befragte.

In der Umfrage ging es nicht um Sex, sondern um Politik: Und dabei kam heraus, dass 73 Prozent der befragten Frauen eine organisierte Interessenvertretung für notwendig halten – verkörpert durch engagierte Politikerinnen, Journalistinnen und prominente Frauen, Gleichstellungsbeauftragte in Unternehmen und Frauenhäuser. 72 Prozent halten eine Frauenpolitik für sinnvoll, die sich ganz gezielt um die Interessen von Frauen kümmert. Umgekehrt heißt das jedoch, dass ein Viertel der befragten Frauen von einer Frauenpolitik überhaupt nicht viel hält. Und wenn es nach den Männern ginge? Mehr als die Hälfte findet eine Politik von Frauen für Frauen überflüssig.

Und dennoch: Im Juni 1995 gründeten 360 Frauen in Kassel die feministische Partei »Die Frauen«. Mit»glieder« hat die Partei nicht, weil sich die Gründungsfrauen bei dem Wort zu sehr an das männliche Glied erinnert fühlten. Deshalb nennen sie sich Mitfrauen, im Juli 1996 gab es nach Angaben der Partei etwa 1.000 Mitfrauen und einen Mitmann. Die kleine Partei, die in elf Bundesländern vertreten ist, trat bei der Bundestagswahl 1998 und ein Jahr später bei der Europawahl an. »Wir konnten bei den Europawahlen unseren Stimmenanteil gegenüber der Bundestagswahl verdreifachen«, heißt es dazu auf der Homepage der Partei »Die Frauen«. In Zahlen ausgedrückt, heißt das für die Europawahl: Die Frauenpartei erhielt im gesamten Bundesgebiet mehr als 100.000 Stimmen – bei 31,8 Millionen wahlberechtigten Frauen und 28,8 Millionen wahlberechtigten Männern eine verschwindend kleine Zahl.

Große Chancen für die Frauenpartei sieht noch nicht einmal die feministische Zeitschrift »Emma«. Das Blatt prophezeite vor der Bundestagswahl 1998, zu der »Die Frauen« mit rund 60 Kandidatinnen angetreten waren: »Die Chancen, dass diese Frauenpartei auch nur eine Abgeordnete in den Bundestag kriegt, sind gleich null.«

»Vor allem junge Frauen streben nach Chancengleichheit«, Pressemeldung des Familienministeriums Nr. 208 vom 27. Juni 2000; www.feministischepartei.de/hessen.html; www.maennerpolitik.de/fp.htm; »Was tun am 27. September?«, Emma, September/Oktober 1998; www.statistik-bund.de/presse/deutsch/pm1998/p0320211.htm.

Freiheit

Überhaupt ist es ja nicht leicht, ein Mann zu sein. Als Frau hast du doch viel mehr Freiheiten, wir dürfen doch manchmal einfach nur weinen. Als Mann musst du ständig da rausrennen und unter diesen anderen Wölfen so tun, als wärest du auch einer. Das ist doch fürchterlich anstrengend.

Barbara Becker

Freundschaft
Männer haben enge Freunde

Frauen, die unter sich sind, brauchen keine Männer. Das macht sie stark. Männer sind früher oder später auf Frauen angewiesen. Das macht sie schwach.

Loriot

»Ein Freund, ein guter Freund, das ist das Beste, was es gibt auf der Welt«, schmachteten die Comedian Harmonists in den 1930er Jahren. Und kurz bevor Helmut Kohl bei seinen Wahlkämpfen das Podest erklomm, ließ er dieses schallende bündnisstiftende Männerlied über Lautsprecher einspielen.

Ja, wir haben Freunde, beteuern Männer, wenn man sie nach ihren Freundschaften befragt, so wie etwa in der Zulehner-Volz-Studie im Auftrag der Männerarbeit der Evangelischen Kirche in Deutschland. Danach gefragt, an wen sie sich wenden würden, wenn sie Sorgen haben, antworteten in dieser Studie nur 38 Prozent, dass ein Mann ihres Vertrauens vorhanden sei.

Was da so heftig ersehnt wurde und wird, hat mit der Wirklichkeit der meisten Männer nichts zu tun. Denn Männer pflegen weniger und nicht so enge Freundschaften wie Frauen. »Maximal zehn Prozent haben eine authentische, enge Männerfreundschaft«, schätzt der auf Männerkrankheiten spezialisierte Arzt Haydar Karatepe aus Frankfurt am Main. Und zahlreiche Wissenschaftler kommen sogar zu dem Ergebnis, dass die meisten Männer überhaupt keine Freunde haben. »Sie haben – außer ihren Ehefrauen – seltener enge Vertraute«, behauptet der amerikanische Psychologe Jed Diamond.

Aber beim Sport, da gibt es doch noch echte Männerfreundschaften, oder? Schließlich sind Männer in erster Linie in Sportvereinen als Mitglied tätig, weil es da noch wahrhaftige Kameradschaft gibt. Was sagte jüngst Karl-Heinz Wildmoser, Präsident des TSV 1860 München, auf die Frage eines Journalisten, ob seine Männerfreundschaft zu Lorant nach dessen Wechselgelüsten nach Frankfurt gelitten hätte? »Wir haben da keine Probleme, ergänzen uns weiter. Ich habe großen Respekt vor seiner Leistung, vor seinem Arbeitseifer, und er sieht auch mein Engagement und sagt: Ich habe einen tollen Präsidenten, der auch in schlechten Zeiten zu mir hält. Das ist Männerfreundschaft.« Ist es das?

Das Verhängnis beginnt schon in der Pubertät, denn »der Spielraum für junge Männer ist enger denn je«, sagen Cheryl Benard und Edit Schlaffer, Sozialwissenschaftlerinnen aus Wien, nach einem vier Jahre dauernden Forschungsprojekt mit Jugendlichen. Die Jungen sollen cool und abgebrüht daherkommen, auch wenn sie es gar nicht sind. Also werden andere Eigenschaften wie Emotionalität und Verletzlichkeit unterdrückt.

Wer von den 14-jährigen Jungs hat da schon den Mut, immer mit ein und demselben Kerl herumzuhängen? Innige Männerfreundschaften werden von den anderen misstrauisch beäugt. Mädchen haben ihre beste Freundin gleich nah bei der Hand. Jungen, die sich eng an einen anderen Jungen anschließen wollen, geraten leicht in den Ruf, schwul zu sein. Das wäre aber das Letzte, was ein männlicher Jugendlicher wollte. So halten viele lieber Distanz, und Kinderfreundschaften werden zu losen Männerbünden. Solche über Jahre eingeübten Verhaltensweisen machen auf Dauer einsam.

Der Psychologieprofessor Holger Brandes von der Evangelischen Hochschule für Soziale Arbeit in Dresden versucht zu erklären, warum sich Männer so schwer tun, anderen Männern nahe zu kommen: »Das ist in unserer soldatischen Tradition begründet, und die ist sehr homophob, das heißt geprägt von der Angst vor Homosexualität. Wenn Männer körperliche Nähe suchen, sind sie auf Frauen beschränkt und auf wenige Momente beim Fußball.« Und das geben Väter an ihre Söhne weiter. Wer von den »neuen Vätern« küsst und umarmt seinen Sohn, auch wenn er älter ist? Und bereits die kleinen Buben im Kindergarten machen es so wie die pubertierenden Jungs später: Wenn sie jemanden mögen, puffen und knuffen sie ihn, anstatt ihn zu umarmen. Allerdings ist das nicht in allen Kulturen gleich. Türkische Männer küssen sich beispielsweise ganz selbstverständlich, ohne einen stärkeren Hang zur Homosexualität zu haben.

Der Journalist Till Raether dachte über Männerfreundschaften nach und beschreibt, wie einfach es war, als Kind Freundschaften zu schließen: »Man musste den zukünftigen Freund nur ein paarmal am Schulranzen herumschleudern, sich dann von ihm verkloppen lassen, und von nun an konnte man in tiefstem Einvernehmen gemeinsam Klappräder frisieren und auf Dachböden kokeln.« Auch er erkannte bedauernd, dass diese Art der Freundschaftsanbahnung entfällt, sobald Jungen aufgehört haben, Schulranzen zu tragen.

Wie aber sollen erwachsene Männer anderen Männern Freundschaft signalisieren? Schließlich dürfen Männer anderen Männern keine tiefen Gefühle zeigen. Und Gefühle machen verlegen. Wie soll im Erwachsenenalter dann überhaupt Freundschaft geschlossen werden? Gibt es denn gar keine Vorbilder?

Im Film geht das folgendermaßen: Da kommen zwei Männer zusammen und – wie könnte es anders sein – die beiden können sich partout nicht ausstehen. Trotzdem müssen sie gemeinsam bestimmte, oft lebensgefährliche Abenteuer bestehen. Am Schluss erkennen sie, dass sie doch zwei prima Kerle sind und sich wunderbar ergänzen. Häufig wird das in einer zugespitzten Situation klar, wenn einer dem anderen das Leben rettet.

Weil diese Situationen auf Leben und Tod im wirklichen Leben selten vorkommen, haben Männer viele Tarnformen erfunden, um freundschaftlich miteinander umgehen zu können: die Skatrunde, den Kaninchenzüchterverein, Tennisspielen und Golfen. Dabei reden Männer über Autos, den

Job und Aktien. Dass die eigene Frau gerade die Scheidung eingereicht hat, wird in diesen Kreisen nicht angesprochen.

Was in Bezug auf Freundschaften erschwerend hinzukommt: Männer müssen bei ihren Freizeitaktivitäten fast immer in einen sportlichen Wettbewerb miteinander treten oder sich sonstwie messen. Till Raether nennt es »den Schwanzvergleich auf allen Ebenen«. Dabei bleiben die Gefühle unter kumpelhaften Rempeleien verborgen. Mit Ruppigkeit und ironischen Bemerkungen, dem gegenseitigen Sich-auf-die-Schulter-Klopfen wird die Offenbarung von echten Gefühlen tunlichst vermieden. Gefühle zeigen, macht verlegen, denn Gefühle sind irgendwie peinlich. Das gilt für Jungen und Männer gleichermaßen, wenn keine helfende Frau mit im Spiel ist: Diese Empfindungen auszudrücken, sie zu beschreiben, ist schlicht unmöglich. Ist das der Grund, warum in Filmen oft der eine Freund in den Armen des anderen stirbt? So passiert es Winnetou und Old Shatterhand, so ist es im Film »Knockin' on Heavens Door«. Denn wie sollten Männerfreundschaften im Alltag aussehen? So genau kann das auch heute kein Mann offen sagen, ohne von seinesgleichen scheel angeschaut oder in die schwule Ecke gestellt zu werden.

Für viele Männer ist es deshalb wesentlich einfacher, Freundschaften mit Frauen zu haben, als einem Mann nahe zu kommen. Doch Jungen und auch Männer sind keine Einzelgänger. Was passiert also, wenn die große Gefühlskeule unvermutet zuschlägt? Der Job geht zum Beispiel verloren und dann auch noch die Frau? Dann zeigt sich, wer einen wahren Freund hat. Und viele Männer merken voller Entsetzen, dass sie verdammt einsam sind. »Frauen«, so Haydar Karatepe, »haben fast immer Freundinnen, mit denen sie sich über ihre wirklichen Sorgen austauschen können.«

Nach einer Scheidung blühen manche Frauen regelrecht auf. Und die Männer? Die bringen sich eher um. Drei Viertel aller Selbstmörder in Deutschland sind männlich. Der amerikanische Psychologe Alon Gratch erklärt das Verhalten von Männern bei persönlichen Problemen folgendermaßen: »Statt sich nach dem richtigen Weg zu erkundigen, fahren sie weiter, bis sie in eine Sackgasse geraten, sich verirrt haben oder einen Unfall bauen.« Männer fürchten, ihr Gesicht zu verlieren, wenn sie bei jemandem anklopfen und um Hilfe bitten. Schlimm auch für Männer: Je älter sie werden, desto weniger Freunde finden sie. Ab 30, so Zulehner und Volz in ihrer Studie, schrumpft der Freundeskreis von Männern sichtlich.

Vielleicht sollten Männer einfach den Mut haben, ihrer Sehnsucht nach Nähe und Freundschaft Ausdruck zu verleihen. So wie früher, als man noch 17 war. Vielleicht so wie Wolfram: »Es gibt zwei Arten von Freunden. Mit dem einen geht man weg in die Disko, auf Feten und hat nur das eine im Kopf: baggern bis zum Abwinken. Dann lässt man ein bisschen den Larry raushängen, hat 'ne Menge Spaß. Das ist es dann auch. Man redet nicht viel über Probleme. Über Probleme rede ich nur mit meinem besten Freund. Dann gehe ich zu ihm, frage ihn, was er darüber denkt. Er ist für mich zum Beispiel ein guter Ratgeber, wenn es um Mädchen geht. Umgekehrt gilt das natürlich auch.«

Paul M. Zulehner, Rainer Volz, Männer im Aufbruch. Wie Deutschlands Männer sich selbst und wie Frauen sie sehen. Ein Forschungsbericht, Schwabenverlag, Ostfildern 1998; Jed Diamond, Der Feuerzeichen-Mann. Wenn Männer in die Wechseljahre kommen, C.H. Beck'sche Verlagsbuchhandlung, München 1999; »Gender, Masculinity-Feminity, and Emotional Intimacy in Same-Sex Friendship, Sex Roles 12, 5-6/1985; »Ich hab da eine Idee mit Vanenburg«, tz vom 14./15./16. April 2001; Cheryl Benard u. Edit Schlaffer, Einsame Cowboys. Jungen in der Pubertät, Kösel Verlag, München 2000; »Perfekt – aber einsam. Männer-Freunde – Das einzig Wahre«, Stern-Interview, 11. April 2001; »Mann ich mag dich. Männer-Freunde – das einzig Wahre!« Stern, 11. April 2001; »Freunde. Eine Liebesgeschichte«, Brigitte, Männer special, 3/1999; William F. Pollack, Richtige Jungen. Was sie vermissen, was sie brauchen – Ein neues Bild von unseren Söhnen, Scherz Verlag, Bern/München/Wien 1998; Christine Wolfrum, Peter Süß, So wild nach deinem Erdbeermund, Deutscher Taschenbuch Verlag, München, 4. Auflage 2001.

Frieden

Die Welt wäre friedlicher, wenn die Männer mehr weibliche Wesenszüge besäßen.

Sophia Loren

Friseur
Alle Friseure sind schwul

Was machen drei Schwule mit einer Blondine im Wald? Antwort: Zwei halten sie fest und einer frisiert sie.

Manche Vorurteile halten sich hartnäckig, und manchmal eignen sie sich sogar zum Titel eines Buches. Erst kürzlich – im Jahr 2000 – erschien ein Taschenbuch mit dem Titel »Mein schwuler Friseur«. Die beiden Autoren Oliver Kuhn und Daniel Wiechmann sammelten 2.222 Vorurteile und auf Seite 104 kommen sie dann endlich beim Stichwort »Friseur« zur Sache. Dort ist zu lesen: »Friseure sind schwul«, sie »heißen Detlev, Kai oder Jens« und »spreizen den kleinen Finger beim Schneiden ab«. So was setzt sich also in den Köpfen fest.

Ob alle Friseure Detlev, Kai oder Jens heißen, ließe sich ja vielleicht noch ziemlich einfach überprüfen. Schwieriger wird's da schon mit der Behauptung »Alle Friseure sind schwul«, denn über die sexuelle Orientierung der Friseure können Handwerkskammern und Friseurinnungen nichts aussagen.

Auch umgekehrt lässt sich da nichts beweisen, wie eine nicht repräsentative Umfrage unter 1.846 schwulen Männern ergab. »In unserer Studie waren … gerade mal 0,2 Prozent der Befragten Friseure«, erklärt der Münchner Diplom-Psychologe Christopher Knoll, der die Untersuchung zusammen mit Manfred Erdinger und Günther Reisbeck am Sozialpsychologischen Institut der Ludwig-Maximilians-Universität München leitete.

Mit einem Anteil von 0,2 Prozent kommt der Friseur noch nicht einmal in die Liste der 27 Berufe, die bei Schwulen am beliebtesten sind. »Die Studie zeigt, dass Schwule nicht die Jobs haben, von denen Heterosexuelle meinen, dass sie sie haben sollten.«

Doch warum hält sich das Vorurteil von den schwulen Friseuren so hartnäckig? Ron Schlesinger vom Magazin »männer aktuell« hat darauf eine einleuchtende Antwort: Schwule Männer, die als Friseure arbeiten, seien »nur sichtbarer als ihre Brüder in den Großraumbüros oder Produktionshallen« – und da geht es den Friseuren ähnlich wie den Floristen, den Stewards, den Balletttänzern und den Visagisten.

Welchen Beruf schwule Männer ergreifen, hängt nach Meinung von Christopher Knoll weniger mit der Homosexualität als mit individuellen Neigungen zusammen: »Schwule Männer (gehen) eher nach ihren Interessen und sind arbeitsmarkttechnischen Voraussetzungen unterworfen.« So stehen auch auf der Liste der beliebtesten Jobs die kaufmännischen Angestellten und Büroberufe (8,3 Prozent) sowie die Unternehmensleitung, -beratung und -prüfung (7,6 Prozent) ganz oben.

An dritter Stelle kommen jedoch schon die sozialen Berufe, in denen überproportional viele schwule Männer arbeiten: Der Anteil von 7,3 Prozent der befragten Schwulen liegt hier weit über dem Bundesdurchschnitt (0,6 Prozent), sodass sich ein Verhältnis von 12:1 ergibt. Auch in anderen Berufen tummeln sich übermäßig viele schwule Männer: Bei den geistes- und naturwissenschaftlichen Berufen ist das Verhältnis 10:1, bei den Gesundheitsberufen liegt es bei 7:1, bei den Ärzten und Apothekern und in den künstlerischen Berufen kommt die Münchner Studie auf ein Verhältnis von 4:1 – die Friseure kommen in dieser Liste der Top 15 gar nicht vor.

Oliver Kuhn, Daniel Wiechmann, Mein schwuler Friseur, Knaur, München 2000; Christopher Knoll, Manfred Erdinger, Günther Reisbeck, Grenzgänge. Schwule und Lesben in der Arbeitswelt, Profil Verlag, München 1997; »Schwule in Männerberufen«, männer aktuell, Februar 2001.

Fußball

Frauenfußball ist nach Ansicht islamischer Fundamentalisten in Kuwait des Teufels: Islamische Geistliche und Politiker forderten die Regierung des Golfstaates auf, ein Frauenfußball-Turnier abzublasen, da es den »Zorn Gottes« gegen das Emirat lenke... Die Beteiligung von Frauen an diesem Sport sei »verboten« und könne die »Gesellschaft dem göttlichen Zorn aussetzen«.

AFP-Meldung vom 8. April 2001

Geburten 1
Die meisten Frauen haben Kinder

Wenn es um Frauen und Karriere geht, kommt das Gespräch früher oder später auf die Mütter – mit dem Hintergedanken, dass die meisten Frauen doch Mütter seien und man deren familiäre Situation bei der Diskussion berücksichtigen müsse. Doch stimmt es tatsächlich, dass die meisten Frauen Kinder haben?

Das Statistische Bundesamt kann keine genauen Zahlen nennen, da es den Auftrag hat, die Situation in den deutschen Haushalten zu erfassen. Auch das Familienministerium kennt die Zahl der Mütter (und Väter) nicht, denn es bezieht seine Daten vom Statistischen Bundesamt. Bekannt ist jedoch, wie viele Frauen mit Kindern in einem Haushalt leben – das heißt aber noch lange nicht, dass all diese Frauen die Mütter dieser Kinder sind, und sagt auch nichts über die Zahl der Mütter aus, deren Kinder nicht (mehr) bei ihnen zu Hause leben. Doch wie dem auch sei: 1999 gab es – laut Statistischem Bundesamt – insgesamt 35.674 Millionen Frauen, die älter als 15 Jahre waren. Davon lebten 12.401 Millionen Frauen mit Kindern im Haushalt. So gesehen könnte man darauf schließen, dass maximal 34,8 Prozent der Frauen Mütter von Kindern sind, die bei ihnen zu Hause leben – damit sind die (jungen) Mütter im Vergleich zu den Nicht-Müttern aber noch lange nicht in der Mehrzahl.

Ein ähnliches Bild zeichnete auch das Nachrichtenmagazin »Der Spiegel« im April 2001: Demnach wird jede dritte Frau des Jahrgangs 1965 keine Kinder haben, von den westdeutschen Frauen zwischen 35 und 39 Jahren bekommen rund 21 Prozent keine Kinder und jede sechste Frau des Jahrgangs 1950 blieb kinderlos. Mit dem Mutterglück haben vor allem die Akademikerinnen nichts am Hut – 40 Prozent von ihnen haben keine Kinder.

Zum Vergleich: Mit einer Geburtenrate von 1,37 Kindern pro Frau steht die Bundesrepublik in der Europäischen Union an zehnter Stelle. Niedrigere Geburtenraten haben nur noch Griechenland und Österreich (jeweils 1,30), Italien (1,21) und Spanien (1,19). Zum Vergleich: In Japan liegt die Quote bei 1,40 Geburten pro Frau, in den USA bekommen die Frauen durchschnittlich 2,05 Kinder.

Statistisches Bundesamt, »Ein Segen für die Familie«, Der Spiegel, 15/2001; Geburten- und Sterberaten, Stand 2000, in: http://wko.at/statistik/eu/eu4.htm.

Geburten 2
In katholischen Ländern ist die Geburtenrate am höchsten

Seit eh und je verkündet der Papst, dass Kinder für jedes Ehepaar ein Segen sind. Bis heute hält die katholische Kirche an der Weisung von Papst Paul VI. fest, der sich 1968 in der Enzyklika »Humanae vitae« gegen die Antibabypille als Mittel zur Empfängnisverhütung aussprach. Und da liegt es nahe anzunehmen, dass es vor allem die Länder, in denen viele Katholiken leben, mit einer Schar von Kindern gesegnet sind.

Für Spanien und Italien – einst katholisch geprägte Hochburgen von Großfamilien – stimmt diese Annahme jedoch nicht: Spanien hat heute weltweit die niedrigste Geburtenrate, dort bekommt jede Frau durchschnittlich nur 1,19 Kinder. Nach dem Ende des Franco-Regimes starteten viele Frauen ihre berufliche Karriere und kümmerten sich auch immer weniger um die Verhütungsverbote des Papstes. Viele junge Paare wollen keine Kinder bekommen, weil sie es sich finanziell nicht leisten können und weil es zu wenig Betreuungsplätze gibt. Der konservative Regierungschef José María Aznar denkt zwar jetzt über Steuererleichterungen für Familien und mehr Kindergartenplätze nach, aber bis der Rückstand aufgeholt ist, wird es wohl noch ein paar Jahrzehnte dauern.

Ähnlich wie in Spanien ist auch die Situation in Italien: Jede Frau bekommt dort im Durchschnitt 1,21 Kinder. Vor allem die Fürsorge der »Mammas« soll für diesen Missstand verantwortlich sein. Sie behüten ihre Söhne so gut, dass viele junge Männer kaum einen Anlass sehen, auszuziehen und selbst eine Familie zu gründen. Und wenn sie dann erst mit Mitte dreißig heiraten, stehen erst einmal ein paar Anschaffungen für den gemeinsamen Haushalt an. Der Kinderwunsch wird dann noch ein paar Jahre zurückgestellt.

Im katholischen Frankreich sieht die Lage jedoch ganz anders aus: Die Geburtenrate liegt derzeit bei 1,77 Kindern pro Frau, im Jahr 2000 gab es dort den höchsten Geburtenzuwachs in der Europäischen Union.

Bis zum Ende der 1990er Jahre war in Frankreich ein Abwärtstrend zu verzeichnen, doch das Klima ist mittlerweile kinderfreundlicher geworden. Obwohl heute 70 Prozent der Französinnen berufstätig sind, entscheiden sich viele Paare für Kinder. Selbst 45 Prozent der Mütter von drei Kindern haben einen Job. Vor allem die französische Familienpolitik hat

viel zu dieser Trendwende beigetragen, denn der Staat hat ein fast lücken-
loses Betreuungssystem für Kinder aufgebaut: Es gibt ausreichend Krip-
penplätze und staatlich zugelassene Tagesmütter, die Kleinen werden
schon ab zweieinhalb Jahren in der »Ecole maternelle« aufgenommen,
vom dritten Lebensjahr an ist ein Ganztagsplatz garantiert. Eltern, die ihre
Kinder früher abgeben oder später abholen wollen, können den Service eines angegliederten Horts nutzen. Auch wenn die Kinder in die Schule
kommen, gibt es Möglichkeiten, sie so lange betreuen zu lassen, bis die Eltern von der Arbeit zurück sind: In Frankreich sind alle Schulen Ganztags-
schulen, der Unterricht geht von 9 bis 17 Uhr. Grundschüler können vor
und nach der Schule in einen Hort gehen, für die älteren Kinder wird nach
17 Uhr eine Hausaufgabenbetreuung angeboten – eine solch umfassende
staatliche Unterstützung erleichtert es den Paaren erheblich, sich für Beruf
und Kinder zu entscheiden.

»Wie zeugungsfähig ist Vater Staat?«, in: Der Spiegel, 15/2001; »Vorbilder im Ausland«, in:
Stern, 10/2001; Geburten- und Sterberaten, Stand 2000, in: http://wko.at/statistik/
eu/eu4.htm.

Geburtstag

*Auf Fragen nach dem Geburtstag nennen Männer das Jahr und Frauen
den Monat.*

Robert Lembke

Gefühle 1
Frauen können sich besser einfühlen als Männer

Frauen sind von Natur aus näher an ihren eigenen Gefühlen und dadurch
auch näher an den Gefühlen anderer, so die gängige Meinung. Einem
Mann liegt es dagegen weder in den Genen noch hat er es gelernt, zu spüren und zu verstehen, was sein Gegenüber tatsächlich bewegt. »Die weibliche Intuition, also die Fähigkeit, zum Beispiel durch reine Beobachtung
von Nuancen in der Ausdrucksweise und Tonlage anderer Menschen eine
Situation einschätzen und sich darauf einstellen zu können, hat genetischen Ursprung«, behauptet etwa David Skuse, Leiter eines aus Verhal-

tensforschern, Genforschern und Psychologen zusammengesetzten britischen Teams. Die Forschergruppe untersuchte 88 Frauen, die unter dem Turner-Syndrom leiden. Bei dieser Erkrankung fehlt den Frauen ein X-Chromosom, und sie neigen zu aggressivem Verhalten. Die Forscher meinen nun, dass ein Gen, das im X-Chromosom beheimatet sein muss, für die Fähigkeit verantwortlich ist, sich auf die Gefühle der Mitmenschen einzulassen. Aber nur, wenn dieses X-Chromosom vom Vater auf die Tochter vererbt wird, entfaltet es seine besondere Fähigkeit des sozialen Handelns, so die Wissenschaftler. Das heißt, Jungen, die ein Y-Chromosom des Vaters mit auf den Weg bekommen, sind angeblich nur mit der wirkungslosen Variante des Gens von der mütterlichen Seite her ausgestattet. Mag sein, dass die genetische Komponente eine Rolle spielt. Allerdings gibt es guten Grund, daran zu zweifeln, dass sie – wenn überhaupt – den Ausschlag für das Gefühl der Empathie (Mitempfinden) gibt.

So haben viele Forscher in Untersuchungen, in denen es darum geht, Verhalten, Gedanken und Gefühle anderer Personen oder des eigenen Partners vorherzusagen, überrascht festgestellt, dass Frauen keine besseren Ergebnisse erzielten als Männer.

Unterschiede finden sich allenfalls in der eigenen Einschätzung, diese Fähigkeit zu besitzen: So halten sich Frauen generell für verständnisvoller als Männer, auch wenn es offensichtlich nicht den Tatsachen entspricht.

Wissenschaftler werteten sämtliche bis 1983 veröffentlichten Studien und Untersuchungen aus, die sich mit den Geschlechtsunterschieden im Einfühlungsvermögen befassen. Ihre Erkenntnisse daraus: Sollte durch Übungen bessere Empathie bewiesen werden, schnitten Frauen nicht nennenswert besser ab als Männer. Wurde in einer Situation Einfühlungsvermögen verlangt – ohne dass dies vorher offen dargelegt wurde, etwa mit Sätzen wie: »Hier ist mein Einfühlungsvermögen gefragt« – zeigten sich keinerlei Unterschiede der Geschlechter. Auch Differenzen in körperlichen Äußerungen, die zeigen sollten, dass eine Frau mehr mitfühlt als ein Mann, konnten gleichfalls nicht ausgemacht werden. Die Psychologin Ingrid Frisch konnte die vermutete »ausgeprägtere Empathiefähigkeit bei Frauen« durch ihre kürzlich erschienene Arbeit ebenfalls nicht bestätigen.

Die Fachleute ziehen daraus den Schluss, dass offensichtlich kulturelle Normen und die soziale Rolle stärkeren Einfluss haben als tatsächlich von der Natur vorgegebene Geschlechtsunterschiede. Im Klartext heißt das:

Frauen glauben von sich selbst, sie seien einfühlsamer als Männer. Sie haben aber kein deutlich genetisch vorgeprägtes oder antrainiertes überlegenes Talent dazu.

»Sanfte Frauen – harte Männer«, Psychologie heute, November 1997; »Einfühlsamer – von Natur aus?«, Psychologie heute compact, 1998; Ingrid Frisch, Eine Frage des Geschlechts. Mimischer Ausdruck und Affekterleben in Gesprächen, Röhrig Universitätsverlag, St. Ingbert 1997; »Dein Partner, das unbekannte Wesen«, Psychologie heute, Oktober 1999.

Gefühle 2
Frauen sind emotionaler als Männer

Wenn es um Gefühle geht, kommt es zu hitzigen Debatten. Welche Gefühle sind angeboren, welche erlernt? Wer zeigt mehr Freude, Trauer, Ekel, Angst, Verachtung, Überraschung und Wut? Ist es die Frau oder doch der Mann? Normalerweise wird einer Frau in ihrem Denken und Handeln mehr Emotionalität unterstellt als dem Mann, weil sie mehr davon zeigt. Allerdings werden Mädchen im Lauf ihrer Entwicklung eher dazu ermutigt, ihre Gefühle auszudrücken – mit Ausnahme von Wut, Ekel und Verachtung. Dem Mann wird nachgesagt, generell sachbezogener und überlegter zu reagieren, weil ihn Gefühle nicht so berühren.

Eine Studie zu Geschlechtsstereotypen in 25 Ländern hatte zum Ergebnis, dass Dominanz, Unabhängigkeit, Energie und Stärke als männliche Eigenschaften eingeordnet werden. Frauen charakterisiert man als gefühlvoll, unterwürfig und abergläubisch. Dabei werden die »typisch männlichen Eigenschaften« in der Regel positiv bewertet, bei den »weiblichen« Eigenschaften ist es umgekehrt.

Die deutsche Psychologin Ingrid Frisch untersuchte nun, inwieweit das Gefühlserleben eine Frage des Geschlechts ist. Zunächst stellte sie fest, dass Erwartungen an Frauen und Männer hinsichtlich ihrer Gefühle einem deutlichen gesellschaftlichen und historischen Einfluss und Wandel unterliegen. Ein Beispiel: »In den Ratgebern für junge Frauen und Männer wurde ab 1840 Ärger als eine für beide Geschlechter gefährliche Emotion angesehen... Im späten 19. Jahrhundert wurde empfohlen, Jungen boxen zu lassen, da dieser Sport als Ventil für Ärgergefühle angesehen wurde. Für Mädchen gab es kein legitimiertes Ventil, bei ihnen sollte Ärger überhaupt nicht sichtbar werden.« So wirken kulturelle Kräfte auf die Natur des Einzelnen.

Der Wiener Stadtethologe Karl Grammer meint: »Evolutionstheoretische Ansätze lassen der Tatsache Raum, dass Verhalten auch durch den Einfluss kultureller Kräfte geformt werden kann... Ein Dualismus ›angeboren – erworben‹ ist deshalb wenig brauchbar, um Erklärungen für menschliches Verhalten zu finden.«

Wie aber können emotionale Unterschiede festgemacht und eventuelle Vorurteile ausgeräumt werden? Frisch versuchte es mit dem Facial Action Coding System (FAC), das mimische Bewegungen eines Menschen exakt erfasst, mit zusätzlichen Interviews sowie Selbst- und Fremdbeurteilungen. Mit dem FAC-System können sehr differenzierte Aussagen gemacht werden, so z.b. über »echte« und »unechte« Freude anhand unterschiedlicher Mimik. Die Psychologin ließ ihre Teilnehmer und Teilnehmerinnen in gleichgeschlechtlichen und gemischten Gruppen über ein Alltagsthema diskutieren. Sie sollten sich über die vier wichtigsten politischen Probleme, die in der nächsten Zeit in der Bundesrepublik anstehen, verständigen. Das überraschende Fazit: Männer und Frauen unterscheiden sich generell nicht in ihrem mimischen Ausdruck. Frauen reagieren also nicht emotionaler. Allerdings gab es dann doch einige interessante Differenzen. So zeigten Männer im Gespräch mit Frauen deutlich häufiger »echte Freude« als im Gespräch unter ihresgleichen. Im Gespräch mit Frauen wurden Männer lebendiger im Ausdruck. Überhaupt veränderte sich der Gesichtsausdruck des Mannes wesentlich öfter im Gespräch mit einer Frau, als wenn er mit den Geschlechtsgenossen talkte. Allerdings zeigten sich Männer gegenseitig deutlicher Ärger als einer Partnerin.

Frauen erwiesen sich da als weniger abhängig von einer Situation. Ihre Mimik blieb ziemlich gleich, egal, ob sie mit einem Mann oder einer Frau redeten. So brauchte sich der Mann im Gespräch mit einer Frau offensichtlich nicht auf Pokerface und Konkurrenz zu programmieren, was bei einem männlichen Gesprächspartner eher der Fall war. Vielmehr zeigte er Verständnis und Anpassungswillen.

Als es um das Erleben der Situation ging, die Bewertung der eigenen Gefühle und die des Gegenübers, war es nur die Freude, die von beiden Geschlechtern gleich erlebt und ausgedrückt wurde. Ekel und Verachtung nahmen zwar einen breiten Raum im mimischen Ausdrucksverhalten ein

(87,5 Prozent bzw. 85 Prozent), wurden aber nicht als selbst erlebte Gefühlsregung genannt. Auch Ärger und Trauer wurden eher gezeigt, als nachher als erlebt zugegeben. Sicher ist es einfacher zuzugeben, Freude am Gespräch gehabt zu haben, als angewidert gewesen zu sein.

Interessanterweise fand Frisch heraus, dass Angst zwar kaum mimisch gezeigt (12,5 Prozent), jedoch in über zwei Dritteln aller Fälle deutlich erlebt wurde. Das jedenfalls berichten die weiblichen wie männlichen Probanden.

Und beim Einschätzen der erlebten Situation gaben Frauen an, intensivere Gefühle während des Gesprächs mit einem Mann gehabt zu haben, obwohl ihr äußeres Verhalten unverändert blieb. Der Mann hingegen wurde Frauen gegenüber lebhafter, ohne dass er das gefühlsmäßig so beurteilte. Möglicherweise nehmen Männer ihre Gefühle auf eine andere Weise wahr – oder nicht wahr – als Frauen. Das heißt jedoch keinesfalls, dass Männer emotionsloser als Frauen sind.

Ingrid Frisch, Eine Frage des Geschlechts. Mimischer Ausdruck und Affekterleben in Gesprächen, Röhrig Universitätsverlag, St. Ingbert 1997; Karl Grammer, Signale der Liebe. Die biologischen Gesetze der Partnerschaft, Deutscher Taschenbuch Verlag, München 1995.

Gehalt 1
Gleicher Lohn für gleiche Arbeit – das gilt für Frauen und Männer

Ein richtiger Kerl hat »eine Alte zu Hause«, deren unbezahlte Arbeit in seinem Stundenlohn enthalten ist.

Dieter Schnack, Thomas Gersterkamp

Frauen verdienen weniger als Männer. Häufig sogar dann, wenn beide in ähnlichen beruflichen Positionen arbeiten. Zwar steht im Grundgesetz »Gleicher Lohn für gleichwertige Arbeit«, doch diese Forderung ist noch längst nicht verwirklicht. Die Realität sieht da ganz anders aus: In den neuen Bundesländern kommen Frauen durchschnittlich auf 90 Prozent der Männergehälter, in den alten Bundesländern sind es gerade mal 77 Prozent. Doch wie viel weniger ist das eigentlich jeden Monat? Jedes Jahr? Über das ganze Berufsleben hinweg?

Barbara Seel und Rainer Hufnagel von der Universität Hohenheim berechneten den Einkommensunterschied zwischen Frauen und Männern,
die schon etwas weiter oben auf der Karriereleiter stehen. Um zu verdeutlichen, wie weit die Schere zwischen den Frauen- und Männergehältern
auseinander klafft, berechneten die Haushaltsökonomen durchweg Brut-
togehälter: Im Falle einer Angestellten, die eine kaufmännische Lehre absolviert hat und ein Einstiegsgehalt von 35.000 Mark bekommt, wächst
der Geschlechterabstand bis zur Rente auf 224.000 Mark an. Eine verheiratete Angestellte mit Abitur und Lehre hat bis zur Rente sogar 342.000
Mark weniger als ihr Kollege. Bei den verheirateten Frauen und Männern
in höheren beruflichen Positionen werden die Unterschiede sogar noch
drastischer: Eine Ehefrau, die nach dem Studium Abteilungsleiterin wird,
muss finanzielle Einbußen von 568.000 Mark hinnehmen. Bei den verheirateten Managerinnen sind es sogar 870.000 Mark.

Warum aber ist der Geschlechterunterschied bei den Verheirateten größer als bei den Alleinlebenden? Barbara Seel erklärt: »Hier spielen viele
Faktoren mit. Einer davon: Viele Chefs gehen immer noch von der traditionellen Rollenaufteilung aus. Der Mann arbeitet und seine Frau hält ihm
den Rücken frei. Das lässt sich der Arbeitgeber schon etwas kosten.«
Amerikanische Experten kommen zu einem ähnlichen Ergebnis. Sie schätzen, dass verheiratete Männer etwa sechs Prozent mehr verdienen als Sing-
le-Männer.

Das Erstaunliche: Von dem Alleinernährer-Bonus profitieren wahrscheinlich alle Männer – auch die, deren Ehefrauen in einer ähnlich hohen
Position wie sie selbst arbeiten. Die Ehefrauen können jedoch nicht darauf
hoffen, allein wegen ihres Geschlechts ein höheres Gehalt zu bekommen.
Denn die Chefs gehen insgeheim davon aus, dass Frauen für die Hausarbeit zuständig sind und in Zukunft vielleicht durch eine Schwangerschaft
ausfallen könnten – Pech für die Ehefrauen also.

Angesichts der niedrigeren Gehälter für Frauen fragt man sich: Wie viel
Zeit wird denn noch vergehen, bis der Grundsatz »Gleicher Lohn für gleiche Arbeit« in Deutschland verwirklicht ist? Barbara Seel: »Wenn man
sich die Entwicklung der letzten Jahre anschaut, dauert es wahrscheinlich
20 bis 30 Jahre, möglicherweise aber noch bis zu zwei Generationen, bis
die Frauen ebenso viel verdienen wie die Männer.«

»Was Frauen verdienen«, Die Zeit vom 16. September 1999; »Wie teuer ist es, eine Frau zu sein?«, Marie Claire, September 2000; Shelly Lundberg und Elaine Rose, »The Effects of Sons and Daughters On Men's Labor Supply and Wages«, University of Washington, Oktober 1999.

Gehalt 2
Ob Männer schön oder hässlich sind, hat keinen Einfluss auf ihr Gehalt

Bei Männern ist es nicht wichtig, wie sie aussehen: Hauptsache, sie haben gute Ideen und können sich durchsetzen. Dann schlägt sich das auch auf ihrem Konto nieder, glauben viele. Sicherlich gibt es sie, die kleinen, dicken und hässlichen Männer, die es weit gebracht haben und Spitzengehälter verdienen. Doch von den Top-Managern und den Millionären einmal abgesehen, scheint es sich für Männer auszuzahlen, wenn sie gut aussehen: Ihre Gehaltsabrechnung kann bis zu 15 Prozent höher ausfallen als bei Kollegen, die den Schönheitsidealen nicht entsprechen. Das fanden zumindest Wissenschaftler der Londoner Guidehall-Universität heraus. In einer Studie untersuchten sie 11.000 Informationen von Frauen und Männern eines Jahrgangs, von denen die kompletten Lebensläufe bekannt waren. Und wer glaubt, dass sich das gute Aussehen für Frauen noch mehr als für Männer auszahlt, der irrt: Bei ihnen betragen die Gehaltsunterschiede nur bis zu elf Prozent.

www.menshealth.de vom 27. November 2000

Gehalt 3
Ehefrauen verdienen weniger als ihre Männer

Schöne Mädchen tragen keine Börsen.

Spruch aus Schottland

Nadja Auermann, Heidi Klum, Verona Feldbusch, Linda de Mol, Raquel Welch und Sharon Stone – sie beweisen, dass man sogar mit Männern glücklich werden kann, die weniger als man selbst verdienen. Und damit sind sie in bester Gesellschaft: Denn heutzutage gibt es immer mehr Frauen, die mehr Geld als ihre Männer nach Hause bringen.

Die Angaben, wie viele Ehefrauen zu den Besserverdienerinnen gehören, schwanken. Die Wirtschaftswissenschaftlerin Sonja Bischoff geht von acht Prozent der Ehefrauen aus. In ihrem Artikel »Zur Kasse, Schätzchen!« erhöht die Journalistin Eva Gesine Baur den Anteil auf elf Prozent, bezieht sich aber auf »alle Beziehungen«, in denen die Frau Mehr-, Hauptoder Alleinverdienerin ist.

Der Anteil erhöht sich noch einmal, wenn man nicht alle Ehefrauen ins Visier nimmt, sondern nur die berufstätigen Ehefrauen. Zu diesem Ergebnis kommt Dr. Rainer Hufnagel von der Universität Hohenheim, der seinen Berechnungen das Deutsche Sozio-Ökonomische Panel (kurz: SOEP) zugrunde legt, das auf den Daten für das Jahr 1998 basiert: »Im SOEP verdienen 35 Prozent der arbeitenden Frauen mehr als ihre Männer.« Auf einen ähnlichen Prozentsatz kommt auch Richard Freeman von der Harvard Universität: Demnach verdienen knapp 30 Prozent der berufstätigen Ehefrauen in den USA mehr als ihre Männer, im Jahr 1998 waren das rund 10,5 Millionen Frauen. Der Anteil der Besserverdienerinnen hat sich seit 1980 erhöht, damals gehörten weniger als 20 Prozent der berufstätigen Ehefrauen dazu.

Für Europa sind die Zahlen sogar noch beeindruckender, denn die »Whirlpool Foundation« stellte 1996 fest: »59 Prozent der berufstätigen Frauen in Europa verdienen die Hälfte oder mehr des Haushaltseinkommens, wobei die französischen Frauen mit einem Anteil von 72 Prozent ganz vorne liegen.«

Und wie geht es den Paaren damit, wenn SIE mehr als ER verdient? Nicht so gut, sagen die Therapeuten und Anwälte. So ist zum Beispiel die Hamburger Paartherapeutin Dr. Angelika Faas überzeugt: »Es ist für Männer nach wie vor ein wichtiges Statussymbol, mehr zu verdienen als die Partnerin.« Die Hamburger Diplompsychologin und Therapeutin Bärbel Raulf meint: »Keine Frau will auf Dauer einen, der sich auf ihre Kosten durchs Leben ziehen lässt und selbst nichts auf die Beine stellt.« Und der Hamburger Familienanwalt Ernst- Rüdiger Kristen kommt gar zu dem Schluss: »Für die meisten Frauen ist es unerträglich, wenn der Mann auf ihre Kosten lebt. Sie haben das Gefühl, für Liebe zahlen zu müssen. Tatsächlich reichen 17 Prozent meiner Klientinnen aus diesem Grund die Scheidung ein. Tendenz steigend!«

Die Männer, zumindest die Ehemänner von prominenten Frauen, sehen das alles ziemlich locker. Hajo Sommers zum Beispiel, Verlobter der Missfits-Kabarettistin Gerburg Jahnke, meint: »Männer, die sich darüber definieren, ob sie besser oder schlechter sind als ihre Frau, sind doch krank! Oder?... Bei Gerburg geht es seit fünfzehn Jahren kontinuierlich voran, und ich habe eben einen Job, in dem es nicht ganz so viel zu verdienen gibt. Da zweifelst du gelegentlich schon mal an dir. Glücklicherweise tut Gerburg das nicht, was vielleicht darauf zurückzuführen ist, dass ich immer nett winke, wenn sie mit dem Missfits-Bus auf Tournee geht.« Auch Ric Pipino, Hairstylist und Ehemann von Supermodel Heidi Klum hat keine Macho-Allüren: »Wir sind ein Team, keine Konkurrenten. Im Moment ist Heidi dran, und ich finde, sie sollte ihren jetzigen Erfolg nutzen. Ich weiß, dass manche Leute Probleme damit haben, dass sie mehr verdient als ich. Hey, Leute, wir leben im dritten Jahrtausend – it's time to update!«

Und wie sehen das die Ehefrauen? Die amerikanische Studie von Richard Freeman zitiert eine Frau Goldmark mit den Worten: »Ganz tief drinnen in mir gibt es einen Ort, den ich nicht sehr gern besuche. Ich glaube, dass ich von ihm erwartete, mehr als ich zu verdienen – und in gewisser Weise hoffe ich das auch heute noch.«

Idee von Gunthild Kupitz, München; Interview mit Dr. Rainer Hufnagel von der Universität Hohenheim; »When Wives Earn More Than Their Husbands«, International Herald Tribune vom 28. Februar 2000; »Zur Kasse, Schätzchen!«, vivian, 47/2000; »Die Gipfelstürmerinnen«, taz vom 3. Juli 1997; »Wenn Sie mehr verdient als Er«, Marie Claire, 9/1998; »Was haben diese Männer gemeinsam?«, MC, April 2001; »Plötzlich lebt ER auf meine Kosten«, Bild Zeitung vom 10. Mai 1999.

Gehalt 4
Jede Spitzenverdienerin hat einen, der ihr zu Hause den Rücken freihält

Frauen haben die Familie im Nacken, Männer haben die Familie im Rücken.

Renate Künast

»Hinter jedem erfolgreichen Mann steht eine Frau«, heißt es. Das scheint auch heute noch zu stimmen, denn nach einer Untersuchung der Zeitschrift »Capital« sind 91 Prozent der männlichen Top-Verdiener verheiratet. Umgekehrt sieht es jedoch etwas anders aus: Nur 61 Prozent der Spitzenverdienerinnen haben einen Ehemann zu Hause, der die Kinder hütet, die Wäsche bügelt und das Klo putzt.

»Wenn Sie mehr verdient als er«, Marie Claire, 9/1998.

Geheimnisse

Frauen geben Geheimnisse nicht preis, sie tauschen sie gegen andere.

Robert Lembke

Geheimnisse in der Liebe
In der Partnerschaft darf keiner Geheimnisse haben

Die Lüge tötet die Liebe. Aber die Aufrichtigkeit tötet sie erst recht.

Ernest Hemingway

Lange galt unter Paaren: Wir müssen nur über alles reden, alles offenlegen, dann funktioniert auch unsere Beziehung und hält, was sie anfangs zu werden versprach. Viele Frauen glauben auch heute noch an dieses Credo, wie eine Umfrage der Frauenzeitschrift »Für Sie« herausfand. Danach halten über zwei Drittel der befragten Frauen eine glückliche Partnerschaft ohne absolute Ehrlichkeit und Offenheit für undenkbar.

Das Gegenteil ist jedoch der Fall. Nicht absolute Ehrlichkeit reizt, sondern Rätselhaftes, das herausfordert und das es zu ergründen gilt. Deshalb verfallen Frauen mit Vorliebe den großen Unbekannten, Männer dafür den stillen Wassern oder den Femmes fatales. »Ein Hauch von Fremdheit ist unerlässlich, damit wir uns verlieben. Fast nie fühlen wir uns von jemand gefesselt, den wir näher kennen«, behauptet die amerikanische Anthropologin Helen Fisher und belegt das auch gleich mit Untersuchungen in einem Kibbuz. Von 2.769 Kibbuz-Ehen waren nur ganze 13 zwischen Angehörigen der gleichen Kibbuz-Gruppe geschlossen worden, »wobei in allen Fällen einer der Partner die Gemeinschaft vor dem sechsten Lebensjahr verlassen hatte«. Der Reiz des Unbekannten ist das, was wir schätzen. Oder wollen Frauen etwa ihren Geliebten so gut kennen wie den Inhalt ihres übersichtlichen Handtäschchens? Ohne Überraschungsfaktor ist irgendwann die Luft raus aus der rosaroten Liebeswolke. Der Soziologe Joachim Westerbarkey attestiert der völlig durchleuchteten Beziehung »Langeweile, Missmut, psychische Unruhe und nicht selten auch körperliches Unbehagen«. Zeichen dafür sind banale Bemerkungen wie »Ich weiß schon, was du sagen willst« oder lässig angelehnte Toilettentüren. Knisternde Erotik ist da meilenweit entfernt und nicht einmal mit Katers Siebenmeilenstiefeln einzuholen.

Deshalb Helen Fishers Fazit: »Ohne Geheimnis keine romantische Liebe.« Das heißt jedoch nicht, dass Partner geheimniskrämerisch sein sollen oder gar fremdgehen müssen, um das gewisse Etwas auszustrahlen. Meist genügt es, sich nicht in jeden Winkel seines Gehirns und Wesens blicken zu lassen.

»Perfektes Partnerglück – was Frauen erwarten«, Für Sie, 9/1998; Helen Fisher, Anatomie der Liebe. Warum Paare sich finden, binden und wieder auseinander gehen, Droemer Knaur, München 1993; »Wie viel Geheimnis braucht die Liebe?« Brigitte, 9/1999.

Genie

Wenn es jemals ein weibliches Genie gegeben hätte, würde man's ja im Museum sehen.

Franziska Becker

Geruch
Mütter erkennen ihre Babys am Geruch

Wissenschaftler nahmen an, dass Menschenmütter ihr Neugeborenes zweifellos unter anderen Babys und auch Kindern aufgrund ihrer feinen Nase schnell wieder erkennen. Dass das nicht stimmt, haben jetzt schwedische Wissenschaftler um den Forscher Bill Hansson entdeckt. Ihre Untersuchung hatte überraschende Ergebnisse: Das Aroma, das Neugeborene verströmen, können nämlich nur Männer gezielt riechen. Das Experiment lief folgendermaßen ab: 24 schwedische Neugeborene im Alter von ein bis vier Wochen und ebenso viele zwei bis vier Jahre alte Kinder mussten eine Nacht lang in speziellen Hemdchen schlafen. 24-mal bekamen die Versuchspersonen – also die eigenen Eltern und ebenso viele kinderlose Männer und Frauen – in je drei Gefäßen zwei nur zart duftende Hemdchen und jeweils ein frisches, ungetragenes Hemdchen unter die Nase gehalten. Nur die Männer waren der Aufgabe gewachsen, den Babyduft zu erkennen. Dabei trafen Väter öfter die richtige Entscheidung als Männer, die keine eigenen Kinder haben. Zudem fanden Männer den Geruch der Babyhemdchen angenehmer als den der T-Shirts von älteren Kindern. Frauen hatten unerwartet erhebliche Schwierigkeiten, das Hemdchen eines Neugeborenen von einem Kinderhemdchen zu unterscheiden. Die Duftstoff-Komponenten der Babyhemdchen haben nämlich selber keinen deutlich wahrnehmbaren Geruch, der über den Riechnerv geht, sondern werden über das sogenannte Vomero-Nasal-Organ direkt ans Gehirn geleitet. Die Studienleiterin und Biologin Karin Bengtson erklärt das Ergebnis im Rückblick aus der Zeit, als Männer noch auf die Jagd gingen: »Ein eindeutiger allgemeiner Baby-Duft, der die Großen besänftigt und vielleicht sogar stärker wirkt als optische Reize, weil er in ihrem Gehirn auf direktem Wege die Gefühlszentren erreicht, wäre also ein sehr wirkungsvoller Schutzmechanismus für die kleinen Kinder eines Clans.«

»Was nur Männer riechen«, Süddeutsche Zeitung vom 2. Januar 2001.

Geschenke

Eine der Gefahren des Weihnachstfestes ist, dass wir von unserer Frau
Geschenke bekommen, die wir uns nicht leisten können.

Robert Lembke

Geschenke
Eltern schenken ihren Töchtern und Söhnen gleich viel

Wenn ein Baby auf die Welt kommt, schenken Omas und Opas, Tanten und Onkel am liebsten Plüschtiere, Beißringe und Strampelanzüge. Manchmal legen sie auch ein Sparkonto an – für später, dann ist schon mal vorgesorgt. Die Kosten für die Geschenke läppern sich allmählich zusammen, doch das mag eigentlich niemand aufrechnen.

Bis zum Lebensalter von drei Jahren ist die Welt auch noch in Ordnung: Mädchen und Jungen bekommen etwa gleich viele Geschenke und sie kosten auch ähnlich viel. Aber dann ist es auch schon wieder vorbei mit der Gleichbehandlung im Kinderzimmer. Denn dann gibt es für die Jungen Modelleisenbahnen, Autos und Baukästen, die Mädchen werden mit Puppen, Malfarben und Gesellschaftsspielen bedacht. Dagegen wäre ja auch gar nichts einzuwenden, wenn es nicht eine Studie gäbe, die bei der Umfrage in 5.500 Haushalten feststellt: Eltern verschenken an ihre Söhne mehr als an ihre Töchter, und obendrein sind die Spielsachen für die Jungs auch noch teurer. In Zahlen: Jungen bekommen durchschnittlich pro Jahr für 225 Mark Geschenke, für Mädchen werden 30 Mark weniger ausgegeben. Das Geschlechter-Geschenke-Verhältnis beträgt also 54 zu 46 Prozent.

Spielsachen für Jungen sind grundsätzlich teurer als die für Mädchen: So kostet zum Beispiel eine Ritterburg für Jungen 229 Mark, das teuerste Barbie-Set mit Pferdeanhänger jedoch »nur« etwa 100 Mark. Und diese Tendenz bestätigt sich, je älter die Kinder werden – vor allem dann, wenn sich die Jungen später für technisches und elektronisches Spielzeug begeistern. Der Psychologe Wolfgang Roth von der Pädagogischen Hochschule in Freiburg hat noch eine ganz andere Erklärung: Seiner Meinung nach verlangen Jungen schon von klein auf mehr Aufmerksamkeit von der Mutter, was sich später auch darin zeige, dass die Mütter größere Geschenke machen: »Mädchen sind genügsamer und kreativer, sie brauchen einfach weniger Spielsachen.«

Wie dem auch sei: Schuld an all diesen Ungerechtigkeiten sind – wie immer – die Mütter, stellt die Studie des Instituts Intelect Marktforschung Eurotoys fest. Denn zu 70 Prozent sind sie es, die entscheiden, welche Geschenke es zum Geburtstag oder zu Weihnachten gibt. Der Pädagoge Jürgen Fritz von der Fachhochschule Köln ist überzeugt davon, dass Eltern – häufig auch unbewusst – immer noch Rollenklischees weitergeben: »Wir erleben im Kinderzimmer die kulturellen Muster des 19. Jahrhunderts.«

»Söhne erhalten mehr Geschenke als Töchter«, in: www.express.de vom 31. Januar 2001.

Geschlecht 1
Männer sind das starke Geschlecht

Sechs Männer geben einem Arzte weniger zu tun als eine Frau.

Spruch aus Spanien

Richtige Jungs und echte Kerls sind unverwüstlich und halten deshalb im Leben wesentlich mehr aus als zarte Mädchen und hilflose Frauen. Das jedenfalls ist die landläufige Meinung. Seit einigen Jahren haben Wissenschaftler verschiedener Richtungen untersucht und gesammelt, was an diesem Mythos dran ist. So kommen Jahr um Jahr neue Erkenntnisse wie winzige Mosaiksteinchen aus der Forschung hinzu, die das männliche Wesen deutlich verletzlicher zeigen als ihr weibliches Pendant – und das bereits vor der Geburt.

Was hat es also mit der viel gerühmten Stärke auf sich?

Ob wir als Jungen oder als Mädchen geboren werden, bestimmen in aller Regel die Samenzellen unseres Vaters. Während Eizellen grundsätzlich ein weibliches X-Chromosom tragen, steuern Spermien bei der Befruchtung entweder auch ein X oder ein männliches Y bei. Und schon beginnt der Wettbewerb ums Leben: Während der Befruchtung schwimmen nämlich Spermien, die ein Y-Chromosom tragen, schneller als die mit einer X-Fracht und sind deshalb häufiger erfolgreich, weil schneller am Ziel. Hat die potenzielle Mutter während der Zeit der Befruchtung jedoch Stress, kommen eher die langsameren, aber widerstandsfähigeren Spermien mit X-Chromosomen zum Zug. Wissenschaftler vermuten, dass Spermien mit einem Y-Chromosom empfindlicher auf Stress reagieren. Und diese besondere Empfindlichkeit setzt sich im gesamten männlichen Leben fort.

Kurz nach der Befruchtung durch ein Y-Spermium hat es der befruchtete Keimling (XY) schwerer, als wenn zwei X-Chromosomen miteinander verschmolzen wären. Denn ein ererbter, krankmachender Schaden an einem einzelnen Gen auf dem X-Chromosom, kann bei zwei X-Chromosomen durch ein gesundes Gen in der anderen Hälfte des Chromosomenpaares häufig ausgeglichen werden.

Es ist der männliche Fötus, der ein größeres Risiko trägt, an einer vorgeburtlichen Katastrophe zugrunde zu gehen. Denn auf rund 100 Mädchen werden über 120 Jungen gezeugt. Doch das Licht der Welt erblicken nur rund 105 Buben auf 100 Mädchen. Fehlgeburten sind deutlich häufiger, wenn Mütter Jungen austragen. Auch von vorgeburtlichen Gehirnschäden, angeborenen Missbildungen der Genitalien und der Hüften, Frühgeburten und Totgeburten sind Jungen stärker betroffen. Der plötzliche Kindstod ist im ersten Lebensjahr die häufigste Todesart, die Mehrheit der Opfer sind Jungen.

Viele Erbkrankheiten wie die Bluterkrankheit und Farbenblindheit treffen insbesondere Knaben. Jungen entwickeln zudem drei- bis viermal häufiger Störungen wie Leseverzögerungen, Hyperaktivität, Stottern, Autismus und damit verwandte Störungen der Aufmerksamkeit als Mädchen.

Damit nicht genug. Offensichtlich brauchen Jungen auch mehr Zuwendung im Babyalter und sind sensibler als weibliche Säuglinge, die schon frühzeitig mit ihrer Umwelt Kontakt aufnehmen. Buben verlangen außerdem mehr Aufmerksamkeit.

Möglicherweise ist diese verstärkte Suche nach Zuwendung bei männlichen Babys mit ein Grund, warum bei der Vernachlässigung von Säuglingen und Kleinkindern mit Todesfolge der Anteil der Jungen deutlich höher liegt als der der Mädchen. Unter 57 registrierten Fällen waren 34 Jungen, so der Soziologe Hans-Joachim Lenz. Was Wissenschaftlern ebenfalls auffiel, war, dass Jungen, deren Mütter unter Wochenbett-Depressionen gelitten hatten, häufiger Aufmerksamkeitsstörungen und eine Hyperaktivität entwickelten als das bei Mädchen der Fall war. Besonders häufig scheint das in sozial schwachen Familien aufzutreten.

Schlimme Gefühle machen Angst. Jungen drängen schon als kleine Kinder diese Angst machenden Emotionen weg, denn Angst darf ein Junge nicht zeigen. Bei einem Versuch unter sechsjährigen englischen Jungen und Mädchen, die Babygeschrei zu hören bekamen, wendeten sich die Mädchen dem Geschrei zu und sprachen freundlich zu dem vermeintlichen Säugling, während mehr als doppelt so viele Jungen den Lautsprecher einfach abdrehten. Die Herztöne der Jungen wurden aufgezeichnet: Unter dem Stress des Babygeschreis erhöhten sie sich enorm. Die Wissenschaftler vermuten, dass die Buben besorgter waren und den Kummer des Babys nicht aushielten. Und so wie die Jungen das Elend anderer ausschalten, so machen sie es auch mit ihrem eigenen. Dass das auf Dauer nicht gesund sein kann, ist hinlänglich bekannt, stimmt jedoch mit dem erwachsenen männlichen Verhalten überein, weder zu wissen wie man(n) sich fühlt noch Hilfe zu holen, wenn man(n) sie dringend braucht.

Dieses Nicht-Spüren, Nicht-Fühlen scheint Jungen glauben zu machen, unverletzlich zu sein. Das ist jedoch eine äußerst riskante Strategie, denn häufig überschätzen männliche Kinder und Jugendliche ihre tatsächlichen Fähigkeiten und unterschätzen gleichzeitig das Ausmaß lebensgefährlicher Situationen. Hinzu kommt, dass Jungen mehr toben, sich mehr bewegen und sich dadurch auch häufiger verletzen.

Beim männlichen Jugendlichen ändert sich die Art des Risikos, nicht jedoch das Risiko an sich. Gefährliche Experimente mit Drogen und Alkohol, Gewalt gegen sich selbst oder andere sind dann an der Tagesordnung. Das Verhältnis ist noch immer 3:1, verglichen mit Mädchen und jungen Frauen. Das gilt auch später für Männer. »Männer glauben an die eigene Unverwundbarkeit«, sagt der Bielefelder Soziologe Klaus Hurrelmann.

Gut dokumentiert ist beispielsweise auch die Selbstmordrate junger Männer, die um einiges höher ist als die junger Frauen. Der dramatische Anstieg in westlichen Nationen weist darauf hin, dass dies eher auf soziokulturelle als auf biologische Gründe zurückzuführen ist. So ist beispielsweise das Verhältnis beim Selbstmord Männer/Frauen im Alter zwischen 15 bis 24 Jahren in Irland 7,1:1, auf Mauritius dagegen 1,1:1.

Und noch etwas Erschreckendes fanden britische Forscher heraus: In England und Wales ist die Sterberate der unter 16 Jahre alten Jungen um 41 Prozent höher als die der gleichaltrigen Mädchen. Je niedriger der sozi-

ale Status, desto eher läuft dort ein männlicher Jugendlicher Gefahr, vor-
zeitig umzukommen.

Als erwachsener Mann geht es dem männlichen Wesen nicht besser,
denn was ihn ängstigt, nimmt er am liebsten erst gar nicht wahr. Gelernt
hat er das bereits im Kindesalter. Eine andere Strategie besteht darin, weil
er Stress schlechter aushält als Frauen. Schon beim Schlangestehen an der
Kasse im Supermarkt schlägt sein Hormonhaushalt Alarm und sein Gehirn schaltet auf Kampf. Einst eine sinnvolle Strategie, als er noch als Jäger
gegen Mammuts und Höhlenbären antrat. Jetzt aber völlig wertlos und
obendrein überflüssiger Kräfteverschleiß.

Den Männern geht es fast wie den zehn kleinen Negerlein: 100 Frauen
im Alter von 20 Jahren stehen ebenso viele gleichaltrige Partner zur Wahl.
45 Jahre später sind es noch 91, und mit 80 Jahren stehen 100 Frauen
noch gerade mal 45 Männer gegenüber.

Was die Genetik einleitet, verstärkt die Umwelt und Erziehung, und das
hat für Männer häufig tödliche Folgen. Wie verhält sich ein Mann bei
Krankheit? Kranksein an sich ist für viele Männer bereits eine Beleidigung.
Schließlich sind sie keine Weicheier. Für so gut wie jeden Mann bedeutet
Krankheit verordnete Passivität und damit offensichtliche Schwäche. Damit kann und will er sich nicht identifizieren. Kein Wunder, dass Männer,
auch wenn sie sich wirklich krank fühlen, seltener zum Arzt gehen. Zumeist tun sie es erst dann, wenn eine Krankheit schon weit fortgeschritten
und es oftmals für eine rettende Behandlung zu spät ist. Zwölffingerdarm-
geschwüre, Lungenkrebs, Diabetes und Alkoholismus sind unter Männern
wesentlich häufiger verbreitet als unter Frauen. Die Hälfte aller Männer
bekommen Krebs, bei Frauen ist es nur ein Drittel. Zudem ist die Krebs-
sterberate in den letzten 30 Jahren bei Männern um 21 Prozent gestiegen,
während sie bei Frauen relativ gleich geblieben ist.

Für diese deprimierende medizinische Tatsachen gibt es eine banale Erklärung: Testosteron. Das männliche Sexualhormon schwächt nicht nur
die Widerstandskraft des Körpers gegen Infektionskrankheiten und Krebs,
sondern scheint auch den Alterungsprozess zu beschleunigen. So haben
Eunuchen eine höhere Lebenserwartung als andere Männer.

Herz-Kreislauf-Erkrankungen, Krebs und Atemwegserkrankungen führen beim männlichen Geschlecht mehr als doppelt so häufig zum Tod. (In
fast allen Ländern der Welt überleben die Frauen die Männer um etliche

Jahre, bei uns sind es rund sieben Jahre, in Russland mit 13 Jahren sogar fast doppelt so viel.) Der Abstand soll sogar noch größer werden. Nicht genug damit. Gesundheitliche Vorsorge kennt der Mann kaum. Männer neigen dazu, sich ungesünder zu ernähren, sie essen seltener Gemüse und trinken mehr Alkohol als Frauen. Untersuchungen haben gezeigt: Verheiratete Männer leben gesünder, weil ihre Ehefrauen auf die Ernährung achten. Stehen die Männer nach einer Scheidung plötzlich allein da, lassen sie sich gehen, werden häufig krank und sterben früher.

Fazit: Der Mann ist eindeutig das sensiblere und schwächere Geschlecht. Die Natur hat es nun mal so gewollt. Dort, wo Jungen immer noch den Stärkeren herauskehren müssen, wird das den Nachteil, den ein Junge von Geburt an hat, nur vergrößern. Die bislang veröffentlichten Daten legen nahe: Je mehr Probleme in der Entwicklung auftauchen, desto empfindsamere Pflege braucht das männliche Pflänzlein. Allerdings bekommen schwierige Babys oft weniger gute Pflege, weil das Aufpassen auf sie wesentlich anstrengender ist. So arbeiten biologische und soziale Zwänge Hand in Hand gegen die männlichen Interessen, sind Wissenschaftler überzeugt. Forscher wie Sebastian Kraemer fragen sich deshalb: Warum sind Jungen so vielen Stressoren gegenüber verletzlich? Das, so seine Überzeugung, sollte Wissenschaftler neugierig machen und sie dazu anregen, mehr auf diesem Terrain zu forschen.

»Lessons from everywhere«, British Medical Journal, Vol. 321, 2000; »Evidence from Turner's syndrome of an imprinted X-linked locus affecting cognitive function«, Nature 1997, Vol. 387; »Männer sind (arme) Schweine«, Brigitte special, Männer 3/1999; »Eine sensationelle Nachricht«, Süddeutsches Magazin vom 9. April 1999; Hans-Joachim Lenz, Spirale der Gewalt. Jungen und Männer als Opfer von Gewalt, Morgenbuchverlag Volker Spiess, Berlin 1996; »Severe peri-conceptional life events and the sex ratio in offspring: follow up study based on five national registers«, British Medical Journal, Vol. 319, 2000; »Der benachteiligte Mann«, Psychologie heute, Februar 2000; »Auslaufmodell Mann«, Weltwoche Supplement, Mai 1996; »Kranke Männer: Keine Lebens- und Gesundheitskompetenz?«, Psychologie heute, März, 2000; »Why don't men seek help? Family physicians' perspectives on help-seeking behavior in men«, Journal Family Practice, Vol. 48, 1999; »Der Traum vom langen Leben«, Quarks Script zur WDR-Sendereihe, Köln 1999.

Geschlecht 2
Wer kein Mann ist, ist eine Frau

Alle Eigenschaften eines Mannes, die der Frau nützen, nennt sie männlich, und alle, die ihr nicht nützen und auch sonst niemandem, nennt sie weibisch.

Esther Vilar

Junge und Mädchen, Mann und Frau, Herr und Dame – diese gegensätzlichen Worte benutzen wir ständig, wenn es um die Geschlechter geht. Interessanterweise gibt es aber kein Pendant zum »Fräulein«, denn welcher junge Mann möchte schon als »Herrlein« bezeichnet werden? Nur in der feministischen Literatur gibt es solche männlichen Wesen: Die wohl bekanntesten Beispiele sind Petronius und sein Lehrer Herrlein Uglemose in dem Buch »Die Töchter Egalias«, das 1987 erstmals erschien und seitdem immer wieder neu aufgelegt wird.

Der Emanzipation ist es wahrscheinlich zu verdanken, dass bei der Anrede zuerst die Frau und dann der Mann genannt wird. Ein Brief, der mit »Sehr geehrte Herren und Damen« überschrieben ist, würde heutzutage wahrscheinlich ziemlich schlecht ankommen. Recht unlogisch ist es aber, dass das Pendant der Anrede »Sehr geehrte Frau X« nicht »Sehr geehrter Mann X« heißt, sondern »Sehr geehrter Herr X«. Dazu passend wäre nun wieder die Anrede »Sehr geehrte Dame X«, doch haben Sie das schon mal in einem Brief gelesen?

Erstaunliches kommt zutage, wenn es nach dem Willen des Propheten Moses gegangen wäre: Dann würden wir nämlich heutzutage nicht von der Frau – im Gegensatz zu Mann – sprechen, sondern von der Männin. Denn im Alten Testament steht: »Da ließ Gott der Herr einen tiefen Schlaf fallen auf den Menschen, und er schlief ein. Und er nahm eine seiner Rippen und schloss die Stelle mit Fleisch. Und Gott der Herr baute ein Weib aus der Rippe, die er von dem Menschen nahm, und brachte sie zu ihm. Da sprach der Mensch: Das ist doch Bein von meinem Bein und Fleisch von meinem Fleisch; man wird sie Männin nennen, weil sie vom Mann genommen ist.«

Um die Verwirrung komplett zu machen: Es gibt auch Menschen, die weder Frau noch Mann sind, sondern beides zugleich. Sie sind mit weib-

Mann oder Frau

Intersexualität: Als intersexuell bezeichnen Mediziner alle Menschen, die körperlich nicht eindeutig weiblich oder männlich sind.

– Das *Klinefelter-Syndrom* betrifft Jungen und Männer und entsteht bei der Verschmelzung von Eizelle und Spermium: Die Geschlechtschromosomen teilen sich nicht richtig, so ergibt sich statt des XY-Musters für einen Jungen ein XXY-Muster. Diese angeborene Männerkrankheit wird meist erst in der Pubertät erkannt und fällt häufig dadurch auf, dass die Hoden nicht genügend männliche Hormone bilden. Penis und Hoden bleiben eher klein, die Jugendlichen bekommen nur einen schwachen Bartwuchs, manchen wächst ein Busen. Das Syndrom ist nach dem amerikanischen Arzt Dr. Harry Fitch Klinefelter benannt.

– Das *Adrenogenitale Syndrom* (AGS) kann bei Mädchen und Jungen vorkommen: Aufgrund eines angeborenen Enzymdefekts kann ihre Nebennierenrinde kein Kortison produzieren, stattdessen stellt sie »versehentlich« zu viele männliche Hormone her. Mädchen mit adrenogenitalem Syndrom fallen meist schon bei der Geburt auf, weil ihre Geschlechtsteile mehr oder weniger männlich aussehen. Sie werden notfalls schon als Kleinkinder operiert und nehmen ihr Leben lang Kortison ein, um die Funktionsstörung der Nebennierenrinde auszugleichen.

– Eine *testikuläre Feminisierung* (bzw. androgene Resistenz) ist angeboren, wird aber meist erst in der Pubertät entdeckt. Die betroffenen Kinder wachsen in der Regel als Mädchen auf, denn ihre Genitalien sehen wie Scheide und Klitoris aus und in der Pubertät wächst ihnen auch ein Busen, die Monatsblutung setzt jedoch nicht ein. Bei einer medizinischen Untersuchung kann sich dann herausstellen, dass im Bauchraum Hoden vorhanden sind, aber weder Gebärmutter noch Eierstöcke. Zudem kann man einen männlichen Chromosomensatz (46, XY) nachweisen. Die Hoden bilden zwar männliche Hormone, aber es fehlt ein Enzym, damit die Hormone auch wirken können. Menschen mit testikulärer Feminisierung bezeichnet man auch als »hairless women« (haarlose Frauen).

lichen und männlichen Geschlechtsmerkmalen auf die Welt gekommen. Zu den so genannten Intersexuellen gehören nach Ansicht der Mediziner unter anderem Menschen mit Klinefelter-Syndrom, mit Adrenogenitalem Syndrom und mit testikulärer Feminisierung. Auch echte Hermaphroditen (Zwitter) zählen dazu.

Dass es außer dem weiblichen und dem männlichen noch ein drittes Geschlecht gibt, behauptet die amerikanische Autorin Marjorie Garber: In ihrem Buch »Verhüllte Interessen« schreibt sie den Transvestiten dieses dritte Geschlecht zu. Denn ihrer Meinung nach überschreiten diese Menschen die Grenze zwischen dem Weiblichen und dem Männlichen, indem sie die Kleider des anderen Geschlechts tragen. Andere Autoren ordnen dem dritten Geschlecht nicht nur Transvestiten zu, sondern auch androgyne Menschen und Transsexuelle (Menschen, die glauben im falschen Körper geboren zu sein).

Es gibt sogar Kulturen, die vier Geschlechter kennen: Die Navaho-Indianer und mehrere andere Völker leben mit solchen Einteilungen und berufen sich dabei auf ihre Mythologie.

Je mehr Eigenschaften hinzukommen, die das Geschlecht festlegen sollen, desto feiner werden die Unterteilungen. Daher könnte man behaupten, dass auch vier Kategorien nicht ausreichen, um alle Menschen einzuordnen. Das Gedankenspiel um die Anzahl der Geschlechter lässt sich also noch weiter treiben. Am Ende stünde dann die Aussage: »Es gibt ebenso viele Geschlechter, wie es Menschen gibt.«

Gert Brantenberg, Die Töchter Egalias. Ein Roman über den Kampf der Geschlechter, Frauenoffensive, München 2001; Altes Testament (1. Mos. 2, 21-23); Marjorie Garber, Verhüllte Interessen. Transvestismus und kulturelle Angst, S. Fischer, Frankfurt 1993; Birgit Baader, Ben Behnke, Christin-Susan Back, Das dritte Geschlecht. Transsexuelle, Transvestiten, Androgyne, Rasch & Röhrig, Hamburg 1995; Sabine Lang, Geschlechtsrollen-Wechsel und Homosexualität in außereuropäischen Gesellschaften, in: Tutzinger Materialien, Nr. 60, 1988; Karin Hertzer, Mann oder Frau. Wenn die Grenzen fließend werden, Ariston, München 1999.

Geschlechtsverkehr 1
Die anderen machen's viel öfter

Sie sagte sich: Mit ihm schlafen, ja – aber nur keine Intimität.

Karl Kraus

Glaubt man den Umfragen in einschlägigen Männer- und Frauenmagazinen, haben alle anderen Menschen ständig aufregenden Sex, nur man selbst nicht. Da fragt man sich doch: Stimmt mit mir was nicht? Nur keine Panik. Die Sexomanen sind die Ausnahme und die, die über ihr Intimleben öffentlich Auskunft geben, schummeln gerne, um sich selbst ein bisschen besser darzustellen. Merken tut's ja keiner.

Gewiss, es gab in den vergangenen Jahrzehnten zahlreiche Untersuchungen zum Thema Sexualität. Leider waren bis vor kurzem viele davon fehlerhaft und die erhobenen Daten nicht repräsentativ. Der Hite-Report, die Fragebogenaktionen von Redbook und Playboy, und Janus-Report haben gravierende Mängel. Zum Beispiel Shere Hite: Sie verschickte Fragebögen an Frauen, deren Namen sie den Mitgliederlisten der Ortsvereine der Nationalen Frauenorganisation entnahm, an Frauengruppen, die für das Recht auf Abtreibung eintraten, an Frauenzentren der Universität und solche, die Hochschulblätter lasen. Ein ausgewählter Kreis. Pech nur, dass diese Befragten keinesfalls den amerikanischen weiblichen Bevölkerungsdurchschnitt repräsentierten. Und auch Playboyleser sind nicht alle wie du und ich. Wer jedoch bei Sexumfragen seine Meinung kund tat, blieb lange im Dunkeln: Und so geistert noch immer das Bild einer sexuell sehr aktiven amerikanischen Nation durch die Köpfe vieler Menschen.

Eine rühmliche Ausnahme im Befragungsfilz ist die Chicagoer Arbeitsgruppe um den Meinungsforscher Robert T. Michael: In einer groß angelegten sieben Jahre dauernden Untersuchung – National Health and Social Life Survey genannt – analysierten diese Wissenschaftler mit seriösen Methoden das sexuelle Verhalten und die Einstellungen von Frauen und Männern. Natürlich ging es auch um die knifflige Frage: Wie oft hatten Sie mit einem Partner Geschlechtsverkehr?

3.432 Personen zwischen 18 und 59 Jahren, die nach einer repräsentativen Stichprobe ausgewählt worden waren, antworteten darauf. Das Ergebnis verblüffte: Zwei- bis dreimal in der Woche schlafen 36 Prozent der verheirateten und 40 Prozent der unverheirateten Paare miteinander, aber nur 19 Prozent der Singles. Und 14 Prozent der Männer hatten in den vergangenen zwölf Monaten überhaupt keinen Geschlechtsverkehr, 16 Prozent ein paarmal.

Die bis dahin herrschende Vorstellung, dass Jugendliche, Alleinlebende und Personen mit mehreren Partnern am häufigsten Geschlechtsverkehr haben, widerlegten die Wissenschaftler eindeutig mit ihren Zahlen. Der wild herumvögelnde Single ist also ein Mythos mancher Blattmacher, um bessere Quoten zu holen. Denn die meisten fest liierten Paare tun's viel häufiger, eben 2,5-mal pro Woche, Alleinlebende nur ein Viertel so oft. Bei Frauen fanden die Forscher ähnliche Ergebnisse.

Erstaunlich auch, dass die Häufigkeit des Miteinander Schlafens nur wenig mit Rasse, Konfession oder Bildungsgrad zu tun hat. Schwarze haben genauso häufig Geschlechtsverkehr wie Weiße. Nur bei den Latinas lag der Prozentsatz etwas höher. Frauen ohne High-School-Abschluss hatten ebenso oft Sex wie Frauen, die die High School abschlossen und ein Studium aufnahmen.

Was da für Amerikaner herausgefunden wurde, gilt annähernd auch für Europa. Denn die Umfrage eines Kondomherstellers bei fast 10.000 Erwachsenen (ab 16) in 14 Ländern brachte Ähnliches zutage: Auch hier haben Paare zwei- bis dreimal Sex die Woche, wobei Paare ohne Trauschein bei uns wie auch jenseits des großen Teichs mehr Lust auf Sex verspüren: Deutsche Singles tun es bloß 69-mal im Jahr, während Verheiratete 118-mal pro Jahr miteinander schlafen. Partner ohne Trauschein haben auch hierzulande am häufigsten Sex, nämlich 146-mal im Jahr, fast dreimal die Woche. Damit liegen sie zwar im Durchschnitt hinter den Franzosen, die angaben, 151-mal im Jahr miteinander zu schlafen. Aber wer weiß schon, ob unsere Nachbarn bei der Befragung im Hinterkopf hatten, ihrem Ruf als weltbeste Liebhaber gerecht werden zu müssen?

»GQ«, ein deutsches Männermagazin, fand bei einer Befragung von 2.523 Frauen und Männern im Alter zwischen 20 und 40 Jahren heraus, dass fast jeder zweite Deutsche (46 Prozent) mehrmals die Woche Sex hat, zehn Prozent sollen sogar einmal am Tag aufeinander heiß sein. Aber das war wie gesagt eine lockere Nachfrage mit Spaßcharakter. Fazit: Gelegenheit macht bei Paaren eben immer noch Liebe. Und die kommt bei Singles vielleicht doch seltener als erhofft.

William Masters, Virginia Johnson, Die sexuelle Reaktion, Akademische Verlagsanstalt, Frankfurt/M. 1967; Shere Hite, Hite-Report. Das sexuelle Erleben der Frau, München 1977; Shere Hite, Hite-Report. Das sexuelle Erleben des Mannes, Bertelsmann, München 1982; Robert T. Michael, John H. Gagnon, Edward O. Laumann, Gina Kolata, Sexwende. Liebe in den 90ern. Der Report, Knaur TB, München 1994; Durex Global Sex Survey, München 1997; »Kriechen Sie unter die Bettdecke der Deutschen«, GQ, 5/2000.

Geschlechtsverkehr 2
Im Alter macht Sex keinen Spaß mehr

Sex im Alter ist tabu. Möglicherweise ist das mit ein Grund, warum behauptet wird, dass alte Leute keinen Sex haben. Und dass Sex im Alter auch keinen Spaß mehr macht. Neueste Daten einer großen US-Studie zeigen jedoch das Gegenteil: Sex im Alter spielt eine wichtige Rolle. Um das herauszufinden, wurden knapp 1.500 Menschen befragt. Fast zwei Drittel der 50- bis 59-jährigen Frauen und Männer schlafen danach mindestens einmal wöchentlich miteinander. In der Gruppe der 60- bis 75-Jährigen gilt dies in der Regel noch für ein Drittel der Damen und Herren. Und bei den Über-75-Jährigen ist jeder vierte Mensch gern bei der Sache, wenn es um Sex geht. Die meisten älteren Männer und Frauen beurteilen dabei ihren Partner als »sehr attraktiv«. Bei den Frauen gilt das über alle Altersstufen hinweg für die Hälfte, bei den Männern für knapp 60 Prozent.

»Altersliebe«, Psychologie heute, Februar 2000.

Gesicht
Frauen stehen auf markante Gesichtszüge

Der Macho Clark Gable ließ im Film »Vom Winde verweht« so manches Frauenherz höher schlagen. Und wie verhält es sich bei den heutigen Schauspielern, von Al Pacino über Harrison Ford bis Robert de Niro? Oder sind es eher die neuen Männer der Marke Leonardo DiCaprio und Jonny Depp, die der Traum jeder Frau sind?

Markante Gesichtszüge, eben männliches Aussehen, so die allgemeine Ansicht, sind Garanten dafür, dass Frauen auf einen Mann fliegen. Bis vor kurzem nahmen Wissenschaftler jedenfalls an, dass Männer mit kantigen

Gesichtszügen, ausgeprägtem Kiefer, herausragender Nase und festen, dichten Augenbrauen auf Frauen unwiderstehlich wirken müssten und auch bei ihresgleichen größeren Eindruck schinden – weil sie dann sozusagen einen Alpha-boy abgeben, den Anführer einer Gruppe.

In einer Studie darüber, was die Attraktivität eines Gesichtes ausmacht, fanden schottische und japanische Wissenschaftler jedoch zu ihrer eigenen Überraschung heraus, dass sowohl Frauen wie Männer feminin aussehende männliche Gesichtszüge den derb ausgeprägten männlichen vorzogen. Also lieber Leonardo als Robert. Ein Hauch von Mädchenhaftigkeit, eine fein geschwungene Nase, weiche, volle Lippen, sanft geschwungene Augenbrauen und weiche Gesichtszüge hatten es sowohl Frauen wie Männern angetan.

Und was gleichfalls erstaunlich war: Dabei machte es keinen Unterschied, ob ein Europäer, ein Japaner oder Kaukasier sein Urteil abgab. Könnte es sein, dass Schönheit doch nicht im Auge des Betrachters liegt?

Um die Vorlieben gegenüber dem Aussehen von Männern herauszufinden, legten Wissenschaftler den Versuchspersonen an Computern künstlich veränderte Fotos junger Männer vor. Die Bilder wurden vorher so behandelt, dass sie entweder weiblicher oder männlicher als die Norm aussahen. In weiteren Versuchen hatten die Probanden am Bildschirm die Möglichkeit, die Gesichter zu verändern. Allerdings konnten sie nicht nur ein einziges Merkmal, etwa die Nase, schmaler machen. Dann wurde das gesamte Gesicht entsprechend feiner, so dass die einzelnen Gesichtsmerkmale harmonisch zueinander passten.

Vier Jahre lang arbeiteten die Wissenschaftler von der Universität St. Andrews in Fife in Schottland an dieser Studie. Und einer der Wissenschaftler sagte: »Als wir frühzeitig herausfanden, dass da eine Vorliebe für feminisierte männliche Gesichter bestand, glaubte das niemand. Deshalb wiederholten wir die Versuchsreihe immer wieder.« Das Ergebnis blieb jedoch stets dasselbe.

Die Forscher waren zunächst so verunsichert, weil sie wie alle anderen auch, davon ausgegangen waren, dass das männliche Geschlechtshormon Testosteron, das aus dem Jungen einen Mann macht und dabei seine Gesichtszüge deutlich verändert – die Nase vergrößert, die Wangenknochen deutlicher hervorstehen lässt – auch für die Frau Signalfunktion haben müsste. Nämlich in dem Sinn: Hier kommt ein wirklich starker und gesunder Mann, der fähig ist, seine Brut zu verteidigen und seine Frau zu beschützen.

Was aber nach alledem herauskam, war Folgendes: Männliche Gesichter wurden dann als besonders attraktiv empfunden, wenn sie ungefähr 15 Prozent weiblicher gemacht wurden als der männliche Standard. Und mit diesen weiblicheren männlichen Zügen verbanden Frauen Qualitäten wie Wärme, Ehrlichkeit, Zuneigung und väterliche Fürsorge. Männlicher wirkende Gesichter schienen dagegen weniger Wärme und Ehrlichkeit auszustrahlen.

Ein Teil der Erklärung könnte sein, dass die am Computer konstruierten Gesichter besonders symmetrisch geraten. Und Symmetrie wird selbst im Tierreich hoch geschätzt. So fühlen sich manche Fische mehr zu Artgenossen mit der gleichen Streifenzahl auf den Flanken hingezogen. Symmetrie könnte auf Gesundheit schließen lassen. Abweichungen von der Norm entstehen oft durch Gendefekte oder schädliche Einflüsse während der Entwicklung. So hatten der Psychologe Steve Gangestad und der Biologe Randy Thornhill Forschungsarbeiten durchgeführt, in denen untersucht wurde, welcher Zusammenhang zwischen unregelmäßigen Gesichtszügen und Körperformen und deren Beurteilungen in Bezug auf Schönheit besteht. Ständige negative Umwelteinflüsse während der Entwicklungsjahre haben Asymmetrien zur Folge. Dazu gehören nicht nur Narben, sondern auch Parasiten, die über den Gesundheitszustand Auskunft geben können. Gesichtszüge älterer Menschen werden ebenfalls immer asymmetrischer. Ein ebenmäßiges Gesicht dagegen vermittelt Jugend. Und warum sollten Frauen diese Aspekte außer Acht lassen?

Allerdings sind Frauen bei ihrer Wahl keineswegs immer eindeutig. Obwohl sie normalerweise Männer mit weiblichen Gesichtszügen besonders attraktiv finden, gilt dies nicht für die Dauer ihres Eisprungs: Dann nämlich dürfen die männlichen Schönen gern deutlich männlichere Züge besitzen. Das gilt jedoch nur für kurze Affären. Ob dann die Biologie regiert und der Wunsch nach starken und gesunden Genen die Wahl der Frauen beherrscht? Darüber haben die Forscher noch nicht das letzte Wort gesprochen, denn noch sind viel zu viele Dinge dabei ungeklärt. Denn interessanterweise kamen Männer mit Bart in keiner der Untersuchungen vor.

»Nothing Becomes a Man More Than a Woman's Face«, The New York Times vom 1. September 1998; »Was heißt schon schön?«, bild der wissenschaft, 2/2001.

Gewicht
Es gibt mehr dicke Frauen als dicke Männer

Wer trägt mehr mit sich herum, Männer oder Frauen? Nimmt man den Body-Mass-Index als Grundlage, dann haben nur 16 Prozent aller Frauen in Deutschland, aber 52 Prozent aller Männer in unserer Republik Übergewicht. Dieser Body-Mass-Index errechnet sich aus dem Gewicht in Kilogramm geteilt durch die Körpergröße in Metern zum Quadrat. Beispiel: Ein 80 Kilogramm schwerer Mensch, der 1,75 Meter groß ist, hat einen BMI von 80 geteilt durch 1,75 mal 1,75. Das ergibt 26,1. Ab einem BMI von 25 lauert das Übergewicht, ab einem BMI von 30 sprechen Ärzte von extremem Übergewicht oder Adipositas.

»Spiel des Lebens«, Men's Health, Mai 2001; »Hilfe, ich bin zu dick! Das müssten eigentlich viele Deutsche rufen«, Ärzte Zeitung Online, 22. November 2000.

Glatze 1
Frauen bekommen keinen Haarausfall

Rund 50 Prozent aller Männer bekommen eine Glatze, sagen Dermatologen. Da erscheint es ziemlich ungerecht, dass Frauen ihre Prachtmähne behalten dürfen. Ganz so stimmt es aber leider nicht für das weibliche Geschlecht. Etwa die Hälfte von ihnen bekommt ebenfalls irgendwann in ihrem Leben schütteres Haupthaar, weil diese Frauen unter »männlichem Haarausfall« leiden. Schuld sind die im Blut zirkulierenden männlichen Hormone. Zwar bekommen Frauen seltener eine runde kahle Stelle am Hinterkopf, doch das Haupthaar verdünnt sich merklich. Weitere Ursachen für Haarverlust können sein: heftiger Stress, Vitamin- und Mineralstoffmangel, Störungen der Schilddrüsenfunktion und schwere Infektionen.

»Glatzen für alle«, Spiegel special, 7/1997

Glatze 2
Männer können Karriere machen – ganz egal, wie sie aussehen

Wer auf der Karriereleiter nach oben steigen will, sollte auch auf sein Äußeres achten. Für die Damen sind in vielen Branchen Kostüme oder Hosenanzüge angesagt, bei den Herren sollte es schon ein Anzug mit Hemd und Krawatte sein. Dass nicht nur die äußere Hülle, sondern auch der Körper gepflegt aussehen muss, versteht sich von selbst. Vor allem bei Bewerbungen zählt der erste Eindruck – und da haben einige männliche Bewerber von vornherein schlechte Karten: Wie sympathisch sie auf ihr Gegenüber wirken, hängt nämlich unter anderem davon ab, wie viele Haare auf ihrem Kopf sprießen. Das stellte jedenfalls das Schweizer Meinungsforschungsinstitut Emnid Healthcare fest.

Professor Bernd Tischer legte bei 98 Personalchefs fiktive Bewerbungsunterlagen vor und fragte nach, welche Kandidaten sie zu einem Vorstellungsgespräch einladen würden. Die ganze Prozedur wurde später noch einmal wiederholt. Was die Befragten nicht wussten: Die Fotos waren retuschiert worden und zeigten dieselben Männer – mal mit vollem Haar und mal mit Halbglatze. Das Ergebnis: Die Personalchefs wollten 41 Prozent der Bewerber mit vollem Haar zu einem Vorstellungsgespräch einladen, aber nur 27 Prozent der Männer mit Halbglatze. Ihre Entscheidung begründeten sie damit, dass Männer mit vollem Haar generell sympathischer, seriöser und dynamischer wirken. In diesem Punkt waren sich die Personalchefs und -chefinnen einig. Sie bestritten, die Bewerber nach ihrem Kopf ausgesucht zu haben. Auch das Anforderungsprofil spielte keine Rolle bei der Bewertung. Übrigens: Die zitierte Studie wurde im Auftrag eines Pharmaunternehmens erstellt, das eine Anti-Glatzen-Pille entwickelt hat.

»Glatze ist Karrierekiller«, Süddeutsche Zeitung vom 27. April 2000; »Karrierekiller«, taz vom 28. April 2000; »Handycap Haarkranz«, Wirtschaftswoche, 46/2000.

Gleichberechtigung
Alle Frauen wollen die Gleichberechtigung

Wenn eine blöde Frau ebenso wie ein blöder Mann einen Spitzenjob bekommen kann, dann haben wir die Gleichberechtigung.

Hildegard Hamm-Brücher

Manchmal wundert man sich schon über die Frauen: Denn wenn es um den Beruf und die Karriere oder um die Löhne und Gehälter geht, sollte man doch meinen, dass sich alle Frauen dafür aussprechen, dass für sie dieselben Bedingungen gelten wie für die Männer.

Gleichberechtigung und Chancengleichheit heißen die Schlagworte, die sich vor allem die Feministinnen auf die Fahnen schreiben. Auch Politikerinnen greifen diese Forderung auf und setzen sich in ihren Parteien für Initiativen und Programme ein, die Frauen und Männern dieselben Konditionen anbieten.

Tatsache ist jedoch, dass es noch ein weiter Weg sein wird, bis die Gleichstellung von Frauen und Männern tatsächlich erreicht ist. Die Statistiken belegen es immer wieder, dass Männer 33 Prozent mehr als Frauen verdienen und dass es in den Spitzenpositionen vieler Firmen nur eine Hand voll Frauen unter vielen Männern gibt. Doch all diesen Meldungen zum Trotz sind 22 Prozent der Frauen davon überzeugt, dass die Gleichstellung von Frauen und Männern weitgehend verwirklicht ist. Das zumindest ergab eine Umfrage des Instituts für Demoskopie Allensbach, das im Frühjahr 2000 im Auftrag des Bundesfamilienministeriums 2.113 Frauen und Männer befragte.

30 Prozent der Frauen sind davon überzeugt, dass Frauen dieselben Aufstiegschancen haben wie die Männer. 14 Prozent gaben zu Protokoll, dass sie der Meinung sind, dass die Gleichstellung bei den Löhnen und Gehältern bereits erreicht sei. Die Fragen hatte das Institut zwar so herum nicht gestellt, doch der Umkehrschluss liegt nahe. Denn wenn 70 bzw. 86 Prozent noch Handlungsbedarf sehen, sind die anderen es doch wohl zufrieden.

Bei der Umfrage sollte auch ermittelt werden, wie viele Frauen »großen Wert« auf die Gleichberechtigung in den einzelnen Lebensbereichen legen. Die Prozentangaben lassen sich dann auch so lesen: Viele Frauen legen

»keinen großen Wert« auf die Gleichberechtigung bei den Löhnen und Gehältern (21 Prozent), bei den Bildungs- und Ausbildungschancen (29 Prozent), bei der Berufswahl (33 Prozent), bei den Aufstiegschancen (36 Prozent). Und auch in der Partnerschaft sind rund 25 Prozent zufrieden mit
der Gleichberechtigung, oder sie akzeptieren die Verhältnisse, wie sie eben
nun mal sind. Eine partnerschaftliche Teilung der Hausarbeit wird von 36
Prozent der Frauen für nicht besonders wichtig erachtet, bei den unter 30-
Jährigen sind es immerhin noch 24 Prozent.

Die Männer beurteilen den Stand der Gleichstellung noch weniger kritisch. Im Gegensatz zu 78 Prozent der Frauen, sehen nur 44 Prozent der
Männer noch erheblichen Handlungsbedarf.

»Vor allem junge Frauen streben nach Chancengleichheit«, Pressemeldung des Familienministeriums Nr. 208 vom 27. Juni 2000.

Glück

*Die einzigen glücklichen Menschen sind verheiratete Frauen mit alleinste-
henden Männern.*

Marlene Dietrich

G-Punkt
Der G-Punkt bei Frauen ist eine Erfindung

Hitzige Diskussionen auf Kongressen, in Fachzeitschriften, unter Männern und sogar Frauen – die es doch eigentlich wissen müssten – werden
um den so genannten G-Punkt geführt. Gibt es ihn wirklich? Wo liegt er?
Oder ist dieser Punkt nur eine blöde Erfindung des Herrn Gräfenberg, einem deutschen Gynäkologen, der in den USA lebt?

Als der 1950 erstmals über die erogene Zone des G-Punktes berichtete,
wurde er von seinen Kollegen belächelt. Doch in den 60er Jahren beschäftigten sich schließlich auch andere männliche wie weibliche, Sexualwissenschaftler mit Gräfenbergs Aussagen und Erkenntnissen. Anfangs hieß es
zwar noch, ein G-Punkt existiere nicht. Neuere Forschungen haben das jedoch widerlegt. Interessanterweise kannten die Tantriker den G-Punkt seit

jeher. Tantra ist eine alte indische Religionsphilosophie. Historische Schriften weisen detailliert auf die Stimulierung dieser besonders erregbaren Zone und das weibliche Ejakulat hin, bei uns im Westen wird dieses Phänomen jedoch immer wieder in Frage gestellt.

Der Gräfenberg-Punkt, auch G-Gebiet oder G-Zone genannt, ist ein Gewebe, das eine Vielzahl von Nervenenden, Blutgefäßen, Drüsen und Kanälen enthält und die Harnröhre umhüllt. Bei sexueller Stimulierung füllt sich das Gewebe mit Blut, wodurch es anschwillt und erst dann deutlich tastbar wird. Übrigens ist der G-Punkt nicht mit der Klitoris, dem kleinen schwellenden Hügel zwischen den beiden Schamlippen zu verwechseln.

Neuere Forschungsergebnisse weisen nach, dass dieses Gewebe um den G-Punkt ein Enzym enthält, das sich auch in der männlichen Prostatadrüse befindet. Deshalb wird manchmal auch von der weiblichen Prostata gesprochen.

Verwirrung hat der G-Punkt gestiftet, weil er – je nach Anatomie – an einer anderen Stelle zu finden ist. Bei einigen Frauen liegt er nahe am Scheideneingang, bei anderen befindet er sich bis zu etwa fünf Zentimeter tief in der Scheide. Und nur im erregten Zustand ist dieser Bereich tastbar. Frauen spüren dann ein geriffeltes Gewebe an der inneren Vorderwand der Scheide. Da der G-Punkt in Richtung Harnröhre und somit zur Blase hin liegt, haben einige Frauen das ungute Gefühl, beim Orgasmus Wasser zu lassen. Manche sprechen sogar von regelrechten Ergüssen beim Sex, ohne jemals ihren erregenden G-Punkt gefühlt zu haben. Den muss man laut Doris Christinger, einer Schweizer Körper- und Sexualtherapeutin, durch Stimulieren aus seinem Dornröschenschlaf wecken.

Doris Christinger, Auf den Schwingen weiblicher Sexualität. Eine Liebesschule für Frauen, Pendo Verlag, Zürich und München, 2000; Bo Coolsaet, Der Pinsel der Liebe. Leben und Werk des Penis, Kiepenheuer & Witsch, Köln 1999. Christine Wolfrum, Karin Hertzer, Hauptsache gesund. Das Frauenbuch für Körper und Seele, Mosaik, München 2001.

Häuptling

Die Bedeutung von Häuptlingen dokumentiert sich häufig durch die Zahl der Indianer, die um sie herumsitzen.

Ursula Müller, Frauenbeauftragte des Auswärtigen Amtes

Harem
Männerharems gibt es nicht

Es sollen die Frauen gewesen sein, die die Monogamie, also die Einehe, erfunden zu haben. Und die meisten Wissenschaftler verschiedener Disziplinen, wie der amerikanische Kognitionspsychologe Steven Pinker vom Massachusetts Institute of Technology, behaupten, dass »in den meisten Gesellschaften bereitwillig mehrere Frauen einen Ehemann, aber in keiner Gesellschaft Männer bereitwillig eine Ehefrau teilen«. Die zahlreichen Verkünder dieser Botschaft haben jedoch auf den unterschiedlichen Kontinenten kleinere Gesellschaften übersehen. Denn manche Gemeinschaften billigen der Frau unter besonderen Umständen mehrere Ehemänner auf einmal zu, ganz abgesehen von diversen Liebhabern. Bei den Tlingit-Indianern im Süden Alaskas zum Beispiel, hatten die Frauen eine besondere Stellung: Im Herbst, wenn Männer und Frauen dieses Stammes entlang der Küste mit begehrten Waren wie Räucherfleisch, Dörrfisch, Holz und Perlmutt Handel trieben, waren sie es, die die Preise festsetzten, Geschäfte machten und die Gewinne einstrichen. Und weil sie es sich leisten konnten, hatten die wohlhabenden Frauen häufig zwei Ehemänner.

Im Himalaya gibt es gleichfalls Vielmännerei, Polyandrie genannt. Dort jedoch aus einem anderen wirtschaftlichen Grund: Wohlhabende tibetische Familien des Hochlandes von Limi in Nepal halten ihren Grundbesitz zusammen. Würden sie die Ländereien unter den Erben aufteilen, verlöre der Besitz deutlich an Wert. Außerdem brauchen Eltern für die Feldarbeit, zum Hüten der Rinder, Yaks und Ziegen und für Frondienste beim Oberherrn ihre Söhne. Mehrere Brüder heiraten eine Frau, weil die Eltern ihre Söhne dazu überreden. Oft besteht zwischen den Brüdern ein größerer Altersunterschied, was einige Probleme schaffen kann. Ist der eine Sohn bei der Eheschließung erst 15, so ist er für eine 20-jährige Frau kein ernsthafter Partner. Wahrscheinlich findet sie ihn zu unreif. Da hat der 25 Jahre alte Bruder – den sie gleichzeitig heiratet – wesentlich bessere Chancen. Will der jüngere Bruder nicht sein Erbe und seine Heimat verlieren, bleibt ihm trotzdem beinahe nichts anderes übrig, als die Bevorzugung des älteren zunächst einmal hinzunehmen. Mit den Jahren kann sich das Blatt für ihn schließlich noch wenden.

Bei den in Brasilien ansässigen Canela, früher ein kriegerisches Jäger- und Sammlervolk Amazoniens, war außerehelicher Sex für Frauen noch vor wenigen Jahrzehnten eher ein Gebot als ein Tabu. Die Frauen hielten sich mehrere Liebhaber neben ihrem Ehemann. Das hatte seinen Grund: Das Volk der Canela ist der Überzeugung, dass es mehrerer verschiedener Ejakulate bedarf, um ein lebensfähiges Kind zu zeugen. Möglicherweise lächeln aufgeklärte Europäer darüber. Doch so abwegig ist dieser Glaube dann doch nicht. Wahrscheinlich haben konkrete Erfahrungen des Stammes zu dieser Einstellung geführt. Denn nimmt der Körper einer Frau Spermien verschiedener Männer auf, entfacht sie in ihrer Gebärmutter und in den Eileitern einen Kampf der Spermien. Nur das kräftigste und wendigste überlebt, gewinnt den Wettkampf um die Befruchtung der begehrten Eizelle, wie der britische Biologe Robert Baker erst kürzlich überzeugend darstellen konnte. Und zudem konnte der Nachwuchs sicher sein, dass, falls ein Vater ausfiel, ein weiterer sich um ihn sorgte.

Mittlerweile sollen Forscher die Idee der geteilten Vaterschaft bei rund 18 Kulturen nachgewiesen haben, berichtet der amerikanische Anthropologe Stephen Beckermann von der Pennsylvania State University. Nisa, eine Frau vom Stamme der !Kung aus der südafrikanischen Kalahari erklärte die Vorteile, mehrere Männer zu haben, folgendermaßen: »Eine Frau muss vielerlei Arbeiten verrichten und sollte, wohin sie auch geht, einen Geliebten haben. Kommt sie irgendwohin allein zu Besuch, schenkt ihr der eine Glasperlen, der zweite Fleisch und der dritte wieder etwas anderes zum Essen. So ist gut für sie gesorgt, bis sie wieder in ihr Dorf zurückkehrt.«

Helen Fisher, Anatomie der Liebe. Warum Paare sich finden, binden und auseinander gehen, Droemer Knaur, München 1993; »Die trauen sich was«, Süddeutsche Zeitung, Magazin, 21. Januar 2000; »Frauen in freier Wildbahn«, Der Spiegel, 5/1999; Robin Baker, Krieg der Spermien. Weshalb wir lieben und leiden, uns verbinden, trennen und betrügen, Limes Verlag, München 1997.

Hass

Man sollte einen Mann niemals so hassen, dass man ihm seine Brillantringe zurückgibt.

Zsa Zsa Gabor

Hausarbeit
Moderne Männer machen die Hälfte der Hausarbeit

Frauen haben ja viel kleinere Hände. Da kommen die ja beim Putzen viel besser in die Ecken mit rein.

Helge Schneider

In einem Haushalt mit Mutter, Vater und zwei Kindern werden pro Jahr 5.078 Teller gespült, 1.825 Töpfe geschrubbt und 30.000 Quadratmeter Fußboden gesaugt oder gewischt. Mit dieser Horrormeldung wartete im Jahr 1999 die Frauenzeitschrift »Brigitte« auf. Und was noch viel schlimmer ist: Zu 75 Prozent bleiben all diese Hausarbeiten angeblich an den Frauen hängen. Das hieße also, jede Woche 73 Teller spülen, 26 Töpfe schrubben und dann auch noch 433 Quadratmeter Fußboden wienern – wenn das nicht nach einer Spülmaschine, einer Putzhilfe oder gar einem neuen Mann schreit?

Beim Thema Haushalt schlagen die Wellen schnell hoch: Da streiten sich nicht nur Frauen und Männer, sondern auch die Experten führen die unterschiedlichsten Argumente, Umfragen und Studien an, um die Frage »Wer macht nun mehr im Haushalt – die Frauen oder die Männer?« zu klären. Jeder hat da so seine eigenen Erfahrungen, doch wahrscheinlich lässt sich die Sache wohl nie ganz eindeutig klären. Denn wer ist schon objektiv, wenn es ums Einkaufen, Kochen, Bügeln und Putzen geht?

75 Prozent der Hausarbeiten bleiben an den Frauen kleben – wenn die Frauenzeitschrift »Brigitte« Recht damit hätte, wäre also entschieden, dass sich Frauen und Männer trotz aller Emanzipation die Hausarbeit nicht gerecht teilen. Doch ganz so pauschal lässt sich das nicht sagen. Versuchen wir also im Folgenden, die 15 wichtigsten Fragen rund um die Hausarbeit zu beantworten:

1. *Was wollen die Frauen?* Die Gesellschaft für Rationelle Psychologie befragte 1998 im Auftrag der Zeitschrift »Für Sie« 2.671 Frauen danach, für welche Aufgaben die Frauen verantwortlich sein sollten und für welche die Männer (Mehrfachnennungen waren möglich). Das Ergebnis spiegelt alte Rollenklischees wider – die Männer sollen die groben Arbeiten erledigen, für den Haushalt sollen jedoch weiterhin die Frauen zuständig sein:
- 93 Prozent der Frauen sagten, die Männer sollten das Auto waschen. Null Prozent sahen das als typische Frauenaufgabe.
- 73 Prozent der Frauen waren der Meinung, Männer sollten Behördengänge erledigen. Nur zwei Prozent der Befragten schreiben diese Aufgabe den Frauen zu.
- 47 Prozent der Frauen finden es gut, wenn die Männer die Reparaturen übernehmen würden. Nur neun Prozent fänden es gerecht, wenn das auch die Frauen täten.
- Ihre Kleidung wollen nur zwei Prozent der Frauen von ihren Männern bügeln lassen. 78 Prozent der Frauen sehen das als Frauenjob an.
- Das Wäschewaschen ist für vier Prozent der Frauen eine Aufgabe für Männer. 69 Prozent der Befragten finden es in Ordnung, wenn Frauen das tun.
- Die Wohnung gemütlich einzurichten, wollen nur für vier Prozent der Frauen an die Männer delegieren. 54 Prozent sind der Meinung, sie könnten das besser.

Von ihrem Traumprinzen wünschen sich Frauen übrigens vor allem drei Dinge: Ehrlichkeit, unbedingte Treue und – jetzt kommt's – Mitarbeit im Haushalt.

2. *Was wollen die Männer?* Eine ähnlich detaillierte Umfrage darüber, was die Männer von den Frauen wollen und welche Aufgaben sie sich selbst zuschreiben, haben wir leider nicht gefunden. Bei unseren Recherchen fiel uns jedoch eine repräsentative Umfrage der Frauenzeitschrift »Freundin« unter 1.026 Männern in die Hände: Demnach will nur jeder zweite Mann in der Partnerschaft die Hälfte der Hausarbeit übernehmen – ob die andere Hälfte des Paares den Haushalt ganz allein schmeißen will, darf jedoch bezweifelt werden.

3. *Was finden berufstätige Frauen und Männer gerecht?* Aus dem Jahr

1993 stammt eine repräsentative Umfrage des Familienministeriums mit dem Titel »Der partnerschaftliche Mann«. Demnach finden rund drei Viertel der befragten Frauen und Männer eine »gemeinsame Haushaltsplanung sehr sympathisch«. Wenn es darum geht, dass beide Partner berufstätig sind, sieht das Bild schon etwas anders aus: Denn 90 Prozent der Frauen, aber nur 72 Prozent der Männer sind der Meinung, dass dann jeder die Hälfte der Hausarbeit übernehmen sollte. Anders herum ausgedrückt, heißt das: 28 Prozent der Männer, aber auch zehn Prozent der Frauen fänden es gerecht, wenn die berufstätige Frau mehr als ihr berufstätiger Mann im Haushalt arbeitet – oder sollten die Befragten schon so fortschrittlich sein, dass sie meinten, die Männer sollten im Haushalt nicht weniger, sondern mehr als die Frauen tun? Das Ergebnis von 1993 wurde übrigens drei Jahre später in der Studie »Gleichberechtigung von Frauen und Männern – Wirklichkeit und Einstellungen der Bevölkerung« bestätigt.

4. Wer macht was im Haushalt? Wünschen kann man sich ja vieles. Doch wie es in der Wirklichkeit aussieht, hat eine repräsentative Umfrage des Instituts für Demoskopie Allensbach im Jahr 1999 herausgefunden. Die 1.750 Frauen und Männern sollten ankreuzen, für welche der fünf klassischen Arbeitsbereiche – Waschen, Bügeln, Kochen, Putzen und Reparieren – sie zu Hause zuständig sind. Das Ergebnis zeigt, dass es vier typische Frauenjobs gibt, aber nur einen typischen Männerjob:

– Bei 88 Prozent der Paare waschen die Frauen die Wäsche und sortieren sie.
– In 87 Prozent der Partnerschaften sind die Frauen fürs Bügeln zuständig.
– 72 Prozent der liierten Frauen kochen, wenn Gäste kommen.
– 72 Prozent der Partnerinnen sind fürs Fensterputzen zuständig.
– Bei den Angaben, wer denn die Reparaturarbeiten übernimmt, scheiden sich die Geister: 81 Prozent der Männer sagen, das sei ihre Aufgabe. Im selben Moment behaupten aber 71 Prozent der Frauen: »Das ist mein Job.«

Auch die Bochumer Sozialpsychologin Dr. Elke Rohmann stellte fest, dass es immer noch eine ganz traditionelle Arbeitsaufteilung gibt: »Die alltäglichen Pflichten, also Aufräumen, Kochen, WC putzen, Müll raustragen, Wäsche waschen und bügeln, übernimmt die Frau... Selbst wenn beide Partner berufstätig sind, ändert sich daran nichts.«

5. *Stundenlang im Haushalt schuften?* Die Aufgaben im Haushalt sind also noch immer klar geteilt: Die Frauen kochen, waschen und putzen und die Männer sind fürs Grobe zuständig. Wenn beide damit ebenso viele Stunden verbringen, würde ja niemand meckern. Doch Umfragen legen nahe, dass die Männer schlauer als die Frauen sind, weil sie nur hin und wieder zupacken und ihre Arbeiten schneller erledigen. Zu diesem Ergebnis kommt auch das Statistische Bundesamt: Demnach schuften die Frauen 35 Stunden pro Woche zu Hause, während die Männer nur auf 20 Stunden kommen. Auch bei den Berufstätigen gibt es diese Unterschiede: Berufstätige Frauen arbeiten vier Stunden täglich im Haushalt, ihre männlichen Partner jedoch nur 1,5 Stunden. Bei den Frauen, die Vollzeit arbeiten, sieht es nicht viel anders aus, denn sie nutzen das Wochenende für den Haushalt: Samstags sind es mehr als sieben Stunden, sonntags 5,75 Stunden – ob sich die Männer am Wochenende nur auf die faule Haut legen oder ob sie dann auch etwas für den Haushalt tun, ist aus den Berichten leider nicht zu ersehen.

Auch bei berufstätigen Eltern kommt man auf ein ähnliches Missverhältnis: In Haushalten mit zwei und mehr Kindern verbringen die Frauen täglich durchschnittlich fünf Stunden mit dem Putzen und der Kinderbetreuung. Die Väter kommen nur auf zwei Stunden.

Wie man's auch dreht und wendet: Die Männer sind – zumindest im Haushalt – das faulere Geschlecht. Zu ihrer Ehrenrettung sei jedoch darauf hingewiesen, dass sich die heutigen Männer mehr im Haushalt engagieren als noch ihre Väter. Die Zahlen für 1965 und 1991 zeigen für die ehemalige DDR bzw. die neuen Bundesländer und Westdeutschland:

- 1965 leisteten verheiratete Ostmänner nur sieben Stunden Hausarbeit pro Woche, bei den Westmännern waren es drei Stunden. Im Gegensatz dazu arbeiteten verheiratete Ost- und Westfrauen wöchentlich 31 Stunden im Haushalt.
- 1991 machten sich Ostmänner 16 Stunden pro Woche nützlich, bei den Westmännern waren es 13 Stunden. Verheiratete Westfrauen kamen im selben Jahr auf 32 Stunden, die Ostfrauen kümmerten sich 27 Stunden lang um den Haushalt.

Ob sich dieser Trend weiter fortsetzt, untersuchen derzeit Wissenschaftler aus Würzburg und Bamberg gemeinsam mit dem Bonner Institut für angewandte Sozialwissenschaft (infas).

6. *Arbeiten oder nur mithelfen?* Öl ins Feuer gießen auch diejenigen, die es den modernen Männern nicht ganz abnehmen wollen, dass sie eine Hausarbeit tatsächlich von A bis Z eigenverantwortlich übernehmen. So gesteht Professor Dr. Walter Hollstein, Hochschullehrer für Politische Soziologie in Berlin, den Männern zwar zu, dass »die Zunahme der Mithilfe im Haushalt in den letzten Jahren von 43 Prozent auf 67 Prozent geklettert ist«. Doch im selben Atemzug weist er nachdrücklich darauf hin, genau auf die Wortwahl zu achten: »Also wohlgemerkt: Es handelt sich um Mithilfe, nicht um Mitverantwortung.«

Zu einem ähnlichen Ergebnis kommt auch eine Umfrage unter 1.057 Frauen der Zeitschrift »Für Sie«: Denn 35 Prozent der Befragten bestätigten, dass sie die meiste Hausarbeit allein machen. 58 Prozent gaben an: »Mein Ehemann oder Partner hilft im Haushalt mit.« Auf den Aspekt »Mithelfen im Haushalt« geht auch eine Studie des Heidelberger Instituts für interdisziplinäre Frauenforschung ein, das 440 Frauen aus dem Rhein-Neckar-Kreis befragte. Ursula Nuber von der Zeitschrift »Psychologie heute« fasst zusammen: »Nur 20 bis 30 Prozent (der Männer) helfen ihren Frauen beim Abwasch, beim Putzen, Waschen und Bügeln. Verantwortlich für Sauberkeit und Ordnung fühlen sie sich nicht.«

In dasselbe Horn bläst auch die Autorin Gabriele Michel bei der Besprechung des Buches »Der letzte Dreck – Von den Freuden der Hausarbeit«. Sie berichtet von der »Beobachtung, dass Männer bisweilen sehr gut, aber mit einer ganz anderen Einstellung putzen als Frauen: Sie putzen seltener und vor allem nur aus eigenem Antrieb genau das, was sie putzen wollen. Neben dem unvermeidlichen Auto sind das auch schon mal Fenster, Herddeckel oder Gartenzwerge – aber es ist nie alles und fast nie die Toilette.«

7. *Subjektive Wahrnehmung?* Jeder zehnte Mann behauptet, er wasche regelmäßig die Wäsche – aber davon ist nur jede hundertste Frau überzeugt. Studien belegen diesen Hang der Männer, sich selbst zu überschätzen. 1996 befragten zum Beispiel amerikanische Wissenschaftler 227 verheiratete oder fest liierte Frauen und Männer per Fragebogen. Das Ergebnis:

Wenn beide Partner berufstätig sind, machen die Frauen mehr im Haushalt als die Männer – sagen die Frauen. Die Männer sind da anderer Meinung: Sie behaupten, sie kümmerten sich mehr um die Hausarbeit als ihre berufstätigen Partnerinnen. Doch wie kommt es, dass sich die Aussagen dermaßen widersprechen? Die Forscher sehen zwei Möglichkeiten: a) Viele Männer erkennen gar nicht, dass die Frauen die Hausarbeit schon gemacht haben. b) Die Männer vergleichen sich mit ihren Vätern und Großvätern und stellen zu Recht fest, dass sie ja viel mehr machen. Ihren Arbeitsaufwand vergleichen sie aber nicht mit dem ihrer Partnerinnen – und da hapert's nun mal immer noch, wie die Statistiken belegen.

Eine Studie der Universität Lüneburg kommt zu dem Ergebnis, dass heutige Paare – beim Thema Hausarbeit – in traditionelle Rollenmuster zurückfallen, ohne es sich einzugestehen. Frauen und Männer tappen in zwei verschiedene »Fallen«: a) Beide Partner behaupten, dass sie sich die Hausarbeit gerecht teilen. Tatsächlich übernimmt aber die Frau die aufwändigen Arbeiten wie Waschen, Putzen und Kochen. Der Mann beschränkt sich jedoch auf die Mithilfe beim Abwaschen, das Heruntertragen des Mülls und grobe Putzarbeiten. b) Jeder hat seine eigene Schmutzgrenze. Der Mann sagt, ihm seien Sauberkeit und Ordnung ziemlich egal, seiner Partnerin sei das eben wichtiger. Wenn die Frau dann mehr im Haushalt macht, um ihren eigenen Ansprüchen zu genügen, sei das ihr Problem. Frauen, die sich auf diese Argumentation einlassen, halten jedoch nach Meinung der Lüneburger Forscher die traditionelle Rollenaufteilung aufrecht.

8. Machen Ehemänner mehr? Männer helfen im Haushalt mit, solange sie noch nicht verheiratet sind. Der Trauschein scheint jedoch alles nur noch schlimmer zu machen – das legt eine Umfrage des Meinungsforschungsinstituts Allensbach nahe:

– Bei den unverheirateten Männern sind 58 Prozent fürs Kochen zuständig, bei den Ehemännern sind es nur noch 29 Prozent.
– Jeder fünfte unverheiratete Mann wäscht die Wäsche, bei den Ehemännern ist es nur noch jeder zehnte.
– Zum Bügeln lassen sich vor der Eheschließung 13 Prozent der Männer hinreißen. Wenn sie dann erst mal verheiratet sind, schwindet ihr Elan merklich – nur drei Prozent der Ehemänner bügeln.

9. Sind arbeitslose Männer fleißiger? Bei den meisten Studien gehen die Wissenschaftler entweder von einer Hausfrauenehe aus oder von einer Partnerschaft, in der der Mann ganztags und die Frau Teilzeit oder auch Vollzeit arbeitet. Ob Männer im Haushalt mehr zupacken, wenn sie arbeitslos werden, wollten Forscher der Wirtschaftswissenschaftlichen Universität Wien wissen. Der Berliner Professor Walter Hollstein zieht aus der Studie den Schluss, dass »arbeitslose Männer zu Hause nicht ein Viertel Finger mehr rühren als zu der Zeit, wo sie gearbeitet haben«.

10. Unterschiede zwischen Ost und West? Wer glaubt, ostdeutsche Frauen hätten fleißigere Ehemänner als westdeutsche, der täuscht sich. Denn auch zu DDR-Zeiten hielt sich das klassische Rollenverhalten hartnäckig: In der Regel waren zwar beide Ehepartner berufstätig, ihre Kinder konnten sie in den Hort oder den Kindergarten geben und die pflegebedürftigen Großeltern hatten einen garantierten Platz im Altersheim. Doch damals wie heute übernehmen Ost-Frauen den Großteil der Hausarbeit. Mit einem Unterschied: Sie tun es weniger gern als die West-Frauen. Nur 39 Prozent der ostdeutschen Frauen sind aus Überzeugung Hausfrauen, während in Westdeutschland 62 Prozent der Hausfrauen mit Leib und Seele kochen, waschen und putzen.

Eine andere Untersuchung nimmt die Väter in Ost und West aufs Korn: Demnach sind fast zwei Drittel der Ost-Väter dafür, dass die Frauen die gleichen beruflichen Chancen haben sollten wie sie selbst – wenn beide arbeiten, müsse die Hausarbeit gerecht geteilt werden. Derselben Meinung sind jedoch nur 46 Prozent der West-Väter, jeder vierte hält von solchen Ansichten nichts. Es hört sich also so an, als seien die Ost-Väter fortschrittlicher als die West-Väter. Doch gemach: Denn die Väter aus den neuen Bundesländern hinken ihren eigenen Ansprüchen hinterher – nur jeder dritte Ost-Vater, der mit einer Hausfrau verheiratet ist, hilft auch ausreichend im Haushalt mit.

11. Im Vergleich zu anderen Ländern? Fauler als die deutschen Männer im Haushalt sind, geht's (fast) nicht mehr – so könnte man die Ergebnisse der Studien zusammenfassen, die sich mit der Hausarbeit in anderen Ländern befassen. Beim Vergleich von sieben Staaten kommen die deutschen Männer auf den zweitletzten Platz – noch fauler sind nur die Japaner, die den

Hausputz zu 90 Prozent ihren Partnerinnen überlassen. Am fleißigsten sind die amerikanischen und die russischen Männer, sie übernehmen ein Drittel der anfallenden Hausarbeiten. Doch wenigstens in Sachen Kindererziehung stehen die deutschen Väter im internationalen Vergleich gut da: Zusammen mit den amerikanischen Vätern gebührt ihnen das Siegertreppchen, denn sie übernehmen fast ein Drittel der Kindererziehung. Das Schlusslicht bilden auch in dieser Kategorie die japanischen Männer.

12. Streit um die Hausarbeit? Aus der »Für Sie«-Umfrage geht hervor, dass 26 Prozent der befragten Frauen der Meinung sind, die Aufgaben im Haushalt seien gerecht verteilt. Im selben Atemzug heißt es jedoch, dass die Männer »nur« in 58 Prozent der Partnerschaften mithelfen und dass 35 Prozent der Frauen ganz allein für die Hausarbeit zuständig sind. Da fragt man sich doch wirklich, warum die Frauen da von »gerecht« sprechen.

Das wunderte auch die Bochumer Psychologin Elke Rohmann, die dem Geheimnis glücklicher Paare auf die Spur kommen wollte. Bei den Interviews stellte sie erstaunt fest, dass sich die meisten Frauen noch nicht einmal darüber beklagen, dass sie mehr im Haushalt tun als ihre Partner und die Männer das sogar auch von ihnen erwarten. Auch Edith Haller, Familiensprecherin der FPÖ in Österreich, sagte 1997 in einem Interview: »Viele Frauen erledigen die Hausarbeit doch gerne.«

Eine sozialpsychologische Studie aus Graz kommt sogar zu dem Schluss, dass viele Frauen sehr gnädig mit ihren faulen Ehemännern sind: 80 Prozent der befragten Österreicherinnen sagen zwar, dass sie von ihrem Partner mehr Engagement im Haushalt erwarten. Aber eigentlich seien sie bereits zufrieden, wenn ein Mann die – niedrigen – gesellschaftlichen Erwartungen übertrifft. Die Frauen lassen sich schon besänftigen, wenn ihr Partner die Hausarbeit seiner Frau wertschätzt und signalisiert, er wäre sogar bereit zu helfen. Solche Männer gelten dann als »einfühlsam« und die Frauen loben sie gar dafür, dass sie mehr als andere Männer tun.

Durch die rosarote Brille schauen aber nicht alle Frauen, denn über kurz oder lang gibt es bei den meisten Paaren Streit um die Hausarbeit. Mehrere Untersuchungen bestätigen, dass deswegen in etwa 44 Prozent aller Beziehungen regelmäßig die Fetzen fliegen. Wenn man jedoch die Geschlechter getrennt fragt, geben nur neun Prozent der Männer, aber 32

Prozent der Frauen an, dass die Rollenverteilung im Haushalt ein Konfliktpunkt sei. Eine Umfrage im Auftrag der Frauenzeitschrift »Für Sie« unter 1.057 befragten Frauen ergab: Elf Prozent beklagen, dass sich ihr Partner nicht an die Abmachungen hält. Neun Prozent haben regelmäßig Streit wegen der Hausarbeit. Zehn Prozent gaben an, dass es für sie ein Trennungsgrund sei, wenn der Partner nicht genügend im Haushalt mithilft.

Eine amerikanische Studie geht sogar so weit zu behaupten, dass in den USA jede zehnte Ehe tatsächlich daran scheitert, dass es immer wieder Streit über die Hausarbeit gibt. Das Problem scheint unter anderem darin zu liegen, dass jeder zweite amerikanische Ehemann die Perfektion seiner Frau nicht überbieten kann oder will. Ob die Situation in Deutschland ähnlich ist, wissen wir nicht. Die »Mannheimer Scheidungsstudie« kommt jedoch zu einem anderen interessanten Ergebnis: Je mehr Geld ein Mann verdient, desto weniger beteiligt er sich an der Hausarbeit und an der Kindererziehung. Wie tröstlich ist es dann doch, was die US-Umfragen herausgefunden haben: Je älter die Ehepartner werden, desto seltener gibt es Streit um die Hausarbeit – und folglich dürfte es auch wegen solcher »Lappalien« dann auch nicht mehr so häufig zur Scheidung kommen.

13. Sind die Frauen selbst schuld? Bei der ganzen Diskussion um die gerechte Aufteilung der Hausarbeit schleicht sich hin und wieder der Gedanke ein, dass die Frauen ja selbst schuld daran sind, dass sie immer noch mehr als die Männer im Haushalt schuften. Dieser Meinung schließt sich auch Gisela Goerdeler an. Die Sprecherin des Deutschen Hausfrauen-Bundes ist überzeugt davon, dass die Frauen ihre Männer nur anders erziehen müssten. Ihrer Meinung nach verwöhnen viele Mütter ihre Söhne, andere würden sich den Kochlöffel oder den Schrubber nicht aus der Hand nehmen lassen wollen. Nach dem Motto: »Lass mal, bei mir geht das schneller.«

14. Die Putzfrau als Lösung? Wer keine Lust mehr auf die leidigen Diskussionen hat und gut verdient, kann sich eine Putzfrau leisten. Doch Marianne Friese, Erziehungswissenschaftlerin und Frauenbeauftragte der Universität Bremen, ist überzeugt davon, dass sich die meisten Frauen unwohl fühlen, wenn eine andere Frau ihren Dreck wegmachen muss. Hinzu komme das schlechte Gewissen, weil sie der Putzfrau in der Regel keinen

Arbeitsvertrag anbieten können. Ob das mit dem schlechten Gewissen stimmt oder nicht, können wir nicht überprüfen. Tatsache ist jedoch, dass schätzungsweise 800.000 Menschen in Privathaushalten beschäftigt sind und fast alle schwarzarbeiten, wie die Bundesanstalt für Arbeit feststellte.

Die andere Seite der Medaille: Viele Frauen sind es leid, mit ihren Männern über die gerechte Aufteilung der Hausarbeit zu diskutieren. Vor allem, wenn sie einen Vollzeitjob haben, zahlen sie lieber ein paar Mark für eine Putzfrau. Doch das gefällt dem Münchner Soziologen Reinhard Kreissl überhaupt nicht. In seinem Buch »Die ewige Zweite« behauptet er, die moderne Frau könne nur deshalb Karriere machen, weil sie eine »polnische Perle« ausbeutet: »Fragen des Typs: Wer spült ab? Wer kümmert sich um die Kinder? Wer wäscht die Wäsche, räumt auf oder kocht? stellen sich nicht mehr zwischen den Partnern einer Lebensgemeinschaft, wenn man es sich leisten kann, sie auf billigeres Personal abzuwälzen.« In diesem Zitat hört es sich noch so an, als ob beide berufstätigen Partner – Frau und Mann – erleichtert seien, wenn sie eine Putzfrau zu Hause haben. Doch schon ein paar Sätze weiter zeigt der einseitige Soziologe nur noch auf die Frau als Nutznießerin: »Die neuen Leibeigenen ermöglichen den modernen Frauen den praktischen Genuss jener Freiheiten, die sie sich in der Theorie erkämpft haben. Ihnen ist es zu verdanken, dass heute immer mehr meist gut verdienende Frauen mit Souveränität die Anforderungen von Familie, Ehe und Beruf unter einen Hut bringen.«

Doch wie man es auch dreht und wendet: Solange es Tausende von Putzfrauen, aber nur wenige Putzmänner gibt, die in privaten Haushalten arbeiten, steht die Bilanz für die Männer weiterhin schlecht. Von gerechter Aufteilung der Hausarbeit kann auch auf diesem professionellen Sektor nicht die Rede sein.

15. Geht's nur per Gesetz? Es ist noch gar nicht so lange her, dass man mit Fug und Recht behaupten konnte: Der Mann arbeitet und die Frau kümmert sich um den Haushalt und die Kinder. Denn die so genannte Hausfrauenehe kippte erst 1977. Bis dahin sicherte das Bürgerliche Gesetzbuch (BGB) die männlichen Privilegien. Die Frau durfte nämlich nur dann erwerbstätig sein, »so weit dies mit ihren Pflichten in Ehe und Familie vereinbar ist«.

Das schon längst ausgediente Hausfrauenmodell spukt aber noch immer in den Köpfen vieler Männer herum. Eine Studie des Deutschen Jugendinstituts fand heraus: Jeder zweite West-Vater wünscht sich, dass seine Ehefrau nicht arbeitet und sich um Haushalt und Kinder kümmert – vorausgesetzt, dass er selbst genug Geld verdient. Das Hausfrauenmodell favorisieren bei den Ost-Vätern immerhin noch elf Prozent.

Einigen Politikerinnen – vor allem den sozialdemokratischen und den grünen – dauert das alles viel zu lange. In Österreich sorgte Frauenministerin Helga Konrad (SPÖ) 1996 für Schlagzeilen: »Ganze Männer machen halbe-halbe« lautete der Slogan einer Werbekampagne, die die Männer öffentlich dazu aufforderte, die Hausarbeit und die Kinderbetreuung gerecht mit ihren Partnerinnen zu teilen. Die österreichischen Zeitungen machten sich über diesen Vorstoß lustig und brachten Titelgeschichten mit Überschriften wie »Socken als Scheidungsgrund« und »Spülpflicht für Männer – Österreich lacht über ein Gesetz«. Und als die Ministerin sogar lauthals ankündigte, »halbe-halbe« per Gesetz regeln zu wollen, stieß sie auch bei den Politikern auf taube Ohren.

Ähnliche Kampagnen mit ebenso wenig Erfolg gab es auch schon in Deutschland: 1995 wollte die damalige SPD-Gleichstellungsbeauftragte Ulla Schmidt die Männer per Gesetz verpflichten, die Hälfte der Hausarbeit und der Kinderbetreuung zu übernehmen. Diesen Vorschlag griff dann Irmingard Schewe-Gerigk, frauenpolitische Sprecherin der Grünen, im Frühjahr 1999 noch einmal auf. Sie schlug vor, den Satz »Die Führung des Haushalts ist gemeinsame Sache der Ehegatten« in das Bürgerliche Gesetzbuch aufnehmen zu lassen. Ein Aufschrei ging durchs Land, vor allem die Boulevard-Blätter kamen den Männern zu Hilfe. »Ich habe eine Flut von Protestbriefen bekommen«, erzählt Irmingard Schewe-Gerigk in einem Interview. »Das ging von wüsten Beschimpfungen und Beleidigungen bis hin zur Ankündigung, mich am nächsten Ast aufzuknüpfen.«

Das Fazit: Wenn es um die Hausarbeit geht, sind und bleiben die Männer Drückeberger. Doch was kann eine Frau tun, wenn sie sich im Nachteil fühlt? Eine Geschirrspülmaschine kaufen? Eine Putzfrau anstellen? Oder sollte sie sich nicht doch am besten von ihrem egoistischen Mann trennen?

»Beziehungskiller Hausarbeit«, Brigitte, 12/1999; »Familie & Haushalt – wie wird die Arbeit geteilt?«, Für Sie, 14/1998; »Nur jeder Zweite will Hausarbeit gerecht teilen«, Süddeutsche Zeitung, 2000; Bundesministerium für Familie, Senioren, Frauen und Jugend (Hrsg.), Konzertierte Aktion. Gleichberechtigung für die 90er Jahre, 1998; »Das bisschen Haushalt«, Bild der Wissenschaft, 2/2001; »Hausarbeit: Nichts für Männerhände«, Psychologie heute, September 1995; »Hauptsache, wir haben genug Geld«, taz vom 8. März 1999; »Hausarbeit: Wie beteiligt sich der Mann der 90er Jahre?«, Pressemitteilung der Bayerischen Julius-Maximilians-Universität Würzburg vom 26. Juli 2000; »Sauberfrau und Putzschlampe«, Psychologie heute, September 1999; »Hausarbeit ist – immer noch – Frauensache«, Psychologie heute compact, 1998; »Frauen & Haushalt – hilft der Partner wirklich mit?«, Für Sie, 20/1999; »Heißes Bügeleisen«, www.berlinonline.de vom 22. Februar 1997; »Das bisschen Haushalt«, Psychologie heute, März 1997; »Hausarbeit ist stärkster Prüfstein für Gleichberechtigung bei Paaren«, Frauensicht, November 1999; »Bei uns kocht die Frau«, Psychologie heute, Juli 1999; »Faule Ehemänner«, Emma, Mai/Juni 1999; »Überall auf der Welt: Männer, das faule Geschlecht«, Psychologie heute, 1998; »Tellerwäscher«, fiff, Juli 1999; »Kochen, Waschen und Spülen ist Frauensache«, Ärzte Zeitung, 25. Oktober 1999; »Mann tut so, als ob…«, fit for fun, Januar 1999; »Grüne wollen Ehemänner zur Hausarbeit verpflichten«, Der Tagesspiegel vom 11. Mai 1999; Reinhard Kreissl, Die ewige Zweite, Droemer, München 2000; »Jungs, ab in die Küche!«, Emma, November/Dezember 1995; »Grüne wollen Ehemänner zur Hausarbeit verpflichten«, Der Tagesspiegel vom 11. Mai 1999.

Hausfrau

Die Hausfrau auf- und niederwischt – sie tut's für nischt und wieder nischt.

Verfasser unbekannt

Haushälterin

Ich bin eine hervorragende Haushälterin. Jedes Mal, wenn ich einen Mann verlasse, behalte ich das Haus.

Zsa Zsa Gabor

Hebammen
Es gibt keine männlichen Hebammen

Schon während der Schwangerschaft lernen viele werdende Mütter und Väter sie kennen – die Hebamme: Sie ist es, die die jungen Paare während der Schwangerschaft berät und betreut und die Entbindungen verantwortlich leitet. Sie pflegt und versorgt die Neugeborenen, unterstützt die Mütter während des Wochenbetts und hilft ihnen bei Problemen mit dem Stillen und der Brustpflege.

All diese Aufgaben übernehmen traditionell Frauen. Doch seit 1985 können auch Männer diesen Beruf ergreifen. So jedenfalls steht es im Hebammengesetz. Männliche Hebammen gibt es aber trotzdem nicht, denn sie heißen anders – nämlich Entbindungspfleger.

Allzu beliebt scheint dieser Beruf noch nicht zu sein. Denn unter den 12.200 Mitgliedern des Bundes Deutscher Hebammen gibt es nur einen Mann: Jens Unger führt seit drei Jahren zusammen mit seiner Frau eine Hebammenpraxis, seinen Beruf findet er »furchtbar ernst und schön«.

Henriette Thomas vom Bund Deutscher Hebammen schätzt, dass es bundesweit weniger als zehn Entbindungspfleger gibt, »das hätte sich sonst über die Ausbildungsstätten herumgesprochen«. Und werden sich in der Zukunft mehr Männer für diesen Beruf interessieren? Die Hebamme aus Karlsruhe ist skeptisch: »Ich gehe davon aus, dass das eine Frauendomäne bleibt.«

Interview mit Henriette Thomas vom Bund Deutscher Hebammen; »Männer an den Herd«, Amica, 3/2000.

Herrenschneider
Herren schneidern für Herren

Zwei Fragen beantwortet ein Gentleman nie: die Frage nach der Adresse seiner Geliebten und die nach der Adresse seines Schneiders.

Markus Lüpertz

Bundeskanzler Schröder trägt Brioni, Heiner Lauterbach steht auf Anzüge von Boss, und Boris Becker zeigt sich am liebsten in Anzügen von Dolce & Gabbana. Der Mann von Welt schwört auf maßgeschneiderte Hosen, Hemden und Sakkos. Und wer schneidert für die Herren? Herrenschneider, ist doch logisch.

Doch die Schlussfolgerung, dass Herren für Herren schneidern, ist leider gar nicht logisch. Früher waren die meisten Herrenschneider männlich. Schließlich wissen Männer am besten, was den Mann kleidet, welche Problemzonen er hat und wie man diese am besten überspielen kann. Auch heute schaffen es – wie in vielen anderen Berufen auch – vor allem die männlichen Herrenschneider bis ganz nach oben.

Doch an der Basis sieht das ganz anders aus: Im Jahr 1999 entschieden sich insgesamt 233 junge Leute für eine Ausbildung zum Herrenschneider. Nur 53 von ihnen waren Männer, also knapp ein Viertel aller Lehrlinge. Es wollen demnach wesentlich mehr Damen als Herren Herrenschneider werden.

Der Umkehrschluss, dass sich mehr Herren als Damen zum Damenschneider ausbilden lassen, liegt zwar nahe. Doch auch das ist ein Irrtum. Denn abgesehen von den Top-Positionen scheint auch der Beruf des Damenschneiders vor allem für Damen verlockend zu sein: Von 1.940 Lehrlingen in diesem Fach waren 1.877 weiblich, das sind satte 97 Prozent.

Bei den Meisterprüfungen waren es immerhin noch 90 Prozent Frauen: Im Jahr 1999 bestanden nur 21 Männer die Prüfung zum Damenschneidermeister.

Idee von Angelika Jung, München; Interview mit Ewald Rischer, Handwerkskammer für München und Oberbayern; Statistik der DHKT 2000; Rotraud Kellers vom Statistischen Bundesamt; Quelle: Fachserie 11, Reihe 3, 1999.

Hochsprung
Hochsprung und Stabhochsprung sind schon lange olympische Disziplinen für Frauen

Mit der Teilnahme der Frauen an den Olympischen Spielen ist das so eine Sache: An der Olympiade des Altertums zum Beispiel, die von 776 vor Christus bis 385 nach Christus zu Ehren des Göttervaters Zeus in dem Kultort Olympia veranstaltet wurde, durften überhaupt keine Frauen teilnehmen. Lediglich in den Jahren zwischen den Olympischen Spielen gab es ein Sportfest für Frauen. Bei diesen so genannten Heräen – benannt nach Hera, der Schwester und Gemahlin des Zeus – traten ausschließlich Mädchen im Laufen an.

Dass Frauen großartige sportliche Leistungen bringen können, wurde erst bei den Olympischen Spielen der Neuzeit honoriert. Doch schon das Beispiel der Leichtathletik zeigt, dass die Gleichberechtigung im Sport auch heute noch lange nicht erreicht ist: So waren Frauen bei den ersten Olympischen Spielen 1896 in Athen in keiner der heute 26 verschiedenen Leichtathletik-Disziplinen vertreten. Erst 1928 in Amsterdam traten Frauen in fünf Sportarten an: im 100- und 800-Meter-Lauf, im Staffellauf über 4 mal 100 Meter, im Diskuswerfen und im Hochsprung – aber nicht im Stabhochsprung. Und es sollte noch einmal 72 Jahre dauern, bis der Stabhochsprung für Frauen in Sydney endlich olympische Disziplin wurde. Männer dürfen im Hochsprung und im Stabhochsprung übrigens seit 1896 antreten.

Meyers großes Taschenlexikon, Mannheim, 1992; www.diwasoft.de/DLV/Ergebnisse/ seitwann.html.

Hoffnung

Es gibt keine guten Liebhaber. Es gibt höchstens Männer, mit denen es völlig hoffnungslos ist, und einige, mit denen es nicht ganz so hoffnungslos ist.

Ingeborg Bachmann

Hollywood 1
Hollywood ist fest in Männerhand

»In Hollywood habe ich keine Gegnerinnen, nur Gegner. Hollywood wird von Männern regiert« – dieses Resümee zog Sharon Stone, die in »Basic Instinct« die Rolle einer männermordenden Sexbestie spielte. Auch Jodie Foster pflichtet ihr in einem Interview aus dem Jahre 1998 bei: »Hollywood ist eine Männerwelt, wie ja eigentlich jede Art von Geschäftswelt männlich ist.«

Doch die Frauen in Hollywood sind mächtig im Kommen: Mit Sherry Lansing gibt es den ersten weiblichen Studio-Boss: Als Präsidentin von Paramount Pictures führt sie die Liste der 50 mächtigsten Frauen der US-Unterhaltungsindustrie an, 1997 waren »nur« zwölf Männer vor ihr. Auf das Konto von »big mama« Sherry Lansing gehen Filme wie »Das China Syndrom«, »Kramer gegen Kramer«, »Eine verhängnisvolle Affäre«, »Angeklagt«, »Ein unmoralisches Angebot« und »Forrest Gump«. An die Spitze großer Studios und Produktionsfirmen schafften es aber auch Frauen wie Lindsay Doran (United Arists), Amy Pascal (Columbia) und Laura Ziskin (Fox).

Auch viele Schauspielerinnen gründeten ihre eigenen Produktionsfirmen: Barbra Streisand, Bette Midler, Goldie Hawn und Jodie Foster gehörten zu den Pionierinnen. Ihrem Beispiel folgten Sharon Stone, Demi Moore, Meg Ryan, Sandra Bullock, Winona Ryder und Drew Berrymore – insgesamt stieg die Zahl der von Schauspielerinnen produzierten Filme von 1995 bis 2000 um mehr als das Doppelte. »Als Produzentin bist du nicht mehr so abhängig von den Strategien der Bossy Boys«, erklärt Michelle Pfeiffer.

Vor allem Julia Roberts wurde zum Shootingstar in Hollywood und das nicht erst, seitdem sie einen Oscar als beste Schauspielerin des Jahres 2000 erhielt: Mit einer Gage von rund 43 Millionen Mark pro Film ist die Darstellerin von »Pretty Woman« und »Erin Brockovich« die bestbezahlte amerikanische Schauspielerin; auf der Liste der 50 mächtigsten Hollywood-Frauen steht sie auf dem dritten Platz. Doch wenn es darum geht, welche Schauspieler und Schauspielerinnen mit ihren Filmen das meiste Geld eingespielt haben, muss Julia Roberts fünf männlichen Kollegen den Vortritt lassen – und zwar Harrison Ford, Tom Hanks, Mel Gibson, Tom Cruise und Robin Williams. Mit ihren erfolgreichsten acht Filmen spielte Julia Roberts in den USA zwar mehr als eine Milliarde Dollar ein, die beiden Spitzenschauspieler Harrison Ford und Tom Hanks kommen jedoch auf eine doppelt so hohe Summe. Übrigens folgt auf der Hitliste nach Julia Roberts erst auf Platz 22 wieder eine Frau: Glenn Close.

Machen wir also weiter mit der Regie, denn da ändert sich das Bild auch langsam zugunsten der Frauen: Von den 7.332 Filmen, die zwischen 1950 und 1980 gedreht wurden, stammen zwar nur 14 von Regisseurinnen. Doch es kommen immer mehr dazu: So führte zum Beispiel Barbra Streisand Regie bei »Yentl« und »Herr der Gezeiten«, Penny Marshall drehte »Big« mit Tom Hanks, Amy Heckerling wurde mit »Kuck mal, wer da spricht« bekannt, und Jodie Foster gab ihr Debüt mit »Das Wunderkind Tate«.

Und welche Qualitäten muss eine Regisseurin haben, damit sie erfolgreich wird? Jodie Foster erklärt: »Regisseure müssen stark und autoritär sein. Ich bin es. Weniger mit der Härte eines Chefs als mit der Zuneigung einer Mutter.« Trotz allem sieht die Bilanz für Regisseurinnen auch heutzutage nicht ganz so rosig aus: Denn nur bei jedem zehnten Hollywood-Film führt eine Frau Regie und bislang gewann erst eine Regisseurin einen

Oscar für die Regie – es war die Niederländerin Marleen Gorris, die 1996 für »Antonias Welt« den Preis in der Kategorie »Bester ausländischer Film« erhielt.

Auch die Schauspielerinnen haben zu kämpfen – um eine Hauptrolle und um ihre Gage, denn zum einen kommen auf 30 männliche Hauptrollen nur zwei für Frauen und zum anderen verdienen Schauspielerinnen durchschnittlich immer noch weniger als ihre männlichen Kollegen. Die große Ausnahme ist da wohl nur Julia Roberts, die auch aus kleinen Projekten kommerzielle Erfolge machen kann, wie der »Hollywood Reporter« berichtet.

Die Zeiten in Hollywood ändern sich, wenn auch nur langsam. Doch all die Produzentinnen, Regisseurinnen, Schauspielerinnen, Kamerafrauen und Drehbuchautorinnen haben erkannt, was ihnen den Rücken in diesem Business stärkt: das Netzwerken. Die bekannteste amerikanische Organisation heißt »Women in Film« – sie wurde 1973 als Reaktion auf eine Umfrage gegründet, aus der hervorging, dass nur zwei Prozent aller Drehbücher für die amerikanischen Fernsehserien von Frauen stammten. 25 Jahre später hatte »Women in Film« bereits 13.000 Mitglieder, die jedes Jahr den Crystal Awards und seit einigen Jahren auch den Lucy Awards an filmschaffende Frauen verleiht. Präsidentin Joan Hyler ist zuversichtlich: »Es geht darum, ein größeres Stück des Kuchens zu bekommen, um mehr Kontrolle.«

Übrigens: Auch in Deutschland gibt es immer Frauen, die im Filmgeschäft mitmischen. Die wohl erfolgreichste Produzentin ist Regina Ziegler, die ihre Firma 1973 in Berlin gründete und seitdem mehr als 180 Kino- und Fernsehfilme produzierte. Unter anderem war sie verantwortlich für »Rosa Luxemburg« (1986), »Solo für Klarinette« (1998) und »Die Häupter meiner Lieben« (1999). Sie wurde mit dem Adolf-Grimme-Preis und dem Filmband in Silber ausgezeichnet und vom »Hollywood Reporter« zu »Deutschlands fruchtbarster Produzentin« gekürt. In die Riege der deutschen Produzentinnen gehören aber auch Molly von Fürstenberg, die mit »Männer« (1995), »Kleine Haie« (1992), »Der bewegte Mann« (1994) und »Bandits« (1997) erfolgreich war, und Katharina Trebitsch, die »Bella Block« ins Fernsehen und »Marlene« auf die Kinoleinwand brachte. Zu den bekanntesten deutschen Regisseurinnen gehören Doris Dörrie, Margarethe von Trotta, Ulrike Ottinger, Ulla Stöckl, Claudia von Aleman,

Helma Sanders-Brahms, Jutta Brückner und Connie Walther. Regisseurin Nina Grosse (»Der gläserne Himmel«, »Feuerreiter«) erklärt: »Natürlich gibt es immer wieder Filmprojekte, bei denen ich denke, das wäre was für mich, und dann macht es doch ein Mann. Daran merkt man schon, dass Männer die Regie lieber an Männer vergeben. Sie trauen es den Frauen oft psychisch und physisch nicht zu, einen großen Film zu stemmen.«

»History of Women in Film«, in: http://wif.org/home/who/history/index.html; »Sie wollen alles«, Emma, März/April 1998; »Die Braut, die sich was traut«, AFP-Meldung vom 5. Dezember 2000; www.washingtonpost.com/wp-srv/style/daily/movies; »Hollywoods First Lady«, MC, April 2001; »Die Filme der Regina Ziegler«, Emma, Januar/Februar 1996; »Männer können warten, Frauen nicht«, Der Tagesspiegel vom 3. Januar 2001.

Hollywood 2
Die erfolgreichsten Filme werden von Männern produziert

»Nach Hause telefonieren«, wünschte sich das kleine grüne Männchen, das versehentlich auf der Erde gelandet war. Als der Film »E.T.« 1982 herauskam, waren die Zuschauer und die Kritiker von dem außerirdischen Gnom so entzückt, dass sie scharenweise in die Kinos strömten. Und so kam es auch, dass »E.T.« 15 Jahre lang der erfolgreichste Hollywood-Film war: In den USA allein spielte er knapp 400 Millionen Dollar ein, kostete aber nur 68 Millionen Dollar. Was kaum jemand weiß: »E.T.« wurde von einer Frau produziert, Kathleen Kennedy. 1984 hatte sie zusammen mit Steven Spielberg und ihrem Ehemann Frank Marshall die Firma »Amblin Entertainment« gegründet, die auch den Oscar gekrönten Film »Schindlers Liste« produzierte. 1992 kam dann die »Kennedy/Marshall Company« hinzu, die mit dem Film »Congo« erfolgreich war.

Die Liste der erfolgreichsten Hollywood-Filme wird heute angeführt von »Titanic«, der 1997 in die Kinos kam und von 20th Century Fox, Paramount und Lightstorm Entertainment produziert wurde. Die Verfilmung des Schiffsuntergangs kostete mehr als 200 Millionen Dollar, spielte aber auch mehr als 600 Millionen Dollar in den USA ein.

»Sie wollen alles«, Emma, März/April 1998; www.uni-oldenburg.de/~filmfest/films; www.washingtonpost.com/wp-srv/style/daily/movies.

Hollywood 3
Filmfrauen bevorzugen Frauenthemen

So wie die allermeisten Opfer von Gewaltverbrechen im realen Leben Männer sind, so verschwenderisch drückt sich der Männerverbrauch auch im Spielfilm aus... Sterbende Frauen im Unterhaltungsfilm (Abstechen – und weiter geht's!) würden als Ungeheuerlichkeit, als kultureller Fauxpas angesehen.

Paul-Hermann Gruner, Frauen und Kinder zuerst

Frauen sehen sich lieber sanfte, emotionale Filme an, und Männer bevorzugen die harte Action – was für die Zuschauer gilt, trifft aber noch längst nicht für die Macherinnen und Macher der Hollywood-Filme zu. »Alles Klischee. Frauen lieben brutale Bilder genauso wie Männer«, sagt auch Laura Schuler-Donner, die 1997 den Film »Volcano« produzierte. »Es ist großartig zu inszenieren, wie Leute durch die Luft fliegen und von brennender Lava übergossen werden. I love it.«

Auch ein Blick in die Filmgeschichte Hollywoods bestätigt, dass sich Produzentinnen nicht unbedingt nur für klassische Frauenthemen begeistern können: Kathleen Kennedy wurde erfolgreich mit »Jurassic Park« und »E.T.«, Denise DiNovi mit »Batmans Rückkehr«, Gale Ann Hurd mit »Aliens« und »Terminator I und II«. Lisa Weinstein produzierte »Ghost – Nachricht von Sam«, Lili Fini Zanuck »Cocoon« und Barbara Broccoli »James Bond – der Morgen stirbt nie«. Ute Emmerich, die Schwester von Regisseur Roland Emmerich, war verantwortlich für »Stargate«, »The Patriot« und »Godzilla«. Und Martha de Laurentiis wagte sich an »Hannibal« heran, die Fortsetzung von »Das Schweigen der Lämmer«.

Auch in »Die Akte Jane« geht es 125 Minuten lang um eine Männerwelt, in der nur Kraft und Siegeswille zählen. G.I. Jane geht durch diese Hölle und kommt als Siegerin wieder heraus – Demi Moore (»Striptease«) war so überzeugt von diesem Konzept, dass sie nicht nur die Hauptrolle übernahm, sondern auch Co-Produzentin wurde. Das Drehbuch stammt übrigens auch von einer Frau, und zwar von Daniella Alexandra.

»Sie wollen alles«, Emma, März/April 1998; »Hollywoods First Lady«, MC, April 2001.

Homosexualität
In Platons »Gastmahl« geht es um Homos und Heteros

Die Gemeinsamkeit zwischen Lesben und Schwulen reduziert sich darauf, dass es sich beidemal um Personengruppen handelt, die sich sexuell dem eigenen Geschlecht zuwenden. Aber: Die sexuelle Orientierung ist nur ein Teilbereich lesbischer Identität, und die meisten von uns werden nicht gerne darauf reduziert. Die Unterschiede zwischen Lesben und Schwulen sind so zahlreich und so gravierend wie die Unterschiede zwischen Frauen und Männern.

Jutta Osterle-Schwerin, Sprecherin des Lesbenrings

Schon immer haben sich Philosophen, Psychologen und Mediziner Gedanken darüber gemacht, warum sich nicht immer Frauen und Männer ineinander verlieben, sondern manchmal auch Frauen in Frauen und Männer in Männer. Da es im alten Griechenland nicht unüblich war, dass ältere und jüngere Männer eine sexuelle Beziehung eingingen, machte sich auch Platon (427 bis 347 vor Chr.) ans Werk und versuchte, die Gründe für dieses homosexuelle Verhalten anschaulich darzulegen. In seinem philosophischen Dialog »Das Gastmahl« lässt er Aristophanes zu Wort kommen – seine Rede über die Kugelmenschen wird jedoch häufig nur auf das Thema »Homosexualität« bezogen interpretiert. Denn die meisten Autoren gehen davon aus, dass es außer den Pärchen Mann-Mann und Frau-Frau ein drittes Geschlecht gab, das auf der einen Seite männlich, auf der anderen weiblich war. Seit der Trennung der Paare ist demnach die eine Hälfte immer auf der Suche nach der anderen: Frau sucht Frau, Frau sucht Mann, Mann sucht Frau, Mann sucht Mann – so lassen sich Homo- und Heterosexualität anschaulich erklären.

Einige Autoren gehen jedoch noch einen Schritt weiter: Sie konzentrieren sich auf Platons ungenaue Beschreibung des ursprünglichen Mann-Frau-Duos. Denn es ist gar nicht zwingend, dass das Männliche und das Weibliche ursprünglich nebeneinander existierten und der Schnitt glatt durch die Mitte ging. Es könnte ja auch sein, dass die beiden Geschlechter miteinander verschmolzen waren. Die Folgerung: Die nach der Trennung entstandenen Menschen sind androgyne Wesen, die sich zwar durch ihre

körperlichen Anlagen voneinander unterscheiden, aber eine gemeinsame
Ur-Erinnerung an das Ganzheitliche haben.

Elisabeth Badinter, Ich bin Du. Auf dem Weg in die androgyne Gesellschaft, Deutscher Taschenbuch Verlag, München 1994; Platon, Das Gastmahl, Philipp Reclam jun., Stuttgart
1998.

Platons Kugelmenschen

*Anfangs gab es bei den Menschen drei Geschlechter, nicht wie jetzt
zwei, männlich und weiblich, sondern es gab dazu ein drittes, welches
diese beiden vereinte. Sein Name ist noch übrig, es selbst verschwun-
den. Mannweiblich war damals das eine, Gestalt und Name aus bei-
dem: Männlich und Weiblich zusammengesetzt – jetzt aber ist der
Name ins Schimpfliche gewendet.*
*Damals war die ganze Gestalt jedes Menschen rund, so dass Rücken
und Flanken im Kreis standen, er hatte vier Hände und ebenso viele
Beine und zwei Gesichter auf kreisrundem Nacken, ganz gleiche. Und
zu den zwei gegenübergestellten Gesichtern nur einen Kopf und vier
Ohren und zwei Schamteile und alles andre, wie man es sich hiernach
vorstellen kann...*
*Die Zahl und Beschaffenheit dieser drei Geschlechter kam daher, dass
das Männliche ursprünglich von der Sonne stammte, das Weibliche von
der Erde, das Gemischte vom Monde, weil ja der Mond an beiden teil-
hat ...*
*Sie waren nun gewaltig an Kraft und Stärke und waren großen Sinnes,
ja, sie legten Hand an die Götter, und ... [begannen], den Himmel zu er-
steigen, um die Götter anzugreifen. Da ratschlagten Zeus und die an-
dern Götter, was sie tun sollten, und waren in Verlegenheit ... Endlich
hatte Zeus etwas ersonnen, und er sagte: Ich glaube, ein Mittel zu haben, wie die Menschen bestehen und doch von ihrem Übermut ablas-
sen, indem sie schwächer werden. Jetzt durchschneide ich sie nämlich,
jeden in zwei Teile, und so wie sie schwächer werden, werden sie uns
auch nützlicher sein, weil sie ja an Zahl mehr geworden sind, und sie
mögen aufrecht auf zwei Beinen gehen ... Dies gesagt, zerschnitt er die
Menschen in zwei Hälften ... Und immer wenn er einen zerschnitten*

hatte, hieß er den Apollon, ihm das Gesicht und den halben Hals nach der Schnittfläche herumzudrehen, damit der Mensch, seine Zerschneidung betrachtend, bescheidener würde, und hieß ihn, das Übrige zu verheilen ...
Daher ist jeder von uns das Gegenstück eines Menschen, weil wir wie die Schollen aus einem in zweie geschnitten wurden. Ewig sucht jeder sein Gegenstück. Alle Männer, welche ein Stück von dem gemischten Geschlecht sind, das damals mannweiblich hieß, lieben das Weib... Und alle Frauen, die Stücke eines Weibes sind, richten den Sinn nicht sehr auf die Männer, sondern halten sich mehr an die Frauen ... Alle, die Stücke des männlichen sind, folgen dem Männlichen.

Platon, Das Gastmahl

Impotenz 1
Impotente Männer gibt es nicht

Er ist 30 Zentimeter lang, hart wie Stahl und jederzeit bereit. Bei seinem Anblick wollen Frauen nur das eine: sich hemmungslos hingeben. Dieser Wunschtraum eines ständig funktionsfähigen Penis spukt in allen männlichen Köpfen, hat jedoch mit der Wirklichkeit wenig zu tun.

»Jeder kennt das«, behaupten die Autoren des Buches »Der Mann 2000«, »auch wenn es viele von uns nicht zugeben wollen«. Nämlich das plötzliche Versagen des Einzigartigen. Diese Schmach, wenn er eines Tages unvermittelt den Mann im Stich lässt. Das kann der Anfang eines höllischen Trips werden.

Die Zahlen der Massachusetts Male Aging Study von 1994 sind alarmierend. Jeder zweite der über 1.700 Männer zwischen 40 und 70 Jahren leidet unter Potenzstörungen und fühlt sich dadurch beeinträchtigt. Der Kölner Urologe Theodor Klotz von der Universität Köln berichtet von knapp 20 Prozent der 8.000 im Rahmen der Studie »Cologne 8.000 Men Survey« befragten Männer in Deutschland zwischen 30 und 80 Jahren, die über Erektionsstörungen klagten.

Schwierig ist sicher herauszufinden, inwieweit ein Mann überhaupt ehrlich zugeben kann, wie es um ihn bestellt ist. Denn Männer sind auf Rivalität getrimmt – und zugestehen, dass er ihn nicht mehr hochkriegt, ist sicher mit das Schlimmste für jeden Kerl. Denn noch immer ist männliches Selbstwertgefühl eng an männliche Potenz gebunden.

Was ist Impotenz überhaupt? Der Begriff wird üblicherweise sehr schwammig und auch wertend gebraucht, so dass damit häufig ganz allgemein schwache, handlungsunfähige und unmännliche Männer charakterisiert werden. »Nach gängiger Meinung«, so der medizinische Psychologe Bernhard Strauß von der Friedrich-Schiller-Universität Jena, »ist ein Mann impotent, wenn er während mindestens sechs Monaten keine genügend starke Erektion zustande bringt, die ihm ein befriedigendes Sexualleben ermöglichen würde.« So jedenfalls sehen es die Mediziner. Das Gefühl, impotent zu sein (und das ist das Entscheidende, findet der medizinische Psychologe), »kann man auch schon haben, wenn es zweimal nicht geklappt hat.«

Darüber offen zu reden, traut sich kaum ein Mann, denn er empfindet das Versagen seines Penis als persönliche Schlappe. Dabei gibt es viele Gründe, warum der beste Freund nicht mehr mitspielt.

Während vor einigen Jahren die Gründe für Erektionsstörungen vor allem im psychischen Bereich vermutet wurden, ist es heute umgekehrt. Männerärzten zufolge sind es vor allem Diabetiker, Bluthochdruckgefährdete, Männer, die unter Herz-Kreislauf-Erkrankungen leiden und an der Prostata Operierte, die gefährdet sind. Denn die Einnahme von Arzneien wie Betablocker, entwässernde Medikamente, Blutfettsenker oder Medikamente gegen Schilddrüsenprobleme wirken sich auf die Standfestigkeit des Penis deutlich aus. Potenzkiller sind gleichfalls Antidepressiva, Beruhigungs-, Schlaf-, Aufputsch- und Migränemittel, Opiate, Abmagerungspräparate und Medikamente gegen Krebs. Allerdings haben Wissenschaftler schnell feststellen müssen, dass die Potenzpille Viagra auch bei scheinbar organisch bedingten Erektionsstörungen nicht immer hilft. Wahrscheinlich haben Potenzprobleme doch wesentliche psychische oder psychosomatische Anteile.

Warum haben aber immer mehr Männer heute Potenzprobleme? Zum einen ist sicher der Lebensstil ein nicht zu unterschätzender Faktor. Am Tag durchschuften, die Nächte durchfeiern, dazu Alkohol trinken, rauchen und immer super draufsein, haut irgendwann auch den Stärksten um.

Zudem sollen dicke Männer häufiger unter Impotenz leiden als schlanke. Männer mit einem Taillenumfang von 106 Zentimetern sind – laut einer US-Studie – fast doppelt so häufig von Erektionsstörungen betroffen wie solche mit 81 Zentimetern. Das ermittelten Forscher der Harvard School of Public Health. Die empfohlene Geheimwaffe dagegen: gesunde Ernährung und Sport. Wer hätte das gedacht?

Die Rechnung, viel Erektion ist gleich viel Mann, geht gleichfalls schon seit einer Weile nicht mehr auf. Es ist der längst vergangene Mythos, auf den der Held des Alltags sich noch stützt: der erigierte Penis als Zeichen von Macht, Einfluss und Stärke. Durch seine Samen Dynastien erstehen zu lassen sind Allmachtsphantasien, die in den Köpfen so mancher Männer herumspuken.

Die gesellschaftliche Rolle des Mannes hat sich deutlich gewandelt. Vor allem die Machos fühlen sich am ehesten in ihrer Sexualität bedroht und beeinträchtigt. »Wann ist ein Mann ein Mann?«, röhrt Herbert Grönemeyer erfolgreich und trifft dabei einen empfindlichen Nerv in der zarten, verstörten männlichen Seele. Die Geschlechterrollen sind nicht mehr eindeutig, auch die männliche nicht. »Der Zusammenbruch des Patriarchats, die Zerschlagung der Familie und traditioneller Rollen gibt Männern und Frauen enorme Freiheiten, die sie niemals zuvor hatten«, entwirft der amerikanische Psychotherapeut Frank Pittman ein Bild von den Chancen gesellschaftlicher Veränderungen. Das Problem dabei ist nur: »Es fehlt die Bedienungsanleitung, wie man in dieser neuen Welt funktioniert.« Das macht unsicher.

Möglicherweise hilft dem heutigen Mann nur echtes Interesse, sich mit den veränderten Bedingungen auseinander zu setzen. Das birgt zumindest neue, unbekannte Chancen. Vielleicht stellen sich dann mit der Zeit eine intakte Psyche, ein normaler Hormonhaushalt, eine funktionierende Nervenversorgung und ungestörte Durchblutungsverhältnisse ein. Und einer normalen Erektion steht nichts mehr im Weg.

Siegfried Meryn, Markus Metka, Georg Kindel, Der Mann 2000. Die Hormon-Revolution, Ueberreuther, Wien 1999; »Machos sind besonders gefährdet«, Brigitte special, 3/1999; menshealth.de vom 16. Oktober 2000; »Dicke Männer sind häufiger impotent« Süddeutsche Zeitung vom 10. März 2000; Jed Diamond, Der Feuerzeichen-Mann. Wenn Männer in die Wechseljahre kommen, C.H. Beck'sche Verlagsbuchhandlung, München 1999; »Die schwierige Kunst, ein Erwachsener zu sein«, Psychologie heute, April 2001.

Impotenz 2
Radfahren macht Männer impotent

Man hört es immer wieder: Das Radfahren soll die Manneskraft gefährden und kann sogar impotent machen. Das stimmt – aber nur für Mountainbiker. Denn Rennradler müssen sich diese Sorgen scheinbar nicht machen. Zu diesem Ergebnis kam der Radiologe Ferdinand Frauscher von der Uniklinik Innsbruck. Für eine Studie untersuchte er zusammen mit seinem Team 45 Mountainbiker, die täglich zwei Stunden durchs Gelände fahren.

Bei 96 Prozent der Mountainbiker stellte der Mediziner krankhafte Veränderungen an den Genitalien fest, am häufigsten im Bereich der Hoden. In einer Vergleichsgruppe von 31 Nicht-Radlern kam das nur bei 16 Prozent der Männer vor. Vier von fünf Mountainbikern hatten gutartige

Tumore, bei jedem zweiten hatten sich Zysten gebildet, die mit Sperma gefüllt waren, und bei 44 Prozent ließen sich Calciumablagerungen in den Nebenhoden nachweisen – ähnliche Anzeichen wurden jedoch nur bei einem von insgesamt fünf Rennradlern gefunden.

Radeln ist gesund, aber nicht mit dem Mountainbike – wie lässt sich das erklären? Beim Querfeldeinfahren ist der Körper mehr als beim Fahren auf der ebenen Straße extremen Schwingungen ausgesetzt: Wenn aber die Hoden immer wieder gegen den Sattel stoßen, kommt es zu Veränderungen im Gewebe. Der österreichische Radiologe empfiehlt deshalb gefederte Räder und ergonomisch geformte Sättel, die in der Mitte eine längliche Kerbe haben.

menshealth.de vom 23. Oktober 2000; »Mountainbiken löst Hodenprobleme aus«, Salzburger Nachrichten vom 1. Dezember 1999.

Intelligenz
Der intelligenteste Mensch der Welt ist ein Mann

Da will einer ein Gehirn kaufen und stellt fest, dass die grauen Zellen einer Frau sehr viel billiger sind als die eines Mannes. Warum, werden Sie sich fragen. Antwort: Sie waren gebraucht.

Sharon Stone

Die Intelligenz eines Menschen testen Forscher mit Hilfe von Intelligenztests – doch da beginnt schon das Problem: Denn wie misst man den Intelligenzquotienten (IQ)? Reicht es, zu diesem Zweck ein paar Aufgaben zu stellen, die schriftlich gelöst werden müssen? Was ist mit den künstlerischen oder sportlichen Fähigkeiten und mit der Intuition? Und sollte nicht auch die soziale Kompetenz gemessen werden (Emotionaler Quotient, EQ)? Fragen über Fragen, die die Wissenschaftler widersprüchlich beantworten. Kein Wunder also, dass es verschiedene IQ-Tests und IQ-Skalen gibt, die sich daran orientieren, was der Forscher selbst als Intelligenz definiert. So gesehen misst jeder IQ-Test eine andere Art von Intelligenz oder umgekehrt: »Intelligenz ist das, was der IQ-Test misst.«

Die meisten IQ-Tests ergeben, dass es in Sachen Intelligenz keine Unterschiede zwischen Frauen und Männern gibt – wenn man Intelligenz im

Sinne von Denkfähigkeit interpretiert. Nur bei zwei Aufgabentypen ergeben sich geringe Differenzen, betrachtet man eine hinreichend große Stichprobe: Frauen haben ein etwas schlechteres räumliches Vorstellungsvermögen als Männer, und Männer schneiden etwas schlechter bei sprachlichen Aufgaben ab – doch auf die Intelligenz insgesamt wirkt sich das nicht aus.

Angesichts all der männlichen Chefs und Würdenträger, der Professoren und Politiker könnte man annehmen, dass die Männer doch ein bisschen intelligenter sind als die Frauen, und – um es auf die Spitze zu treiben –, dass der intelligenteste Mensch dann wahrscheinlich auch ein Mann ist. Die erste Annahme führt schnell dazu, die Machtfrage, das Patriarchat und all die anderen strukturellen Gegebenheiten mit ins Spiel zu bringen. Die zweite Annahme stellt sich schlichtweg als falsch heraus, zumindest wenn man dem Guinnessbuch der Rekorde von 1989 glauben darf: In der Rubrik »Ruhmeshalle« findet sich der Eintrag »höchster IQ« und den hat eine Frau: der Amerikanerin Marilyn vos Savant wird ein Intelligenzquotient von 230 bescheinigt. Sie schreibt in einer amerikanischen Zeitschrift eine Kolumne für scharfe Denker, engagiert sich im Beirat des Verbands für hochbegabte Kinder und lebt mit ihrem Mann Robert Jarvik, dem Erfinder des künstlichen Herzens, in New York City. Im Alter von zehn Jahren konnte Marilyn vos Santos Aufgaben lösen, die sonst nur von 23-Jährigen bewältigt wurden. Ihr IQ von 230 ergibt sich, indem man das Intelligenzalter (23) durch das Lebensalter (10) dividiert und das Ergebnis mit 100 multipliziert – eine Formel, die der deutsche Psychologe Wilhelm Stern im Jahre 1912 entwickelt hatte, um damit den Intelligenzquotienten von Kindern zu bestimmen.

Nach Ansicht von Kritikern sollte man jedoch Rekord-IQs – wie zum Beispiel den von Marilyn vos Santos – mit Vorsicht genießen. Denn im Gegensatz zu den in anderen Ländern gebräuchlichen IQ-Skalen gehen die amerikanischen Werte weit über die Marke von 200 hinaus. Die entsprechende Rubrik im Guinnessbuch der Rekorde wurde deshalb auch aufgelöst.

Der Ruhm von Marilyn vos Santos ist zwar noch nicht verblasst, doch in den Medien tauchen immer mal wieder Berichte über »kleine Genies« auf, die ihr den Rang vielleicht irgendwann streitig machen könnten. In Deutschland machte vor kurzem ein 14 Jahre alter Junge von sich reden:

Franz Kiraly aus Hayingen auf der Schwäbischen Alb hat einen Intelligenzquotienten von 145 bis 150. Im Alter von 18 Monaten kannte der Sohn eines Arzt-Ehepaars alle Buchstaben, mit drei Jahren konnte er schon aus Kinderbüchern vorlesen. In der Schule übersprang er fünf Jahrgänge und machte sein Abitur mit einer Durchschnittsnote von 1,2 – damit gilt er als der jüngste Abiturient Deutschlands. Der hoch begabte Junge begeistert sich für Naturwissenschaften und die Mathematik, er spricht Englisch und Ungarisch, kann sich aber auch in Französisch und Latein verständigen und hat ein großes Talent zum Klavierspielen. »Dass jemand auf mehreren Gebieten sehr hohe Werte bringt, ist äußerst selten«, erklärt Udo Schultz, früherer Weltvorsitzender der Vereinigung Mensa für Hochbegabte. Franz Kiraly wusste schon mit 14, was er in den nächsten Jahren machen will: den Doktor in Medizin, Mathematik, Informatik und Physik. Danach möchte er als Professor forschen und lehren.

http://iq.faq.ch/; Marilyn vos Savant, Brainpower Training. Die einzigartige Methode der intelligentesten Frau der Welt, Falken, Niedernhausen 1996; www.rowohlt.de/rowohlt/rover lag/Autoren/Savant.html; »Ich mache erst mal meine Doktortitel«, Süddeutsche Zeitung vom 18. Juli 2000.

Internet
Im Web sind mehr Männer als Frauen unterwegs

Im Mai 2000 hatten es die Frauen geschafft, zumindest in den USA: Denn erstmals war das Geschlechterverhältnis beim Surfing ausgeglichen, laut einer Studie des Internetmarktforschers Media Metrix hatten die Frauen die Männer sogar leicht überholt – es stand 50,4 zu 49,6 Prozent zugunsten der Frauen. Rund 120 Millionen Surferinnen sind also mittlerweile in den USA im Netz, der Frauenanteil hatte sich in den vergangenen zweieinhalb Jahren verdreifacht. Die meisten der Frauen, die neu hinzukamen, waren Mädchen sowie Frauen im Großmutteralter.

Wie immer schielen die Experten auf die Trends in Amerika und prophezeien, dass es nicht lange dauern werde, bis die Welle auch bis nach Europa und speziell nach Deutschland schwappt. Trendsetter in Europa sind die Schwedinnen: Ihr Anteil lag im Juni 2000 bei 44,2 Prozent der

Internetuser. Die Däninnen brachten es auf eine Quote von 42,4 Prozent, gefolgt von den Frauen in Großbritannien (35,9 Prozent) und in Frankreich (33,4 Prozent).

Was das Surfen im World Wide Web anbelangt, haben die Frauen in Deutschland noch etwas Aufholbedarf: Der Anteil der Cybergirls lag im Februar 2001 bei 36 Prozent – was jedoch einen enormen Zuwachs ausmacht, denn im Januar 2000 waren es nur 27,3 Prozent.

So ist es auch kein Wunder, dass die Nachrichtenticker heiß liefen und meldeten: »In Deutschland wächst die Zahl der Surferinnen am schnellsten.«

Auch Familienministerin Dr. Christine Bergmann ist von dieser Entwicklung begeistert. Doch es reicht ihr noch nicht, dass mittlerweile zehn Millionen Frauen beruflich und privat das Internet nutzen. Denn in der IT-Branche sind die Frauen noch immer unterrepräsentiert, bei den Auszubildenden machen sie gerade mal einen Anteil von 14 Prozent aus: »Unser Ziel ist es, den Frauenanteil (in den IT-Berufen) bis 2005 auf 40 Prozent zu steigern!«

»USA: Frauen und Männer nutzen das Internet zu gleichen Teilen«, womanticker vom 11. Februar 2000; »Mehr Frauen im Web«, PC-Welt vom 23. März 2000; »USA: Mehr Nutzerinnen im Netz«, womanticker vom 9. August 2000; »Erstmals mehr Frauen als Männer online«, Der Standard vom 10. August 2000; »Frauen beherrschen das Web«, womanticker vom 16. November 2000; »In Deutschland weniger Surferinnen«, womanticker vom 9. März 2000; »Frauen sind im Internet auf dem Vormarsch«, Pressemitteilung des Bundesfamilienministeriums vom 9. März 2001; »Internetnutzung von Frauen: Drei kleine feine Unterschiede«, womanticker vom 4. April 2001; »Internetnutzung: Frauenanteil wächst stetig«, in: www.heise.de vom 18. April 2001.

Junggeselle

Wer noch nicht geheiratet hat, hat zumindest noch keinen entscheidenden Fehler gemacht.

Warren Beatty

Job
Mehr Frauen als Männer sind ohne Job

Der schwäbische Opa ist gestorben. Man berät, ob der Leichnam bestattet oder verbrannt werden soll. Oma entscheidet: »Einäschern und in die Eieruhr! Schaffe soll er!«

Verfasser unbekannt

In den letzten hundert Jahren gingen die Männer zur Arbeit, um ihre Familien zu ernähren. Während sich ihre Frauen um den Haushalt und die Kinder kümmerten, bastelten die Männer an ihrer Karriere und machten sich im Betrieb oder Büro unentbehrlich. Doch heute gibt es immer weniger dieser traditionellen Familien. Viele Frauen – Verheiratete und Singles, mit oder ohne Kinder – finden es selbstverständlich, arbeiten zu gehen und ihr eigenes Geld zu verdienen. Die Mädchen sind in der Schule meist besser als die Jungen, junge Frauen haben eine qualifizierte Berufsausbildung, viele schließen die Lehre oder das Studium mit Bestnoten ab – und dennoch kursiert der Irrglaube, dass mehr Frauen arbeitslos sind als Männer.

Wer aber gilt als »arbeitslos«? Der Münchner Soziologe Reinhard Kreissl antwortet darauf mit weitergehenden Fragen: »Zählen wir dazu nur diejenigen, die keinen Arbeitsvertrag haben, oder diejenigen, die sich beim Arbeitsamt als arbeitslos registrieren lassen? Sollen Frauen, die im Haushalt tätig sind, Kinder, die in die Schule gehen, Gelegenheitsarbeiter, Tagelöhner oder selbständig Beschäftigte, die gerade keinen Auftrag bearbeiten, als arbeitslos gelten? Wo hört die geringfügige Beschäftigung auf und wo beginnt die Arbeitslosigkeit, wo ist die Grenze zwischen Ausbildung und Arbeit, zwischen Hausarbeit und Arbeitsverhältnis, zwischen Schwarzarbeit und Nachbarschaftshilfe, zwischen schlechter Auftragslage und Pleite zu ziehen?« Angesichts all dieser Fragen ist es sicherlich schwierig, die verschiedenen Varianten genau voneinander abzugrenzen.

Wie dem auch sei – für Westdeutschland stellte das Bundesfamilienministerium im März 1998 fest: »Frauen in den alten Bundesländern sind heute nicht mehr stärker von Arbeitslosigkeit betroffen als Männer.« Im Jahre 1969 sah das noch ganz anders aus, aber die Zahlen glichen sich im Laufe der Jahre immer mehr an, bis die Frauen 1995 erstmals besser dran waren als die Männer. 1996 lag die Arbeitslosenquote der Frauen mit durchschnittlich 9,9 Prozent unter dem Anteil der Männer von 10,4 Prozent. 1997 bestätigte sich diese Entwicklung: Der Frauenanteil war mit 10,7 Prozent unter dem der Männer (11,2 Prozent).

Bemerkenswert ist darüber hinaus, dass die Frauen in den alten Bundesländern von dem Arbeitsplatzabbau weniger betroffen waren als die Männer – wenn man die sozialversicherungspflichtig Beschäftigten betrachtet. Diesen Trend konnte man schon bei der Wirtschaftsflaute 1974/76 und 1981/83 beobachten, und er setzte sich nach dem letzten Beschäftigungsrekord im Herbst 1992 fort. Von den positiven Entwicklungen profitierten zu zwei Dritteln die Frauen, denn sie arbeiteten überwiegend im Dienstleistungsbereich, während die Rezession vor allem im verarbeitenden Gewerbe stattfand – und dort waren und sind überwiegend Männer beschäftigt.

Auch wenn in Westdeutschland prozentual weniger Frauen als Männer arbeitslos sind, ernüchtern die Zahlen für Ostdeutschland. Zum einen lag 1997 der Anteil der Frauen an den Arbeitslosen in den neuen Bundesländern höher (55,9 Prozent) als in den alten (42,4 Prozent). Zum anderen klaffen die Zahlen bezogen auf die ostdeutschen Frauen und Männer ziemlich weit auseinander: Die Arbeitslosenquote der Frauen lag 1997 bei 22,5 Prozent, während »nur« 16,6 Prozent der Männer ohne Job waren. Diese Entwicklung setzte gleich nach der Wiedervereinigung ein. Damals arbeiteten sehr viele Frauen in Wirtschaftsbereichen, in denen stark rationalisiert wurde – sie waren stärker als die Männer von den Umstrukturierungen betroffen.

Bundesministerium für Familie, Senioren, Frauen und Jugend (Hrsg.), Frauen in der Bundesrepublik. Bonn März 1998; Reinhard Kreissl, Die ewige Zweite. Warum die Macht der Frauen immer eine Nasenlänge voraus ist, Droemer, München 2000.

Karriere
Männer sind karrieregeil

*Die richtigen Männer sind entweder schon verheiratet oder sie arbeiten
zu viel.*

Juliette Gréco

Viele Menschen glauben, dass für Männer der Beruf das Wichtigste im Leben sei. Doch die Umfragen kommen zu einem ganz anderen Ergebnis: So
ermittelte zum Beispiel das Bundesministerium für Frauen und Jugend
1993 bei einer repräsentativen Befragung in den alten Bundesländern, dass
für 58 Prozent der Männer die Partnerschaft das Allerwichtigste sei – nur
17 Prozent nannten zuerst den Beruf.

Zu einem ähnlichen Ergebnis kam 1998 eine Umfrage des Wiener Pro-
fessors Paul Zulehner und des Bochumer Sozialwissenschaftlers Rainer
Volz, die bei 1.200 Männern und 814 Frauen durchgeführt worden war.
Die meisten Männer gaben an, dass die Familie für sie das Wichtigste sei,
erst an zweiter Stelle folge der Beruf.

Den Aussagen der Männer trauen die Buchautoren Dieter Schnack und
Thomas Gersterkamp nicht über den Weg: Sie glauben zwar auch, dass in
deren Köpfen ein Wandel stattgefunden hat, doch der drückt sich ihrer
Meinung nach noch nicht im praktischen Handeln aus. Ähnliches beobachtete auch der Soziologe Ulrich Beck, er spricht den Männern lediglich eine »verbale Aufgeschlossenheit bei weitgehender Verhaltensstarre«
zu.

Wollen sich die Männer also nur nach außen gut darstellen? Glauben
sie, dass es sich in der heutigen Zeit besser anhört, wenn sie die Familie
voranstellen und den Beruf erst an zweiter Stelle nennen? Dieter Schnack
und Thomas Gersterkamp weisen auf die Entwicklung des Arbeitsmarktes
hin: Solange die Zeiten wirtschaftlich unsicher sind, fällt es den Männern
besonders schwer, sich tatsächlich umzustellen. Sie haben offenbar Angst
vor dem sozialen Abstieg, der ihnen angeblich droht, wenn sie am Arbeitsplatz bekennen würden, wie wichtig ihnen ihre Familie ist. Dass solche
Sorgen ernst zu nehmen sind, bestätigt zumindest Peter Mayer, Personal-
entwickler bei Daimler Chrysler: »Wer als Mann Karriere machen will,
darf sich auch heute nicht vorbehaltlos zur Familie bekennen. Schließlich

kann niemand in einer Sitzung aufstehen und sagen: ›Mein Sohn wartet, ich muss jetzt gehen.‹«

Vor allem von Führungskräften wird erwartet, dass sie Überstunden leisten. Aber auch diejenigen, die nicht so weit oben auf der Karriereleiter stehen, bleiben häufig länger im Büro oder im Betrieb. Dieter Schnack und Thomas Gersterkamp schätzen, dass in der Bundesrepublik jährlich mindestens 1,5 Milliarden Überstunden geleistet werden, und fordern von der Politik, diese Entwicklung – auch zugunsten der berufstätigen Väter – einzudämmen.

Die Autoren schlagen noch weitere Veränderungen vor, damit es den Männern leichter fällt, sich eindeutig zu Partnerschaft und Familie zu bekennen: Männern sollte nahe gebracht werden, dass Teilzeitarbeitsplätze auch Chancen bieten. Nach einem Modell, das in Schweden praktiziert wird, sollte der Erziehungsurlaub ein individueller Anspruch für Väter sein, der jedoch verfällt, wenn die Väter das Angebot nicht annehmen. Das Ehegatten-Splitting sollte in ein Kinder-Splitting umgewandelt werden, und öffentliche Aufträge sollte man in Zukunft nur an familienfreundliche Betriebe vergeben.

Außerdem müsste nach Meinung von Schnack und Gersterkamp auch in den Steuergesetzen, der Kranken- und Sozialversicherung sowie der Altersvorsorge zum Ausdruck kommen, dass man nicht mehr davon ausgehen kann, dass der Mann sein Leben lang einen Vollzeitjob hat und die Familie allein ernährt. »Wir brauchen ... ein neues Leitbild männlicher Erwerbsarbeit, eine Art ›Feminisierung der Arbeitswelt‹, die selbstverständlich Bruchstellen in der Erwerbsbiographie vorsieht«, forderte Thomas Gersterkamp in einem Vortrag zum Thema »Gleichstellung« und machte den Männern Mut, auch heute schon all ihre Möglichkeiten zu nutzen. Denn seiner Meinung nach haben Männer heutzutage viel mehr Spielräume, als sie glauben. Manche fänden es jedoch schlichtweg einfacher, sich hinter den Vorgesetzten und der schwierigen gesellschaftlichen Situation zu verstecken und alles so zu lassen, wie es immer war.

Kein Wunder also, dass Führungskräfte pro Woche nur zwölf Stunden für die Familie übrig haben – diese Zahl ermittelte Professor Michel E. Domsch von der Universität der Bundeswehr in Hamburg.

Aber vielleicht weht ja schon aus einer ganz anderen Richtung ein neuer Wind: Denn laut einer aktuellen Umfrage des Hamburger Freizeitforschungsinstituts der B.A.T. sind viele Männer im Beruf unzufrieden. Spaß am Job haben nur 57 Prozent der befragten Männer, aber 61 Prozent der Frauen. Viele Männer gehen also gar nicht so gern zur Arbeit – vielleicht ist dies ein Ansatzpunkt dafür, dass Männer zukünftig in ihrem Leben andere Schwerpunkte setzen...

Dieter Schnack und Thomas Gersterkamp, Hauptsache Arbeit? Männer zwischen Beruf und Familie, Rowohlt, Reinbek bei Hamburg 1998; Bundesministerium für Familie, Senioren, Frauen und Jugend (Hrsg.), Gleichberechtigung von Frauen und Männern, Kohlhammer, Stuttgart 1998; »Männer im Aufbruch?«, Dokumentation, Fachkonferenz für Männer am 26. Mai 2000 in München; »Karrierekiller Kind?«, BIZZ, 1-2/1999; »Weiblich, bei der Arbeit, sucht... und was Männer wissen wollen«, in: women & work, Allegra, 2/1999.

Kerzenschein

Beim Schein einer Kerze wählt man weder Diamanten noch Frauen aus.

Spruch aus dem Jiddischen

Kindergarten
Seit es den gesetzlichen Anspruch auf einen Kindergartenplatz gibt, können Mütter ganztags arbeiten

Jahrzehntelang war es für viele Eltern in Westdeutschland sehr schwierig, einen Kindergartenplatz für ihre Töchter und Söhne zu bekommen. Viele berufstätige Frauen stellten ihren Kinderwunsch zeitweilig zurück, weil sie befürchteten, den Job und die Familie nicht unter einen Hut bringen zu können. Um ihnen die Entscheidung für ein Kind leichter zu machen, beschloss der Bundestag 1992, dass jedes Kind ab dem dritten Lebensjahr einen Rechtsanspruch auf einen Kindergartenplatz hat.

Als der entsprechende Paragraph 24 des Kinder- und Jugendhilfegesetzes in Kraft trat, glaubten viele Mütter, ihre Kinder nach dem Erziehungsurlaub ganztags in einen nahe gelegenen Kindergarten geben zu können. Das war aber nur in seltenen Fällen möglich, denn das Gesetz regelt nicht, wie dieser Kindergartenplatz beschaffen sein soll. Die meisten Länder und Gemeinden nutzen diesen Freiraum und verstehen darunter einen Halbtagsplatz – und das muss dann noch nicht einmal ein Vormittagsplatz sein.

Müttern, die nach dem Erziehungsurlaub wieder ganztags in den Beruf einsteigen wollen, war und ist damit also gar nicht geholfen.

Erschwerend kommt hinzu, dass der Kindergarten bis zu 30 Minuten von der elterlichen Wohnung entfernt sein darf. Im ungünstigsten Fall müssen die Eltern also vom Wohnort aus eine halbe Stunde zu Fuß gehen, mit dem Rad oder mit öffentlichen Verkehrsmitteln fahren, um ihre Kinder abzuliefern. Wenn der Arbeitsplatz jedoch am entgegengesetzten Ende der Stadt liegt, kostet es doppelt so viel Zeit, um dort pünktlich anzukommen. Nach vier Stunden im Büro heißt es dann wieder loszuhetzen, um die Kleinen vom Kindergarten abzuholen – ein Aufwand, den traditionell die Mütter häufiger als die Väter auf sich nehmen.

Der Anspruch auf einen Kindergartenplatz ist zwar seit dem 1. August 1996 rechtlich garantiert. Aber es ist die Aufgabe der Eltern, ihr Kind bei dem Kindergarten ihrer Wahl anzumelden. Eine Garantie auf eine Zusage gibt es nicht, denn die Leitung kann entscheiden, ob ein Kind genommen wird oder nicht. Vorsorglich melden viele Eltern ihre Kinder deshalb schon frühzeitig bei mehreren Stellen an. Falls sie lauter Absagen einkassieren, können sie sich an das Jugendamt wenden, das sich dann um weitere Alternativen bemüht. In Frage kommen weitere Kindergärten, Spielgruppen und Tagesmütter. Hilft das auch nicht weiter, können sich die Eltern einen Bescheid vom Jugendamt geben lassen und Widerspruch einlegen. Wenn die Bezirksregierung oder der Kreistag dann immer noch keine Lösung anbieten, können die Eltern vor dem Verwaltungsgericht klagen. Bei einem Antrag auf einstweilige Anordnung wird der Fall dann meist innerhalb eines Monats entschieden. Häufig stehen anschließend zwei Möglichkeiten zur Wahl: Entweder muss die Kommune eine geeignete Kindergartengruppe von zum Beispiel 25 auf 30 Kinder erweitern oder sie stellt eine Tagesmutter, die ebenso viel wie ein Kindergartenplatz kostet. In Bayern gilt der Rechtsanspruch auf einen Kindergartenplatz übrigens nicht, weil der Freistaat die Kindergarten-Erziehung nicht dem Sozialministerium, sondern dem Kultusministerium zuordnet, und über die Bildung entscheidet jedes Land bekanntlich selbst.

Rechtsanspruch hin oder her – nach wie vor kommen nicht alle Drei- bis Sechsjährigen in einem Kindergarten unter. In Deutschland gab es Ende 1994 rund 2,5 Millionen Kindergartenplätze, nach den Angaben des Statistischen Bundesamts waren 90,7 Prozent der Kinder zwischen drei und sechs Jahren versorgt – noch 1996 fehlten bundesweit 450.000 Kindergartenplätze. In Westdeutschland kam man 1994 auf eine durchschnittliche Versorgungsquote von 85,2 Prozent. Am schlechtesten ausgestattet waren 1996 Schleswig-Holstein, West-Berlin, Niedersachsen und Nordrhein-Westfalen.

In den neuen Bundesländern gab es 1994 genügend Kindergartenplätze, rein rechnerisch lag die Quote sogar bei 116,9 Prozent. Der Grund: In Ostdeutschland waren schon immer ausreichend viele Kindergärten vorhanden, nach der Wende schlug dann noch der drastische Geburtenrückgang zu Buche. Um die »Überversorgung« in den neuen Bundesländern abzubauen, wurden dann im Laufe der Jahre immer mehr Kindergärten geschlossen.

Übrigens: Bei der Versorgung mit öffentlichen Kindergartenplätzen steht Deutschland im europäischen Vergleich an sechster Stelle. Berufstätige Eltern in Frankreich, Belgien, Italien, Dänemark und Schweden haben wesentlich mehr Möglichkeiten, ihre Kleinen während der Arbeitszeit unterzubringen. Am wenigsten staatliche Unterstützung bekommen Mütter und Väter in Großbritannien und in Portugal, dort haben nur 40 Prozent der Kinder ab drei Jahren einen Kindergartenplatz.

Statistisches Bundesamt (Hrsg.), Datenreport 1997, Bonn 1998; »Ich muß leider draußen bleiben!«, Eltern, Januar 1997; »Ein Platz für alle Kinder?«, Eltern, Januar 1996; Bundesministerium für Familie, Senioren, Frauen und Jugend (Hrsg.), Frauen in der Bundesrepublik, Bonn, März 1998; »Fordert, was ihr kriegen könnt«, Der Spiegel, 47/1999; »Zwischen Wunsch und Wirklichkeit: Frauen im Sozialstaat«, in: Aus Politik und Zeitgeschichte, 19. Dezember 1997.

Kinderwunsch 1
Erst Kinder geben dem Leben einen Sinn, sagen Frauen

»Ohne Kinder ist das Leben farblos, denn erst Kinder machen das Leben wirklich lebenswert für eine Frau. Bekommt eine Frau kein Kind, so wird sie es später bitter bereuen.« Mit diesen Thesen werden Frauen auch heute noch in tiefe Zweifel gestürzt. Allerdings ist das nur die eine Hälfte der Wahrheit, wie eine Befragung unter 1.300 Frauen in Deutschland zwischen 14 bis 70 Jahren ergab. Denn nur 51,5 Prozent der Frauen ab 30 sind davon überzeugt, dass erst Kinder ihrem Leben einen Sinn geben. Bei jungen Frauen unter 29 Jahren behauptet das nur jede vierte.

Psychologen der Universitäten Jena und Freiburg/Breisgau gingen gleichfalls der Frage nach, ob ein Leben ohne Kinder tatsächlich für viele Paare weniger befriedigend sei. In ihrer Studie mit 424 Befragten zwischen 43 und 65 Jahren, die zur Hälfte kinderlos waren, ermittelten sie Überraschendes. »Kinderlose Paare sind genauso glücklich und sozial eingebunden, sie sind nicht kränker oder gesünder, haben nicht mehr psychosomatische Störungen, depressive Verstimmungen oder andere Erkrankungen als andere«, fasst Psychologin Karla Ningel von der Friedrich-Schiller-Universität Jena das Hauptergebnis der Studie zusammen. Es komme vor allem darauf an, welche alternativen Lebenskonzepte die Paare entwickelt haben. Schließlich bedeute Kinderlosigkeit ja nicht zwangsläufig, ein Leben ohne Kinder zu führen. Und wer eigene Kinder habe, müsse nicht automatisch eine gute Familienbeziehung aufgebaut haben.

Die Wissenschaftler hatten vier Gruppen gebildet: ungewollt Kinderlose, die sich nicht zu einer medizinischen Behandlung entschließen konnten, ungewollt Kinderlose, die eine erfolglose künstliche Befruchtung oder Fremdsamenspende auf sich genommen hatten, gewollt Kinderlose und schließlich Familienmütter und -väter. Dabei fanden die Forscher heraus, dass am besten diejenigen mit Kinderlosigkeit zurecht kamen, die sich bewusst gegen Kinder entschieden hatten, sowie jene, die ihre Kinderlosigkeit aufgrund von Fruchtbarkeitsstörungen als Schicksal akzeptieren konnten.

Grübeleien und Schuldzuweisungen wirkten sich aus psychologischer Sicht negativ aus. Das galt auch für Männer, die sich einen Stammhalter wünschten und für Frauen, die Kinder als bestimmenden Teil ihrer weiblichen Rolle ansahen.

Frühere Studien in Deutschland und den USA kamen zu ähnlichen Ergebnissen. »Entgegen verbreiteter Stereotypen gilt … nicht, dass kinderlose alte Menschen generell weniger glücklich oder einsamer sind als alte Menschen mit Kindern«, so die Wissenschaftlerin Astrid Schütz vom Institut für Psychologie, Differentielle Psychologie und Diagnostik an der TU Chemnitz.

»Wie Frauen heute leben wollen«, Apotheken Umschau, Juli 2001; »Lebensglück auch ohne Nachwuchs«, Informationsdienst Wissenschaft, Pressemitteilung der Friedrich-Schiller-Universität Jena, 14. Dezember 2000; »Auch ohne Nachwuchs glücklich«, Psychologie heute, März 2001; Astrid Schütz und Christof Wiesner, »Partnerschaft und Gesundheitszustand«, in: Peter Kaiser (Hrsg.), Partnerschaft und Paartherapie, Hogrefe, Göttingen 2000.

Kinderwunsch 2
Frauen wünschen sich vor allem einen Sohn

Der Psychoanalytiker Sigmund Freud bestand darauf, dass sich jede werdende Mutter einen Sohn wünsche, weil sie dann endlich einen Penis besitze, der ihren eigenen offensichtlichen Mangel beheben würde. Das war seiner Ansicht nach für jede Frau eine Möglichkeit den Penisneid zu kompensieren.

Zu seiner Zeit waren tatsächlich Stammhalter noch hoch im Kurs, denn schließlich verdiente der Sohn später das Geld und nicht die Tochter, er erbte Hof und Betrieb und gab den Namen der Familie weiter.

Zudem hatten in einigen Kulturen vor allem Männer der höheren Klassen manchmal mehrere Ehefrauen, heimliche Geliebte und die Möglichkeit, mit Dienerinnen, Sklavinnen und Konkubinen zahlreiche Nachkommen zu zeugen. Frauen dagegen konnten immer nur eine begrenzte Zahl an Kindern gebären. Wissenschaftler wie Dickemann, Barah und Lipton behaupten, dass Eltern in landwirtschaftlichen Gesellschaften aus diesem Grund mehr Zeit, Geld und Aufmerksamkeit für ihre Söhne aufwendeten, weil das männliche Kind häufiger seine Gene verbreiten konnte.

Heute wachsen Jungen jedoch nicht mehr auf, um mehr Nachkommen als Mädchen zu zeugen. »Der Anreiz, Söhne Töchtern vorzuziehen, ist weggefallen«, meint die Anthropologin Laura Betzig von der Universität von Michigan.

Freud würde sich vielleicht im Grab herumdrehen, wenn er die demographische Studie vom Max-Planck-Institut in Rostock lesen könnte. Darin hat Hilke Brockmann herausgefunden, dass der Wunsch nach einem Stammhalter in Deutschland stetig abnimmt. Nach Auswertung der Daten von über 6000 Personen stellte die Wissenschaftlerin fest, dass Eltern – könnten sie das Geschlecht ihres Nachwuchses bestimmen – sich heute eher für eine Tochter entscheiden würden. Der Grund: In der Regel sind die Erwachsenen wirtschaftlich abgesichert und brauchen deshalb später keine finanzielle Unterstützung durch ihre Kinder. Außerdem haben heute Mädchen eine meist gleichwertige Ausbildung wie die Jungen und sind ökonomisch unabhängig. Das war in den vergangenen Jahrhunderten noch anders. Heute erhoffen sich Eltern von einer Tochter viel Wichtigeres, nämlich die emotionale Versorgung, ein bisschen mehr Wärme in der rauen Welt.

Diese Einstellung verbreitet sich sogar seit neuestem in China, wo Jungen traditionellerweise bevorzugt wurden. Einem Bericht der New York Times von 1998 zufolge sind chinesische Eltern überzeugt, dass ihren Interessen mit einer Tochter besser gedient ist als mit einem Sohn. Sie erwarten von ihrer Tochter, im Alter mit mehr Mitgefühl umsorgt zu werden.

Renate Schlesier, Mythos und Weiblichkeit bei Sigmund Freud, Hain Anton Verlag, Tübingen 1989; Helen Fisher, Das starke Geschlecht, Wilhelm Heyne Verlag, München 2000; »Die Zeit des Stammhalters ist vorbei«, Süddeutsche Zeitung vom 14. April 2000.

Klatsch
Klatsch ist weiblich

»Hast du schon gehört? Birgit hat 'nen Neuen.« – »Sag bloß. Das musst du mir genauer erzählen.« So oder ähnlich beginnt oft ein Gespräch unter Frauen als Startschuss für ausgiebigen Klatsch. Die »Ur-Szene«, an die das lautmalerische Wort Klatsch erinnert, ist der Waschplatz der Frauen. Dort wurden nicht nur mit weithin schallenden Schlägen die anstößigen Flecken aus der Wäsche entfernt, sondern gleichzeitig »mit dem Maule« gewaschen«, wie Luther beanstandete.

Wäschewaschen war traditionellerweise Frauensache, ebenso wie Nähen, Flicken oder die Flachsverarbeitung. Und die Sprüche wie »jemandem am Zeug flicken« oder »jemanden durchhecheln« zeigen nur allzu deutlich, was neben der harten Arbeit getan wurde. Die Berliner Wissenschaftlerin Birgit Althans meint, dass es sich beim Klatsch zunächst einmal um ein besonderes, auffallendes und speziell weibliches Genießen des Sprechens bei langwieriger, monotoner und teilweise sehr harter körperlicher Arbeit handelte. Durch die Lust der arbeitenden Frauen am Klatsch und am Gespräch über das »Allerletzte« ging die harte Arbeit leichter von der Hand. Auf dem Waschplatz wurden junge Mädchen über Sexualität aufgeklärt, besprachen die Arbeiterinnen Fehltritte und ungewollte Schwangerschaften. Voller Lust und Genuss erörterten Frauen ausführlich die Dinge des Lebens. Und das tun sie auch heute noch.

Und was ist mit den Männern? Bei ihnen heißt dieses Klatschen Informationsaustausch. In den englischen Kaffeehäusern des 18. Jahrhunderts trafen sich die ehrenwerten Herren, um in diesen ersten männlichen Informationszentralen Nachrichten über Finanzen, Handel und Politik auszutauschen. Im Kaffeehaus, so Althans wurden die Gesten und Rituale der Rationalität entwickelt, die zumindest die Illusion erlaubten, aus den neuesten Gerüchten seriöse Nachrichten zu machen, die man für Geschäftsabschlüsse und politische Entscheidungen nutzen konnte. Der Anschein, diesen Austausch zu genießen, musste vermieden, wenn nicht gar gänzlich verleugnet werden, obgleich frühe Berichte aus den Kaffeehäusern nahelegen, dass auch dort über alles gequatscht und geklatscht wurde. Anders als bei den Waschfrauen, betont Althans, begleitete das Reden der Männer jedoch nicht die Arbeit, sondern das Sprechen an sich galt als Arbeit. Kein Wunder, dass Männer tunlichst bestrebt waren, dem eigenen Klatschverhalten einen Anstrich von Rationalität und Informationskultur zu geben.

Birgit Althans zeigt anhand mehrerer Beispiele, dass auch Männer von jeher exzessiv klatschen. Sie weist aber auch darauf hin, dass sich die Männer das so wichtige Genießen dabei systematisch aberzogen haben, um die Fiktion des seriösen Sprechens, einer auf Fakten beruhenden Informationskultur zu erzeugen, auf der die Finanz- und Geschäftswelt gründet.

Auch Alfred Gebert von der Universität Münster hat das Klatschen genauer untersucht. Er stellt fest, dass Frauen über Partnerschaft reden, Gedanken und geheime Ängste austauschen und dadurch auch Probleme lösen. Frauen machen sich in Gesprächen Luft, vergessen Alltagssorgen und bauen Stress ab. Nach Gebert sehen Männer im Klatsch häufig ein gegenseitiges Kräftemessen: Männer lästern gern über ihre Chefs, Kollegen und auch Prominente.

»Klatschen ist ein hochpotenter sozialer Kitt«, findet der Psychologe Robin Dunbars. Denn das Tratschen macht nicht nur Spaß, sondern es verbindet und hebt die Stimmung. Das haben bereits einige Firmen erkannt und nutzen diese Erkenntnis, um die Arbeitsmoral zu heben: Die

Angestellten sollen miteinander reden und sich nicht den ganzen Tag hinterm Bildschirm verschanzen. »Wir brauchen keine Mitarbeiter, die morgens in ihr Büro kommen, keinen sehen und abends nach Hause gehen«, meint zum Beispiel Hans J. Müller, Geschäftsführer der deutschen Niederlassung des Kosmetikherstellers Lancôme. Das Klönen zwischendurch lockere auf und fördere den Teamgeist.

Und nicht zuletzt kann seit der Verbreitung des Internets, einer recht vielseitigen Klatschbörse und Gerüchteküche, nur jedem geraten werden, sich wieder dem Genuss des Klatschens zu ergeben, ohne jedoch gleich jede Information als unumstößlich und wahr zu betrachten.

Birgit Althans, Der Klatsch der Frauen und das Sprechen bei der Arbeit, Campus Verlag, Frankfurt, New York 2001; »Der Klatsch der Frauen und das Sprechen bei der Arbeit. Eine Expedition durch die Geschichte des Klatsches«, Informationsdienst Wissenschaft, Pressemitteilung der Freien Universität Berlin, 4. April 2001; »Ist Klatsch weiblich?«, Freundin, November 1999; »Tratschen ist gut fürs Klima«, Brigitte, 18/1998.

Kochen 1
Die meisten Männer können nicht kochen

Man glaubt es kaum: Jeder zehnte deutsche Mann kann noch nicht einmal ein Spiegelei braten. Vier von fünf Männern bekommen schon die Krise, wenn sie Bratkartoffeln selbst zubereiten sollen. Und selbst an einem Obstsalat scheitern 27 Prozent der Männer. Zu diesem traurigen Ergebnis kam eine Umfrage des Gourmet-Magazins »Der Feinschmecker«. Im Auftrag des Magazins fragte das Hamburger Gewis-Institut 1.085 Frauen und Männer zwischen 16 und 65 Jahren: »Welche Gerichte können Sie – ohne Zuhilfenahme von Fertigprodukten – zubereiten?«

Die gute Nachricht: Etwa jeder zweite Mann kann Frikadellen, Eierpfannkuchen, Brathähnchen und Spaghetti Bolognese zubereiten. Selbst Gulasch, Gemüseeintopf und Milchreis bringen diese »modernen« Männer nicht ins Schwitzen. Schwieriger wird es da schon bei einer Rinderroulade mit Beilagen, einer gefüllten Weihnachtsgans und einer Forelle blau: Lediglich jeder dritte Mann traut sich zu, diese Gerichte nur mit Hilfe von frischen Zutaten auf den Tisch zu bringen.

Trotz aller Emanzipation: Das Vorurteil, Männer können nicht kochen, hält sich immer noch hartnäckig. Wahrscheinlich auch zu Recht, denn 88 Prozent der Männer interessieren sich überhaupt nicht für diese Tätigkeit. Das ergab eine repräsentativen Umfrage des Instituts für Demoskopie Allensbach, an der 2.114 Bundesbürger ab 16 Jahren teilnahmen. Was nicht ist, kann ja noch werden, denken sich da viele: Verlage bringen immer wieder mal Kochbücher heraus, die sich ganz speziell an männliche Kochmuffel wenden oder in Form eines Survival-Guides daherkommen. Unter der Überschrift »Sechs Gerichte, die auch ein Mann kochen kann« gibt die Berliner Zeitung nützliche Tipps für den Kampf am Herd: Zu den überlebenswichtigen Rezepten gehören demnach Spaghetti mit Tomatensoße, Spiegelei mit Speck und Bratkartoffeln, aber auch gefüllte Paprika, Steak und Reis. Zur besseren Orientierung wird auch gleich ein Bewertungssystem mitgeliefert: Die meisten Schwierigkeitspunkte erhalten demnach die Spaghetti und die gefüllten Paprika, Sieger bei den Fettpunkten sind die Bratkartoffeln – leider stehen diese drei Gerichte auch in Sachen Abwasch an der Spitze.

Selbst ausgewiesene Männermagazine haben die Marktlücke entdeckt: So druckt auch »Men's Health« in regelmäßigen Abständen Anleitungen für's Kochen ab – zum Beispiel Rezepte für gefüllten French Toast, Spargel-Kartoffel-Auflauf und belgische Blaubeerwaffeln. Das Ganze erscheint dann unter der Überschrift »Bleib liegen, Süße« in der Rubrik »Ernährung« und wird mit erotischen Fotos und zweideutigen Bildunterschriften garniert. Doch was soll's: Wenn's den Männern hilft, sich mehr fürs Kochen zu begeistern, sollten den Frauen doch wohl alle Mittel recht sein, oder?

Dass Männer nicht kochen können ist wahrscheinlich auch die Schuld der Frauen: Sie sollten ihren Liebsten zum Beispiel nicht heiraten, denn dann wird alles nur noch schlimmer. Diese Vermutung drängt sich jedenfalls auf, wenn man eine andere repräsentative Allensbach-Umfrage genauer betrachtet. Auf die Frage »Wer kocht, wenn Gäste zu bewirten sind?« antworteten nämlich mehr als die Hälfte der unverheirateten Männer, dass sie – und nicht ihre Partnerinnen – den Job übernehmen. Bei den Ehemännern sah es jedoch ganz anders aus: Von ihnen stellt sich nur noch jeder dritte an den Herd, mit Hausmannskost ist bei den meisten verheirateten Männern also nicht zu rechnen.

Zur Ehrenrettung der Männer darf jedoch eines nicht verschwiegen werden. Denn seit jeher gibt es eine Spezialdisziplin des Kochens, die schon immer den Männern vorbehalten war – das Grillen. Ganz gleich, ob das Feuer in einer improvisierten Erdkuhle oder im hochmodernen Grill angezündet werden muss: Da fühlen sich die Männer herausgefordert und lassen es sich nicht nehmen, das Fleisch dann auch zu braten und zu servieren.

Männer könnten also kochen, wenn es in den heutigen Küchen keine Elektroherde mit Ceranfeldern gäbe, sondern die Gerichte über der offenen Flamme garen würden? Ein solcher Gedanke ist gar nicht so abwegig, wenn man zum Beispiel bedenkt, dass in den Küchen der meisten Restaurants Gasherde stehen. Und davor stehen in der Regel Männer, und zwar Profiköche.

Wenn es nicht um das Kochen an sich, sondern um das Kochen als Beruf geht, sind die Männer sehr präsent. Das beweist auch ein Blick auf die Hitliste der beliebtesten Ausbildungsberufe für Männer: 1999 stand der Beruf des Kochs an zehnter Stelle und hatte sich damit im Laufe eines Jahres um fünf Plätze verbessert. Auch bei den Kochlehrlingen stellen die Männer den größeren Anteil. Denn von den insgesamt 35.821 jungen Leuten, die 1999 eine Ausbildung zum Koch absolvierten, waren 68 Prozent Männer. Noch krasser wird das Geschlechterverhältnis bei den Küchenmeistern: Die Prüfungen legten bundesweit 505 Männer ab – das ist ein Männeranteil von 92 Prozent.

Wenn Männer also kochen wollen, dann können sie es sehr wohl – das zeigt auch ein Blick auf die Zahlen, die jedes Jahr von den Restaurantführern herausgegeben werden: Denn die Männer (und nicht die Frauen) sind es, die in der Regel die Sterne und Punkte, Kochlöffel und Kochhauben absahnen. So zeichnete zum Beispiel der »Guide Michelin« im Jahre 2001 insgesamt 190 Männer mit Sternen aus – darunter sind 171 Köche mit einem Stern und 14 Köche mit zwei Sternen. Zu den fünf besten Köchen in Deutschland, die sich über drei Sterne freuen können, gehören Jean-Claude Bourgueil (Düsseldorf), Dieter Müller (Bergisch-Gladbach), Helmut Tiehltges (Dreis nahe Trier), Heinz Winkler (Aschau) und Harald Wohlfahrt (Baiersbronn). Doch auch das ist noch zu toppen: Denn vor kurzem erhielt ein Koch zum ersten – und wie die Herausgeber versichern, auch zum letzten – Mal vier Sterne, obwohl es eigentlich nur drei Sterne gibt:

Mit diesem ungewöhnlichen Preis wurde Douglas Adams geehrt, der Maître de Cuisine des Nobel-Restaurants »Milliways« in der Blauen Jahrhunderthalle in Paderborn. Der aus dem Londoner »Ritz« engagierte Koch gehört zur Avantgarde, die von ihm zubereiteten Speisen erfreuen auch den Gaumen der strengsten Kritiker. Und so kommt es, dass sich noch ein anderer Restaurantführer zu dem statistisch Unmöglichen hinreißen ließ: Der »Gault Millau« vergab an Douglas Adams »21 von 20 möglichen Punkten«.

Bei all der Euphorie über die fantastischen Profiköche in Deutschland sollten wir jedoch zum Schluss auch noch einmal an die »armen« Männer denken, die noch nicht mal ein Ei in die Pfanne hauen können. Ob man mit jedem nun unbedingt Mitleid haben muss, sei dahin gestellt. Doch nachdenklich stimmt es schon, wenn sich ein Schauspieler wie Götz George, der in Fernseh- und Kinofilmen gern die knallharten Typen spielt, öffentlich zu seinen Schwächen bekennt. Auf die Frage »Was kochen Sie auf Sardinien?« antwortete er nämlich in einem Interview: »Nichts. Sogar die Spiegeleier brennen an.«

»Was können Sie kochen?«, Der Feinschmecker, 10/2000; »Sture Böcke, eitle Zicken«, Geo Wissen Nr. 26 Frau & Mann, August 2000; »Bleib liegen, Süße«, in: Men's Health, Februar 2001; »Sechs Gerichte, die ein Mann kochen kann«, in: www.bz-berlin.de/bz/bz_ essen/a_z/bi21mann.htm; »Bei uns kocht die Frau«, in: Psychologie heute, Juli 1999; Rotraud Kellers vom Statistischen Bundesamt; Quelle: Fachserie 11, Reihe 3, 1999; www.swronline.de/presse/archiv/2000/06/05/235/; Interview mit Alfred Bercher vom Michelin Verlag in Karlsruhe am 17. Januar 2001; »SZ-Kostprobe: Milliways«, Süddeutsche Zeitung vom 26. Februar 2001; »Hundert Fragen an Götz George«, Süddeutsche Zeitung Magazin vom 9. Februar 2001.

Kochen 2
Bei Muttern schmeckt's am besten

Viele Ehefrauen sind nicht besonders gut auf ihre Schwiegermütter zu sprechen – gerade auch dann, wenn ihnen ihr Mann beim Essen ständig vorhält, dass es bei Muttern viel besser schmecken würde. Sicherlich: Einen Schweinebraten oder eine gefüllte Gans bekommt nicht jede Frau so ohne weiteres hin. Doch wer sagt denn, dass es immer ein Festtagsmenü sein muss, an dem sich die Frau von heute messen lassen muss?

Einen ersten Eindruck über die Kochkünste der Frauen vermitteln Umfragen des Allensbach-Instituts und des Magazins »Der Feinschmecker«: Demnach interessieren sich 51 Prozent der Frauen überhaupt nicht fürs Kochen. Und wenn man mal genauer hinschaut, gibt jede dritte Frau im Alter zwischen 16 und 65 Jahren zu, dass sie keinen Milchreis kochen kann, geschweige denn ein Schnitzel braten oder ein Gulasch zubereiten kann. Jede zweite Frau in dieser Altersgruppe müsste bei einem selbst gemachten Schokoladenpudding passen. Und selbst zu Spiegeleiern und Bratkartoffeln langt es bei sieben bzw. zwölf Prozent der befragten Frauen nicht.

Leider lässt sich nicht klären, ob die Frauen, die nicht gut kochen können, Kinder haben oder nicht. So bleibt nichts anderes übrig, als zunächst die Zahl der Mütter und Nicht-Mütter zu betrachten, um vielleicht daraus Rückschlüsse zu ziehen: 12,4 der insgesamt 35,7 Millionen Frauen leben mit Kindern im Haushalt – die »Mütterquote« liegt also bei etwa 35 Prozent. Die »Ich-koche-gern-Quote« liegt bei 49 Prozent. Es könnte also glatt sein, dass sich die meisten Mütter fürs Kochen interessieren. Aber es könnte auch genau umgekehrt sein, dass sich gerade die Mütter nicht fürs Kochen begeistern und zu den 51 Prozent der Kochmuffel gehören. Das Vorurteil »Bei Muttern schmeckt's am besten« lässt sich auf diesem Wege also nicht widerlegen.

Fest steht aber: Immer mehr Kinder müssen sich heutzutage mit Müttern (und Vätern) zufrieden geben, die weder Zeit noch Lust haben, wundervolle Gerichte aus frischen Zutaten zu zaubern. Da wird das Kartoffelpüree aus einem Pulver angerührt, die Vinaigrette für den Salat besteht aus einer Flaschen-Mischung, und selbst die Spaghettisauce ist schon fix und fertig und braucht nur noch im Topf aufgewärmt zu werden. Und wenn's mal schnell gehen muss, gibt es Pizza aus der Tiefkühltruhe oder Hamburger mit Pommes vom Schnellrestaurant.

Schon aus diesem Grund hat in Zukunft der Spruch »Bei Muttern schmeckt's am besten« wahrscheinlich keine Geltung mehr. Die Söhne von morgen werden dann nicht mehr die Kochkünste ihrer Mütter und ihrer Ehefrauen vergleichen, sondern vielleicht nur noch zwischen den verschiedenen Marken der Fertigprodukte unterscheiden können. Ganz nach dem Motto: »Die Dosensuppe, die meine Mama kauft, schmeckt aber viel besser als deine.«

»Sture Böcke, eitle Zicken«, Geo Wissen Nr. 26 Frau & Mann, August 2000; »Was können Sie kochen?«, Der Feinschmecker, 10/2000; Anfrage beim Statistischen Bundesamt, Abteilung Haushalt und Familie, März 2001.

Kochen 3
Weibliche Kochkünste reichen nicht für die Spitzen-gastronomie

Frauen gehören an den Kochtopf, und der sollte im Schlafzimmer stehen.

Woody Allen

Küche, Kinder, Kirche war früher die Antwort auf die Frage, für was sich Frauen interessieren sollen. Heutzutage weiß man zumindest, dass es mit dem Kinderwunsch und dem sonntäglichen Kirchgang nicht gerade zum Besten steht. Doch in der heimischen Küche scheint die Welt noch in Ordnung zu sein: Da stehen die Frauen – öfter als die Männer – am Herd, und die meisten Menschen sind auch überzeugt davon, dass Frauen gut kochen können. Schon in der Schule nimmt die Mehrzahl der Mädchen am Kochunterricht teil, wenn er denn angeboten wird. Das Thema »Kochen« zieht sich dann meist durchs ganze Leben: So gehen auch die Frauenzeitschriften davon aus, dass das Kochen wahrscheinlich für viele Frauen ein Hobby ist. Ob »Brigitte«, »Für Sie« oder »Freundin« – wer Rezepte sucht, wird dort bestimmt fündig. Und die Buchläden und Verlage freuen sich über die großen Umsätze, die sie seit Jahrzehnten mit Kochbüchern machen können. Ihre Kunden sind in der Mehrzahl Frauen, und es ist sehr wahrscheinlich, dass sie die Kochbücher nicht nur wegen der schönen Bilder kaufen. Wer dann immer noch Fragen zu speziellen Rezepten oder Zubereitungsarten hat, kann sich im Internet in Newsgroups und Chatrooms einklinken und dort alles Wissenswerte rund ums Kochen erfahren – für einige Frauen sicherlich auch ein »sanfter« Einstieg in die moderne Technologie.

Ob Frauen gut kochen können, lässt sich zwar nicht unbedingt daran messen, wie viele Zeitschriften, Bücher und Homepages sie zum Thema lesen. Ein Gradmesser für ihr Interesse am Kochen ist es aber schon. Ihre Kochkünste wirklich beurteilen können jedoch nur die Frauen selbst. Aber möglicherweise bewerten sie sich höher, als es ihnen zusteht, wenn sie behaupten: »Was ich koche, schmeckt mir.« Denn schließlich könnte es ja sein, dass andere das ganz anders sehen. Da leider keine Studie bekannt ist, in der die Befragten die Kochkünste von repräsentativ ausgewählten Frauen beurteilen, lassen wir die Aussage widerspruchslos so stehen: Die meisten Frauen können tatsächlich gut kochen.

Und was liegt dann näher, als aus dieser Feststellung eine weitere Aussage abzuleiten – nämlich: In Deutschland gibt es auch dementsprechend viele Spitzenköchinnen. Das ist jedoch ebenso falsch wie die Behauptung: Frauen können zwar gut kochen, aber zur Spitzengastronomie langt es dann doch nicht.

Schon ein Blick auf die Hitliste der beliebtesten Ausbildungsberufe für Frauen zeigt: Im Jahr 1999 stand der Beruf Köchin nur an 16. Stelle. Bei den Lehrlingen sieht die Situation dementsprechend aus – nur knapp ein Drittel von ihnen sind Frauen. Und auf dem Weg zum Küchenmeister gehen noch einmal etliche »verloren«: 1999 legten bundesweit nur 43 Frauen die Prüfung ab, das sind magere acht Prozent.

Dieses Geschlechterverhältnis bestätigt sich, wenn man in die Küchen der besten deutschen Restaurants schaut: So vergab der Restaurantführer »Guide Michelin« im Jahre 2000 nur an sechs Frauen einen der drei möglichen Sterne. Zu den erfolgreichen Köchinnen gehören Margarethe Bacher (Neunkirchen, Saarland), Christiane Detemple (Hermeskeil, Rheinland-Pfalz), Doris-Katharina Hessler (Dörnigheim, Hessen), Anita Jollit (Durlach, Baden-Württemberg), Gisela Kraus (Aachen, Nordrhein-Westfalen) und Ulrike Stoebe (Zemmer-Daufenbach, Rheinland-Pfalz). Alle anderen Köchinnen gingen bei der Vergabe der Michelin-Sterne leer aus. Und auch wer glaubt, dass es deutsche Frauen schon mal bis auf zwei oder gar drei Sterne gebracht hätten, der irrt: »Mehr als einen Stern haben Damen in Deutschland noch nicht bekommen«, erklärt Alfred Bercher vom Michelin Verlag. Die Bilanz für die männlichen Köche sieht da wesentlich besser aus: Von insgesamt 189 männlichen Sterne-Köchen erhielten 170 einen Stern.

Doch warum schaffen es nur so wenige deutsche Köchinnen bis an die Spitze? Alfred Bercher: »Das ist historisch bedingt. In Deutschland ist das Kochen in Restaurants und Hotels seit jeher eine Männerdomäne gewesen. Erst in den letzten Jahren gibt es vermehrt junge Frauen in der Küche.« Sterne-Köchin Anita Jollit meint, der Kochberuf sei »eigentlich nur etwas für harte Frauen (Männer), die mit viel Liebe und Idealismus dabei sind«. In ihrer 15-jährigen Tätigkeit als Küchenchefin beschäftigte sie nicht sehr viele Mädchen. Der Grund: Es hatten sich nicht viele beworben. Die Spitzenköchin ist der Meinung, dass Frauen mit eigenem Betrieb grundsätzlich bessere Chancen hätten, weil sie hoch motiviert seien.

Viele junge Frauen sehen aber vor allem die unregelmäßigen und langen Arbeitszeiten. Auch die Aussicht, später kaum noch ein Wochenende frei zu haben, schreckt sie davon ab, Profiköchinnen zu werden. Hinzu kommt, dass Frauen in Restaurant- oder Hotelküchen hart anpacken müssen, denn große Kochtöpfe und Pfannen sind schwer. Nach Meinung von Lea Linster aus Luxemburg, die 1989 den Bocuse d'Or gewann, gibt es aber noch einen ganz anderen Grund: Sie glaubt, dass sich viele junge Frauen auch durch »das sexistische Macho-Milieu« abhalten lassen.

In vielen Fällen sind die Köchinnen jedoch selbst Schuld daran, dass sie keine kulinarische Karriere machen. Davon ist zumindest die Sterneköchin Doris-Katharina Hessler überzeugt: Sie beobachtete immer wieder, dass sich Frauen allzu häufig auf das Zuarbeiten für die männlichen Kollegen beschränken und sich in die kalte Küche oder zum Bankett abschieben lassen. Um den Machtkampf in der Küche für sich zu entscheiden, fordert sie den weiblichen Nachwuchs auf, sich zu wehren und die eigenen Rechte einzufordern. Hoffnung ist in Sicht, meint Klaus Stahl von der Landesberufsschule für das Hotel- und Gaststättengewerbe in Bad Überkingen: »Die jungen Frauen sind selbstsicherer geworden und haben mehr Durchsetzungsvermögen.«

Es bleibt also abzuwarten, wie lange es noch dauern wird, bis es in Deutschland mehr Spitzenköchinnen gibt. In anderen europäischen Staaten sieht es jedenfalls schon etwas besser für die Frauen aus: Der Restaurantführer »Guide Michelin« zeichnete insgesamt 103 Köchinnen mit Sternen aus – in der Schweiz sind es vier, in Großbritannien/Irland und in den Beneluxstaaten arbeiten jeweils sieben, Spanien wartet mit zehn Sterneköchinnen auf, 14 Sterne gingen nach Frankreich. Mit Abstand am meisten gekürte Frauen gibt es jedoch in Italien, dort wirken insgesamt 61 Sterneköchinnen. Die höheren Weihen – also drei Sterne – erhielten im Jahr 2000 sogar drei Frauen: Nadia Santini und Luisa Marelli Valazza aus Italien und Elena Arzak (zusammen mit Juan Mari) aus Spanien.

Spannend ist auch, was sich gerade in den amerikanischen Profiküchen tut: Für heiße Diskussionen sorgte zum Beispiel das Buch »The Women's Place is in the Kitchen – The Evolution of Women Chefs« (Der Platz der Frauen ist in der Küche – Die Evolution der Küchenchefinnen). Die Autorin Ann Cooper hatte dafür etliche amerikanische Köchinnen interviewt, die sich nicht gerade begeistert über das Arbeitsklima in europäischen (Männer-) Küchen zeigten: Sie beklagten, dass sie früher in ihrer Ausbildung unter militärischem Drill und fragwürdigen pädagogischen Methoden gelitten hätten. Doch wer sich davon nicht abhalten ließ, konnte es – zurückgekehrt in die USA – bis ganz nach oben schaffen: Die »Women Chefs« haben mittlerweile ein gut funktionierendes Netzwerk aufgebaut und geben ihre Begeisterung sogar innerhalb eines Mentorensystems an junge Frauen weiter.

Auch wenn sich in den Küchen der amerikanischen Restaurants und Hotels einiges tut, müssen sich die jungen Köchinnen darauf gefasst machen, dass die Vorurteile ihrer männlichen Kollegen immer noch tief sitzen. Das bekam sogar Ferdinand Metz, Direktor des Culinary Institute of America (CIA), bei einem Besuch von französischen Küchenchefs zu spüren. Die Herren ließen ihn nämlich schon vorab wissen, dass Frauen für den Kochberuf nicht geeignet seien. Da der emanzipierte Schulleiter dies nicht so gelten lassen wollte, entschloss er sich zu einem Experiment: Er ließ das Galadinner von einer Köchin zubereiten, die seinen französischen Gästen nicht bekannt war und die einen so ungewöhnlichen Vornamen hatte, dass man sie nicht sofort als Frau »entlarven« konnte. Sein Plan ging auf, denn die Franzosen waren von den Kochkünsten der Köchin Lyde Buchtenkirch völlig begeistert. Sie wurden jedoch ganz kleinlaut, als sie hörten, dass nicht ein Mann, sondern eine Frau die Gaumenfreuden zubereitet hatte.

Rotraud Kellers vom Statistischen Bundesamt; Quelle: Fachserie 11, Reihe 3, 1999; Interview mit Alfred Bercher vom Verlag Guide Michelin in Karlsruhe am 17. Januar 2001; www.eurotoques.de/homepage/blaue/inhalt/chef.htm

Körperchemie
Männer können manche Frauen nicht riechen

Frauen benützen Parfüm, weil die Nase leichter zu verführen ist als das Auge.

Jeanne Moreau

Es ist was dran an dem Spruch »Die können sich riechen«, wenn zwei sich mögen. Denn der Körpergeruch hat viel mit Sympathie und Ablehnung zu tun. Das sekundenschnelle Entscheiden »Du gefällst mir« funktioniert deshalb so gut, weil alle Menschen ein zusätzliches winziges Riechorgan in der Nase haben. Dieses Vomero-Nasal-Organ hat vor allem die Aufgabe, einen ersten entscheidenden Eindruck von Gerüchen zu vermitteln, die bei der Liebe und bei der Sexualität eine Rolle spielen.

Dabei ist der Geruchssinn der Frau dem Mann in fast allen Bereichen weit überlegen, auch im Bezug auf die Körpergerüche. Dieser geschlechtsbedingte Unterschied bildet sich erst in der Pubertät heraus. Bis dahin ist das Geruchsvermögen bei Mädchen und Jungen in etwa gleich. Schuld daran sind weibliche Geschlechtshormone wie das Östrogen. Daher ist das Geruchsvermögen bei Frauen in der Zeit des Eisprungs – und eines hohen Östrogenspiegels – am besten entwickelt. Nach den Wechseljahren wird die weibliche Nase etwas weniger empfindlich, weil dann der Östrogenspiegel sinkt. Allerdings kann eine Frau auch dann noch Gerüche besser wahrnehmen und unterscheiden als ein gleichaltriger Mann.

Mittlerweile haben Wissenschaftler mehr als 50 Pheromone beim Menschen ausfindig gemacht. Das sind feinste chemische Substanzen, körpereigene Duftstoffe bei Mensch und Tier. Zu den Pheromonen gehören beispielsweise die Sexuallockstoffe.

Den richtigen Riecher braucht eine Frau vor allem, wenn sie den passenden Partner sucht, mit dem sie auch Kinder haben möchte. Normalerweise hat die Natur das optimal gelöst: Denn jeder Mensch verströmt einen Duft – einschliesslich charakteristischer Pheromone –, der von seinem genetisch festgelegten Abwehrsystem beeinflusst wird. Auf eine Frau wirken diejenigen Männer äußerst attraktiv und sexy, deren Immunsystem sich von ihrem eigenen wesentlich unterscheidet. So sorgt sie völlig unbewusst für eine größere Bandbreite des Abwehrsystems bei ihrem Nachwuchs. Gleichen sich die männlichen und weiblichen Immunsysteme zu sehr, warnt die Natur früh genug: »Vorsicht, da stinkt was!« – und Frauen rümpfen dann abfällig ihre feinen Nasen.

Um das bestätigen zu können, machte Andreas Hejj, Evolutionspsychologe an der Universität München, Versuche mit Frauen, die T-Shirts von Männern beurteilen sollten. Dabei fand er heraus, dass der Geruch derjenigen Hemden als angenehm bewertet wurde, die nicht der Immunstruktur der beurteilenden Frauen entsprachen. Gleichzeitig wurde der angenehme Geruch als sexuell anregend empfunden. Die T-Shirts immungenetisch ähnlicher Männer erschienen den Testpersonen jedoch unangenehm und wenig sexy.

Die an diesem Tag teilnehmenden Frauen hatten übrigens nicht mit der Pille verhütet. Denn merkwürdigerweise verhalten sich Frauen, die die Pille nehmen, genau umgekehrt. Sie finden die Düfte immungleicher Männer angenehm, ihr natürliches Unterscheidungsvermögen ist ganz offensichtlich durch die Pille gestört. Setzt die Frau die Pille ab, kann das zu Problemen führen: Im Extremfall kann sie dann auf einmal ihren Mann nicht mehr riechen.

Piet Vroon, Anton van Amerongen, Hans de Vries, Psychologie der Düfte. Wie Gerüche uns beeinflussen und verführen, Kreuz Verlag, Zürich 1996; Andreas Hejj, Traumpartner. Evolutionspsychologische Aspekte der Partnerwahl, Springer Verlag, Heidelberg 1996.

Kosmetik

Männer tun eine Menge, um ihr Gesicht zu wahren – Frauen gehen nur zur Kosmetikerin.

Robert Lembke

Krankenversicherung
Private Krankenversicherungen verlangen von Frauen und Männern dieselben Beiträge

Das Frausein ist eine teure Angelegenheit – zumindest wenn sich eine Frau privat krankenversichern will. Um überhaupt eine private Krankenvollversicherung abschließen zu können, muss man in den alten Bundesländern monatlich mindestens 6450 Mark verdienen – diese Grenzen sind für Frauen und Männer gleich. Wer diese Anforderungen erfüllt, kann sich bei verschiedenen Anbietern informieren, wird aber in der Regel nicht darauf aufmerksam gemacht, wie weit die Beiträge für Frauen und Männer auseinanderklaffen.

Um die Unterschiede zu verdeutlichen, verglich der Bund der Versicherten die Monatsbeiträge von zwei Anbietern – HUK Coburg und Hallesche-Nationale – bezogen auf Frauen und Männer, die 25 bzw. 30 Jahre alt und kerngesund waren.

Zur Auswahl stehen zwei verschiedene Leistungen: Das Standardpaket enthält eine Selbstbeteiligung von bis zu 3.000 Mark pro Jahr, die Kosten für den Zahnersatz werden zu 60 Prozent übernommen. Bei einem Krankenhausaufenthalt kommt man in ein Mehrbettzimmer, das Krankentagegeld beträgt 100 Mark. Die Monatsbeiträge für einen solchen Standardschutz liegen für 25 Jahre alte Frauen bei 274 Mark (HUK Coburg), gleichaltrige Männer zahlen 197 Mark. Bei der Hallesche-Nationalen sind es 257 Mark für Frauen, aber nur 161 Mark für Männer. Das Ergebnis dieser beiden exemplarisch ausgewählten Krankenversicherer: Frauen zahlen für das Standardpaket 39 bzw. 60 Prozent mehr als die Männer. Bei den 30-Jährigen fallen die Unterschiede nicht ganz so krass aus – wahrscheinlich weil das »Geburtenrisiko« in dieser Altersgruppe schon etwas geringer ist: Aber auch in diesem Fall müssen die Frauen fast ein Drittel mehr berappen als die Männer.

Besonders benachteiligt sind die Frauen, die sich für einen Luxusschutz entscheiden: Dann können sie zwar darauf bauen, dass die Selbstbeteiligung gleich Null ist und ihnen der Zahnersatz zu 80 Prozent erstattet wird. Und im Falle eines Krankenhausaufenthalts haben sie Anspruch auf ein Einzelzimmer, sie werden dann vom Chefarzt behandelt und bekommen ein Krankentagegeld in Höhe von 150 Mark. Aber solche Leistungen kosten auch etwas – und zwar Frauen wesentlich mehr als Männer: Bei den 25-jährigen Frauen sind es bezogen auf die beiden gewählten privaten Krankenversicherungen durchschnittlich 56 Prozent, die 30-Jährigen kommen immerhin noch auf 46,5 Prozent.

Tipp von Gunthild Kupitz, München; André Rudnik, Pressestelle vom Bund der Versicherten, Henstedt-Ulzburg.

Krankheit 1
Migräne ist eine typische Frauenkrankheit

Es gibt unzählige Witze, in denen Frauen Migräne vortäuschen, um beispielsweise keinen Sex haben zu müssen. So richtig ernst wird dieses Kopfschmerzsyndrom bei uns immer noch nicht genommen. Der Volksmund glaubt tatsächlich, dass vor allem Frauen davon betroffen sind. Immerhin: Ein Drittel aller Migräne-Patienten sind Männer. Und sogar Kinder leiden unter diesen Schmerzen: Bei den 7- bis 15-Jährigen ist die Migräne mit rund fünf Prozent das am häufigsten auftretende Kopfschmerzsyndrom. Bis zur Pubertät trifft es Jungen und Mädchen gleich häufig.

»Migräne – die häufigsten Vorurteile und was wirklich stimmt«, Apotheken Umschau, März 2001.

Krankheit 2
Männer können nie Brustkrebs bekommen

Männer haben keine Brüste. Also können sie auch nicht an Brustkrebs erkranken. Falsch. Denn Männer haben zwar keinen Busen, aber sehr wohl eine Brust und sogar zwei Brustdrüsen. Nur entwickeln sich diese in der Pubertät nicht weiter, weil die dafür riesige Menge an weiblichen Geschlechtshormonen fehlt. Die Anlage für die Brust genügt jedoch, dass auch Männer Brustkrebs bekommen können. In Deutschland erkranken jährlich nicht nur rund 46.000 Frauen, sondern auch etwa 500 Männer an Brustkrebs.

»Auch Männer bekommen ‹typische Frauenkrankheiten›«, Apotheken Umschau, Oktober 1998.

Krankheit 3
Knochenschwund haben nur Frauen

Knochenschwund (Osteoporose) trifft Frauen sechsmal häufiger als Männer. Männer erkranken seltener daran, weil sie eine größere Knochenmasse haben. »Männer machen keine Wechseljahre durch und haben eine kürzere Lebenserwartung«, behauptet schlicht Professor Elmar Keck, Präsident der Deutschen Gesellschaft für Osteologie in Wiesbaden.

Fakt ist jedoch, dass Männer ebenfalls Wechseljahre erleben und keineswegs immun gegen Knochenschwund sind. Allein in Deutschland leiden eine Million männliche Patienten darunter. Spüren kann man den Knochenverlust allerdings nicht. Erkennt der Arzt den Verlust an Knochenmasse am Röntgenbild, sind bereits 30 Prozent der Mineralien verloren gegangen. Direkt festgestellt wird der heimliche Schwund, wenn Knochengewebe aus dem Beckenkamm entnommen wurde. Viel Bewegung, eine gesunde Ernährung mit viel Calcium und Vitamin-D beugt zumindest vor, damit Knochen nicht frühzeitig morsch werden.

»Knackige Knochen«, Men's Health, Februar 2001; »Die Zahlen zu Osteoporose sind erschreckend«, Ärzte Zeitung vom 9. Februar 2001.

Krankheit 4
Aids ist eine Schwulenkrankheit

Behauptungen wie »Nur Schwule haben Aids!« spuken immer noch in den Köpfen einiger Menschen herum. Doch wie verhält es sich mit der Krankheit Aids (Acquired Immune Deficiency Syndrome), die erstmals Anfang der 80er Jahre auftrat? Ist diese erworbene Immunschwäche wirklich eine Schwulenkrankheit?

Schon allein ein Blick auf die Statistiken lässt ahnen, dass sich Aids nicht nur unter homosexuellen Männern ausbreitet: Ende 1998 lebten weltweit insgesamt 33,4 Millionen HIV-infizierte Menschen, schätzte die Weltgesundheitsorganisation (WHO). In Deutschland gab es nach Auskunft des Robert-Koch-Instituts zwischen 1982 und 1999 insgesamt 18.524 gemeldete Aids-Fälle, aufgrund der Immunschwächekrankheit starben in diesem Zeitraum 11.754 Menschen – darunter waren knapp 88 Prozent Männer, knapp zwölf Prozent Frauen und 0,6 Prozent Kinder unter 13 Jahren.

An Aids erkranken also nicht nur (schwule) Männer, sondern auch Frauen und Kinder. Das hängt mit dem HI-Virus zusammen, das über Körperflüssigkeiten wie Blut, Samen- und Vaginalsekrete übertragen werden kann und zu der Immunschwäche mit all ihren Begleiterscheinungen führen kann. Untersuchungen ergaben, dass das HI-Virus »nur« bei etwa der Hälfte der Erkrankten durch homosexuelle Kontakte übertragen wurde. In 17 Prozent der Fälle infizierte ein Mann eine Frau oder umgekehrt. Etwa 14 Prozent der Infizierten hatten sich beim Spritzen von Drogen angesteckt. Kinder können an Aids erkranken, wenn sie sich bei ihrer Mutter im Mutterleib, während der Geburt oder beim Stillen infizieren.

Obwohl die Medien immer wieder darüber berichten, dass sich das HI-Virus nicht nur unter schwulen Männern verbreitet, hält sich das Vorurteil, Aids sei eine spezielle Schwulenkrankheit, immer noch hartnäckig. Das mag zum einen damit zusammenhängen, dass sich die Krankheit anfangs vor allem in der homosexuellen Szene in den USA ausbreitete und viele heterosexuelle Menschen über schwule Männer kaum etwas wissen. Zum anderen hängen die Vorurteile gegenüber Homosexuellen zumindest in Deutschland auch mit der Rechtsprechung im Dritten Reich zusammen. Bei den traditionellen Vertretern der katholischen Kirche gilt Homosexualität sogar heute noch als Sünde.

Erst 1984 – also vier Jahre, nachdem die Immunschwäche Aids zum ersten Mal in den USA aufgetreten war – entdeckte Luc Montagnier am Pasteur-Institut in Paris, wie die Krankheit übertragen wird. Von »Safer Sex« war damals noch nicht die Rede und so kam es, dass das HI-Virus unwissentlich in den Schwulenszene »herumgereicht« wurde. Ein Grund dafür ist sicherlich, dass schwule Männer ihre Sexualpartner häufiger wechseln als heterosexuelle Frauen und Männer. Hinzu kommt aber auch, dass homosexuelle Männer den Analverkehr bevorzugen, bei dem es häufiger zu winzigen Verletzungen der Darmschleimhaut kommt. Dort kann sich das Virus dann einnisten. Die Krankheit Aids verbreitete sich jedoch ebenso rasch in der Drogenszene, und zwar durch verseuchte Spritzen, die gemeinsam benutzt wurden.

In den 80er und 90er Jahren steckten sich auch viele Bluter (Hämophile) unwissentlich mit dem HI-Virus an: Menschen, die an dieser Erbkrankheit leiden, haben eine angeborene Blutgerinnungsstörung, die jedoch behandelt werden kann: Um ihnen den fehlenden so genannten Faktor VIII zuzuführen, muss aus Tausenden von Blutspenden ein Konzentrat gewonnen werden – wenn jedoch im Blut der Spender HI-Viren enthalten sind, können sich die Patienten anstecken. Erst Mitte der 80er Jahre wurde in den USA ein Test zum Aufspüren von HI-Viren in Blutkonserven entwickelt – bis dahin hatten sich jedoch schon mehr als 1800 Bluter mit verseuchten Blutprodukten angesteckt, 750 von ihnen sind mittlerweile gestorben.

Besonders in Ländern wie Thailand, Indien und in weiten Teilen Afrikas haben sich Millionen heterosexuelle Männer mit dem HI-Virus angesteckt und ihre Ehefrauen und Kinder infiziert. In diesen Ländern, wo Heerscharen von Mädchen in die Bordelle der Metropolen verkauft werden, ist Aids schon lange keine »Schwulenkrankheit« mehr. Da Kondome vielen zu teuer oder einfach zu lästig sind, werden Jahr für Jahr Tausende von Aids-Babys geboren, Millionen Frauen und Kinder sterben jährlich an der Krankheit. Nach Schätzung des indischen Aids-Experten Iswhar Gilada gibt es in Indien derzeit zwölf Millionen HIV-infizierte Menschen. In Bombays großem Rotlichtbezirk verkaufen 70.000 Prostituierte ihren Körper, davon sind zwei Drittel HIV-positiv.

Das Fazit: Aids ist eine Erkrankung, die jeden treffen kann, der sich beim ungeschützten Geschlechtsverkehr mit einem Mann oder einer Frau ansteckt, eine verseuchte Spritze benutzt oder eine Bluttransfusion mit verseuchtem Blut erhält. In Deutschland ist das Risiko, sich mittels verseuchter Blutprodukte anzustecken, jedoch durch die genauen Tests der Blutkonserven sehr gering geworden.

Idee von Sabine Patzek, München; Bundes-Gesundheitssurvey des Robert-Koch-Instituts, Berlin, in: Fehler! Textmarke nicht definiert., »Das Gesundheitswesen«, Dezember 1999; Bundeszentrale für gesundheitliche Aufklärung (Hrsg.), Aids von A-Z, in: www.bzga.de; Gerd Herold et al., Innere Medizin. Eine vorlesungsorientierte Darstellung, 1993; »Aids – die mörderische Braut der Zärtlichkeit«, Stern, 21/2000; www.mww.de/krankheiten/infektionskrankheiten/aids. html#historisches; Christine Wolfrum, Karin Hertzer, Hauptsache gesund! Das Frauenbuch für Körper und Seele, Mosaik, München 2001.

Kritik

Männer haben das Recht oder das Privileg, andere zu degradieren, und werden dafür auch noch bewundert – Frauen nicht. Wenn wir etwas kritisieren wollen, dann bitte indirekt. Danach dürfen wir uns dann dafür angreifen lassen, dass wir nicht direkt waren. Vielleicht ist Boshaftigkeit eine Art von Indirektheit, die Männer nicht nötig haben.

Mercilee M. Jenkins, in: Helga Kotthoff

Küssen
Männer küssen besser

Küsse sind das, was von der Sprache des Paradieses übrig geblieben ist.

Joseph Conrad

»Mädchen wollen küssen, Mädchen wollen küssen, Jungen aber auch«, singt Helge Schneider unbeschwert. Küssen wollen also offensichtlich alle. Wer aber küsst besser? Mann oder Frau? »Die meisten Männer behaupten, sie seien gute Küsser«, sagt Ingelore Ebberfeld, Dozentin für Kulturgeschichte an der Uni Bremen. Von uns befragte Frauen widersprechen dem mit aller Deutlichkeit. Dem Fazit einer erfahrenen Küsserin, die nicht geoutet werden will, stimmten andere Frauen sofort zu: »Ein Drittel aller Männer küsst von Natur aus gut. Ein weiteres Drittel der Männer ist durchaus lernfähig. Der Rest versagt allerdings kläglich und sollte am besten links liegen gelassen werden.«

Was ist überhaupt ein guter Kuss? Da spielt zum einen die Geschicklichkeit eine Rolle. Küsst jemand laut, produziert er zu viel Speichel? Beißt er zu fest zu oder drückt er zu stark mit den Lippen? Der Buchautor Rainer Moritz findet, Männer seien kussfaul: »Zudem stellen sich Männer aber auch zu blöde an und halten ein wildes Herumfuhrwerken und -stochern mit der Zunge für einen intensiven, gelungenen Kuss.« Ist die Frau doch die bessere Küsserin?

Und warum küssen sich Menschen überhaupt? Sigmund Freud leitete den Kuss vom Saugen an der Mutterbrust her. Einige Anthropologen vermuten, dass der Kuss vom Brutpflegeverhalten und der Fellpflege herrührt. Schließlich kennen unsere nächsten Verwandten, die Affen, schmatzend feuchte Küsse. Doch obwohl es die Affen tun, kennen keinesfalls alle Menschen diese Art der Zuwendung. »Küssen ist nicht natürlicher als Kleidung zu tragen«, sagt deshalb Vaughn Bryant, Anthropologe an der Universität von Texas. Das Volk von der Insel Mangia im Südpazifik konnte zum Beispiel leidenschaftlich lieben, ohne je etwas vom Küssen zu wissen. Erst als die Europäer um 1700 an ihrer Küste landeten, lernten sie voller Befremden diese Art der Annäherung kennen.

Einer anderen Theorie zufolge haben vor Millionen von Jahren Mütter ihren Babys die Nahrung vorgekaut und direkt in den Mund geschoben. Nachdem die Zeit des Fütterns vorbei war, sollen dann Küsse die Zuwendung zwischen Mutter und Kind signalisiert haben.

Das kann aber nicht die ganze Geschichte sein, meinen heutige Forscher und suchten nach der Quelle des Kusses. Eines der ersten schriftlichen Zeugnisse über das Küssen kommt aus dem Indischen und stammt von etwa 1500 v. Chr., als die ersten vedischen Sanskrit-Texte niedergeschrieben wurden. Im sechsten Jahrhundert n. Chr. erzählt das Kamasutra von drei unterschiedlichen Arten des Küssens: dem offiziellen Lippenkuss, bei dem der Geküsste keinerlei Reaktion zeigte; einem weiteren mit geschlossenem Mund, wobei jedoch die Lippen vor und zurückbewegt wurden. Bei einer leidenschaftlichen dritten Variante war die Geküsste beteiligt, indem sie die Lippen des Liebhabers mit der Zunge berührte.

Die Gewohnheit des Küssens verbreitete sich nach Griechenland und von dort aus nach Rom. In Italien erfand man dann den Zungenkuss. Von nun an wurde in Europa geküsst. Schon bald hatte die Kirche etwas dagegen und brandmarkte es als eine – wenngleich verzeihliche – Sünde. Allerdings, so Vaughn Bryan, ist Fleischlichkeit der Schlüssel zur Beliebtheit des Küssens. Denn Lippen und Zunge sind zwei der empfindlichsten Körperregionen und mit einer Vielzahl von Nervenenden ausgestattet. Beim Küssen werden Hormone und Endorphine vom Körper ausgeschüttet, die die Stimmung heben. Und wer verzichtet schon gern auf so einen Launemacher? Zudem meint Bryant, dass durch das Küssen abgecheckt wird, ob der andere aufgrund seines Duftes zu einem passt. Denn wie Wissenschaftler herausgefunden haben, sagt der ureigene Duft eines jeden Menschen etwas über sein Immunsystem aus. Und wenn zwei sich mögen, ist die Wahrscheinlichkeit sehr hoch, dass ihre Immunsysteme grundverschieden sind. Das gibt den möglichen Nachkommen einen größeren Schutz.

Der Kuss der Inuit, oft als Nase-an-Nase-Reiben falsch gedeutet, ist in Wirklichkeit auch nichts anderes, als auf sinnliche Weise festzustellen, ob man zueinander passt. Dabei streicht die Nase des einen sanft über die Wangen des anderen. Auch die Maori und andere Völker praktizieren diese Zärtlichkeit und tauschen dabei unbewusst Informationen aus.

Der Exkurs in die Geschichte brachte jedoch auch nichts Erhellendes über die Qualität des Küssens. Vielleicht müssen wir es mit Rainer Moritz bewenden lassen, der dem Manne Bequemlichkeit beim Küssen vorwirft. Dieser sei im Gegensatz zu der gern und ausgiebig küssenden Frau zu faul, »die siebzehn erforderlichen Muskeln zu aktivieren, um einen technisch gelungenen Zungenkuss auszuführen«. Und er droht den Männern: »Immerhin sollte es dem trägen Geschlecht zu denken geben, dass der gerne küssende Mensch seine Lebenserwartung um fünf Jahre erhöht.«

Helge Schneider, »Seine größten Erfolge«, CD, 1991; nicht repräsentative Umfrage unter 27 Frauen; »Küssen Männer wirklich besser als Frauen?«, www.menshealth.de, 15. Januar 2001; Rainer Moritz, »Das FrauenMänner UnterscheidungsBuch, Beck'sche Verlagsbuchhandlung, München 1999; »It started with a kiss«, New Scientist, 23/30, Dezember 2000.

Liebe 1
An Liebe auf den ersten Blick glauben vor allem Frauen

Die Schönheit, die reizt, weckt selten Liebe.

José Ortega y Gasset

»Der Donner erfüllte deine dunklen Augen mit Lichtströmen, in der Nacht, auf dem Wasser, und in mir brach der Sturm los.« Dieses Gedicht schrieb ein katholischer Priester 1629 in der mexikanischen Provinz Guerrero nieder. Es war ihm von einem Azteken überliefert worden.

Überall auf der Welt gibt es die Obsession, die Leidenschaft, die Vernarrtheit, die romantische Liebe. Liebe auf den ersten Blick wird eher Frauen nachgesagt, weil sie als irrationaler und emotionaler gelten. Liebe auf den ersten Blick ist aber häufiger reine Männersache. Denn Männer sind für leicht erkennbare sichtbare Zeichen, wie leuchtende Augen, einen schönen Körper, blonde lange Haarmähne – augenfällige Schönheit eben – wesentlich anfälliger als Frauen.

Der im 13. Jahrhundert lebende englische Dichter Chaucer beschrieb den Augenblick, als Troilus zum ersten Mal Cressida begegnete, folgendermaßen: »Sein Blick durchdrang die Menschenmenge und ging so tief, dass er auf Cressida fiel und an ihr hängenblieb.« Was im Mittelalter galt, ist heute ebenfalls noch wahr. »Liebe auf den ersten Blick kommt bei Männern viel häufiger als bei Frauen vor«, erkannte der Evolutionspsychologe David Buss, der mehr als 36 Gesellschaften mit einem Forscherteam untersucht hatte: »Männer können auf eine Party gehen, dort eine Frau erblicken und sich in sie verlieben, ohne ein Wort mit ihr gesprochen zu haben – nur aufgrund äußerer Reize.« Frauen sind da offensichtlich reservierter. In Deutschland sind sich 42 Prozent der Männer sicher, der Liebe auf den ersten Blick zu erliegen, während dem nur ein Drittel der befragten Frauen zustimmten.

Der Cora Romance Report 2000, bei dem 6.600 Frauen und Männer aus 22 Ländern befragt worden waren, unterstützt die These von David Buss, der amerikanischen Anthropologin Helen Fisher und anderen Wissenschaftlern. Das Besondere am tiefen Blick in die Augen: Ein Drittel der befragten Männer und 43 Prozent der Frauen, die an die Liebe auf den ersten Blick glauben, spürten bei dieser ersten Begegnung eine »unglaubliche

Anziehungskraft«. Aber nur sechs Prozent der Männer und gerade mal ein Prozent der Frauen gaben an, sexuelle Begierde empfunden zu haben, als sie sich Hals über Kopf verliebten.

In manch anderen Ländern sieht das freilich anders aus: 38 Prozent der Portugiesen und 33 Prozent der Ungarn beschrieben ihre Liebe auf den ersten Blick als rein körperliches Begehren.

Der Gedanke, sich in eine völlig fremde Person zu verlieben, ist für beinahe zwei Drittel aller befragten Deutschen aufregend. Für 40 Prozent der Chinesen ist diese Vorstellung hingegen absolut undenkbar. 24 Prozent finden sie sogar beängstigend.

Während sich in den meisten Ländern vor allem Männer vorstellen können, sich von einem Moment zum anderen zu verlieben, sind es in Portugal zwei Drittel und in Norwegen die Hälfte aller befragten Frauen.

Überraschenderweise waren 37 Prozent der Männer und 32 Prozent der Frauen überzeugt, »dass die Liebe auf den ersten Blick einen zu dem vom Schicksal bestimmten Menschen führen könne«. Und wie steht's mit der Dauer des »Vom-Blitz-Getroffen-Seins«? In Deutschland fanden sich jeder dritte Mann und 25 Prozent der Frauen vor dem Traualtar wieder und sind immer noch nach eigenen Aussagen »glücklich verheiratet«.

Nur in Frankreich (48 Prozent) und England (49 Prozent) haben noch mehr Befragte ihre »Liebe auf den ersten Blick« geheiratet. Dagegen scheint in den USA diese Liebe auf den ersten Blick vor allem auf Leinwänden stattzufinden: Dort haben nur drei Prozent der so Verliebten die Ringe getauscht, in Kanada sogar nur zwei Prozent.

Helen Fisher, Das starke Geschlecht. Wie das weibliche Denken die Zukunft verändern wird, Wilhelm Heyne Verlag, München 2000; William Jankowiak (Hrsg), Romantic Passion. A Universal Experience?, Columbia Universitiy Press, New York 1995; David Buss, Die Evolution des Begehrens. Geheimnisse der Partnerwahl, Goldmann Verlag, München 1994; Cora Romance Report 2000 – Liebe auf den ersten Blick, Cora Verlag, Hamburg 2000.

Liebe 2
Internet-Beziehungen haben keine Zukunft

Im Internet wimmelt es nur so von dicken Brüsten und langen Pimmeln. Mit ein paar Mausklicks sind die Surfer mittendrin in der Peepshow, für die sich vor allem die Männer begeistern können. Eine Umfrage des Online Monitors der Gesellschaft für Konsumforschung ergab jedoch, dass sich die Männer erstaunlich zurückhalten: Demnach geben nur acht Prozent der befragten Männer an, sich für Erotikangebote im Netz zu interessieren, bei den Frauen sind es 2,3 Prozent. Zu einem ganz anderen Ergebnis kommt Dr. Patricia Goodson von der texanischen A&M Universität: Von den insgesamt 506 College-Studentinnen und -Studenten gaben 56,6 Prozent der Männer an, sie seien an den Online-Sexseiten interessiert, bei den Frauen waren es 35,2 Prozent. Insgesamt gaben knapp drei Prozent zu, »häufig« nach einem Augenschmaus im Netz zu suchen.

Eine Pixel-Peepshow anzusehen, ist das eine, Cyber-Sex mit einem Online-Partner zu haben, ist das andere: Bei der College-Umfrage hatten die Frauen den Männern etwas voraus: 5,3 Prozent der befragten Studentinnen berichteten über einschlägige Erfahrungen, aber nur 3,1 Prozent der Männer.

Wie beliebt ist richtiger Sex mit einem Online-Bekannten? Drei von vier Teilnehmern eines Diskussionsforums probierten es aus und trafen innerhalb von zwei Jahren eine Person, die sie über das Internet kennen gelernt hatten. Innerhalb dieses Zeitraums begannen 27 Prozent eine Affäre, 15 Prozent verlobten sich und zehn Prozent heirateten den Online-Bekannten. Das ergab eine Studie der Sozialpsychologen Katelyn McKenna und John Bargh von der New York University, an der 145 Teilnehmer von Chatrooms teilnahmen: »Unsere Ergebnisse widersprechen eindeutig dem Vorurteil, dass Internetbeziehungen oberflächlich und kurzlebig sind.«

So wie Tom Hanks im Kinofilm »E-Mail für dich« mit Meg Ryan glücklich wird, so gut klappt das wohl auch im wahren Leben mit den Internetbeziehungen. Die Erfolgsquote erklären sich die New Yorker Wissenschaftler dadurch, dass sich die Online-Bekannten lange Zeit nicht durch Äußerlichkeiten wie Aussehen, Mimik, Stimme, Körpersprache und Geruch ablenken lassen, sondern bei den ersten Internetkontakten eher auf Charaktereigenschaften und gemeinsame Interessen achten. Bevor sie sich zu einem Rendezvous verabreden, tasten sie sich erst einmal Schritt für Schritt heran und telefonieren (63 Prozent), tauschen Fotos aus (56 Prozent) und schreiben Briefe (54 Prozent). Und wenn die beiden sich dann treffen, wissen sie ziemlich genau, was sie erwartet – eine gute Chance dafür, dass die Beziehung auch real hält, was sie virtuell versprochen hat.

»Internetnutzung von Frauen: Drei kleine feine Unterschiede«, womanticker vom 4. April 2001; »Liebe im Netz«, Geo Wissen Nr. 26 Mann & Frau, August 2000; »Survey: Cyber Sexual Revolution Continues«, dailynews.yahoo.com vom 16. April 2001.

Liebe 3
Erloschene Liebe lässt sich neu entfachen

Der Mann weiß nicht, wie er Schluss machen soll. Die Frau weiß nicht, wann sie Schluss machen soll.

Helene Rowland

Empfinden in einer Partnerschaft die sich einstmals zärtlich Liebenden nur noch Verachtung füreinander, wird es Zeit sich zu trennen. Aus Trägheit, Sentimentalität oder Hoffnung bleiben viele Paare trotzdem zusammen, fand der amerikanische Therapeut Arnold Lazarus heraus. Sein Kommentar: »Tot bleibt tot!« Das drastische Fazit des Therapeuten: »Versuche, etwas wiederzubeleben, das tot ist, sind ungefähr so sinnvoll wie die Mund-zu-Mund-Beatmung einer Leiche.«

Arnold Lazarus, Fallstricke der Liebe. Vierundzwanzig Irrtümer über das Leben zu zweit, Deutscher Taschenbuch Verlag, München 2000.

Liebeswerben

Der Unterschied zwischen Mann und Frau besteht darin, dass der Mann das Liebeswerben als Sprint auffasst, die Frau als Hindernislauf.

Tom Jones

Liebhaber
Italiener sind die besten Liebhaber

Jahrhunderte katholische Erziehung haben im italienischen Mann eine enorme, nie zu stillende Gier nach dem Weib ausgelöst.

Federico Fellini

Sexgewohnheiten gehören zum Nationalimage. Wenn es ums Lieben geht, gelten die Italiener als besonders feurig, Franzosen als raffiniert, Asiaten als ausdauernd und den Deutschen haftet immer noch das Image des Langweilers an. Ob diese Klischees noch stimmen, wollen Jahr für Jahr unterschiedliche Erhebungen herausfinden. Von 1999 stammt der »Atlas of Sexual Behaviour«, den die US-Sexologin Judith Mackay nach jahrelangen Recherchen erstellt hat. Sie fragte außer dem »Wie oft?« auch nach dem »Wie lange?« und nahm die Zeit, die die Partner miteinander verbrachten, als Maßstab für die Ausdauer beim Liebesspiel. Dabei wurden die Italiener ihrem Ruf als aufregende Liebhaber nicht ganz gerecht. Denn Italiener und Italienerinnen sind durchschnittlich 14 Minuten lang miteinander im Bett beschäftigt – zwei Minuten weniger als die Franzosen. Russen und Briten sind noch länger bei der schönsten Sache der Welt und die Deutschen pflegen mit 17 Minuten den Königsweg, die goldene Mitte. Die Weltgesundheitsorganisation (WHO) ermittelte kürzlich ähnliche Zahlen und gestand den Italienern ganze 13 Minuten für den Liebesakt zu. Führend hinsichtlich der Länge beim Liebesspiel sind offensichtlich die Amerikaner: Sie sollen es jedesmal auf ganze 28 Minuten bringen.

Ist es tatsächlich die Länge des Aktes, die für Intensität und einen exzellenten Liebhaber bürgt? Oder doch eher die Häufigkeit? Zweifel sind gerechtfertigt. Denn schon allein bei der Frage »Wer ist gut im Bett?« gehen die Meinungen auseinander, werden jede Menge neuer Vorurteile zementiert, die Leistungsdruck bescheren – und oft den Spaß am Sex verderben. Ist es die Sexakrobatik, die erregt, der gekonnte Dirty Talk oder vielmehr »Fingerspitzengefühl«?

Die Frauenzeitschrift »Freundin« wollte es genauer wissen und ließ 1110 Personen im Auftrag des Gewis-Institus in Hamburg befragen. Fazit: Die meisten Deutschen finden sich gut im Bett. Warum? 69 Prozent der Frauen und 73 Prozent der Männer erklärten, dass sie sich für gut im Bett halten, weil sie Spaß am Sex haben. Ob das ausreicht? 57 Prozent der Frauen halten sich für gut im Bett, weil sie sehen, dass der Partner immer Lust habe. 23 Prozent der Frauen waren überzeugt, sie seien deshalb gut im Bett, weil sie dem Partner alle sexuellen Wünsche erfüllten.

61 Prozent der Männer begründeten ihr gutes Gefühl im Bett damit, dass sie auf alle Wünsche ihrer Partnerin eingingen. 33 Prozent der Liebhaber bezeichneten sich als besonders ausdauernd, aber nur 16 Prozent der Männer sagten, dass sie jedes Mal selbst zum Orgasmus kämen. Und 15 Prozent der von sich Überzeugten nannten sich gut im Bett, weil sie Frauen glücklich machen könnten. Und aufgemerkt: Gut jede fünfte Frau und fast jeder fünfte Mann meinten deshalb gut im Bett zu sein, weil sie mit ihren körperlichen Vorzügen eine Topfigur darin abgeben würden. Letzteres halten Sexualtherapeuten für fragwürdig. Ihr Argument: Schließlich komme es mehr auf die Lust- und Hingabefähigkeit an als auf einen knackigen Po.

Neueste Erkenntnis des Medizinpsychologen Elmar Brähler aus Leipzig ist die Schmuse- und Berührungstheorie. Seiner Meinung nach sind wir Deutschen endlich von unserem Egotrip runtergekommen, um uns gefühlvoller dem Partner zuzuwenden. Ausdauerndes erotisches Streicheln soll's dabei bringen: »Am besten stundenlang, denn ein guter Kuschler ist auch ein guter Liebhaber.« Das kennen wir doch irgendwie schon. Hieß das nicht früher leicht verächtlich Blümchensex? Stimmen wir also der Hamburger Diplompsychologin Dr. Angelika Faas zu, die behauptet: »Jeder kann gut im Bett sein.« Wer jetzt noch ungläubig staunt, bekommt gleich die passende Erklärung dazu: »Wichtig ist, sich von überzogenen Erwartungen an sich und den Partner zu lösen.« Da haben wir's: Selbst schuld, wenn der Superliebhaber im Bett auf sich warten lässt.

»Deutsche lieben sich feuriger als Südländer«, Die Welt vom 30. Juni 2000; »Bin ich gut im Bett?«, Ärzte Zeitung vom 26. Juli 2000; Freundin, 8/2000; Süddeutsche Zeitung vom 28. März 2000; »Ein guter Kuschler ist auch ein guter Liebhaber«, Abendzeitung, 21. Dezember 2000.

Lob

Eine kluge Frau lernt beizeiten, ihren Mann grundlos zu bewundern.

Glenn Close

Lügen
Frauen sind verlogener als Männer

Männer lügen viel doofer.

Renate Schmidt

»Die Wahrheit ist zweifellos schön; die Lüge aber auch«, schrieb der amerikanische Lyriker Ralph Waldo Emerson. Wir alle haben ein äußerst zwiespältiges Verhältnis zur Lüge. Ausgeschmückte, zum Teil erlogene Geschichten unterhalten uns mehr als nackte Tatsachen. Doch wehe dem, dem eine Lüge nachgewiesen wurde. Ihm bläst der Sturm der Entrüstung entgegen. Denn das achte Gebot Gottes sitzt tief in den Köpfen: »Du sollst nicht falsches Zeugnis reden wider deinen Nächsten.« Ist das der Grund, warum es heute noch viele mit Augustinus halten, der die Verwerflichkeit jeder Lüge aus dem angeblich natürlichen Zweck der Sprache ableitet: »Die Sprache ist doch sicherlich geschaffen, nicht damit die Menschen sich durch sie gegenseitig täuschen, sondern damit man durch sie seine Gedanken dem anderen zur Kenntnis bringt. Die Sprache zur Täuschung zu benützen, nicht zu dem Zwecke, zu dem sie geschaffen ist, ist folglich Sünde.«

Früher galt es als ausgemacht, dass die Frau eher der Unwahrheit zugeneigt ist als der Mann. Begonnen hatte das schon im Paradies, als Eva auf die Schlange wies, die ihr geraten hatte, den Apfel der Erkenntnis vom Lebensbaum zu pflücken.

Der Volksmund spricht: »Wer einmal lügt, dem glaubt man nicht, auch wenn er mal die Wahrheit spricht.« Nähmen wir den Ausspruch ernst, wäre es vorbei mit jeglichem Vertrauen unter den Menschen. Denn wie der Wiener Lügenforscher Peter Stiegnitz herausgefunden hat, lügen und flunkern wir alle so oft, dass sich die Balken biegen: überraschenderweise Männer sogar noch häufiger als Frauen, nämlich 220-mal am Tag. »Und weil Männer psychisch schwächer sind als Frauen, mit Frust nicht gut fertig werden, müssen sie häufiger lügen«, so Stiegnitz. Frauen bringen es »nur« auf 180 Schwindeleien täglich. Unglaublich aber wahr: Auch der amerikanische Psychologe John Frazer geht davon aus, dass der Mensch durchschnittlich 200-mal am Tag schwindelt.

Was aber bringt uns nun dazu die Unwahrheit zu sagen? Die größte

Lüge besteht sicher in der Illusion, ein Leben ohne Lügen führen zu können. Denn wie schnell sagen wir zu jemandem: »Sie sehen heute fabelhaft aus«, obwohl wir insgeheim finden, dass er selten elender als jetzt aussah.

Auch andere Sprüche kommen uns täglich locker über die Lippen: »Das macht mir nichts aus«; »Du kannst immer auf mich zählen«; »Das ist nicht persönlich gemeint«; »Ich werde treu sein, bis in den Tod«; »Das Essen war köstlich«, »Ich rufe dich morgen ganz bestimmt an«, »Ich denke beim Sex nur an dich«. Diese Reihe der kleinen Flunkereien könnte beinahe unendlich weitergeführt werden, so kommt die hohe Zahl der Lügen locker zusammen.

Und da Mann und Frau verschieden sind, lügen sie aus unterschiedlichen Gründen. Flapsig ausgedrückt: Frauen wollen sich mit Lügen das eigene Leben erleichtern, Männer ermöglichen es sich damit.

Frauen überlegen beim Schwindeln genauer. Sie setzen mehr Fantasie ein. Und merken sich offensichtlich besser, was sie wann wie und zu wem gesagt haben. Deshalb sind ihre Lügengerüste schwerer zum Einsturz zu bringen als die der Männer. Doch auch die Frauen lügen wie gedruckt. Mögen sie noch so selbstbewusst tun, bei Alter und Gewicht ziehen sie gern ein paar Jahre und Pfunde ab. Überhaupt scheinen sie gern beim Aussehen zu schummeln: »Ich benutze Make-up im Gesicht, trage falsche Fingernägel und benutze Nagellack, um meine Hände attraktiver aussehen zu lassen, als sie sind«, gestanden junge Studentinnen an der Staatsuniversität New York den Psychologen Wilhelm Tooke und Lori Camire.

Die bereits stadtbekannte Untreue des Partners wird ebenfalls – so lange es geht – weggelogen. Eine Studie zeigt, dass nur 25 Prozent der betrogenen Frauen zugaben, dass ihr Mann untreu ist. Genauso halten es Frauen mit den schulischen und beruflichen Problemen der lieben Kleinen. Da reden sie sich lieber das Leben ein wenig schöner. Denn Frauen schummeln vor allem aus Harmoniebedürfnis und Höflichkeit.

Beim Thema Sex täuschen bis zu einem Drittel aller Frauen einen Orgasmus vor. »Hier lügt die Frau einerseits, um den Mann nicht zu verletzen, andererseits, weil sie Angst hat, nicht mehr gebraucht zu werden«, erklärt der Lügenforscher Peter Stiegnitz.

»Männer haben mehr Probleme mit der Wirklichkeit. Sie sind stärker prestigeorientiert, sie müssen sich und den anderen ständig etwas vormachen«, meint der österreichische Lügenforscher des Weiteren. Und obwohl die Männer ganz offensichtlich mehr Übung im Flunkern haben, sind sie die schlechteren Lügner. Männer haben zudem weniger Fantasie als Frauen und kein gutes Gedächtnis für ihre Lügen. Diese beiden Voraussetzungen sind aber die wichtigsten Instrumente, um bei dieser Sache erfolgreich zu sein. Männer wollen mehr gelten, im Beruf und im Privatleben, denn Statussymbole sind ihnen wichtig. Da wird das geleaste noble Auto als das eigene ausgegeben. Und auch seinen Job wertet der Mann gern deutlich auf. Auch wenn er nur ein winziges Rädchen in einem großen Betrieb ist, sieht er sich als höchst wichtig. Und jeder noch so langweilige Job wird in seiner Darstellung zu einem äußerst verantwortlichen Posten. Beim Verdienst legt er fast unbewusst ein paar Hunderter drauf, um sein weibliches Gegenüber zu beeindrucken.

Auch gegenüber den eigenen Geschlechtsgenossen entwickeln Männer täglich Strategien, um begehrenswerter zu erscheinen: »In Gegenwart männlicher Bekannter grüße ich Frauen, die ich gar nicht kenne, um beliebter zu wirken als ich bin«, sagten Studienanfänger bei einer Befragung an der Staatsuniversität von New York. Männer sagen außerdem die Unwahrheit, wenn es gilt, ihre Freiheit zu erhalten, sich abzugrenzen und sich ein unangreifbares Äußeres zu verschaffen. Vor allem Frauen gegenüber. So verspricht rund ein Drittel der Studenten nach dem ersten Date: »Ich ruf dich an.« Was nichts anderes heißt als: Und tschüs!

Die Lieblingslüge der Männer spielt sich jedoch in ihrer Freizeit ab. In einer Befragung von 300 Männern und Frauen gaben die Männer »Sport treiben« als häufigste Beschäftigung an. Heraus kam jedoch nach genauer Untersuchung, dass die meisten der befragten Männer als Couch Potatoes abends vorm Fernseher lümmelten.

Am häufigsten belügen wir aber uns selbst: Wir schummeln oft aus Angst. Greifen schnell zu passenden Ausreden, um uns Ärger zu ersparen. Kleine Flunkereien machen eben das Leben leichter und bequemer.

Lügen ist sozusagen das psychische Pendant zum Lifting – die erste Schönheitsoperation verlangt eine Kette von Nachbesserungen. Wohl dem, der dann noch weiß, was er damals am Tage X gesagt hatte. Krankhaft wird das Lügen erst dann, wenn jemand nicht mehr merkt, dass er chronisch lügt, im Fachjargon Pseudologia phantastica genannt. »Zum krankhaften Lügen neigen Menschen mit schweren narzisstischen Störungen«, so die Heidelberger Psychotherapeutin Irmtraud Tarr Krüger. »Je höher die Ansprüche eines Menschen an sich selbst sind, desto öfter wird er sich auch belügen müssen.« Und wehe, dieses Lügengebäude kracht eines Tages zusammen.

Der amerikanische Ethiker David Nyberg glaubt, dass ein »gesundes, praktikables und lebenswertes Zusammenleben in der menschlichen Gemeinschaft mit anderen ohne Täuschung nicht denkbar« ist. Für ihn stellt sich nicht die Frage, ob Lüge und Täuschung überhaupt zulässig sind, sondern wie wir wen worüber und wie lange täuschen dürfen. Und er fordert, das moralische Verhalten nicht nach abstrakten Prinzipien zu richten, sondern aus der jeweiligen Lebenssituation heraus zu entscheiden, was das Richtige und Gebotene ist.

Und da kann ein wunderbares Kompliment auf das Gesicht eines gestressten Menschen ein Lächeln zaubern, das die Wahrheit niemals hervorgebracht hätte.

David Nyberg, Lob der Halbwahrheit. Warum wir so manches verschweigen, Junius, Hamburg 1994; Volker Sommer, Lob der Lüge, Deutscher Taschenbuch Verlag, München 1994; »Gelogen«, 27. April 2001; »Wenn Männer lügen...«, Marie Claire, Juni 1998; »Die Wahrheit: Wir lügen alle«, 27. April 2001; Irmtraud Tarr Krüger, Von der Unmöglichkeit, ohne Lüge zu leben, Kreuz Verlag, Zürich 1997; »Die häufigsten Lügen der Männer«, Für Sie, 22/1998; »Täglich viele Lügen«, General-Anzeiger, 11. November 2000; »Lügen haben lange Beine. Von der Tugend der einfühlsamen Unaufrichtigkeit«, Psychologie heute, August 1995.

Macht
Frauen wollen an die Macht

Wenn die Sprache auf das Thema »Macht« kommt, fallen bald auch viele andere Begriffe, die damit zusammenhängen: Macht bedeutet Kraft und Stärke aber auch Einfluss, Prestige und Autorität. Das Wort Herrschaft deutet darauf hin, dass Macht seit Jahrhunderten den Männern vorbehalten war – und nun wollen die Frauen all das auch für sich beanspruchen?

Vor ein paar Jahren waren sie jedenfalls noch nicht so weit: Denn noch 1990 stellte Sonja Bischoff, Professorin an der Hochschule für Wirtschaft und Politik in Hamburg, bei ihrer Studie über Führungskräfte fest, dass sich »die Frauen noch durchweg von der Macht distanziert« haben. Als Beispiel für die damalige Einstellung vieler Frauen zitiert die Karriere-Expertin eine Geschäftsführerin, die Macht gar als »ein böses Wort« bezeichnete.

Acht Jahre später sah die Situation aber schon etwas anders aus: In einem Interview bestätigte Sonja Bischoff, dass es mit der weiblichen Beziehung zur Macht »ganz erfreulich« aussehe. Auch ihre Studentinnen hätten teilweise »richtig Lust auf Macht«, sie gestalteten ihr Leben so, wie sie es haben wollen, und wüssten genau, dass das nur mit einem gewissen Quantum an Macht möglich ist. Dass die Frauen machthungriger geworden sind, beobachtet auch die Hamburger Kommunikationstrainerin Barbara Berckhan: »Frauen wissen inzwischen, dass sie gut kommunizieren und sich einfühlen können, jetzt wollen sie Power.«

Sollten sich die Frauen bis zum Jahr 2000 tatsächlich so stark gewandelt haben? Wenn man beobachtet, wie sehr der Markt für Artikel, Ratgeber und Seminare zum Thema »Frauen & Karriere« boomt, fällt auf, dass sich viele Frauen ernsthaft damit auseinander setzen sollen, was Macht für sie bedeutet. Doch wollen sie wirklich an die Macht? Oder fühlen sich viele nicht in der zweiten Reihe wesentlich wohler? Schimpfen sie vielleicht nur deshalb auf die, die sie angeblich erst gar nicht an die Macht lassen – die Männer nämlich –, weil sie wissen, dass sie selbst keinen Mumm haben, im Falle des Falles wirklich die Macht zu ergreifen?

Nachdenklich stimmen die Zahlen des Statistischen Bundesamtes: Von insgesamt 27,4 Millionen Frauen im Alter zwischen 15 und 65 Jahren waren »nur« 15,6 Millionen erwerbstätig (1999) – so gesehen hätte nur etwa jede zweite Frau überhaupt die Chance, irgendwann einmal an die Macht zu kommen.

Aber auch wenn man diese potenziellen Aufsteigerinnen nach ihren Karriereplänen fragt, sieht das Bild nicht besonders rosig aus: So ergab eine Umfrage unter 547 berufstätigen Leserinnen bekannter deutscher Frauenzeitschriften, dass jede vierte von ihnen gar keine Lust auf eine Karriere hat. Die Frauen, denen die Macht nicht so wichtig ist, gaben mehrere Gründe dafür an: Jeder zweiten bedeutet das Privatleben mehr, jede Dritte sagt von sich, sie sei kein Karrieremensch, jede fünfte meint, dass Karriere zu viel Stress bedeute, und sieben Prozent wollen die damit verbundene Verantwortung nicht tragen.

Zu einem ähnlichen Ergebnis kam auch eine Umfrage des Instituts für Demoskopie Allensbach: Demnach strebt jede zweite junge Frau das Modell »Mutter mit Teilzeitbeschäftigung« als attraktivste Lebensform an – und damit wohl kaum den Vorstandsvorsitz. Nur 28 Prozent der Frauen sind auf einen hohen sozialen Status erpicht, im Gegensatz zu 40 Prozent der Männer.

Frauen als Kanalreiniger?

Die Frauen schielen nach »oben«, nach dem verführerisch aufblitzenden Gold, nicht nach dem Blech weiter unten... Wie wär's, die Frauen mal gegengefragt, mit der Hälfte der Kanalreinigung? Oder mit der Hälfte vom Hoch- oder Straßenbau? Oder mit der Hälfte von Freiheit und Abenteuer – als da wären die Polizei, die Feuerwehr, die Personenschützer, die Dachdecker, Baumaschinenfahrer, Schweißer, Lastwagenfahrer, Holzarbeiter, Lagerarbeiter, die in den Schlachtereien, auf den Ölfeldern, in den Minen und Bergwerken?

Paul-Hermann Gruner, Frauen und Kinder zuerst

Und wie steht es mit den 165 weiblichen Führungskräften, die Sonja Bischoff 1998 interviewte? Von ihnen ist die Hamburger Professorin ein wenig enttäuscht: »In meinen Studien musste ich feststellen, dass die Aufstiegsorientierung der Frauen immer sehr viel geringer ist als die der Männer. Männer wollen immer höher. Frauen hingegen sagen oft: ›Ich will nicht weiter. Der Wind, der mir ins Gesicht bläst, ist hart genug.‹ Auf dem Weg nach oben muss man mit einem ziemlichen Verschleiß rechnen. Diesen Preis wollen viele Frauen einfach nicht zahlen.«

Hinzu kommt, dass die Frauen, die schon eine gewisse Macht erreicht haben, noch nicht einmal zufrieden sind. Die Mannheimer Karriereberaterin Marianne Vollmer jedenfalls weist darauf hin, dass es ein »unendlich öder« Full-time-Job sei, die Machtposition zu erhalten: »Wenn eine Frau das System durchschaut hat, langweilt sie sich.«

Besonders kritisch steht der Münchner Soziologe Reinhard Kreissl der These gegenüber, dass die Frauen an die Macht wollen oder gar ihren Teil an der Macht bereits erobert haben. In seinem Buch »Die ewige Zweite« analysiert er die derzeitige Situation in Deutschland und kommt zu dem Schluss, dass die Frauen bislang die falschen Strategien benutzten, um tatsächlich auch erfolgreich zu sein. Seine Argumentation: Die meisten Frauen greifen zu den gängigen Methoden der Macht, aber die sind männlich geprägt. Durch ihr Vorgehen stärken die Frauen nur die bestehenden Machtstrukturen, an den jetzigen Verhältnissen können sie so aber nichts ändern. Der Autor stellt fest, dass Macht nach wie vor ein männliches Phänomen sei und dass die Frauenbewegung nicht sehr viel dazu beigetragen habe, um dieses System zu knacken: »Erfolgversprechende Attacken auf die Macht erfordern radikalere Ansätze.«

Leider lässt es Reinhard Kreissl etwas im Nebel, welche Strategien seiner Meinung nach besser geeignet seien. Aber er weist zumindest auf eine Frau hin, die es – aus Sicht des Autors – anders als viele andere machte und mit ihrer Strategie innerhalb von zehn Jahren mehr veränderte als all ihre männlichen Vorgänger: Die Rede ist von Margaret Thatcher, der ersten Premierministerin Großbritanniens, die als »eiserne Lady« in die Geschichte einging.

Diese Mischung aus männlichem Machtbewusstsein und traditioneller Weiblichkeit ist es auch, die Reinhard Kreissl an der Ex-Premierministerin bewundert: »Sie hat das, was Männer auszeichnet, ohne ein Mann zu sein. Sie ist eine Frau, ohne sich darauf berufen und ihre Haltungen, Entscheidungen und Meinungen damit begründen zu müssen. Eine Frau gleichsam jenseits der Geschlechterdifferenz.«

Vielleicht zeigte ja Margaret Thatcher den Frauen von heute, wie man es macht: Die britische Premierministerin verfolgte nämlich das Motto, gar nicht über ihre Macht zu sprechen – sie wusste einfach, dass sie Macht hatte. Ihr Kommentar dazu: »Mächtig ist man, wenn man wie eine Dame ist. Wenn man die Leute erst darauf hinweisen muss, dann ist man es nicht mehr.«

Sonja Bischoff, Männer und Frauen in Führungspositionen der Wirtschaft in Deutschland. Wirtschaftsverlag Bachem, Köln 1999; »Sehen Sie das Gute an der Macht!«, Marie Claire, 1/2000; »Frauen müssen den Aufstieg wollen«, Süddeutsche Zeitung vom 26. November 1999; »Fordert, was ihr kriegen könnt«, Der Spiegel, 47/1999; Verlagsgruppe Bauer (Hrsg.), Frauen, Job, Karriere. Hamburg 1999; »Neuer Mann – was nun?«, Geo Wissen Nr. 26 Frau & Mann, August 2000; »Das Patriarchat«, in: Der deutsche Mann, Spiegel special, 7/1997; Reinhard Kreissl, Die ewige Zweite. Droemer, München 2000.

Mann
Der »neue« Mann ist kräftig im Kommen

Männer kriegen keine Kinder. Männer kriegen dünnes Haar.
Männer sind auch Menschen. Männer sind etwas sonderbar.
Männer sind so verletzlich.
Männer sind auf dieser Welt einfach unersetzlich.

Herbert Grönemeyer

»Wann ist der Mann ein Mann?« Mit diesem Lied nahm Herbert Grönemeyer 1984 die Eigenschaften von Männern aufs Korn. »Männer führen Kriege«, »Männer sind schon als Baby blau«, »Männer kriegen keine Kinder. Männer kriegen dünnes Haar« hieß es da recht kritisch und der Refrain lautete: »Außen hart und innen ganz weich.« Doch sind sie wirklich so, die Männer? Was ist denn mit dem viel beschworenen »neuen« Mann? Ist der nicht in den vergangenen Jahren kräftig im Kommen?

Professor Paul Zulehner vom Ludwig-Boltzmann-Institut für Werteforschung in Wien und Rainer Volz vom Sozialwissenschaftlichen Institut der Evangelischen Kirche Deutschland wollten es ganz genau wissen und werteten die Aussagen von 1.200 Männern und 814 Frauen aus. Das Ergebnis in Kurzform: Es gibt nicht »den« Mann, sondern vier verschiedene Typen. Der unsichere Mann gehört zu der größten Gruppe, er macht einen Anteil von 37 Prozent aus. Zu der zweitgrößten Gruppe gehört der pragmatische

Mann (25 Prozent). Erst dann folgt die Gruppe der neuen Männer, doch ihr Anteil ist genauso groß wie der der traditionellen Männer – nämlich 19 Prozent.

Interessanterweise schätzen die befragten Frauen die Männer etwas anders ein – und sie kennen scheinbar vor allem Männer, die der Kategorie »neu« angehören: Denn 30 Prozent der Frauen beschreiben in ihren Antworten den Typ »neuer Mann«, 28 Prozent finden Männer pragmatisch, 27 Prozent halten sie für unsicher und nur 15 Prozent hatten beim Beantworten des Fragebogens traditionelle Männer im Blickfeld.

Vier Männertypen

Der traditionelle Mann ist überzeugt davon, dass die Frau für den Haushalt und die Kinder da sein soll, er selbst fühlt sich für den Beruf und für die Finanzen zuständig. Er hält es für richtig, dass er selbst den ersten Schritt macht, wenn er einer Frau begegnet.
Der neue Mann findet es am besten, wenn Mann und Frau beide halbtags arbeiten und sich beide um Haushalt und Kinder kümmern. Er hält die Emanzipation der Frauen für eine sehr notwendige und gute Entwicklung.
Der pragmatische Mann hat zugleich hohe traditionelle und neue Werte.
Der unsichere Mann neigt weder eindeutig zu den traditionellen noch zu den neuen Werten.

Und was macht den neuen Mann nun aus? Eine kleine Typologie:
– Der neue Mann ist jünger als 46 Jahre (70 Prozent), ist vermehrt unter den Studenten, Freiberuflern, Facharbeitern und einfachen Arbeitern zu finden, steht politisch eher links und hat wenig Lust, sich Autoritäten unterzuordnen.
– Nur 21 Prozent der neuen Männer sehen ihren Lebenssinn in der Arbeit, – darin unterscheiden sie sich stark von den traditionellen Männern. Nur drei Prozent der neuen Männer würden einen Mann für einen Versager halten, wenn er keine Karriere macht.

- Der neue Mann ist für die Gleichberechtigung am Arbeitsplatz: 75 Prozent dieser Gruppe würden es akzeptieren, wenn ihnen eine gleichqualifizierte Frau vorgezogen würde (unsichere Männer: 63 Prozent, pragmatische Männer: 58 Prozent, traditionelle Männer: 39 Prozent).
- Der neue Mann fühlt sich nur bedingt für die Entscheidungen zuständig, die in der Partnerschaft und in der Familie anliegen: Nur 23 Prozent regeln die Finanzen allein, nur 14 Prozent treffen wichtige Entscheidungen, ohne sich vorher mit ihrer Partnerin abzusprechen, und nur elf Prozent machen die Zukunftspläne allein.
- Jeder zweite neue Mann kümmert sich aktiv um die Erziehung der Kinder. 72 Prozent der neuen Männer würden auch mal zu Hause bleiben, wenn ein Kind krank ist.
- Neue Männer haben häufiger Sex als die Männer der anderen drei Gruppen: 72 Prozent der neuen Männer bezeichnen sich als »sexuell aktiv«, 49 Prozent haben ein- bis zweimal Geschlechtsverkehr pro Woche. »Das neue Rollenbild ist nachweislich mit einer befriedigenderen Sexualität und mit größerer Lebenszufriedenheit verknüpft«, stellten die Autoren der Studie fest.
- Der neue Mann ist tolerant, zum Beispiel Lesben und Schwulen gegenüber: 64 Prozent der neuen Männer stimmen der Aussage zu: »Homosexualität ist einfach eine andere Form zu leben. Man sollte sie in unserer Gesellschaft offen zeigen dürfen.« Bei den unsicheren Männern sind es nur 34 Prozent, bei den pragmatischen 32 Prozent und bei den traditionellen 16 Prozent.
- 91 Prozent der neuen Männer lehnen männliche Gewalt ab. Bei den unsicheren Männern sind es 64 Prozent, bei den pragmatischen 45 Prozent und bei den traditionellen 36 Prozent.
- So fortschrittlich, wie sich der neue Mann auch gibt – an der Hausarbeit könnte er sich noch mehr beteiligen. Denn das Bügeln, das Wäschewaschen und -aufhängen, die Pflege der Blumen, das Kochen und das Putzen überlässt auch er am liebsten der Frau. Stattdessen übernimmt er Aufgaben wie Autowaschen, Reparaturen, den Müll wegtragen, Einkäufe und Gartenarbeit.

Paul Zulehner und Rainer Volz spekulieren in ihrer Studie darüber, ob es in den nächsten Jahren noch mehr neue Männer geben wird. Die Autoren glauben zwar, dass der Typ des traditionellen Mannes – schon allein wegen seines vergleichsweise höheren Alters – langsam ausstirbt und es deshalb zukünftig auch etwas mehr neue Männer geben wird. Das Rennen wird ihrer Meinung nach aber der pragmatische Mann machen, »der ein Mix zwischen den traditionellen und den neuen Rollenvorgaben darstellt«. Diese pragmatische Position sei eben »einfach und bequem«.

»Der verkannte Mann«, Psychologie heute, November 1999; »Wann ist ein Mann ein Mann?«, Süddeutsche Zeitung vom 12. November 1998; »Männer im Aufbruch?«, Dokumentation, Fachkonferenz für Männer am 26. Mai 2000 in München.

Männerarzt
Männerärzte gibt es nicht

Jungen leiden doppelt so oft wie Mädchen an Kinderkrankheiten, doppelt so viele verhalten sich autistisch, Hyperaktivität kommt bei ihnen achtmal so häufig vor. Es stottern mehr Jungen als Mädchen, im Unterricht werden auch mehr Jungen als Legastheniker auffällig. Männer essen ungesünder als Frauen, sie rauchen und trinken mehr, haben häufiger Herz-Kreislauf-Probleme, leiden häufiger an Krebs und sterben früher.

Während die Mädchen das erste Mal während der Pubertät zu einem Frauenarzt oder zu einer Frauenärztin gehen, glauben viele Jungen in diesem Alter noch, dass nur Weicheier zum Arzt müssen. Und so kommt es, dass sich viele Männer oft erst dann um ihre Gesundheit kümmern, wenn die Zeichen schon auf Rot stehen.

Dem Mann könnte geholfen werden, aber von wem? Vom Urologen, vom Internisten oder vom Endokrinologen? Wer sich auf Herz und Nieren checken lassen oder wegen eines konkreten Leidens behandelt werden will, muss manchmal schon eine kleine Odyssee von Facharzt zu Facharzt in Kauf nehmen. Was liegt da näher als ein Gang zum Männerarzt, der sich mit den Gesundheitsproblemen von Männern rundherum auskennt?

»Männerärzte, die gibt es doch gar nicht«, glauben viele. Tatsache ist aber, dass sich auf diesem Gebiet mittlerweile einiges getan hat. Einen Fachbegriff für die Männerheilkunde gibt es schon lange: Die Andrologie (griechisch »andro« = männlich, Mann) ist die Lehre vom Bau und von den Funktionen der männlichen Geschlechtsorgane und den damit zusammenhängenden Erkrankungen. Und damit besteht eine Parallele zur Gynäkologie (»gynäko« = weiblich, Frau), der Frauenheilkunde.

Von den Männerheilkundlern war lange Zeit nicht viel zu hören: »Die Andrologie steckte jahrelang in einer Sackgasse«, stellt der Gynäkologe Dr. Volker Rimkus fest. Doch 1998 kam endlich wieder Bewegung auf. Damals fand der erste Weltkongress »For the Aging Male« in Genf statt, bei dem die Experten ihr Wissen über den alternden Mann zusammentrugen. Zur selben Zeit wurde in Wien der internationale Verein »Institut Androx – The Society For The Aging Male« gegründet. Und seitdem konzentrieren sich immer mehr Mediziner auf die Frage, wie man die Lebenserwartung der Männer verlängern kann.

Um das so genannte Anti-Aging geht es auch einigen deutschen Medizinern. Im Februar 2000 meldete die »Ärzte Zeitung«, dass sich eine Fachgesellschaft für Männergesundheit und zur Förderung des Männerarztes gegründet hat. »Hommage« nennt sich dieses Hamburger Projekt. Ziel soll es sein, bei den Ärzten überhaupt ein Bewusstsein für Männergesundheit zu schaffen. »Wir wollen, dass Hormonexperten, Urologen, Internisten und Allgemeinmediziner enger als bisher kooperieren, sich zum Thema Mann fortbilden und sich darauf spezialisieren«, erklärt Professor Heinrich M. Schulte.

Zu den Gründern von »Hommage« gehört auch Professor Rolf-Dieter Hesch aus Konstanz. In einem ersten Schritt will er sich zunächst auf die Diagnostik konzentrieren. Daher bietet er in seiner Praxis einen Gentest an, um die Männer besser auf die gesundheitlichen Risiken hinweisen zu können. Der Mediziner ist überzeugt: »Männer ändern ihren Lebensstil nur aufgrund von harten Tatsachen, die wir mit dem DNA-Chip liefern.«

Ebenso wie »Hommage« hat sich auch das »Forum Männerarzt« dem Ziel verschrieben, die Lebenserwartung der Männer zu verlängern. Das Forum wendet sich seit April 2000 mit einem Fachblatt und konkreten Beratungsangeboten an Mediziner.

Zur Zeit diskutieren die Männerärzte vor allem über die Wechseljahre des Mannes, die ebenso wie die der Frau mit Hormonen behandelt werden können. Doch in Zukunft wollen die Gesellschaft »Hommage« und das »Forum Männerarzt« noch weiter gehen: Sie wollen die Männer darüber aufklären, wie sie sich gesund ernähren und fit halten können. Das Ganze soll auf eine Art Lifestyle-Beratung hinauslaufen, die sich nicht an dem Athleten mit Waschbrettbauch orientiert, sondern an dem ganz normalen Alltagsmann. Geplant ist zudem, dass sich die Männer auch mit ihren Fragen zur Sexualität an einen Männerarzt wenden können. Dr. Karl Matheis vom »Forum Männerarzt« appelliert an seine Kolleginnen und Kollegen: »Für das Thema Sex sollten wir ein offenes Ohr haben.«

Der Männerarzt ist also im Kommen. Aber wer sagt eigentlich, dass der Männerarzt überhaupt ein Mann sein muss? Diese Frage stellen auch die Autoren von »Mann 2000« am Ende ihres Buches. Sie drehen den Spieß erst einmal um, indem sie feststellen: »Viele Gynäkologen sind Männer.« Doch die Argumentation geht weiter: »Außenstehende des anderen Geschlechts können sich oft besser in eine Situation hineindenken, Frauen wiederum vermögen einfühlender, aber doch mit der nötigen Distanz mit einem Mann umzugehen. So sind die weltweit erfolgreichsten Sexologen und Sexualberater durchweg Frauen und auch hier meist ein ganz bestimmter Typus (um die 50 Jahre alt, oft mit mütterlichen Zügen). Das ist jene Frau, der sich der Mann tatsächlich anvertraut.«

»Sind Männerärzte in naher Zukunft der neue Mega-Trend?«, Ärzte Zeitung vom 8. Februar 2000; Forum Männerarzt (Hrsg.), Der Männerarzt, 1/2000; Siegfried Meryn, Markus Metka, Georg Kindel, Mann 2000, Ueberreuter, Wien 2000.

Männertalk
Männer reden dauernd über ihre Bettgeschichten

Männer reden immer über das Gleiche: über ihren Beruf und über Frauen.
Thomas Bernhard

Stammtisch, Skatrunde, Fußballverein – natürlich sprechen Männer mit Männern über Autos, tolle Erfolge und scharfe Frauen. Doch wenn sie über die eigene Partnerin reden sollen, machen sie bei Freunden, Bekannten und auch professionellen Fragern dicht. »Denn für Ängste, Zärtlichkeit und Probleme ist am Männerstammtisch kein Platz«, bemerkt der Psychologe und Männertherapeut Wilfried Wieck.

Ähnliches kann der Berliner Therapeut Konrad W. Sprai aufgrund seiner Untersuchung bestätigen. Er fragte, wie es Männer mit dem Sex halten, und wo sie darüber sprechen. Ein Fünftel der Männer gab zu, ständig im Kollegenkreis über Sex zu reden, 51 Prozent tun das gelegentlich. Aber nur drei Prozent der befragten Männer unterhalten sich mit Kollegen bereitwillig über ihr eigenes Sexleben in der bestehenden Beziehung.

Dieses typisch männliche Verhalten, über das eigene Sexleben nicht zu reden, schlug sich in der Untersuchung belastend nieder. Zu diesem ernüchternden Schluss kam der Therapeut nach seiner vier Jahre dauernden Forschungsarbeit über Liebe, Lust und Frust bei 1.213 Frauen und Männern. Weil »vor allem Männer«, so Konrad W. Sprai, »bei unseren konkreten, intimen Fragen große Hemmungen zeigten, sich zur Sache zu äußern.«

Wilfried Wieck, Was Männer nur Männern sagen und was Frauen trotzdem wissen sollten, Kreuz Verlag, Stuttgart 1999; Konrad W. Sprai, Liebe, Lust, Frust. Über die Unfähigkeit der Männer, Frauen glücklich zu machen, Holzinger Verlag, Berlin 1995.

Masturbieren 1
Männer besorgen es sich selbst, Frauen ist das peinlich

An sich denkt der Mensch nur an sich.

Gerhard Uhlenbruck

Woody Allen soll einmal gesagt haben: »Onanie ist Sex mit jemandem, den man sehr gerne mag.« Und weil das so ist, machen es fast alle. 86 Prozent von 108 in einer Bonner Studie befragten Frauen zwischen 20 und 26 Jahren bekannten, sich selbst zu befriedigen. Noch in den 80er Jahren gaben nur 75 Prozent der Frauen ihre Erfahrungen mit Masturbation zu – in den 60er Jahren war es sogar nur die Hälfte aller Befragten.

Bei solchen Intimbefragungen ist jedoch eines nicht eindeutig klar: Haben Frauen wirklich früher seltener masturbiert oder sind sie heute einfach offener und trauen sich über ihre Selbsterfahrungen eher zu reden? Tatsache ist, dass sich Frauen mittlerweile offener und intensiver mit ihrer körperlichen Lust beschäftigen. Trotzdem nehmen es in diesem Bereich auch die ganz jungen nicht immer locker. Immerhin offenbarte kürzlich ein knappes Drittel junger Frauen bei einer anderen Umfrage, dass sie unter Gewissensbissen litten, wenn sie »es« sich selbst machten. Insgesamt wurden 1.425 Mädchen zwischen 14 und 17 Jahren gefragt. Dieses Ergebnis ist erstaunlich in einer Zeit, in der dreiste Lügen von Knochenmarkschwund und anderen schrecklichen Heimsuchungen als Folge von Selbstbefriedigung längst sachlich hinreichend aufgedeckt sind. Interessant bei dieser Befragung war, dass diejenigen Mädchen, die ihre erste Regel als »normal« und »natürlich« einschätzten, bei der Selbstbefriedigung kaum moralische Bedenken hatten. Für Männer ist Masturbieren offensichtlich nichts Besonderes. Laut Umfragen tun es 98 Prozent.

»Männersexualität – Frauensexualität: Gleichberechtigt und selbstbestimmt?«, Psychologie heute Compact, 1998; Norbert Kluge, Sexualverhalten Jugendlicher heute. Ergebnisse einer repräsentativen Jugend- und Elternstudie über Verhalten und Einstellungen zur Sexualität, Juventa, Weinheim, München 1998.

Masturbieren 2
Männer müssen öfter onanieren, damit es keinen Samenstau gibt

Das Ungesunde an der Selbstbefriedigung ist, dass es sie nicht gibt.

Werner Schneyder

Wer nicht onaniert, bekommt einen Samenstau – dieses Ammenmärchen bildete in einigen Kulturen und Zeitaltern, wie beispielsweise im China des Mittelalters, den Hintergrund dafür, dass Masturbation für Männer erlaubt, den Frauen jedoch verboten war. Die Behauptung, Sperma könne sich stauen, ist jedoch unsinnig. Es kann auch nicht verderben und schlecht werden, höchstens etwas alt. Die Samenzellen werden in den Hoden gebildet und in den Nebenhoden gespeichert. Bei längerer sexueller Enthaltsamkeit kommt es nachts automatisch zu Samenergüssen.

Allerdings behauptet der englische Biologe Robin Baker, dass Männer, die häufig masturbieren, in ihren Samenleitern ein junges Ejakulat erzeugen, das viele so genannte Killer-Spermien enthält. Dieser Überhang an Killer-Spermien habe einen großen Vorteil, nämlich Spermien von Konkurrenten, zum Beispiel eines Liebhabers, töten zu können. Sind in einem Samenerguss viele Killer-Zellen und zahlreiche Ei-Krieger – das sind die

Spermien, die eine Eizelle befruchten wollen – ist dieser Mann bei der Fortpflanzung erfolgreicher als sein Konkurrent. Für Baker ist häufiges Onanieren der Männer deshalb eine sinnvolle Strategie, um bei gebotener Gelegenheit im Krieg der Spermien zu siegen.

Übrigens: Noch heute werden Jungen von ihrem ersten Samenerguss überrascht (21 Prozent) und verunsichert, wenn sie morgens feuchte Stellen auf Betttuch und Bettdecke finden. Und das trotz Aufklärung aller Orten.

www.willy-online.com; Robin Baker, Krieg der Spermien. Weshalb wir lieben und leiden, uns verbinden, trennen und betrügen, Limes Verlag, München 1997; Norbert Kluge, Sexualverhalten Jugendlicher heute. Ergebnisse einer repräsentativen Jugend und Elternstudie über Verhalten und Einstellungen zur Sexualität, Juventa, Weinheim, München 1998.

Mathematik
Mädchen sind schlechter in Mathematik

Eine mathematische Frau ist ein widernatürliches Wesen, in einem gewissen Sinne ist sie ein Zwitter.

P. J. Möbius, deutscher Nervenarzt, um 1900

Den Satz des Pythagoras können viele Menschen auch noch Jahre nach dem Schulabschluss herunterbeten: $a^2 + b^2 = c^2$. Doch was bedeutet sie eigentlich? Da müssen die meisten schon wieder passen – und zwar Frauen und Männer gleichermaßen (*Antwort siehe unten). Wenn es um die Mathematik geht, fragen sich viele Menschen, welchen Sinn und Zweck der Mathematikunterricht für das spätere Leben überhaupt hatte. So widersprüchlich die Aussagen dazu auch sein mögen – in einem Punkt sind sich fast alle einig: Sie behaupten, dass Mädchen schlechter in Mathematik seien als Jungen.

Wie gut Kinder in der Schule sind, lässt sich am ehesten an den Noten ablesen – vorausgesetzt, dass man das Notensystem als gerechtes Mittel

* Der Satz des Pythagoras kommt aus der Geometrie. Sie bezieht sich auf die Längenverhältnisse der drei Seiten a, b und c in einem rechtwinkligen Dreieck.

anerkennt, um schulische Leistungen zu messen. Davon gingen zumindest Gustav Lörcher und Peter Maier von der Pädagogischen Hochschule Freiburg aus, als sie die Abschlussprüfungen der Realschulen des Landes Baden-Württemberg beurteilten. Das Ergebnis: Im Jahr 1998 lag die Durchschnittsnote der Mädchen etwa zehn Prozent niedriger als die der Jungen. Insgesamt ergab sich ein Notendurchschnitt von 3,12.

Doch die beiden Autoren schauten genauer hin: Mädchen schneiden nämlich grundsätzlich dann in Mathematik besser ab, wenn sie von Frauen unterrichtet werden. So war der Rückstand der Schülerinnen gegenüber den Schülern bei den Mathelehrerinnen nur ein Viertel so groß wie bei den männlichen Kollegen. Über die Ursachen können die Forscher nur spekulieren: Sie vermuten, dass sich die Mädchen eher motiviert fühlen, wenn sie von einer Frau unterrichtet werden. Ganz nach dem Motto: »Wenn meine Lehrerin das versteht, kann es so schwer ja nicht sein.« Auf der anderen Seite geben die Forscher zu bedenken, dass Lehrerinnen möglicherweise mehr Verständnis und Sensibilität für die Schwierigkeiten aufbringen können, die Mädchen im Mathematikunterricht haben. Das könnte dazu beitragen, dass Lehrerinnen die Ängste der Schülerinnen besser abbauen können und so das Lernklima insgesamt angenehmer ist.

Die Mädchen sind jedoch nicht grundsätzlich in allen mathematischen Disziplinen schlechter als die Jungen: In Algebra liegen sie fast gleichauf mit den Jungen, in Geometrie sind sie etwas schlechter, nur im Sachrechnen liegen sie deutlich zurück. Warum Schülerinnen gerade hier so schlecht abschneiden, könnte der Studie zufolge an der Aufgabenstellung liegen: Die Autoren stellen nämlich fest, dass viele Aufgaben aus den Bereichen Finanzierung und Auto stammen, die Mädchen nicht besonders interessieren. Solche Themen können Lehrer wahrscheinlich besser vermitteln, doch mit ihren Erklärungen erreichen sie eher die Jungen als die Mädchen.

Das Fazit der Studie: Mädchen sind etwas schlechter im Fach Mathematik als die Jungen. Doch wenn die Schülerinnen das Glück haben, von einer Frau unterrichtet zu werden, bringen sie durchschnittlich bessere Noten nach Hause. Analysiert wurden übrigens die Prüfungsergebnisse von 21.000 Schülerinnen und Schülern bei rund 900 Lehrerinnen und Lehrern – vergleichbar umfassende Untersuchungen gab es bislang nur in Pakistan und Nigeria.

Dass Frauen grundsätzlich schlechter in Mathematik sein sollen als Männer, wollen auch die Mathestudentinnen und -studenten des Agnes Scott College in Atlanta/Georgia nicht gelten lassen. Auf ihrer Homepage sammeln sie die Namen berühmter Mathematikerinnen aus allen Jahrhunderten: Die Liste beginnt mit der 370 geborenen und im Alter von 45 Jahren von den Christen gesteinigten Mathematikerin und Philosophin Hypatia und zählt insgesamt 121 weitere Frauen aus aller Welt auf, die sich in der Mathematik einen Namen gemacht haben.

Doch damit nicht genug: Frauen können das Fach Mathematik sogar besser unterrichten als Männer – das fanden die beiden Wissenschaftler Gustav Lörcher und Peter Maier bei ihrer Umfrage heraus. Zum einen profitieren die Mädchen davon, wenn sie von einer Mathelehrerin unterrichtet werden. Zum anderen haben Mädchen und Jungen, die in Großstädten zur Schule gehen, bei Mathelehrerinnen bessere Noten. Zum Dritten schneiden auch ausländische Schüler und Aussiedlerkinder besser ab, wenn ihnen eine Frau Algebra und Geometrie beibringt.

Gustav Lörcher, Peter Maier, Was erreichen Schüler und Lehrer im Fach Mathematik? Eine empirische Analyse der Realschulabschlussprüfung 1998 in Baden-Württemberg, Pädagogische Hochschule Freiburg vom 3. November 2000; www.agnesscott.edu/lriddle/women/women.htm.

Medien
Je mehr Journalistinnen es gibt, desto häufiger wird auch über Frauen berichtet

Ob Zeitung, Radio und Fernsehen – früher war der Medienberuf eine Domäne für Männer. Doch das hat sich im Laufe der Jahre geändert: Immer mehr Frauen arbeiten als Journalistinnen und speziell als Reporterinnen, Korrespondentinnen, Moderatorinnen und Nachrichtensprecherinnen. Wie hoch der Frauenanteil in den einzelnen Medien tatsächlich ist, könnte man bei Zeitungen und Zeitschriften anhand des Impressums ermitteln. Schwieriger wird es jedoch, wenn es um die Frauenquote in den Funkhäusern und bei den Fernsehsendern geht – in Deutschland wäre es vielleicht noch möglich, die Zahlen herauszufinden, doch auf die weltweit erscheinenden Medien bezogen, würden die Nachforschungen wahrscheinlich sehr aufwändig.

Aus diesem Grunde wurde das »Global Media Monitoring Project« ins Leben gerufen, das bereits 1995 und dann noch mal im Jahr 2000 eine weltweite Untersuchung koordinierte. An dem ehrgeizigen Projekt beteiligten sich Arbeitsgruppen aus 71 bzw. 70 Ländern. An einem kurzfristig bekannt gegebenen Stichtag werteten sie die Titelseiten der größten Tageszeitungen und die Hauptnachrichten im Radio und im Fernsehen aus. Der Fragebogen zielte auf verschiedene Aspekte – unter anderem auch auf den Journalistinnenanteil und die Nennung von öffentlich interessanten Frauen in den Medien.

Die Daten für Deutschland analysierte der Journalistinnenbund, das ist ein bundesweites Netzwerk von Journalistinnen, die für Printmedien, Radio- und Fernsehsender und im Online-Bereich arbeiten. Für den Stichtag am 1. Februar 2000 werteten die deutschen Journalistinnen 37 Zeitungen, nahezu drei Stunden Hörfunk- und fast neun Stunden Fernsehnachrichten aus (1995: 28 Zeitungen, sechs Stunden Hörfunk- und über sieben Stunden Fernsehnachrichten).

Das Ergebnis: Der Anteil der Journalistinnen, die am Stichtag namentlich die Nachrichten machten, stieg innerhalb von fünf Jahren von 41 auf 43 Prozent. Den höchsten Prozentsatz erreichten die Journalistinnen im Jahr 2000 beim Fernsehen (44,1 Prozent) und beim Radio (41,6 Prozent). Bei den Zeitungen lag die Frauenquote nur bei 26 Prozent.

Der steigende Trend zeigt sich vor allem beim Fernsehen, denn dort kommen Frauen nicht nur als Sprecherinnen vor, sondern auch als Moderatorinnen: Am Stichtag 2000 präsentierten bei der ARD, beim ZDF und den sieben dritten Programmen je zwölf Frauen und zwölf Männer die Nachrichten, bei den privaten Sendern (Sat1, RTL, Pro7, Vox) war das Verhältnis von Moderatorinnen zu Moderatoren 1 zu 3. In den Fernsehnachrichten kamen 49 Reporterinnen zu Wort, das sind 45 Prozent. Und auch die Auslandsberichterstattung war nicht nur den Männern vorbehalten. Unterrepräsentiert waren die Journalistinnen jedoch bei den Kommentaren.

Auch in den anderen Ländern zeigt sich, dass der Journalistinnenanteil im Laufe von fünf Jahren gestiegen ist: Im Jahr 2000 hatte Thailand die weitaus höchste Frauenquote mit 67 Prozent, gefolgt von Australien mit

51,1 Prozent – bei den anderen Ländern lag der Anteil unter 50 Prozent. Indien war das einzige Land, in dem die Journalistinnenquote gesunken war: Mit 48,2 Prozent lag sie jedoch immer noch höher als in den USA (39,3 Prozent), Kanada (40,8 Prozent), Deutschland (41,5 Prozent) und Großbritannien (45,2 Prozent).

Weltweit arbeiten also immer mehr Journalistinnen für die Titelseiten der Tageszeitungen und die Hauptnachrichten im Radio und im Fernsehen. Zugleich weiß man, dass die Frauen auch in der Politik und in der Wirtschaft auf dem Vormarsch sind und immer häufiger für meldenswerte Nachrichten sorgen. Doch kann man daraus tatsächlich den Schluss ziehen, dass heutzutage tatsächlich häufiger über Frauen berichtet wird?

Nein, lautet die Antwort: »Ein Zusammenhang zwischen der Anzahl von Journalistinnen und einer verbesserten Präsenz von Frauen in der Berichterstattung ist in keinem Land zu erkennen. Vielmehr sinkt sogar der prozentuale Anteil der Frauen in der Nachrichtengebung«, erklärt Marlies Hesse vom Journalistinnenbund.

Die Zahlen belegen diesen rückläufigen Trend: In Deutschland sank der Frauenanteil bei der namentlichen Nennung in den Nachrichten von 15,5 auf 12,5 Prozent: Am Stichtag 2000 wurden im Fernsehen 61 Frauen und 325 Männer genannt, im Radio waren es 37 Frauennamen und 341 Männernamen und in den Printmedien lag das Verhältnis bei 126 Frauen zu 1.154 Männern. Ein ähnliches Ergebnis meldeten die Arbeitsgruppen aus den USA: Dort lag der Anteil der genannten Frauen 1995 noch bei 28 Prozent, fünf Jahre später waren es nur noch 22,7 Prozent. Gestiegen ist der Anteil an Frauennamen jedoch in Thailand (11,6 Prozent), Indien (17,5 Prozent), Australien (24 Prozent), Kanada (26,8 Prozent) und Großbritannien (35,1 Prozent).

Das Resümee des Journalistinnenbundes: »Deutschland hat ... einen ›Ehrenplatz‹ auf den letzten Rängen im Nationenvergleich – so viel ist sicher. Journalisten und Journalistinnen werden sich inzwischen fragen lassen müssen, wie es mit der Darstellung der Frauen in den Medien in Zukunft weitergehen soll.«

www.journalistinnen.de; »Global Media Monitoring Project«, Information des Journalistinnenbundes vom 4. April 2000.

Medikamente
Medikamente wirken bei allen gleich

Ärzte verschreiben Frauen wie Männern dieselben Medikamente in gleicher oder meist ähnlicher Dosis. Bevor jedoch Arzneimittel auf den Markt kommen, werden sie in aller Regel ausschließlich an Männern erprobt, außer es handelt sich exklusiv um vorgesehene Medikamente für Frauen. Die Ergebnisse aus den Männertests werden direkt auf die Frauen übertragen.

Frauen werden normalerweise nicht in die Tests mit einbezogen, weil diese komplizierter und teurer würden. Zum einen haben Frauen einen monatlich schwankenden Hormonhaushalt, so dass die Wirkung einer Substanz nicht eindeutig zugeordnet werden kann. Verhütet eine Frau mit der Pille, so können diese künstlichen Wirkstoffe die Testsubstanz beeinflussen. Während der Tests kann eine Frau schwanger werden und dann ist nicht ausgeschlossen, dass das Ungeborene Schäden davonträgt. Mittlerweile haben jedoch Wissenschaftler erkannt, dass an Männern gewonnene Ergebnisse nicht einfach auf Frauen übertragbar sind.

Beispiel Narkose: Frauen erwachen schneller aus der Narkose als Männer, brauchen dann jedoch rund 25 Prozent länger als diese, um sich völlig von den Nebenwirkungen zu erholen. Das liegt an der besonderen Fettlöslichkeit bestimmter Narkotika. Und da Frauen normalerweise einen höheren Anteil an Fettgewebe im Körper haben, werden Narkosemittel schneller aus dem Blut entfernt und im Fettdepot gespeichert. Das Medikament wirkt deshalb zunächst kürzer als bei Männern, speichert die Wirksubstanz jedoch länger im Körper, und Nebenwirkungen halten dadurch länger an. Bei Männern hat das Leberenzym die Substanz dann bereits abgebaut.

Beispiel Acetylsalicylsäure, etwa Aspirin: Diese Substanz beugt bei Frauen Herzinfarkten nicht so gut vor wie bei Männern. Wahrscheinlich reagieren die Blutplättchen (Thrombozyten) von Frauen anders auf die Acetylsalicylsäure.

Auch Sexualhormone wie Östrogene, Gestagene und Androgene führen dazu, dass ein Medikament bei Frauen anders als bei Männern wirkt. In der Leber der Frau sind beispielsweise mehr Cytochrome vorhanden – so nennt man Enzyme, die Östrogene im Körper abbauen. »Da Frauen von Natur aus eine größere Menge davon haben, ist ihr Körper hier mit mehr und effektiveren Abbauenzymen ausgestattet«, erklärt Petra Thürmann vom Institut für klinische Pharmakologie in Wuppertal. Und deshalb wirken einige Schlafmittel, pflanzliche Wirkstoffe und Mittel, die das Immunsystem unterdrücken, bei Frauen schwächer und kürzer. Deshalb sollen nun seit Ende der 90er Jahre neue Substanzen sowohl an Männern als auch an Frauen ausprobiert werden.

Der Pharmakogenetiker Michel Eichelbaum vom Institut für klinische Pharmakologie in Stuttgart fordert dagegen eine größere Berücksichtigung der genetischen Besonderheiten eines jeden Menschen. Denn er stellte fest, dass Menschen unabhängig vom Geschlecht einige Enzyme fehlen oder diese Katalysatoren mit geringerer Aktivität arbeiten. Das hat jedoch enorme – manchmal tödliche – Auswirkungen bei der Einnahme von Medikamenten. Deshalb fordert der Wissenschaftler eine bessere individuelle Anpassung, egal, ob es sich um einen Mann oder eine Frau handelt.

»Tests ohne Quote«, Geo Wissen Nr. 26, Frau & Mann, November 2000; »Der kleine Unterschied im Beipackzettel«, Süddeutsche Zeitung, 8. Mai 2001.

Menstruation
Während der Menstruation haben Frauen keine Lust auf Sex

Unzweifelhaft besteht die Tatsache, dass das Fleisch verdirbt, wenn es von Frauen berührt wird, die ihre Regel haben.

Mitglied der Englischen medizinischen Gesellschaft, 1878

Dem Irrtum, dass »sowohl Frauen als auch Männer weniger Neigung zum Geschlechtsverkehr« haben, während die Frau ihre Tage hat, sitzen auch heute noch angesehene Wissenschaftler auf, wie etwa der englische Biologe Robin Baker. Er begründet das geringere sexuelle Interesse während der Menstruation gleich mit einem weiteren – medizinisch nicht haltbaren – Irrtum: »In dieser Zeit besteht für Männchen wie für Weibchen ein erhöhtes Infektionsrisiko.« Es ist jedoch eher so, dass Männer das Blut scheuen, das dabei die Laken tränkt. Manche Frauen schämen sich auch, weil sie sich während ihrer Menstruation nicht »sauber« fühlen. Daneben gibt es natürlich auch kulturelle Vorstellungen über die Menstruation als reinigende Periode und Zeit der Enthaltsamkeit.

Aber im Gegensatz zur oft landläufigen Meinung haben gerade in diesem Zeitraum viele Frauen mehr Lust auf Sex als sonst. Das hat verschiedene Ursachen: Möglicherweise spielt jetzt aufgrund von fehlendem Progesteron und einem relativ geringem Östrogenspiegel das im weiblichen Körper vorhandene Testosteron eine größere Rolle. Mit der Macht dieses eigentlich männlichen Sexualhormons steigt offensichtlich auch die Lust der Frau auf Sex.

Ein weiterer Grund könnte die während der Menstruation leicht reizbare Gebärmutter sein. Deren Zusammenziehen beim Orgasmus wird von der Frau stärker und lustvoller empfunden. Ganz selbstverständlich entspannt sich der Körper und das Blut kann leichter abfließen. Weil viele Frauen dem Irrtum unterliegen, während ihrer Periode nicht schwanger werden zu können, sind sie außerdem lockerer bei der Sache.

Robin Baker, Krieg der Spermien, Weshalb wir lieben und leiden, uns verbinden, trennen und betrügen, Limes Verlag, München 1997; Theresa L. Crenshaw, Die Alchemie von Liebe und Lust. Hormone steuern unser Liebesleben, Deutscher Taschenbuch Verlag, München 1999.

Mentoring

Männer helfen Frauen lieber in den Mantel als in eine interessante Stellung.

Carmen Thomas

Motorrad
Harleys sind nur was für Kerle

Motorräder der Marke Harley-Davidson sind Kult – spätestens seit den Hollywood-Filmen »Der Wilde« mit Marlon Brando und »Easy Rider« mit Peter Fonda und Dennis Hopper in den Hauptrollen. Die Maschine, die William S. Harley und die beiden Brüder Walter und Arthur Davidson im Jahr 1903 entwickelten, ist schon von weitem an dem typischen Sound des mächtigen V2-Motors und der im 45-Grad-Winkel angeordneten Zylinder zu erkennen. Ein »Moped« für ganze Kerle eben: In schwarzer Lederkluft mit Aufnähern, Fransen und Ketten fahren sie auf der Suche nach Freiheit und Abenteuern quer durch Amerika und treffen sich beim berühmten Harley-Treffen in Sturgis/South-Dakota.

Weltweit gibt es mittlerweile knapp 2,5 Millionen Harley-Fahrer, 75.000 davon leben in Deutschland. Seit 1991 treffen sich auch die deutschen Fahrer der Harleys Owner Groups (HOG) in verschiedenen Ortsgruppen. In den 57 so genannten Chaptern haben sich hierzulande rund 10.000 Fahrer organisiert.

Heiße Maschinen und hübsche Mädchen – dabei denken viele nur an die Pin-up-Girls, die sich lasziv auf den Motorrädern räkeln. Dass sich Frauen jedoch ernsthaft für Harleys interessieren und sie auch mit Begeisterung selbst fahren, wissen nur wenige.

»Ich wollte eine Harley und sonst gar nichts«, erzählt Hertha Maria Grauby. Die Münchnerin hat sich ihren Traum erfüllt und fährt einen Sportster – mit 250 Kilogramm die leichteste Maschine von Harley-Davidson. Marianne Kirmaier aus Unterhaching kaufte sich eine FXR-Lowrider und fährt damit rund 20.000 Kilometer im Jahr.

Die beiden begeisterten Harley-Fahrerinnen aus Bayern sind keine Ausnahme: 1994 gab es in Deutschland bereits 700 Frauen, die sich eine Harley zugelegt hatten. Fünf Jahre später waren es schon 9.000 – damit ist jeder achte Harley-Besitzer in Deutschland eine Frau!

Marianne Kirmeier macht sich nichts daraus, dass Männer ihre Macho-Allüren mit einer Harley ausleben: »Für manche Männer ist es eben wichtig, gesehen zu werden.« Ihre Kollegin Hertha Maria Grauby fügt hinzu: »Eigentlich finden sie das sogar gut, wenn eine Frau selbst fährt anstatt nur auf dem Sozius mitzufahren. Ein bisschen bewundern sie es sogar.«

»Harley – klare Mädchensache«, Abendzeitung vom 25. September 1999.

Mütter 1
Berufstätige Mütter sind Rabenmütter

In Deutschland bleiben die meisten jungen Mütter zu Hause oder nehmen nur einen Halbtagsjob an. Nach Angaben des Statistischen Bundesamtes gab es 1999 in Deutschland neun Millionen Mütter mit mindestens einem minderjährigen Kind. Etwa zwei Drittel dieser Mütter waren berufstätig, mehr als 90 Prozent davon arbeiteten jedoch weniger als 20 Stunden pro Woche. Viele der berufstätigen Mütter müssen sich den Vorwurf anhören, sie seien Rabenmütter. Doch geht es all diesen Kindern nun wirklich schlechter als den Mädchen und Jungen, deren Mütter zu Hause bleiben? Sind die berufstätigen Mütter wirklich Rabenmütter? Nein, antworten die Experten auf solche Fragen:

– Wissenschaftler der Hebräischen Universität in Jerusalem werteten 59 Studien aus aller Welt aus. Sie konnten keine schädlichen Auswirkungen auf die Mädchen und Jungen feststellen, die vom frühen Kindesalter an von Fremden betreut wurden. Die Leiterin der Studie Osnat Arel erklärte, dass es für entsprechende Bedenken berufstätiger Mütter »keinerlei wissenschaftliche Basis« gebe.

– In ihrem Buch »Mythos Mutterschaft« kommt auch die amerikanische Psychotherapeutin Shari Thurer zu dem Ergebnis: »Erschöpfende Studien aus zwei Jahrzehnten haben keinerlei Beweise für die negativen Folgen von Tagesbetreuung erbracht.«

– Kinder berufstätiger Mütter zeigen »nicht mehr, sondern weniger Auffälligkeiten in Entwicklung und Verhalten«, meint sogar der Bonner Professor Hans G. Schlack. »Berufstätigkeit kann so viel zur Lebenszufriedenheit von Müttern (und Vätern) beitragen, dass dadurch offenbar auch die psychischen Bedürfnisse der Kinder insgesamt besser erfüllt werden.«

– Familienministerin Christine Bergmann ist überzeugt davon, dass Kinder unter einer Fremdbetreuung nicht leiden müssen: »Es ist viel schädlicher für das Klima in der Familie, wenn die Mutter unzufrieden ist, weil sie gerne arbeiten möchte, aber das nicht kann, weil sie keine Kinderbetreuung hat.«

– Einige Kinder finden es sogar gut, dass ihre Mütter arbeiten gehen, denn so kann sich die Familie etwas mehr leisten – was ja auch den Kindern zugute kommt. Ähnlich positive Antworten erhielt auch die Münchner Richterin Marianne Grabrucker, als sie für ihr Buch »Karrieremütter – Superkids?« mit jungen Frauen und Männern sprach, deren Mütter sich früher voll im Beruf engagiert hatten. Alle befragten Personen hatten grundsätzlich Verständnis für die Entscheidung ihrer Mütter – auch wenn einige manchmal gern etwas öfter mit ihren Müttern zusammen gewesen wären und nicht ganz so begeistert davon waren, dass sie schon so früh selbstständig werden mussten. In einem waren sich die befragten Töchter und Söhne jedoch einig: Schon als Kinder hatten sie den beruflichen Erfolg ihrer Mütter bewundert, sie seien ihnen immer ein gutes Vorbild gewesen.

– Auch eine amerikanische Langzeitstudie von 1976 bis 1994 entlastet berufstätige Mütter von dem Vorwurf, Rabenmütter zu sein: Die Psychologin Elizabeth Harvey hatte 12.600 Mütter und Kinder einmal pro Jahr befragt und psychologisch getestet. Der einzige Wermutstropfen: Wenn die Mütter gleich nach der Geburt wieder arbeiteten, waren die Drei- bis Vierjährigen etwas weniger folgsam als die Kinder, deren Mütter erst nach einem dreijährigen Erziehungsurlaub wieder in den Beruf zurückkehrten. Hinzu kam, dass die Kinder berufstätiger Mütter zeitweise etwas schlechter in der Schule waren als die der nichtberufstätigen Mütter. Elizabeth Harvey stellte jedoch fest, dass sich diese Entwicklung im Laufe der Jahre wieder legt.

»Courage, Mütter!«, in: Stern, 10/2001; »Mutter arbeitet – und dem Kind geht's gut«, Psychologie heute, Februar 2000; »Tschüs, Mami«, in: Menschenskinder, Spiegel special, 12/1997; »Hauptsache, wir haben genug Geld«, taz vom 8. März 1999; »Rabenmamas und Superfrauen«, Psychologie heute, September 1995; »Zwei Drittel der Mütter gehen arbeiten«, Süddeutsche Zeitung vom 12. Mai 2000; »Kinder und Krabbelgruppen: Egoistisch und unkooperativ?«, Psychologie heute, Februar 1997.

Mütter 2
Mütter können keine Karriere machen

Warum haben Männer keinen Busen? Antwort: Weil sie mit einer Doppelbelastung nicht klarkommen.

Lisa Fitz

Morgens hetzen sie zur Kinderkrippe, in den Kindergarten oder in die Schule, dann geht es im Laufschritt ins Büro, mittags oder nachmittags müssen sie sich beeilen, um ihre Töchter und Söhne wieder rechtzeitig abzuholen. Und zwischendurch kann es immer wieder mal sein, dass sie durch einen Anruf aufgeschreckt werden: »Ihrem Kind geht es nicht gut.

Könnten Sie bitte sofort kommen?« So oder so ähnlich sieht der Alltag mancher berufstätiger Mutter aus – und da ist es kein Wunder, dass sich einige darüber beklagen, bei all den familiären Belastungen keine »richtige« Karriere machen zu können.

Wenn Mütter berufstätig sind, können sie nicht unbedingt darauf zählen, dass ihnen ihre Partner den Rücken freihalten. Denn an der traditionellen Rollenaufteilung hat sich bis heute noch nicht allzu viel geändert: Jede zweite berufstätige Mutter sagt, sie sei hauptsächlich für den Haushalt und die Kinder zuständig. Bei den Männern ist es nur jeder zehnte, der diese Doppelbelastung meistern muss.

Die meisten der Karrierefrauen scheinen jedoch Job, Familie und Haushalt ganz gut unter einen Hut zu bekommen. Diesen Eindruck muss man jedenfalls bei dem Blick auf die letzten Umfrage-Ergebnisse gewinnen: 1998 interviewte die Hamburger Professorin Sonja Bischoff 165 Frauen, die in Führungspositionen arbeiten – die Hälfte davon waren Mütter, die meisten hatten jeweils ein Kind.

Nun könnte man annehmen, dass die Frauen, die am höchsten auf der Karriereleiter stehen, es nur deshalb so weit schafften, weil sie auf Kinder verzichteten. Das ist aber nicht der Fall: Denn der Anteil der Frauen mit Kindern war in der ersten Führungsebene mit 60 Prozent am höchsten, drei Frauen hatten drei Kinder, eine war Mutter sogar von vier Kindern. In der zweiten und dritten Ebene lag die Mütterquote bei je 45 Prozent.

Wo ein (Karriere-)Wille ist, scheint also auch ein Weg zu sein. Denn nur sechs Prozent der erfolgreichen Mütter gaben an, ihre Kinder seien ein Hindernis auf dem Weg nach oben gewesen. Alle anderen waren zielbewusst genug und machten sogar »trotz eigener Kinder« Karriere.

Sonja Bischoff, Männer und Frauen in Führungspositionen der Wirtschaft in Deutschland, Wirtschaftsverlag Bachem, Köln 1999; »Fordert, was ihr kriegen könnt«, Der Spiegel, 47/1999; »Sehen Sie das Gute an der Macht!«, Marie Claire, 1/2000.

Mütter 3
Es gibt nur Mutter-Kind-Kuren

Viele Familien kennen Mutter-Kind-Kuren und sind froh, dass es so etwas gibt. Denn ausgebrannte Mütter erhalten dort zusammen mit ihren oft kranken kleinen Kindern eine kurze Verschnaufpause vom sonst anstrengenden Alltag. Doch auch Männer können mit der Doppelbelastung Beruf und Kindererziehung überfordert sein, vor allem, wenn die Kinder chronisch krank sind. So wurde schon seit langem die Frage laut: Und wo bleiben die Väter? Denn Väter, die eng in die Kindererziehung eingebunden sind, leiden ebenso wie Mütter am Burn-out-Syndrom, nur neigten sie eher als Mütter dazu, diese Leistungsgrenzen nicht zu akzeptieren.

Sicher, unter der Hand konnten sich Väter schon mal mit der Mutter eine solche Kur zeitlich aufteilen. Isoliert hockten die Männer dann jedoch unter den Frauen und galten als Exoten. Doch jetzt gibt es auch Vater-Kind-Kuren. Teilnehmen können Männer mit gesundheitlichen Problemen wie Herz-Kreislauf-, Haut- und Bronchialerkrankungen. Weitere Voraussetzung ist, dass sie mit ein oder zwei Kindern im Alter von drei bis zehn Jahren anreisen. Das Besondere an Vater-Kind-Kuren: Hier arbeiten Männer für Männer. Denn Männer ticken bekanntlich anders. Ein Arzt untersucht sie, ein Psychologe versucht Hilfestellung zu geben und auch ein Pädagoge ist zur Stelle. Nicht wenige Männer erzählen dann zum ersten Mal von gesundheitlichen Sorgen und ihren psychischen Nöten.

»Wenn der Vater mit dem Sohne gemeinsam zur Kur geht«, Ärzte Zeitung, 23. Mai 2001; »Mit Vätern ist vieles völlig anders«, Ärzte Zeitung, 23. Mai 2001.

Nackt

*Männern sind schicke Kleider sowieso egal, die wollen uns nur nackt se-
hen. Frauen haben sich darauf längst eingestellt und machen sich nur wegen anderer Frauen zurecht.*

Sandra Bullock

Nase
An der Nase des Mannes erkennst du seinen Johannes

Über kein Organ werden so viele Mythen verbreitet wie über des Mannes
Geschlechtsorgan. Ein Grund mehr für Männer, nach dem Sport in den
Gemeinschaftsduschen ganz unauffällig den Penis ihres Nachbarn mit
dem eigenen zu vergleichen. Und dabei geht der Blick häufig verstohlen
vom Penis zur Nase, denn jeder kennt den Spruch: »Wie die Nase des
Mannes, so sein Johannes«. Verlässliche Untersuchungen zu diesem span-
nenden Thema gibt es bisher kaum. Vieles ist reine Vermutung, auch die,
dass der Spruch völlig falsch sei. Amerikanische Forscher kamen allerdings zu dem Schluss, dass eine schwache Beziehung zwischen Penis- und
Fußgröße besteht. Wer's glaubt.

Eine Befragung erfahrener Gemeinschaftsduscher ergab, dass ein Zusammenhang zwischen Riecher und Pimmel in gleicher Weise vorhanden
wie nicht vorhanden ist. Leider hatte die Crew keine Gelegenheit, bestimmte Krümmungen und Größen bei so unterschiedlichen Nasenmen-
schen wie etwa Japanern oder Arabern zu überprüfen. Wir regen an, in
dieser Richtung mal weiter zu forschen.

Inzwischen kam tatsächlich eine halbwegs seriöse Untersuchung zu diesem Thema auf den Tisch. In wahrer Fleißarbeit untersuchten die koreani-
schen Wissenschaftler Jong Cheol Woo und Nam Cheol Park bei 655 erwachsenen Männern mögliche Zusammenhänge zwischen der Penisgröße
und der Größe anderer Körperteile. So fragten sich die Forscher, ob etwa
die Penisgröße der Länge des ersten, zweiten oder dritten Fingers entspre-
che. Sie untersuchten auch einen möglichen Zusammenhang zwischen Ze-
hengröße und Länge des Penis. Ebenso verglichen sie Ohren, Nase, Körpergröße, Gewicht oder das mehr oder wenig üppige Kopfhaar mit dem so
genannten besten Stück des Mannes.

Zwar fanden sich ganz geringe Zusammenhänge zwischen der Penis-größe und der Körperlänge, dem Körpergewicht und – doch erstaunlich – der Länge des dritten und des ersten Zehs. Allerdings, so die Wissen-schaftler, reichen die gefundenen Zusammenhänge nicht aus, um aus äu-ßeren Merkmalen Rückschlüsse auf die Größe des Penis ziehen zu können.

Marc Abrahams (Hrsg.), Der Einfluss von Erdnussbutter auf die Erdrotation. Forschungen, die die Welt nicht braucht, Birkhäuser, Biel-Benken 1999; »Wie viel Männlichkeit braucht der Mann?«, PM, 48/1997; sieben begeisterte Sportler und Gemeinschaftsduscher; »Was Nase oder Glatze verraten«, Medical Tribune, 35. Jahrgang N. 51/52 vom 22. Dezember 2000.

Obdachlos 1
Obdachlose Männer sind dumm und faul

Sie wollen nicht arbeiten gehen, sondern betteln lieber um Geld. Sie suchen sich keine Wohnung, sondern schlafen lieber unter der Brücke. Und vor allem saufen sie den ganzen Tag und kümmern sich nur darum, wo sie den nächsten Schluck herbekommen – so denken viele Menschen über die, die am Rande der Gesellschaft stehen: die Obdachlosen, die Penner, die Vagabunden. 1999 gab es bundesweit 131.000 allein stehende wohnungslose Männer, davon lebten mehr als 24.000 auf der Straße. Das Vorurteil »dumm und faul« trifft jedoch nicht auf alle obdachlosen Männer zu, erklärt Heinrich Holtmannspötter von der Bundesarbeitsgemeinschaft Wohnungslosenhilfe.

Eine repräsentative Stichprobe unter 12.000 wohnungslosen Personen aus dem Jahr 1998 ergab: 86 Prozent der obdachlosen Männer haben die Hauptschule, die Realschule oder das Gymnasium abgeschlossen, jeder zweite kann eine abgeschlossene Berufsausbildung nachweisen. 2,2 Prozent der Befragten waren sogar an einer Fachhochschule oder an einer Universität. Auch Akademikern kann es demnach passieren, dass sie abstürzen – pauschal davon zu sprechen, dass Obdachlose »dumm« seien, ist also falsch.

Und wie steht es mit dem Vorurteil, die Penner seien »faul«? Für Außenstehende mag es so aussehen, als ob Obdachlose den ganzen Tag lang nichts tun würden. »Sie sitzen zwar nicht acht Stunden lang am Schreibtisch, müssen aber aufgrund ihrer Lebenslage viel unternehmen, um überleben zu können«, erklärt Heinrich Holtmannspötter. »Die meisten sehnen sich nach einem bürgerlichen Leben mit einem geordneten Alltag, einer geregelten Arbeit, einem Gehalt und einer Wohnung.«

Doch diese Träume von einem »ganz normalen« Leben werden nur selten wahr. Denn die meisten Obdachlosen haben schlechte Erfahrungen mit Arbeitgebern und Behörden gemacht – deshalb wollen sie von niemandem abhängig sein und sich nicht helfen lassen. Wer unter psychischen oder psychosomatischen Erkrankungen leidet oder alkoholkrank ist, hat nur geringe Chancen auf eine Anstellung. Viele suchen deshalb nach Gelegenheitsarbeiten, um schnell etwas Geld zu verdienen. Häufig halten sie aber nicht lange durch, oder sie werden wieder auf die Straße gesetzt – und müssen sich wieder etwas Neues suchen.

Erschwerend kommt hinzu, dass Obdachlose von den meisten Menschen schief angesehen werden und sich ständig rechtfertigen müssen. Das kostet zusätzlich Kraft. Doch »faul« sind deshalb noch lange nicht alle, denn etwa jeder zweite Obdachlose bestreitet seinen Lebensunterhalt aus eigenem Antrieb. Heinrich Holtmannspötter: »Etwa 50 Prozent derer, die Anspruch auf Sozialhilfe hätten, beantragen sie nicht, weil sie sich schämen.«

Interview mit Heinrich Holtmannspötter von der Bundesarbeitsgemeinschaft Wohnungslosenhilfe, Bielefeld.

Obdachlos 2
Obdachlose Frauen sind Alkoholikerinnen

Den meisten Frauen, die keine eigene Wohnung haben, sieht man ihre missliche Lage nicht an. Und dennoch gibt es mehr obdachlose Frauen in Deutschland, als man denkt: Im Jahr 1999 waren es rund 49.000 allein stehende wohnungslose Frauen, das ist etwa ein Drittel aller Obdachlosen. Ein besonders hartes Leben haben vor allem die Menschen, die nicht in Obdachlosenunterkünften leben sondern auf der Straße: Sie schlafen in U- oder S-Bahnen, in der Bahnhofsmission, in von der Stadt geöffneten Bunkern oder in Kirchenkellern oder schlagen ihr Lager in Abbruchhäusern oder unter der Brücke auf. Insgesamt leben in Deutschland 27.000 Menschen auf der Straße, zehn Prozent davon sind Frauen.

»Das sind doch alles Alkoholikerinnen«, glauben viele. Doch das stimmt so nicht. Bei den obdachlosen Männern geht man zwar davon aus, dass etwa zwei Drittel entweder alkoholabhängig sind oder unter den Folgen des Alkoholmissbrauchs leiden. Die Situation der weiblichen Obdachlosen sieht jedoch etwas anders aus: »Solange die Frauen noch in ihren Familien leben, müssen sie funktionieren. Viele schützen ihre alkoholkranken Männer, damit alles weiterläuft. Wenn sie auch trinken würden, würde alles ins Wanken kommen«, erklärt Carol Wandt, die das Münchner Frauenobdach Karla 51 leitet. »Wenn Frauen zu Alkoholikerinnen werden, fällt das in einer Familie viel schneller auf. Frauen können nicht erwarten, dass sie von ihren Männern gedeckt werden, und tun deshalb eher etwas dagegen. Außerdem vertragen Frauen viel weniger Alkohol und gehen viel schneller als Männer zugrunde.« Die Sozialarbeiterin schätzt, dass nur etwa 500 von den insgesamt 4.000 Frauen, die in den vergangenen vier Jahren im Münchner Frauenobdach übernachteten, Alkoholikerinnen waren. Fast alle lebten ohne Partner und ohne Kinder.»Es kommen auch etliche Mütter mit ihren Kindern zu uns. Doch von den Frauen waren vielleicht nur drei oder vier alkoholkrank«, so Carol Wandt.

Interview mit Carol Wandt, Leiterin des Frauenobdachs Karla 51 der Inneren Mission, München; Interview mit Heinrich Holtmannspötter von der Bundesarbeitsgemeinschaft Wohnungslosenhilfe, Bielefeld.

Oralsex

Wenn eine Frau schon im Oval Office sein muss, dann sollte sie ihre Finger lieber an Bills Gemächt als am roten Knopf haben.

Tony Parsons

Orchester
Musikalisch Begabte können in Spitzenorchestern mitspielen

Viele Frauen sind musikalisch, keine Frage. Doch bei einigen Konzerten muss man erst das Opernglas zücken, um unter all den Frackträgern auf der Bühne auch mal eine Frau im Abendkleid zu entdecken. Denn professionelle Geigerinnen, Cellistinnen und Flötistinnen gibt es nur wenige. Von Dirigentinnen, Kapellmeisterinnen und Generalmusikdirektorinnen ganz zu schweigen.

Viele Orchester in Mitteleuropa haben nur einen sehr kleinen Frauenanteil: Bei den Wiener Philharmonikern gibt es erst seit 1997 eine Frau, die Harfespielerin tritt zusammen mit 149 Männern auf. Die Situation bei den Wiener Symphonikern ist ähnlich: Dort kommen drei Frauen auf 124 Männer. Bei der Tschechischen Philharmonie sind es vier Frauen und 120 Männer. In deutschen Orchestern lag der Frauenanteil 1994 bei 16 Prozent, wobei die Tendenz besteht: Je bedeutender ein Orchester ist, desto weniger Frauen spielen mit. Dieser Eindruck ergibt sich zumindest bei der Staatskapelle Dresden, die nur fünf Frauen und 144 Männer (drei Prozent) verpflichtet hatte, bei den Berliner Philharmonikern mit sieben Frauen und 120 Männern (fünf Prozent) und bei der Dresdner Philharmonie, wo es seinerzeit sechs Musikerinnen und 117 Musiker gab (fünf Prozent).

Diesen Trend bestätigt auch eine Studie der Münchner Professorin Jutta Allmendinger und des Harvard-Professors Richard Hackmann. Das Ergebnis: In kleineren Orchestern beträgt der Frauenanteil 21 Prozent, in führenden Orchestern sind es jedoch nur 13 Prozent.

Kurz darauf meldete die »Deutsche Orchestervereinigung«, dass der Frauenanteil weiter gestiegen sei: Mittlerweile gäbe es einen Frauenanteil von 26 Prozent, Frauen hätten 22 Prozent aller Führungspositionen bei den Streichern und 15 Prozent bei den Bläsern inne.

Die Posaunistin Abbie Conant bezweifelt solche Erfolgsmeldungen, denn an der Umfrage hat nur ein Drittel der Orchester teilgenommen: »Es werden natürlich eher die Orchester antworten, die mit einem höheren Frauenanteil aufwarten können.«

Die »Deutsche Orchestervereinigung« gab auch an, dass zwei Solo-Posaunen-Stellen und 26 Stellvertreterstellen mit Frauen besetzt seien. »Als Posaunistin kenne ich die Szene ziemlich gut«, erklärt Abbie Conant in einem Interview, »meinem Ermessen nach sind es höchstens ein Drittel so viel.« Die Posaunistin weiß, wovon sie spricht, denn sie musste elf Jahre lang um ihre Solistenstelle bei den Münchner Philharmonikern kämpfen: »Als ich meine Position wiedergewonnen hatte, stufte mich die Stadt München in eine niedrigere Gehaltsstufe ein als alle meine männlichen Solobläser-Kollegen.«

Selbst wenn wir die optimistischsten Zahlen annehmen würden, liegen die deutschen Orchester mit einem Frauenanteil von 26 Prozent hinter anderen Staaten wie Großbritannien (30 Prozent) und den USA (36 Prozent) zurück.

Nachdenklich stimmt auch die Situation bei den Pianisten: Denn die Zahl der Frauen, die in den Pianistinnen-Klavierbüchern eingetragen sind, ist seit 1920 von 50 auf zehn Prozent gesunken. Und nur eine von 50 Schallplatten wird von Pianistinnen bespielt.

Wenn es dann auch noch um die Spitzenpositionen geht, sieht es bei den

Orchestern – wie überall anders in der Wirtschaft auch – ziemlich schlecht für die Frauen aus. So lassen sich zum Beispiel die Dirigentinnen namhafter Orchester an einer Hand abzählen: Mit Simone Young dirigierte erstmals eine Frau Wagners »Ring« an der Berliner Staatsoper. Sian Edwards arbeitet seit 1990 eng mit der English National Opera zusammen und war die erste Frau, die am Royal Opera House in Covent Garden ein Orchester leitete. Julia Jones ist seit 1998/1999 Chefdirigentin am Theater Basel und Marie-Jeanne Dufour wurde mit der Spielzeit 2000/2001 neue musikalische Leiterin der Internationalen Opernstudios am Opernhaus Zürich. Hinzu kommt noch die Dirigentin Catherine Rückwardt, die sich an der Frankfurter Oper einen Namen als Erste Kapellmeisterin machte und ab der Spielzeit 2001/2002 Generalmusikdirektorin des Staatstheaters Mainz wird. Zu ihrer Berufswahl sagt sie: »Die Selektion beginnt schon bei der Aufnahme des Studiums. Mir ist die Idee gar nicht gekommen, Dirigentin werden zu können – als Mann hätte ich daran sicher gedacht ... Der Dirigent ist die letzte Bastion der Vaterfigur.«

»Der Status von Frauen in deutschen Orchestern«, www.klassik.com; »Selbstverständlich stark«, Emma, November/Dezember 1998; »Frauen im Musikbusiness«, womanticker vom 20. März 2000; »Die Jungs teilen den Kuchen unter sich auf«, www.klassik.com; »We'll sing from our hearts«, in www.osborne-conant.org/iafm.htm; »Mit der Leichtigkeit Goldonis«, in: www.nzz.ch/2001/04/06/ku/page-article7BG1N.html; home.datacomm.ch/sinfonietta/ Archiv/Dirigenten/Julia_Jones.htm.

Orgasmus 1
Der Orgasmus spielt für die Frau keine große Rolle

Frauen wollen gar nicht unbedingt einen Orgasmus bekommen. Davon sind viele Männer überzeugt. Konrad Sprai, Berliner Sexualberater, fand bei einer Umfrage unter 703 Frauen und 510 Männern im Alter zwischen 18 und 65 Jahren heraus, dass 74 Prozent der Männer der These zustimmten, für Frauen sei die sexuelle Befriedigung nicht so wichtig wie für Männer. Nachdem der Therapeut Männern und Frauen die Frage vorlegte, ob sie auch in einer kurzfristigen Beziehung sexuelle Befriedigung suchten, kreuzten zwar 87 Prozent der Männer die Antwort ja an, hingegen nur fünf Prozent der Frauen.

Wollen Frauen nicht sexuell befriedigt werden? Sprai zufolge wäre das eine üble Fehlinterpretation des Ergebnisses. Sicher, viele Frauen glauben auch heute noch, dass ein Orgasmus im Leben der Frau nicht die entscheidende Rolle zu spielen habe. Sie sind unsicher, ob sie das einfordern können, was sie gern haben würden. Laut einer Umfrage von 1998 waren 63 Prozent der Frauen der Ansicht, dass Männer immer noch nicht wissen, welche sexuellen Wünsche Frauen haben. Wie aber sollen Männer wissen, was Frauen wollen, wenn sie nicht miteinander darüber sprechen?

Frauen haben nicht den Mut, befriedigenden Sex von den Männern einzufordern. Wie die Psychologin Kirsten von Sydow feststellte, »erlangen viele Frauen erst mit der Zeit den Mut, sexuelle Initiative zu ergreifen«. Frauen sind sich nicht sicher, ob der Partner ausreichend Geduld, Geschicklichkeit und den Willen zum Durchhalten hat. Es gibt aber noch andere gewichtige Gründe, warum Frauen mit ihren Wünschen hinter dem Berg halten: Sagt sie offen, was sie will, glaubt er doch sofort, dass er hier einer Frau mit enormen Erfahrungen begegnet ist. Da wird er möglicherweise unsicher und sein Penis macht aus Angst vor Überforderung schlapp. Und dann ist die Partnerin an der Reihe, sich zu sorgen, ob sie tatsächlich noch seine erste Wahl ist. Ein schier unlösbares Dilemma also, wie Psychologen vermuten.

Konrad Sprai stellte in seiner Umfrage den Frauen folgende Frage: »Würde Sie die Vorstellung, Sie haben einen Partner, der im Bett sehr liebevoll ist, und Sie immer sexuell befriedigt... sehr glücklich machen? 83 Prozent der befragten Frauen antworteten darauf mit: »Ja, stimmt«.

Fazit des Forschers Sprai: Dass Frauen sexuell weniger stark befriedigt sein wollen, gehört ins Reich der »patriarchalischen« Märchen und Mythen. Weil es aber immer noch an der Kommunikation hapert, bleibt das Bett in vielen Beziehungen weiterhin ein undurchsichtiges Exerzierfeld, auf dem um sexuelle Befriedigung stumm gerungen wird.

Konrad W. Sprai, Liebe, Lust, Frust. Über die Unfähigkeit der Männer, Frauen glücklich zu machen, Holzinger Verlag, Berlin 1995; »Die wahre Lust der Frauen«, Focus, 4/1998.

Orgasmus 2
Der vaginale Orgasmus ist besser als der klitorale

Vaginal ist es schöner als klitoral. Diese Annahme geht auf Sigmund Freud zurück. Vereinfacht nannte er den vaginalen Orgasmus, der ohne die Stimulierung der Klitoris zustande kommt, den »reiferen Orgasmus«. Der Höhepunkt, den die Frau durch Anfassen und Reiben der Klitoris erlebt, war für ihn Beweis einer unreifen weiblichen Sexualität. Der kindliche, klitorale Orgasmus sollte durch die psychosexuelle Reife der Frau von einem vaginalen abgelöst werden.

Diese Theorie sorgte für jahrelange Diskussionen unter Fachleuten und für große Verunsicherung in vielen Schlafzimmern. Unzählige Frauen warteten vergeblich auf den vaginalen Orgasmus und Männer warfen ihren Partnerinnen fehlende erotische Empfindsamkeit vor, weil sie durch die reine Stimulation mit dem Penis nicht zum Höhepunkt kommen konnten.

Die Diskussion »klitoral« oder »vaginal« wurde auch deshalb so heftig geführt, weil der »klitoralen Fraktion« ebenso viele Frauen gegenüberstanden, die ein vaginales Erlebnis bestätigten. Manche Frauen möchten vor allem vorne an ihrer so genannten Perle stimuliert werden, andere finden es sehr erregend, einen Penis in sich aufzunehmen, von ihm ganz erfüllt zu sein. Die amerikanischen Forscher William Masters und Virginia Johnson stellten schließlich fest, dass immer die Klitoris am Zustandekommen eines Orgasmus beteiligt ist, selbst dann, wenn eine Frau ausschließlich durch die Stimulation ihrer Brüste zum Höhepunkt kommt. Denn kurz vor dem Orgasmus reagieren Klitoris, Harnröhre und Vagina gleichzeitig.

Sabina Riedl, Barbara Schweder, Der kleine Unterschied. Warum Frauen und Männer anders denken und fühlen. Deuticke, Wien, München 1997; Gerti Senger, Walter Hoffmann, Die sexuelle Kraft der Frau, Deuticke, Wien, München 1998; Doris Christinger, Auf den Schwingen weiblicher Sexualität. Eine Liebesschule für Frauen, Pendo, Zürich, München 2000; »Wieviel Männlichkeit braucht der Mann?«, PM, 48/1997; Christine Wolfrum, Karin Hertzer, Hauptsache gesund! Das Frauenbuch für Körper und Seele, Mosaik, München 2001.

Orgasmus 3
Männer merken immer, wenn die Frau einen Orgasmus hat

Der Berliner Sexualtherapeut Konrad Sprai fordert im Rahmen einer Umfrage Männer auf: »Beschreiben Sie bitte, was passiert, wenn eine Frau einen Orgasmus bekommt?« Die Anworten variierten von »Der vaginale Orgasmus ist eine Schleimausstoßung der Scheidenvorhaut« über »Orgasmus? Ja, die Frau kommt, wenn der Mann reinspritzt« bis hin zu »Die meisten Frauen können gar keinen bekommen, da sie mit dem Alter frigide werden«. So genau wissen es Männer also doch nicht. Und manche wollen es auch gar nicht wissen.

Wen wundert's, dass nur acht Prozent der 510 befragten Männer im Alter zwischen 18 und 65 Jahren korrekt antworten konnten? Noch fragwürdiger: 29 Prozent verweigerten sogar gänzlich die Auskunft, aus der Gruppe der Akademiker war es fast die Hälfte. Wollten sich diese Hochschulgebildeten keine Blöße geben?

Die Frau zuckt und stöhnt halt wie wild, sagen die meisten. Was aber tatsächlich im weiblichen Kopf und Körper passiert, wissen die wenigsten Männer. Das Nachrichtenmagazin »Focus« spricht deshalb von »ahnungslosen Männern auf dem dunklen Kontinent der weiblichen Sexualität«. Doch das ist nur ein Teil der Wahrheit: Obgleich bei den jungen eine Trendwende auszumachen ist, tragen Frauen zur Verdunkelung bei. Sie können immer noch nicht ihre Wünsche im Bett deutlich an den Mann bringen. Klar, kann es abtörnen, wenn die Frau dem Mann beim Sex exakt sagen soll, wo sie es wie haben möchte. Davon abgesehen, lässt es den potenziellen Lover mißtrauisch werden, und er vermutet, dass sie mindestens fünf Männer mit größeren Schwänzen kennt.

Weil Frauen jedoch zunehmend mehr Selbstbewusstsein haben, geraten Männer neuerdings mächtig unter Druck. Von 2.102 in einer Studie von den Sex-Forschern Roy Stains und Stefan Bechtel befragten Amerikanerinnen war nur jede Fünfte mit ihrem Sexleben wunschlos glücklich. Jeder achten Frau kommt im Bett das Vorspiel zu kurz, jede zweite spielt ihrem Liebhaber gelegentlich einen Orgasmus vor, drei Prozent sogar ständig. In einer »männerzentrierten Gesellschaft«, wie Volkmar Sigusch, Direktor des Instituts für Sexualwissenschaft der Universität Frankfurt, sagt, spielt die Lust der Frau eben eine geringere Rolle.

Um dem Orgasmusdesaster abzuhelfen, gibt der Autor Rainer Moritz einen nicht ganz ernst gemeinten Tipp: »…aufgeschlossene Männer, die nicht nur an ihr eigenes Vergnügen denken, versuchen mit Cunnilingus zu starten, das Finale hinauszuzögern und sich mit drögen Gedanken (Schwiegermutter, Silberfische, Bircher-Müsli, Roland-Kaiser-Konzert u. a.) abzulenken.« Wenn da mal das »beste Stück« nicht unterwegs schlappmacht.

Konrad W. Sprai, Liebe, Lust, Frust. Über die Unfähigkeit der Männer, Frauen glücklich zu machen, Holzinger Verlag, Berlin 1995; »Die wahre Lust der Frauen«, Focus, 4/98; »Guter Sex mit dreckigen Wörtern«, Abendzeitung vom 26. April 2000; Rainer Moritz, Das FrauenMänner UnterscheidungsBuch, Verlag C.H.Beck, München 1999.

Orgasmus 4
Männer können keinen Orgasmus vortäuschen

Wie denn auch, da gibt's doch die Beweismasse, kommt sofort als Einwand. »Wir haben es doch nicht nötig, falsche Tatsachen vorzuspiegeln«, wehren Männer außerdem ab. Das gespielte Gestöhne im Bett ist die Domäne der Frau, oder?

Falsch. Denn nun hat die Diplom-Psychologin und Sexualtherapeutin Angelina Borgaes in ihrem Dissertationsprojekt »Vorgetäuschte Orgasmen von Männern« herausgefunden, dass jeder zweite deutsche Mann im sexuell aktiven Alter mindestens schon einmal einen Orgasmus vorgetäuscht hat oder es sogar regelmäßig tut – egal ob er Single ist oder in einer festen Beziehung lebt.

Zu anderen Ergebnissen kommt eine Umfrage der Frauenzeitschrift »Freundin« unter 1.200 Personen zwischen 20 und 45 Jahren. 16 Prozent der befragten Männer gaben zu, beim Sex schon einmal den Höhepunkt vorgetäuscht zu haben. Allerdings erklärten 56 Prozent der Männer, beim Geschlechtsverkehr jedes Mal einen Orgasmus zu haben. Und was machen die übrigen 44 Prozent?

Der wichtigste Grund für eine ekstatische Bett-Vorstellung ist laut den Ergebnissen von Angelina Borgaes, dass Männer Orgasmus und Potenz gleichsetzen. Die Möchtegerne, so erfuhr die Forscherin, bringen sich mächtig unter Druck: Ein perfekter Orgasmus gehöre »zum Sex wie Tore zum Fußball« schrieb einer in den Fragebogen.

Denn noch immer gilt: »Männer wollen immer, Männer können immer und Männer kommen immer.« Und wenn nicht, müssen sie ausführlich erklären, warum es nicht funktioniert. »Frauen wollen ewig quatschen, wenn du als Mann nicht gekommen bist«, schrieb ein anderer der Befragten frustriert. Männer haben jedoch keine Lust auf Diskussion, wollen ihrer Partnerin keine Schuldgefühle machen, weil sie so lange braucht, bis sie zum Höhepunkt kommt. Lästig ist schließlich auch, beteuern zu müssen, dass das Ausbleiben seines Orgasmus nicht an ihrer nachlassenden Attraktivität liegt. Lieber tun Männer dann so als ob und rollen sich nach einem letzten wilden Stöhnen auf die Seite.

Aber wie kann ein Mann einen Orgasmus vortäuschen, ohne dass der Betrug aufkommt? Angelina Borgaes zweifelt, ob Frauen die Täuschung sofort merken würden: »Sie sondert ja schließlich auch Scheidenflüssigkeit ab, und bei ihm kommt schon mal das eine oder andere Lusttröpfchen«, erklärt sie, »da fließen einige Bäche zusammen, und das Ergebnis müsste man sehr akribisch untersuchen, um Gewissheit darüber zu haben, ob es nun einen Samenerguss gab oder nicht.« Hinzu kommt: In den Zeiten des Safer Sex benutzen Männer oft Kondome, die idealen Tarnkappen, die sie nach erlebter Lust diskret entsorgen.

»War da was?«, Amica, 4/2000; »Spiel's noch einmal, Sam«, Spiegel special, 7/1997, Süddeutsche Zeitung, 6. Juni 2000.

Orgasmus 5
Die »neuen« Männer wollen nach dem Orgasmus schmusen

Zumindest bemühen sich heute mehr Männer darum, nach dem Höhepunkt gegenüber der Partnerin wenigstens noch eine gewisse Aufmerksamkeit gegenüber der Partnerin aufzubringen. Doch die Müdigkeit ist oft stärker und schließlich gewinnt sie die Oberhand: Der Mann rollt sich auf die Seite und möchte nur noch eins: nämlich schlafen. Warum aber tut das der Mann nach dem Orgasmus? Ist er wirklich so gefühllos?

Nein, sagen Wissenschaftler. Er ist müde, sogar hundemüde, weil sein Hormonhaushalt völlig erschöpft ist. Während des Orgasmus wird das Hormon Oxytozin ausgeschüttet. Und das hat bei der Frau eine besondere Wirkung: Sie sucht die Nähe des geliebten Menschen und möchte unbedingt kuscheln. Denn Oxytozin spielt eine entscheidende Rolle für Bindung, Liebe und auch elterliche Fürsorge gegenüber dem Nachwuchs. Deshalb erleben Frauen nach der Geburt eines Kindes das absolute Oxytozin-Hoch. Warum wirkt dieses Hormon aber nur bei der Frau, nicht jedoch beim Mann? Der Effekt des Oxytozins wird bei ihm vom Männlichkeitshormon Testosteron unterdrückt. Und das ist der Grund, warum nach dem Höhepunkt die Frau ein anderes Bedürfnis als der Mann hat.

»Manner wollen nach dem Orgasmus nur noch eins: schlafen. Frauen dagegen kuscheln lieber. Warum?«, Marie Claire, 4/2001; Theresa L. Crenshaw, Die Alchemie von Liebe und Lust. Hormone steuern unser Liebesleben, Deutscher Taschenbuch Verlag, München 1999.

Orientierungssinn
Männer haben den besseren Orientierungssinn

Kennen Sie folgende Situation? Ein Paar will ein neues Restaurant ausprobieren. Sie kennen die Gegend nicht besonders gut, in dem es liegt. Der Mann fährt, die Begleiterin sitzt daneben. Nachdem sie zum dritten Mal an der gleichen Kreuzung vorbeifahren, macht die Frau den Vorschlag, anzuhalten und einen der Passanten nach dem Weg zu fragen. Die Hände über dem Lenkrad verkrampft, schaut der Fahrer verbissen geradeaus und sagt kein Wort mehr. Auch die Beifahrerin sitzt nun angespannt und schweigend daneben.

Nach weiteren 20 Minuten Irrfahrt, stehen sie unvermittelt vor der erleuchteten Fassade des gesuchten Restaurants. Freude darüber will nicht mehr so recht aufkommen. Die Spannung, die sich während der Hinfahrt aufgebaut hatte, bleibt die ganze Zeit über latent bestehen. Beiden blieb dieser Abend als Flop in Erinnerung.

Was war passiert? Insgeheim wunderte sich die Frau: »Warum geht er nicht den schnellsten und bequemsten Weg und fragt jemanden, der sich auskennt?« Und der Mann dachte: »Warum traut sie mir nicht zu, dass ich das Restaurant alleine finde?« Überzeugt davon, dass sie ihm auch in großen Dingen nichts zutraut, wenn sie bereits bei so kleinen Dingen an ihm zweifelt, ist er zutiefst verletzt.

Frauen und Männer haben unterschiedliche Strategien, ihr Leben und ihr Verhalten zu interpretieren. Und das gilt auch beim Orientieren in fremder Umgebung. Frauen macht es nichts aus, einen wildfremden Menschen nach dem unbekannten Weg zu fragen. Männer finden lieber alles selbst.

Dies ist nur eine Art – auf der Verhaltensebene – wie Mann und Frau unterschiedliche Strategien entwickeln, um sich in ihrer Umgebung zurechtzufinden. Der Mann orientiert sich an seiner Fahrtskizze im Kopf, die Frau ist für Kommunikation.

Hinsichtlich räumlicher Vorstellungskraft wurde der Frau bislang stets bescheinigt, dass sie gegenüber Männern wesentlich im Nachteil ist. Doch erst kürzlich haben Evolutionspsychologen festgestellt, dass die räumliche Vorstellungskraft der Männer keinesfalls der weiblichen überlegen ist, sondern einfach nur anders. Sie vermuten, dass diese unterschiedlichen Strategien der Orientierung aus Steinzeittagen stammen.

In einem Experiment wurden Frauen und Männer zunächst in einen Raum gebeten, der mit verschiedenem Gerümpel wie alten Büchern, Bildern und Bechern vollgestopft war. Die Versuchspersonen sollten dort warten, bis sie an die Reihe kämen. Nach zehn Minuten wurden sie in einen anderen Raum gebeten und mussten nun zu ihrer Überraschung feststellen, dass sie sich an die verschiedensten Utensilien und deren exakte Position aus dem vorherigen Zimmer erinnern sollten.

Bei diesem Test schnitten die Frauen wesentlich besser ab als die Männer. Auch nachdem die Versuchsreihe verändert wurde und man vorher die Teilnehmer informierte, dass sie sich an so viele Gegenstände wie möglich erinnern sollten – der Überraschungseffekt also wegfiel – waren Frauen immer noch wesentlich besser als die männlichen Probanden.

Bei einem weiteren Test – einem Computerspiel, bei dem ein Lichtpunkt durch ein kompliziertes Labyrinth geführt werden sollte – schnitten Frauen gut ab, wenn es Markierungspunkte gab, etwa einen Riss in der Wand oder einen Fleck auf dem Boden des Irrgartens. Wurden diese aber ausgeblendet, dann verliefen sich die Frauen häufiger in dem Computerlabyrinth als die männlichen Teilnehmer.

Zeigte man den Kandidatinnen und Kandidaten Aufnahmen verschiedener Gabelungen und Verzweigungspunkte des Tunnelsystems, das sich unter dem Universitätsgelände erstreckt, gelang es den Frauen ebenfalls häufiger, die Stelle auszumachen, wo das entsprechende Foto geschossen wurde. Andererseits waren aber doppelt so viele Männer wie Frauen in

der Lage, die richtige Zeichnung herauszufinden, auf der das echte Labyrinth skizziert war.

Was sagt uns das? Männer orientieren sich im Gegensatz zu Frauen weniger an Geländepunkten, sondern vielmehr skizzieren sie eine Reiseroute
im Gehirn, die sie dann abwandern. Das geht etwa so: erste Straße links,
dann ein Stück geradeaus und dann vierte Straße rechts abbiegen. Frauen
orientieren sich dagegen an Markierungen, deutlichen Wahrzeichen ihrer
Umgebung. Etwa so: an dem blauen Haus links bis zu dem Springbrun-
nen, dort beim Gemüseladen an der Ecke abbiegen.

Der amerikanische Evolutionspsychologe William F. Allman behauptet,
dass sich diese deutlich unterschiedliche räumliche Vorstellungskraft von
Männern und Frauen in der Steinzeit, als Männer Jäger und Frauen vor allem Sammlerinnen waren, ausprägte, weil sie unterschiedliche Aufgaben
zu lösen hatten. Als Sammlerin von Wurzeln, Beeren und Pilzen benötigte
die Steinzeitfrau ein Gehirn, das genau registrierte, wo sich welche Dinge
in der Umgebung befanden. Mühelos konnte sie sich erinnern, dass beispielsweise an einer bestimmten Kehre ein Baum mit reifen Kirschen
stand. »Die Evolution förderte entsprechend ein räumliches Vorstellungsvermögen, das in einem Suchgebiet weit verstreute, aber unbewegliche
Objekte wiederfindet«, betont Allmann.

Dagegen musste der Steinzeitmann Tiere jagen, die sich von einem zum
anderen Ort bewegten. Er musste sich sogar überlegen, wie er ihnen den
Weg abschneiden konnte. Sein Gehirn war also darauf getrimmt, räumliche Beziehungen zu beachten. Richtung und Entfernung wurden so zu den
bestimmenden Größen seines Orientierungsverhaltens.

»Die Hirnareale für die Verarbeitung geometrischer Eindrücke werden
von Männern stärker genutzt«, fand auch der Neurologe Matthias W. Rie-
pe von der Universität Ulm heraus. Bei seinem Test wurde die Gehirnaktivität von Männern und Frauen aufgezeichnet.

In einer aktuellen Studie an der Tübinger Universität »zum Orientierungsvermögen von Frauen und Männern« konnten Kulturwissenschaft-
ler und Geographen in einem fächerübergreifenden Projekt das Vorurteil,
Frauen könnten sich nicht oder nur schlecht orientieren, ebenfalls nicht
bestätigen. Vielmehr stellten die Wissenschaftler ein unterschiedliches
Selbstbewusstsein bei Frauen und Männern fest. Männer glauben sich besser orientieren zu können und übernehmen häufig und gern die Führung.

Viele Frauen überlassen ihnen diese Aufgaben mit größter Selbstverständlichkeit, weil es bequem für sie ist. Allerdings lassen sich jüngere Frauen nicht so ohne weiteres auf dieses Arrangement ein, weil sie wissen, dass sie eine größere Bequemlichkeit mit dem Verlust an Selbständigkeit bezahlen.

Und auch bei dieser Studie konnten die Forscher feststellen, dass Frauen sich zwar generell genauso gut orientieren konnten wie die Männer, jedoch andere Strategien benutzten. Sie fragten eher nach dem Weg, während Männer das Verfahren »Versuch-und-Irrtum« favorisierten.

Und noch etwas: Übung macht eben doch den Meister und gleichfalls die Meisterin. Dass Frauen Karten lesen können, wird stets von einem Großteil der Männer heftig bestritten. Das Ergebnis der Forscher: Allein die Übung macht's. Und dann sind beide gleich gut!

Die Wissenschaftler geben zu bedenken, dass häufig neue Technologien von Männern für Männer gemacht werden – Männer, die nicht fragen wollen und Routen im Kopf haben. Dagegen bleiben die Möglichkeiten, die Frauen gern benutzen, etwa das miteinander Reden unberücksichtigt.

Denn nimmt man Frauen die Orientierungspunkte und Männern das topografische Netz aus Straßen und anderen Verbindungen, dann schneiden beide in etwa gleich schlecht ab. Der geschlechtsspezifische Unterschied scheint also in erster Linie davon abzuhängen, welche Einzelheiten eines Ortes oder einer Umgebung Männer und Frauen für erinnerungswert halten. Denn beide bilden aus diesen Erinnerungen eine Art »imaginäre topografische Karte« mit jeweils unterschiedlichen Details.

Dies bestätigen auch Tests, bei denen Mädchen und Jungen nach dem Weg zu einem bestimmten Ziel gefragt wurden. Während die Mädchen etwa doppelt so viele Orientierungspunkte wie die Jungen nannten, machten Jungen eher Angaben über Entfernungen.

Frauen haben markante Zeichen im Kopf, an die sie sich erinnern. Ist deshalb noch heute die Frau die perfekte Sachensucherin?

John Gray, Männer sind anders. Frauen auch, Mosaik bei Goldmann Verlag, München 1998; William F. Allman, Mammutjäger in der Metro. Wie das Erbe der Evolution unser Denken und Verhalten prägt, Spektrum Akademischer Verlag, Heidelberg, Berlin 1996; »Studie zum Orientierungsvermögen von Frauen und Männern«, Prof. Bernd-Jürgen Warneken, Universität Tübingen, Ludwig-Uhland-Institut für Empirische Kulturwissenschaft, 1999; »Männer können sich besser orientieren«, Kölner Anzeiger, vom 23. März 2000; Robert Pool, Evas Rippe. Das Ende des Mythos vom starken und schwachen Geschlecht, Droemer Knaur, München 1995.

Paare

Die modernen unverheirateten Paare sind keine Lebensabschnittspartner,
sondern Lebensausschnittspartner – so selten, wie die sich sehen.

Gertrud Höhler

Partnerwahl 1
Der Mann nimmt sich eine Frau, die Frau kriegt einen Mann

Der Mann jagt der Frau nach, bis sie ihn erwischt.

Spruch aus den USA

Seit alters her wurden Frauen für schwach und kindlich gehalten. Sie galten als dem Mann körperlich und geistig unterlegen und von Natur aus ungeeignet für jede andere Art der Beschäftigung als Kinder zu gebären und großzuziehen. Grundlage dieser Annahmen waren Beobachtungen aus der Tierwelt. Denn, um das Verhalten des Menschen zu verstehen und zu erklären, wurden stets Forschungsergebnisse und Erkenntnisse aus der Tierwelt herangezogen. In aller Regel suchte man nach Passendem bei den Säugetieren. Doch nach den Erkenntnissen der amerikanischen Wissenschaftsjournalistin Mary Batten prägte »die traditionelle Einstellung den Frauen gegenüber ebenfalls die Forschungsergebnisse vieler Wissenschaftler, die das Verhalten weiblicher Tiere untersuchten«. Die Weibchen, von den Ratten bis zu den Schimpansen, galten deshalb jahrhundertelang generell als passiv. Einer der in diesem Forschungsbereich anders dachte, war Charles Darwin, der Vater der Evolutionstheorie. Er hatte seine Beobachtungen über die Partnerwahl schon vor mehr als hundert Jahren veröffentlicht, aber erst in den späten siebziger und frühen achtziger Jahren des 20. Jahrhunderts wurde dieses Thema wirklich zur Kenntnis genommen und diskutiert.

Irritiert stellten daraufhin Wissenschaftler fest, dass Weibchen alles andere als passiv waren und sind. Die Ansichten über das Sozialverhalten der Tiere, einschließlich »des menschlichen Tiers«, mussten deshalb neu geschrieben werden. Einen großen Anteil daran hatten Wissenschaftlerinnen, vor allem weibliche Primaten-Forscherinnen wie die Soziobiologin

Sarah Blaffer Hrdy. Sie stellte beispielsweise fest, dass Schimpansinnen Sexualität nicht nur als Möglichkeit zur Fortpflanzung einsetzen, sondern über diesen Weg auch Freundschaften mit verschiedenen Männchen pflegen und indirekt ihre Nachkommen vor aggressiven Männchen schützen.

Weibchen sind also in Wirklichkeit strategisch handelnde, durchaus konkurrierende und freie Lebewesen, die ihre Entscheidungen im allgemeinen klug und mit Sachverstand treffen.

Bei vielen Primatenarten wie beispielsweise den Berggorillas sind es auch die Weibchen, die die Paarung einleiten. Sie fordern durch Schnalzen mit der Zunge, ein Kopfschütteln oder einfach durch Annäherung ein Männchen zum Begatten auf. Schimpansinnen strecken ihr rot geschwollenes Hinterteil den Männchen ins Gesicht, um ihnen zu zeigen, dass sie paarungsbereit sind.

Auch bei anderen Tierarten fällt das wählerische Verhalten ins Auge: Der männliche Webervogel beispielsweise baut ein Nest und lockt dann durch Gesang paarungsbereite Weibchen herbei. Das Weibchen begutachtet etwa zehn Minuten lang sein Werk, zerrt daran und stochert darin herum, um festzustellen, ob es gut gebaut ist. Zu jedem Zeitpunkt der Inspektion kann das Weibchen entscheiden, dass ihm das Nest nicht zusagt und sich dann woanders umschauen. Wird das Nest von mehreren Webervogelweibchen abgelehnt, ist es nicht selten, dass das Männchen es völlig zerstört und ein neues, festeres zu bauen beginnt.

So ist es also bei den Tieren. Wie aber läuft die erste Begegnung bei den Menschen ab? Auch das haben Forscher hinlänglich studiert und die Ergebnisse erst kürzlich wieder in einer Studie des Max-Planck-Instituts veröffentlicht: Hingucken und sich schnell abwenden, wenn der andere auch guckt, dann die Augen doch wieder rüberwandern lassen, um zu sehen, ob der andere immer noch guckt. Wieder wegsehen, verschämt lächeln, denn ein bestimmtes Lächeln verspricht vieles und muss nichts halten: Dieses Verhalten beherrschen New Yorkerinnen ebenso wie Inuit-Frauen und Indianerinnen am Amazonas.

Dabei kann die Frau ihr Haar lässig über die Schulter streichen, den Hals freilegen, sich dann abwenden, etwas räkeln, wieder Blickkontakt suchen. Das sind eindeutige Flirtsignale, die Frauen meist unbewusst und daher unabsichtlich aussenden. Mit dieser Haltung fordern sie Männer auf, sich ihnen zu nähern. Der freigelegte Hals lässt sie schutzbedürftig aussehen, der vornüber geneigte Oberkörper kleiner und kindlicher, das Lächeln ermutigt. Und das wiederum stärkt das Selbstwertgefühl des Mannes, der sich dann traut, die attraktive Fremde anzusprechen. Gleichzeitig ist der Mann davon überzeugt, den ersten Schritt zu tun. Dabei hat die Schöne ihm längst mit einem kurzen Blick signalisiert »Du kannst der Auserwählte sein, der mich glücklich macht«, wie es John Gray in seinem Bestseller »Männer sind anders, Frauen auch« formuliert. Auf diese subtile Weise ist es die Frau, die eine Beziehung beginnt. Ihr Blick ermutigt ihn näherzukommen, seine Angst zu überwinden. Andernfalls hätte sie die Arme vor der Brust verschränkt und den Körper abgewendet.

Weitere Anzeichen der Ablehnung wie die Knie im Sitzen zusammendrücken und abweisend schauen, genügen dann meistens, um Interessenten in die Flucht zu schlagen. Allerdings, so die Psychologin Christiane Tramitz, brauchen Männer »äußerst klare und unzweifelhafte Signale der Zurückweisung«, bis sie es wahrhaben wollen oder können, dass sie von einer Frau abgelehnt werden. Es müssen sich also an jedem kritischen Punkt des Rituals beide Partner richtig verhalten, sonst geht die Sache schief.

Das Flirten ist in seiner Grundform bei allen Völkern der Erde gleich: Die Frau eröffnet das Spiel und signalisiert dem Mann: Du kannst näher kommen. Weder der Frau noch dem Mann sind diese Zeichen bewusst, da sie »nicht einfach ins Auge springen«, wie die Psychologin Ingrid Frisch betont.

Im nächsten Moment schnuppert sie, ob ihr sein Duft angenehm ist. Und damit meint sie nicht nur das teure After Shave, sondern seinen eigentlichen Körpergeruch. Der gibt ihrer feinen weiblichen Nase sekundenschnell Auskunft darüber, ob ihre beiden Immunsysteme zusammenpassen. Ist das Ergebnis positiv, steht einem näheren Kennenlernen nichts mehr im Weg.

Frauen wissen darum, dass der Mann immer der Aktive sein will. Er gefällt sich in der Rolle des Machers. Frauen wissen auch, dass Männer immer noch Jäger sind. Was leichte Beute zu sein verspricht, wird gering geschätzt. Und schließlich wissen sie auch, dass die eher zurückhaltende Frau beim Mann die Glut anfacht und gute Chancen bei ihm hat, falls er gerade eine Frau für eine lang anhaltende Partnerschaft sucht, Kinderwunsch inbegriffen. Viele Frauen spielen das Spiel begeistert mit, wenn sie ebenfalls gerade auf der Suche nach einer langjährigen Partnerschaft sind. Ansonsten gibt es tausendundeine Spielart, den Liebesreigen zu beginnen und weiterzuführen.

Wenn Männer erzählen, wie sie ihre Partnerin kennengelernt haben, überspringen sie interessanterweise diese Anfangsphase. In der Regel beschreiben sie ihre eigenen Aktivitäten – wie sie die Frau geküsst, gestreichelt und ins »Bett dirigiert haben«. Nur wenige Männer können sich erinnern, wer zuerst gesprochen hat oder wie er und seine Partnerin Interesse aneinander gezeigt haben.

So weit, so klar. In den Haaren liegen sich die Wissenschaftler aber, wenn es darum geht, zu erklären, warum die Frau den Mann auswählt und nicht umgekehrt.

Da gibt es die Theorie über »elterliches Investment« des amerikanischen Evolutionsbiologen Robert Trivers, die als wichtige Weiterentwicklung der Evolutionstheorie seit Darwin gilt. Dabei geht es um die jeweilige Energie, die Mann und Frau für das Aufziehen ihres Nachwuchses aufbringen. Trivers stellte fest, dass das Weibchen bereits durch die Produktion der Eizellen viel mehr von sich selbst in die Elternschaft einbringt als das Männchen, da die Zellen um ein vielfaches größer sind als der Samen und deshalb mehr Aufwand bedeuten. So ist ein Mann etwa fähig, sein ganzes Leben lang Spermien zu produzieren. Theoretisch könnte er demnach Tausende von Nachkommen zeugen. Seine Möglichkeit wird nicht durch Sperma sondern durch die Anzahl der Eier, die er befruchten kann, eingeschränkt.

Ganz anders beim Weibchen. Es besitzt schon als Embryo einen bestimmten Vorrat an entwicklungsfähigen Eizellen, der niemals aufgebraucht wird. Die verschwenderische Natur gibt dem weiblichen Baby rund 400.000 ausbaufähige Eizellen mit auf den Lebensweg, wovon eine Frau jedoch im Laufe ihres Lebens nur etwa 400 im Körper reifen lassen kann. Wichtige Investitionen der Frau sind die Schwangerschaft, die Stillzeit und häufig auch das Großziehen des Nachwuchses. Im ungünstigsten Fall bedeutet das kurze sexuelle Abenteuer eines Mannes für die Frau zwanzig Jahre Fürsorge für ein Kind. Deshalb, so meinen Forscher wie etwa Trivers, sind Frauen grundsätzlich zurückhaltender und wählerischer. Neueste Feldforschungen des britischen Biologen Robin Baker scheinen jedoch zu belegen, dass Frauen so wie die Männer zahlreiche Gelegenheiten nutzen, intim zu werden. Da Frauen aber immer noch die Hüterinnen der Gene sind, ist es von der Natur wohl so eingerichtet, dass sie auch die Wahl haben, mit wem sie sich einlassen.

»Die Vorlieben des Geschlechts, das mehr investiert – nämlich des weiblichen – bestimmen außerdem im Wesentlichen die Richtung, in die sich eine Art entwickelt. Denn das Weibchen ist die letzte Instanz, die entscheidet, wann, wie oft und mit wem sie sich paart. Dies trifft vor allem auf die Primaten zu ... Weibchen sind also, und waren schon immer, die wichtigsten Hüter des Fortpflanzungspotenzials einer Art«, so die Primatenforscherin Hrdy.

Das Fazit: Männer blasen sich auf, um attraktiver und größer zu erscheinen, wedeln mit Kreditkarten wie die Schnabelfliegen mit ihren Hochzeitsgaben oder die Leuchtkäfer mit gleißendem Licht. Doch, ob's gefällt oder nicht – das Weibchen sucht aus, mit wem es sich zusammentun will.

Dass dabei in der Verpackung nicht immer drin ist, was drauf steht, haben die Frauen offensichtlich selbst zu verantworten. Wenn nämlich auch in der Menschenwelt Männer das Ergebnis weiblicher Vorlieben sind – und vieles deutet darauf hin, dass wir uns auch in diesem Bereich nicht vom biologischen Erbe freimachen konnten – dann wirft dies kein schmeichelhaftes Licht auf die Frauen. Das viel beklagte Machogehabe wäre so gesehen eine immer wieder belohnte männliche Balzstrategie. Denn wenn aufgeblasene Angeber bei der Damenwahl abblitzen würden, dann müssten ihre Verhaltensmuster schon längst ausgestorben sein.

Mary Batten, Natürlich Damenwahl. Die Paarungsstrategien in der Natur, Deutscher Taschenbuch Verlag, München 1994; David Buss, Die Evolution des Begehrens. Geheimnisse der Partnerwahl, Goldmann Verlag, München 1994; »Er will sie, sie will ihn«, PM Perspektive Liebe, Sex & Partnerschaft 48/1997; »Urknall der Hormone«, Der Spiegel, 16/1995; John Gray, Männer sind anders, Frauen auch, Mosaik Verlag, München 1992; Andreas Hejj, Traumpartner. Evolutionspsychologische Aspekte der Partnerwahl, Springer Verlag, Berlin, Heidelberg 1996; Christiane Tramitz, Irren ist männlich. Weibliche Körpersprache und ihre Wirkung auf Männer, Bertelsmann, München 1993; Ingrid Frisch, Eine Frage des Geschlechts. Mimischer Ausdruck und Affekterleben in Gesprächen, Röhrig Universitätsverlag, St. Ingbert 1997; »Frauen in freier Wildbahn« Der Spiegel, 5/1999; Robert Wright, Diesseits von Gut und Böse. Die biologischen Grundlagen unserer Ethik, Limes, München 1996; Helen Fisher, Anatomie der Liebe. Warum Paare sich finden, sich verbinden und auseinandergehen, Droemer Knaur, München 1993.

Partnerwahl 2
Gegensätze ziehen sich an

Liebe ist die Fähigkeit, Ähnliches an Unähnlichem wahrzunehmen.

Theodor W. Adorno

Aufregend ist eine Beziehung erst dann, wenn Frauen und Männer gegensätzliche Eigenschaften haben. Alles Weitere wird sich dann schon finden, sagt der Volksmund. Stimmt nicht, entgegnen Psychologen, Biologen, Evolutionspsychologen und auch Soziologen und Anthropologen sind dieser Ansicht. Für sie gilt: Gleich und Gleich gesellt sich gern. Je nach Fachrichtung bemühen diese Forscher unterschiedliche Erklärungsansätze, warum das so ist.

Einig sind sich jedoch sämtliche Wissenschaftler, dass sich Menschen zu solchen mit ähnlicher Herkunft hingezogen fühlen. Es ist offenbar für jeden wichtig, in eine vergleichbare Familienwelt hineinzukommen, wie sie ihm schon aus der Ursprungsfamilie bekannt ist. Da gibt es ähnliche Traditionen, Geschwisterrollen und sonstige Probleme. Ebenso ausschlaggebend für die Partnerwahl und spätere Zufriedenheit in der Beziehung ist auch ein gleicher Bildungsstand.

Selbst äußerlich sucht man Gleiches. Viele Partner sind annähernd gleich schlank oder gleich dick, gleichermaßen attraktiv oder unattraktiv, ermittelten die Wissenschaftler. Dieses »Gleich und Gleich gesellt sich gern« gilt auch, wenn es ums Geld geht. Da bleiben die Reichen meistens unter sich. Und Aschenputtel liebt anders als im Märchen nicht den Prinzen, sondern den Köhlerssohn. Ausnahmen inbegriffen. Nur selten bekommt der zuverlässige, treue und nichtrauchende Maurergeselle einen schwerreichen Millionär zum Schwiegervater oder wird die kleine Angestellte vom wohlhabenden Medienmogul geheiratet. Denn die meisten Menschen kennen ihren »Marktwert« und schätzen ihre Chancen realistisch ein.

In einem aufschlussreichen Versuch an der Universität Münster bestätigten die Psychologen Werner Langenthaler und Regina Maiworm diese Theorie: Sie ließen Studenten erraten, welche Männer und Frauen in einer ihnen unbekannten Gruppe als Paare zusammengehören. Alle Personen waren in Einheitstrikots gekleidet. Die Studenten ordneten häufiger als per

Zufall möglich die richtigen Partner zueinander. Diese Paare hatten ein ähnliches Attraktivitätsniveau: hübsch zu hübsch, groß zu groß, dick zu dick, unattraktiv zu unattraktiv und so fort. Überraschend war sogar für die Forscher die Tatsache, dass Schüler im Alter zwischen zehn und 18 Jahren Paare ebenso gut erkannten, wie die »Profis« unter den Partnersuchern im Alter zwischen 20 und 30 Jahren.

Beste Voraussetzungen für eine stabile Beziehung schaffen – wie die amerikanische Wissenschaftlerin Helen Fisher feststellt – gleiche Gewohnheiten, ähnliche Interessen und Wertbegriffe, gemeinsame Freizeitbeschäftigungen und Freunde. Es kommt ebenfalls darauf an, betonen Psychologen, wie Partner sich aneinander anpassen, wie sie miteinander umgehen und Streitigkeiten austragen, wie sie zuhören oder einander zu überzeugen suchen, wenn ihre Beziehung auf Dauer halten soll. Wo wenig Kompromissbereitschaft besteht, zerbrechen Liebesbande leichter.

Allerdings ist es nicht nur die vorgefertigte »Liebeskarte« im Gehirn, wie einige Evolutionspsychologen meinen, oder die Besonderheit des Körperduftes, den Biologen ins Feld führen, die verliebtes Herzklopfen verursachen. Die damit befassten Wissenschaftler müssen wohl oder übel zugeben, dass sie das Phänomen des Verliebens noch nicht vollständig entschlüsseln konnten. Denn dabei sind mehrere komplizierte und keinesfalls leicht auseinander zu haltende Ursachen am Werk. Das ist von der Natur gut eingerichtet, weil wir uns sonst in jeden, den wir besonders sympathisch finden, auch verlieben müssten.

Und dennoch: Manchmal verstehen wir uns selbst nicht, wie wir uns gegen jegliche Vernunft in jemanden – nach Meinung Außenstehender – völlig Unpassenden Hals über Kopf verlieben. Der Familientherapeut Jürg Willi erklärt das folgendermaßen: Der »zündende Funke der Liebe« kann nur überspringen, »wenn zwei Partner von der Hoffnung erfüllt werden, miteinander und durcheinander in neue Lebensräume vorzustoßen, in welchen sie vieles, was sie in langem Warten ersehnten, verwirklichen können«. Es ist dieses »einmalige und nicht wiederholbare Zusammentreffen von zwei Menschen in einer bestimmten Lebenssituation, mit ihrer aktuellen Sehnsucht, Unerfülltheit und Hoffnung«. Dieses Besondere und für die Betroffenen meist Unfassbare des sich Ineinander-Verliebens, lässt sie Dinge verändern, manchmal sogar Berge versetzen und verzaubert sie – zumindest für einige Zeit – auf eigentümliche Weise.

»Herz, Hirn oder Hormone«, Psychologie Heute, Januar 1997; David Buss, Die Evolution des Begehrens. Geheimnisse der Partnerwahl, Goldmann Verlag, München 1997; Helen Fisher, Anatomie der Liebe. Warum Paare sich finden, binden und wieder auseinandergehen, Droemer Knaur, München 1993; Konrad W. Sprai, Liebe, Lust, Frust. Über die Unfähigkeit der Männer, Frauen glücklich zu machen, Holzinger Verlag, Berlin 1995; Gaby Miketta, Claudia Tebel-Nagy, Liebe & Sex. Über die Biochemie leidenschaftlicher Gefühle, Trias Verlag, Stuttgart 1996.

Partnerwahl 3
Die Frau von heute sagt: Mach du mich glücklich, reich mach ich mich selbst!

Ein Mann mit einem hohen Bankkonto kann gar nicht häßlich sein.

Zsa Zsa Gabor

Die meisten Wissenschaftler behaupten, dass die Partnerwahl noch immer nach folgenden typischen Strategien funktioniert: Frauen suchen einen verlässlichen Partner, der ihnen Macht und materielle Sicherheit bieten kann und sie bei der Aufzucht der Kinder nicht im Stich lässt.

Wir sind, so erklärt der amerikanische Evolutionspsychologe David Buss, die Nachfahren der Jäger und Sammler und wir tragen deren Wünsche in uns. Über Tausende von Generationen entwickelte sich auf diese Weise bei den Frauen eine Vorliebe für Männer, die zu erkennen gaben, dass sie bereit und in der Lage sind, eine dauerhafte Beziehung einzugehen und etwas bieten können. Er behauptet sogar, »dass Frauen den höchsten Wert auf den wirtschaftlichen Hintergrund des Partners legen«.

Was geschieht aber, wenn die Frau selbst einen hohen Status hat und wirtschaftlich unabhängig ist? Dann hat sie es doch nicht mehr nötig, einen verlässlichen Versorger zu finden? Sollte man meinen. In diesem Punkt scheiden sich denn auch die Forschergeister. Helen Fisher, amerikanische Evolutionspsychologin, fand heraus, dass wirtschaftliche Unabhängigkeit die Frauen tatsächlich freier in ihren Entscheidungen macht, und das bezieht sich auch auf die Partnerwahl. So sind Scheidungen beispielsweise bei den Navajo-Indianern im Südwesten von Nordamerika oder bei dem Volk der Semang auf der Malaiischen Halbinsel häufig, weil dort Frauen über eigene Mittel verfügen und die Kinder zu ihrer Sippe zählen.

Bei den Herero, einem Hirtenvolk der nördlichen Kalahari-Wüste, entdeckte der Anthropologe Henry Harpending eine Variante der weiblichen Partnerwahl: Frauen, die reiche Väter haben, neigen dazu, nicht zu heiraten. Töchter reicher Väter bleiben lieber bei ihren Eltern und haben Liebhaber, anstatt mit dem zukünftigen Ehemann in ein fremdes Dorf zu ziehen. Sie bekommen auch Kinder, jedoch werden diese innerhalb des eigenen Familienverbandes großgezogen. Die Kinder übernehmen den Namen des Großvaters und gehören zu seiner Sippe.

Natalie Angier, amerikanische Wissenschaftsjournalistin, haut in die gleiche Kerbe. »Was sagt uns die Tatsache, dass Frauen sich den Umfragen zufolge einen Mann wünschen, der genügend Geld nach Hause bringt? Sie sagt uns, dass Männer eher als Frauen in der Lage sind, genügend Geld nach Hause zu bringen – und dass sich daran immer noch nichts geändert hat.« Leider ist es wahr, dass Männer immer noch 75 bis 95 Prozent des gesamten auf der Welt vorhandenen Reichtums besitzen und kontrollieren. Ist es da nicht eher realistisch und zeugt es nicht von hervorragendem Menschenverstand jeder Frau, wenn sie versucht einen Mann zu ergattern, der ein sicheres Einkommen hat?

Der Verhaltensforscher Karl Grammer vom Ludwig-Boltzmann-Institut in Wien meint dagegen: »Je höher ihr Status wird, umso höher muss der des zukünftigen männlichen Partners sein.« Diesen Ansatz unterstützen Untersuchungsergebnisse aus der Evolutionstheorie: Frauen, ob arm oder reich, bevorzugen angesehene Männer. Es scheint für Wissenschaftler wie Bruce Ellis und andere so, dass Frauen den finanziellen und beruflichen Status eines Partners umso höher schätzen, je mehr Geld sie selbst verdienen. Je mehr Macht und Ansehen Frauen haben, desto wählerischer werden sie in Bezug auf ihre Sexualpartner.

Dazu fällt Natalie Angier ein glaubwürdiges Gegenargument ein: Frauen pochen deshalb auf einem höheren Status beim Mann, weil sie intelligent genug sind, zu wissen, dass »Männer in manchen Dingen das Selbstbewusstsein einer Mimose haben«. Es verletzt viele Männer, weniger zu verdienen als ihre Frau. Wenn Frauen sicher sein könnten, dass ihre Partner ihren beruflichen Erfolg nicht übel nehmen würden, dann würden sie mit »ziemlicher Sicherheit aufhören, sich Gedanken über die finanzielle Potenz des Ehemanns in spe zu machen.«

Warum heiraten Richterinnen, Bankerinnen, Journalistinnen, Therapeutinnen Strafgefangene? Sicher nicht, weil diese Männer mit Tütenkleben oder anderen Arbeiten im Gefängnis reich wurden. Die amerikanische Journalistin Donatella Lorch suchte nach Gründen und stellte fest, dass diese Männer unwiderstehlich dankbar sind. Es sind Männer, die es glücklich macht, dass sie von einer erfolgreichen und intelligenten Frau geliebt werden. Sie konzentrieren ihre Aufmerksamkeit und sämtliche Energie auf diese geliebte Person. Einen weiteren Pluspunkt sehen die »Gefängnisbräute« darin, dass ihre Männer treu sind – mangels anderer Gelegenheiten.

Manfred Hassebrauck, Professor für Psychologie an der Universität Duisburg, fand kürzlich anhand von Telefoninterviews gleichfalls Interessantes heraus: Jüngere Frauen können sich heute eher vorstellen, jemanden zu heiraten, der eine niedrigere Bildung als sie selbst besitzt. Frauen unter 30 sind außerdem eher bereit, einen Partner zu akzeptieren, der viel weniger als sie selbst verdient. Auch wenn der Zukünftige keiner geregelten Arbeit nachgeht, sehen die jungen Frauen das nicht unbedingt als Hindernis – ganz anders als ihre Großmütter.

Moderne junge Frauen können sich sehr wohl vorstellen, selbst diejenigen zu sein, die für den Verdienst im Haushalt verantwortlich sind, zieht Hassebrauck sein Fazit aus der Befragung.

David Buss, Die Evolution des Begehrens. Geheimnisse der Partnerwahl, Goldmann Verlag, München 1997; Helen Fisher, Anatomie der Liebe. Warum Paare sich finden, sich binden und auseinandergehen, Droemer Knaur, München 1993; Natalie Angier, Frau. Eine intime Geographie des weiblichen Körpers, C. Bertelsmann Verlag, München 2000; »Herz, Hirn oder Hormone«, Psychologie Heute, Januar 1997; Mary Batten, Natürlich Damenwahl, Deutscher Taschenbuch Verlag, München 1994; Karl Grammer, Signale der Liebe. Die biologischen Gesetze der Partnerschaft, Deutscher Taschenbuch Verlag, München 1995; »Bride Wore White, Groom Hopes For Parole«, New York Times vom 5. September 1996; »Innere Werte? Vergiß es!«, bild der wissenschaft, special, März 2000.

Penis 1
Je länger der Penis, desto befriedigender der Sex für die Frau

Sobald kleine Jungs ihren Pimmel entdecken, wird dessen Größe begutachtet und im Vergleich zu anderen für ausreichend oder für zu kurz geraten befunden. Dass er lang sein soll, wird dem kleinen Jungen schon früh beigebracht. Denn viele Männer glauben später: Nur ein langer Penis kann eine Frau wirklich befriedigen.

Flotte Sprüche wie die des britischen Verhaltensforschers und Bestsellerautors Desmond Morris: »Die Wahrheit ist einfach, dass ein großer Penis die Frau stärker stimuliert«, tragen zu diesem Mythos bei. Aber erleben Frauen den Geschlechtsverkehr und Orgasmus tatsächlich intensiver, je tiefer der Penis eindringt?

Der dänische Mediziner Lars Hessel wollte es genau wissen: Er ist der erste Forscher, der den Geschlechtsakt per Ultraschall überwacht hat. Mit seiner ungewöhnlichen Methode untersuchte der Sexualwissenschaftler 23 Paare im Alter zwischen 23 und 55 Jahren beim Geschlechtsverkehr in zehn vorgegebenen Stellungen. Forschungsergebnis: Nicht die Länge des Penis ist maßgebend für das Lustempfinden, sondern sein Umfang. Je dicker der Penis ist, umso befriedigender werde die »Reibflächenhaftung« erlebt. Wie dick ein Durchschnitts-Penis ist, lässt sich allerdings schwer sagen. Darüber gibt es keine international verlässlichen Daten. Man munkelt etwas von befriedigenden vier Zentimetern.

Ein paar Worte zur Länge und der damit in Verbindung gebrachten Befriedigung der Frau: Ein durchschnittlicher Penis misst im erigierten Zustand zwischen zwölf und 17 Zentimetern, Deutsche und Europäer sollen rund 13 bis 16,5 Zentimeter der Pracht besitzen, Sudanesen angeblich den längsten mit 17,2 und Japaner den kleinsten Pimmel mit 12,3 Zentimetern. Manche Männer haben Ängste und Komplexe, weil sie ihren Penis mit den Riesenschwänzen, die in Pornofilmen gezeigt werden, vergleichen. Doch die Darsteller in den Filmen werden nicht wegen ihres schauspielerischen Talents, sondern vielmehr wegen ihres überdurchschnittlich großen Penis ausgewählt. Zu bedenken ist auch, was das Sexologische Institut in Hamburg herausgefunden hat: Frauen fürchten sich vor großen Pimmeln. Das soll ab 19,4 Zentimetern der Fall sein.

Trotzdem haben viele Jungs und Männer Angst, dass gerade ihr bestes Stück zu kurz geraten sein könne. Fakt ist jedoch, dass ein Penis, der im erschlafften Zustand ziemlich klein ist, voll erigiert verhältnismäßig mehr an Größe zulegt als ein von Haus aus langer Schniedel. Diese Kurzen sind oft von bester Qualität mit enormer Elastizität, behauptet der belgische Männerarzt (Androloge) Bo Coolsaet. Es gibt nämlich zwei Penis-Typen: einen sogenannten »Blutpenis« und einen »Fleischpenis«. Letzterer wächst nur geringfügig durch eine Erektion.

Ein langer Penis ist nicht immer von Vorteil: Er kann hoch in die Scheide dringen und durch Stöße die Bänder dehnen, an denen die Gebärmutter aufgehängt ist. Dann sollte ein Mann beim Geschlechtsverkehr vorsichtig sein, denn festes Zustoßen kann eher in Schmerz- denn in Lustschreien der Frau enden. Überdies ist die sexuelle Empfindlichkeit der Frau in der Nähe des Gebärmutterhalses – also dort, wohin ein langer Penis vorstößt –, sehr niedrig. Männer mit großem Penis sollten bedenken: Besonders intensiv empfinden viele Frauen die Reizung der Klitoris, dieser kleinen knubbeligen Erhebung vorne in der Scheide, wo die kleinen Schamlippen zusammenlaufen.

Zum Trost für alle Männer, die glauben, einen kleinen Pimmel zu haben: Hunderte amerikanische Frauen, die nach den körperlichen Merkmalen ihres Traummannes befragt wurden, nannten nicht ein einziges Mal die Penisgröße.

»Wie viel Männlichkeit braucht der Mann«, PM Perspektive, 1997/048; »Maßstab«, Amica, 3/2000; Bo Coolsaet, Der Pinsel der Liebe. Leben und Werk des Penis, Kiepenheuer & Witsch, Köln 1999.

Penis 2
Sterilisation macht impotent

Weil die Pille für den Mann noch nicht auf dem Markt ist, kann er zur Verhütung entweder Kondome benutzen oder sich mittels einer Sterilisation, medizinisch Vasektomie, unfruchtbar machen lassen. Obwohl die Sterilisation ein passendes Verhütungsmittel ist, entscheiden sich nur wenige Männer bei uns zu diesem Schritt. In Deutschland sind es nach Angaben der Wissenschaftler drei Prozent der Männer im zeugungsfähigen Alter, weltweit haben sich über 60 Millionen Männer sterilisieren lassen.

Häufig fürchten die Männer, den zumeist unwiderruflichen Schritt zur Unfruchtbarkeit später doch noch einmal zu bereuen. Die größte Angst der Männer ist jedoch, durch den Eingriff vor allem ihre Potenz und ihre Lust zu verlieren. So glauben sie, dass das lustvolle Aufsteigen des Ejakulats durch das Abbinden der Samenleiter verloren gehe. Dabei macht der Spermienanteil am Ejakulat gerade mal drei bis fünf Prozent aus, der große Rest dient als Transportmittel der Samenzellen und schießt wie eh und je hoch. Und dann sind da noch diese diffusen Gedanken, dass irgendwas schiefgehen wird, und man sein bestes Stück dann nicht mehr hochkriegt.

Doch bis auf die Fruchtbarkeit bleibt alles wie gehabt. Und auch der Eingriff ist einfach und dauert nur knapp zehn Minuten: Dabei wird der Samenleiter über einen kleinen Schnitt in der Wand des Hodensacks nach außen geführt, an beiden Seiten abgebunden und getrennt. Die Enden des Samenleiters werden anschließend im Gewebe versenkt, um zu verhindern, dass sie wieder zusammenwachsen. Danach dauert es etwa drei Monate, bis der Mann sich ganz sicher sein kann, dass er keine Kinder mehr zeugt. »Sterilisation ändert nichts an Libido, Potenz, Orgasmus oder Ejakulat. Es ist genau das gleiche wie vorher, nicht mehr und nicht weniger«, sagt der niederländische Männerarzt (Androloge) Bo Coolsaet.

Verändert sich trotzdem was, hat das rein psychologische Gründe. Schweizer Wissenschaftler wollten jetzt wissen, wie es Männern danach geht. Vier Jahre nach dem Eingriff untersuchten sie, ob die behandelten Männer ihre Lebensqualität und ihr Sexualleben als unverändert oder verbessert erlebten. Dazu wurden 871 Patienten zwischen 1988 und 1996 per Fragebogen zu ihren Ängsten vor der Sterilisation und in den Jahren danach befragt. Mehr als 60 Prozent schickten die Fragebögen zurück. Rund ein Fünftel hatte vor dem Eingriff Angst vor negativen Veränderungen des Sexuallebens, etwa Impotenz. Nach dem Eingriff waren fast alle Männer zufrieden. Lediglich 1,3 Prozent bedauerten den Eingriff, meist wegen Trennung von der Partnerin oder neuem Kinderwunsch, obwohl die Männer im Durchschnitt vor der Operation schon 2,4 mal Vater geworden waren.

Bo Coolsaet, Der Pinsel der Liebe. Leben und Werk des Penis, Kiepenheuer & Witsch, Köln 1999; »Vasektomie – vorher Bedenken, danach zufrieden«, Ärzte Zeitung vom 31. August 1999; »Sperma – alles was Männer wissen müssen«, menshealth.de, 19. April 2000.

Penisneid
Frauen leiden unter Penisneid

Sigmund Freud sagte Anfang des 20. Jahrhunderts, »die Anatomie ist das Schicksal«, und ging davon aus, dass das kleine Mädchen tief bestürzt reagiert, wenn es entdeckt, dass ihm der Penis fehlt. Weil es spürt, dass ihm etwas Wesentliches abgeht, behauptete Freud weiter, beneidet das Mädchen und später die Frau alle Männer und versucht das männliche Glied durch andere Dinge zu ersetzen: durch Mann, Kinder oder Besitztümer.

Gelingt diese Ersatzbefriedigung nicht, wird das Mädchen sich weiterhin wünschen, ein Mann zu sein. Die Folgen: Neid, Eifersucht und Konkurrenzverhalten gegenüber Männern. Freud hat sich also an der Anatomie und nicht an der Funktion der Geschlechtsorgane orientiert, so dass für ihn weibliche Sexualität zwangsläufig nur etwas Verstümmeltes sein konnte.

Freuds These regte zum Widerspruch an und schon bald zweifelten vor allem weibliche Psychoanalytikerinnen wie die Amerikanerin Karen Horney, dass es so etwas wie den Penisneid gebe. In den 50er und 60er Jahren stellten auch zahlreiche männliche Kollegen in den USA und in Europa, darunter die bekannten Psychoanalytiker Erich Fromm und Erik Erikson, Freuds Folgerungen in Frage. Sie konnten ihm Vorurteile und Irrtümer gegenüber Frauen aufgrund seines patriarchalen Denkens nachweisen, so dass seine These vom Penisneid nicht mehr haltbar war. Trotzdem machte sie weiterhin die Runde und wurde vor allem von Männern bemüht, um Frauen ihren scheinbar von der Natur aus gegebenen und wissenschaftlich plausibel bewiesenen untergeordneten zweiten Rang zuzuweisen.

Dem Psychoanalytiker Erikson zufolge besitzt jedoch für ein Mädchen das Innere ihres Körpers mehr Wirklichkeit als das »fehlende Organ«, der Penis. Und heutige Psychoanalytikerinnen folgern: »Objekt des Penisneids ist nicht so sehr das physische Organ als vielmehr die dominierende Stellung, die der Mann in der Welt einnimmt.« Und das ist ein völlig anderes Terrain.

Manche Wissenschaftler betonen sogar, dass der so genannte Penisneid Freuds größter Irrtum gewesen sei. Sie meinen, Freud wäre der Wahrheit näher gekommen, wenn er vom »Uterusneid« gesprochen hätte. Denn die Angst und der Neid des Mannes, dass nur Frauen Kinder gebären können und die lebenspendende Kraft größtenteils bei ihnen liegt, kommen in zahlreichen Mythen und Märchen zum Ausdruck.

Heute erkennen die meisten Psychoanalytiker die biologischen Unterschiede von Mann und Frau neutral an und halten den Penisneid – so wie Freud ihn deutete – für völlig überbewertet. Und wenn sie einen Mann in ihrer Praxis haben, der einer Frau immer noch einen Penisneid unterstellt, setzen sie bei ihm selbst an: Dann konzentrieren sich die Gespräche eher auf die Angst vor seiner eigenen Unzulänglichkeit.

Erik Erikson, Jugend und Krise. Die Psychodynamik im sozialen Wandel. Klett Cotta, Stuttgart 1980; Estela V. Welldon, Mutter Madonna Hure. Die Verherrlichung und Erniedrigung der Mutter und der Frau. Bonz Verlag, Waiblingen 1992; Erich Fromm, Liebe, Sexualität und Matriarchat. Beiträge zur Geschlechterfrage, Deutscher Taschenbuch Verlag, München 1994; Mary Batten, Natürlich Damenwahl. Die Paarungsstrategien in der Natur, Deutscher Taschenbuch Verlag, München 1994.

Pille
Die Pille für den Mann gibt's noch nicht

Alle paar Monate sorgen neue Erkenntnisse über die Antibabypille für den Mann für Schlagzeilen in den Medien. Meist heißt es, dass sie kurz vor der Einführung steht – oder spätestens in den nächsten drei Jahren regulär auf dem Markt eingeführt wird. Dabei gibt es die Pille für den Mann bereits seit mehr als 25 Jahren – auch wenn sie nicht »Pille« heißt und eigentlich »nur« die Nebenwirkung eines anderen Medikaments ist. Dies ergaben Untersuchungen der Reproduktionsmedizinerin Susan Benhoff von der New York University School of Medicine aus dem Jahr 1998.

Seit Mitte der 70er Jahre des letzten Jahrhunderts ist die von der Firma Bayer AG entwickelte Substanz Nifedipin auf dem Markt. Dieser Kalziumblocker senkt zu hohen Blutdruck und hilft so, einem Herzinfarkt und Schlaganfall vorzubeugen. Ungeplanter Nebeneffekt des Medikaments: Es macht unfruchtbar und das mit einer Wahrscheinlichkeit von etwa 95 Prozent. Die Antibaby-Pille für die Frau ist mit rund 97 Prozent nur geringfügig zuverlässiger.

Um eine Eizelle befruchten zu können, benötigen die Samenfäden Fühler, das sind Rezeptoren, mit deren Hilfe sie an der Eizelle andocken können. Diese Rezeptoren gelangen normalerweise erst etwa eine halbe Stunde nach der Ejakulation aus dem Inneren der Spermien an deren Oberfläche. Das »ausgewählte« Spermium heftet sich mit seinem Rezeptor an die Eizelle, wird von ihr aufgenommen und kann schließlich seine genetische Fracht in den Kern der Eizelle entlassen.

Die Wirkung der Kalziumblocker als »Verhütungsmittel« beruht darauf, die Cholesterinproduktion in den Samenzellen zu erhöhen. Wie eine zusätzliche Fettschicht legt sich dabei das Cholesterin um die äußere Samenmembran und blockiert so die Rezeptoren auf ihrem Weg nach draußen.

Was auf den ersten Blick wie ein Meilenstein in der Entwicklung von Verhütungsmethoden für den Mann erscheint, ist von den Pharmaunternehmen wenig euphorisch aufgenommen worden. Woran mag das liegen? Wenn Kalziumblocker – so ganz nebenbei – ein hervorragendes Verhütungsmittel sind, könnten doch zumindest die Partnerinnen der bluthochdruckgefährdeten Männer zukünftig auf das Schlucken der Antibaby-Pille verzichten? Das aber wäre ein drastischer Umsatzeinbruch für Hersteller dieser Verhütungsmittel. »Bedenklich stimmen Ergebnisse von Rattenexperimenten«, so Rolf-Dieter Hesch, Internist und Endokrinologe aus Konstanz. Dabei kam es nach Einnahme von Kalziumblockern zu Fruchtschädigungen und Abgängen. Ein weiterer Grund mag ebenfalls eine Rolle spielen: Kalziumblocker werden normalerweise erst ab einem Alter von etwa 40 Jahren verschrieben. Es müsste also geprüft werden, wie sinnvoll es ist, jungen Männern langfristig, gewissermaßen vorbeugend, ein Medikament gegen zu hohen Blutdruck zu verordnen, wenn eigentlich nur eine Schwangerschaft verhütet werden soll.

Dass die Pille für den Mann trotzdem ein Thema bleibt, zeigen Versuche australischer Forscher. Sie fanden heraus, dass Testosteron-Implantate – unter die Haut der Männer eingepflanzt – bei sieben von zehn Männern als zuverlässiges Verhütungsmittel wirken. »Die Implantate unterdrücken die Spermaproduktion in ungefähr 70 Prozent der Fälle ohne bemerkenswerte Nebenwirkungen, sagte Dr. Robert McLachlan, Leiter der Studie am Monash Medical Centre in Clayton, Victoria. Allerdings war die Versuchsgruppe noch recht klein: 29 gesunde Männer und 16 Paare, die über einen Zeitraum von drei bis 18 Monaten überprüft wurden. Warum das Testosteron in 30 Prozent der Fälle versagte, blieb allerdings bisher unklar.

»Angst vor Männerpanik«, Spiegel 44/1999; »60 Männer verhüten monatelang mit Pille und Pellet«, Ärzte Zeitung vom 6. November 1998; »New male contraceptive found 99 percent effective«, CNN Sendung vom 2. April 1996; »New research on an ›male pill‹ shows promise«, CNN Sendung vom 13. Juni 1996; »Geht's mit einem Zückerchen? Ein Spermien-Enzym wird gehemmt und damit die männliche Fruchtbarkeit, Tages-Anzeiger vom 28. November 1996; »Pille für den Mann«, Berliner Morgenpost vom 16. Oktober 1997; »Testosteron wirkt als ›Pille für den Mann‹«, menshealth.de vom 27. Dezember 2000.

Pinkeln
Männer pinkeln ihren Partnerinnen zuliebe im Sitzen

Wann ist ein Mann in der Lage, die Klobrille runterzuklappen? Nach einer Geschlechtsumwandlung.

EMMA

Anfang der 80er Jahre kamen die ersten Piktogramme auf, die links einen Stehpinkler und rechts einen Sitzpinkler zeigten. Selbstverständlich war der Stehpinkler fett durchgestrichen! Dass von nun an selbst im Klo ein neuer Wind wehte, erfuhren die Männer, wenn sie sich vor der Schüssel in Position brachten. Denn ihr Blick fiel entweder auf die Unterseite des hoch geklappten Klodeckels oder auf den Spülkasten – und dort prangte das Piktogramm gut sichtbar für jeden, der es immer noch nicht kapiert hatte. Nur wer sich setzte, konnte ein reines Gewissen haben. Wer weiterhin im Stehen pinkelte, musste sich auf nervtötende Diskussionen mit den Damen des Hauses gefasst machen.

Etliche Männer ließen sich auf das Experiment ein und versuchten es ihrer Partnerin zuliebe auch mal im Sitzen. Von einem Freund ist der Satz überliefert: »Ich hätte gar nicht gedacht, dass das überhaupt geht!«

Nun ist es ja nicht so, dass es bei den recht hitzig geführten Diskussionen nur darum ginge, ob ER beim Pinkeln steht oder sitzt. Die Frage ist vielmehr, ob ER auch die Spritzer wegwischt, die ER beim Stehen auf der Schüssel und in der Umgebung des Klos hinterlässt. Und da hat SIE tatsächlich ein Wörtchen mitzureden, denn wenn SIE den Dingen ihren Lauf lässt, bleibt der Job des Kloputzens sehr wahrscheinlich an ihr hängen.

Wie sieht es also aus auf den Toiletten der Deutschen? Stimmt es wirklich, dass die Männer heutzutage ihren Partnerinnen zuliebe im Sitzen pinkeln? Leider wurde die exakte Zahl der Sitz- und Stehpinkler in deutschen Haushalten bislang noch nicht ermittelt. Eine nicht repräsentative Umfrage der Autorinnen legt jedoch nahe, dass die Erziehungsmaßnahmen der Frauen nicht viel fruchten. Denn nach der Durchsicht aller Antworten kristallisieren sich drei Gruppen heraus:

1. Moderne Paare mit etwas Kleingeld und wenig Lust auf Streitigkeiten über des Stehpinklers Angewohnheiten lassen sich gleich von vornherein im Bad ein Urinal einbauen.

2. Moderne Paare mit etwas mehr Kleingeld und noch weniger Lust auf Streitigkeiten über des Stehpinklers Angewohnheiten heuern eine Putzfrau an, die einmal wöchentlich die Toilette putzt. Diese Alternative ändert jedoch an dem zugrunde liegenden Drama nur insofern etwas, als dass die Toilette nur für ein paar Stunden pro Woche sauber ist und dieser Zustand nur so lange anhält, bis der Hausherr wieder sein Geschäft zu erledigen hat.

3. Frauen mit wenig Kleingeld und wenig Lust auf Streitigkeiten putzen das Klo mehrmals in der Woche, weil es sie stört, dass das Terrain rund um die Kloschüssel gelbe Flecken zeigt. Es soll aber auch Männer geben, die ähnlich empfinden und dann selbst zum Putzlappen greifen.

Für die nicht repräsentative, aber doch recht aufschlussreiche Umfrage im Bekanntenkreis der Autorinnen wurden nicht nur Männer befragt, sondern auch einige Frauen, die über ihren männlichen Bekanntenkreis Auskunft gaben: Erfasst wurden die Pinkelgewohnheiten von 74 Männern im Alter zwischen 18 und 69 Jahren, dabei interessierte nur das Urinieren auf der eigenen Toilette. Das Ergebnis: 19 Männer gehören tatsächlich zu den Sitzpinklern, 51 sind Stehpinkler, drei wechseln die Position je nach Lust und Laune. Bleibt noch einer – er pinkelt, indem er sich vor die Schüssel auf den Boden kniet. Auch wenn die zuletzt genannte Methode etwas ungewöhnlich erscheint, schlägt das Pendel doch eindeutig zugunsten der Stehpinkler aus: Es ist also sehr wahrscheinlich, dass es sich bei der Behauptung »Heutzutage pinkeln die meisten Männer im Sitzen« um einen Irrtum handelt.

Von den 51 Stehpinklern ist übrigens bekannt, dass fünf von ihnen zu Hause ein Urinal haben. Bleiben noch 46: Mindestens acht von ihnen beschäftigen eine Putzfrau, die das Klo reinigt. Die Zahl der Klo putzenden Partnerinnen konnte leider nicht lückenlos ermittelt werden.

Interessant in diesem Zusammenhang sind die Argumente, die von den Männern zu diesem Thema vorgebracht werden:

– Die Antworten der Stehpinkler gehen von »So geht's schneller« und »Habe ich schon immer so gemacht« über »Ich klapp' doch die Brille hoch«, »Wieso Spritzer? Ich kann treffen, schließlich pinkle ich doch nicht erst seit gestern im Stehen« und »Wir haben doch eine Matte rund ums Klo herum« bis hin zu »Das ist doch eine blöde Frauenidee mit dem Hinsetzen« und »Das macht doch meine Frau weg«. Einer der befragten Männer machte sich gar Sorgen um die Arbeitsplätze der Pissoir-Hersteller: »Dann sind die ja arbeitslos, wenn wir alle sitzen würden.« Nachdenklich stimmen jedoch auch die Aussagen »Habe noch nie drüber nachgedacht« und »Nur Waschlappen pullern im Sitzen. Wahre Männer stehen!«

– Aber auch die Sitzpinkler heben die Vorteile ihrer Methode hervor: Die einen sagen, es sei »gemütlicher«, »bequemer, weil ich dabei lesen kann« oder eine »nette Auszeit bei der Arbeit«. Die anderen verweisen auf körperliche Gründe wie »Große Menschen treffen schlechter, weil sie so weit vom Klo entfernt sind« und »Ich hatte einen Leistenbruch, daher kann ich schlechter zielen«. Es sieht jedoch so aus, als ob nicht alle Sitzpinkler mit ihrem Los zufrieden sind. »Wenn ein Pissoir vorhanden ist, dann stehe ich«, erklärt ein Mann. Ein anderer beklagt: »Meine Partnerin zwingt mich dazu, dass ich beim Pinkeln sitze.« Ein weiterer gibt zu: »Zu Hause sitze ich, weil meine Frau das so will. Wenn ich woanders bin, stehe ich.«

Betrachtet man jedoch das Pinkelverhalten auf öffentlichen Toiletten, hinterlassen allen Unkenrufen zum Trotz nicht die Männer, sondern die Frauen die meisten Pipi-Flecken auf der Klobrille: Zu diesem Ergebnis kam das Reinigungspersonal, das im Jahr 2000 für die Toiletten des Oktoberfestes in München zuständig war. Über die Reinlichkeit des stillen Örtchens wurde deshalb so angeregt diskutiert, weil die Frauen erfolgreich für die Gleichberechtigung gekämpft hatten: Das Vorrecht der Männer, auf dem Oktoberfest kostenlos pinkeln gehen zu können, wurde im Jahr 2000 erstmals auch den Frauen zugestanden. Mit dem verheerenden Ergebnis, dass das Reinigungspersonal auf der Damentoilette wesentlich mehr zu putzen hatte, weil sich die meisten Frauen – aus Angst vor Infektionen – nicht auf die Brille setzten, sondern in einigem Abstand darüber schwebten und so etliche Tropfen daneben gingen. Die Männer hingegen – ihrem Ruf als Stehpinkler folgend – nutzten mehrheitlich eine Pinkelrinne und erleichterten so dem Putzpersonal die Arbeit.

Ideen von Stephanie Rohde, Wolfenbüttel, Nadia Maina und Christa Schmid, München; nicht repräsentative Umfrage unter den Freunden und Freundinnen der Autorinnen.

Stehpinkler vor Gericht

Der Mann pinkelte im Stehen. Doch das fand seine Nachbarin nicht witzig: Sie klagte ihn wegen Ruhestörung an. Das Amtsgericht Wuppertal (34 C 262/96) stellte sich auf die Seite des Stehpinklers. Und nun ist es amtlich: Männer dürfen ihre Notdurft im Stehen verrichten – selbst dann, wenn es dabei zu »wasserfallartigem« Rauschen kommt, das bis in die Nachbarwohnung zu hören ist. Die Richter begründeten ihr Urteil damit, dass Vorschriften über die Technik beim Urinieren ein unzulässiger Eingriff in die Intimsphäre seien.

»Urteil in Sachen Steh-Piesler«, in: Landeshauptstadt München, Gleichstellungsstelle für Frauen (Hrsg.), Frauen informieren Frauen, März 2001.

Playboy
Der »Playboy« wird von Männern für Männer gemacht

Ein Playboy ist ein Mann, der keinen Roman, sondern immer nur Kurzgeschichten erlebt.

Erika Pluhar

1953 kam die Zeitschrift »Playboy« auf den Markt. Verlagsgründer Hugh Hefner hatte seinen Lebensstil zum Programm erhoben und beglückte danach jeden Monat die Männer mit neuen Fotos von Playmates, mit Artikeln über schnelle Autos und über das Golfen und bissigen Kolumnen über die Macken von Frauen und Männern. Heute hat das Magazin monatlich 15 Millionen Leser, die monatlich 17 Millionen Internet-User kommen aus 160 Ländern, 23 Millionen Haushalte verfolgen das Häschen-Programm im Fernsehen.

Die meisten Playboy-Leser sind nach wie vor die Männer, an der Spitze des amerikanischen Konzerns steht jedoch eine Frau: Christie Hefner stieg 1975 nach dem Ende ihres Literaturstudiums als Assistentin im Verlag ihres Vaters ein. Seit 1988 ist sie Vorstandsvorsitzende, besetzte immer mehr Führungsposten mit Frauen und gründete zusammen mit anderen Frauen das »Committee of 200«, eine internationale Organisation für weibliche Führungskräfte. Beim »Playboy« ist Christie Hefner die Chefin: »Die (Männer) machen das Heft, ich mache die Firma.«

»Männer im Zoo, Frauen im Büro«, Geo Wissen Nr. 26 Frau & Mann, August 2000.

Politik
Politisch engagierte Männer werden mehr bewundert als politisch engagierte Frauen

Eine Frau kann sich wohl für alles interessieren, kann für Wissenschaft schwärmen und die Kunst verehren, kann sich für Literatur begeistern und in der Häuslichkeit bethätigen, kann genau die Preise von Wertheim kennen, aber von Politik versteht sie nichts.

Berliner Morgenpost vom 16. Mai 1899

In Deutschland gibt es immer noch mehr Männer als Frauen, die sich für Politik interessieren. Das ändert sich zwar langsam, auch dahingehend, dass immer mehr Frauen in der Politik mitmischen. Aber an der Tatsache ist nicht zu rütteln – nur 35 Prozent der Frauen, aber 58 Prozent der Männer bezeichnen sich als »politisch interessiert«. Das ergab eine Umfrage des Instituts für Demoskopie Allensbach, das im Frühjahr 2000 im Auftrag des Bundesfamilienministeriums 2.113 Frauen und Männer befragte.

Noch in den 70er Jahren hieß es, dass die westdeutsche Bevölkerung politisch engagierte Männer mehr bewunderte als politisch engagierte Frauen. Doch im Laufe der vergangenen 30 Jahre sind die Politikerinnen in der Gunst der Bürger mächtig gestiegen: Im Jahr 2000 begrüßten 70 Prozent der Bevölkerung das politische Engagement von Frauen. Ging es aber um die Männer, sprachen nur 55 Prozent Lob und Anerkennung aus.

»Vor allem junge Frauen streben nach Chancengleichheit«, Pressemeldung des Familienministeriums vom 27. Juni 2000.

Potenz 1
Männer mit Glatze sind besonders potent

Warum sollte eine Frau schütteres Haar oder eine schimmernde Glatze attraktiv und sexy finden? Weil ein Glatzköpfiger zwar nicht schön, dafür um so potenter ist, so der Mythos. Ist das der Grund, warum nun schon die 20-Jährigen sich einen Radikahlschlag stehen lassen, obwohl die es sicher am wenigsten nötig haben? Ob Hollywood-Star Samuel Jackson, Schauspieler John Malkovich, Schwergewichtsboxer Mike Tyson oder der Rödelheimer Rapper Moses Pelham – alle diese Herren verbindet nämlich eines: ein kahler, reflektierender Schädel. Sind diese Männer also nur mutig oder eher besonders sexy und potent?

Spärlicher Haarwuchs deutet in der Regel das unausweichliche Altern seines Trägers an und damit gleichzeitig den allmählichen Verlust seiner Potenz. Damit wächst die Angst, die Kontrolle über den Körper zu verlieren – und der Haarausfall ist nur ein Zeichen dafür. Knackige junge Glatzenkerle sind da nur die Ausnahme. Vernachlässigen wir also mal diese Einzelfälle.

Warum hält sich dieser Irrglaube vom potenten, erotischen und erregenden älteren und dazu noch kahlköpfigen Mann? Einerseits, weil es die Männerwelt so will und den einzelnen vor der bitteren Selbsterkenntnis schützt, dass auch an ihm der Zahn der Zeit nagt. Andererseits kann sich der Irrtum »Glatzköpfe sind potent« bis heute halten, weil an einem frühzeitigen Haarverlust das männliche Geschlechtshormon Testosteron maßgeblich beteiligt ist. Und dieses Geschlechtshormon wird immer, wenn es um Potenz geht, ins Feld geführt.

Was passiert eigentlich, wenn Haare nicht mehr sprießen wollen? Bei genetisch bedingtem Haarausfall (androgenetische Alopezie), besitzt ein Mann von Natur aus weit mehr Andockstellen – also Rezeptoren – an den Haarwurzeln für Dehydrotestosteron, kurz DHT, als seine Haarpracht verträgt. Damit diese Andockstellen besetzt sind, wird das Geschlechtshormon Testosteron mit Hilfe des Enzyms namens 5-alpha-Reduktase, einem Eiweißstoff, in Dehydrotestosteron umgewandelt und legt an den zahlreichen Rezeptoren der Haarwurzeln an. Dieser Hormon-Rezeptor-Komplex wird in den Zellkern eingeschleust und ruft dort einschneidende Gen-Veränderungen hervor. Wie das geschieht, ist noch nicht endgültig erforscht. Fakt bleibt, dass bei einem Überangebot an Andockstellen für DHT an der Haarwurzel bei jedem neuen Wachstums-Zyklus das Haar dünner und kümmerlicher sprießt. Das DHT scheint die Steuerzellen im Haarfollikel so zu beeinflussen, dass er weniger Wachstumsstoffe bildet. Das ist der Anfang vom Ende: Schließlich bleiben kaum sichtbare Flaumhaare übrig. Bräunliche Stellen an den Austrittspforten der Haare kündigen ihr baldiges vorzeitiges Ende an. Und dann ist es innerhalb von vier Jahren, so Wissenschaftler, vorbei mit der einstigen Herrlichkeit.

Eunuchen sind nie von einer Glatze betroffen, weil sie nach der Entfernung der Hoden kaum mehr Testosteron produzieren. Der Rückschluss aber, Kahle seien besonders potent, gehört in das Reich der Märchen. Glatzköpfige verfügen nämlich keinesfalls über mehr männliche Hormone, sondern lediglich über besonders empfindliche Haarwurzeln.

Weil dieser leidvoll erlebte Enthaarungsprozess gewissermaßen »natürlich« ist, zahlen die Krankenkassen auch keine Versuche, den Haarwuchs wiederzubeleben. Diese Auffassung teilten auch Richter des Landgerichtes München I in einem aktuellen Urteil. Für sie ist »eine Glatze kein Körperschaden, sondern ein sekundäres Geschlechtsmerkmal«.

Und als wenn Männer mit Glatze nicht schon genug gestraft wären: Nach einer Studie aus den USA erleiden glatzköpfige Männer mit größerer Wahrscheinlichkeit einen Herzinfarkt als solche mit üppigem Haupthaar.

Ein kleiner Trost für unfreiwillige Glatzenträger: Glatzen sind zurzeit im Trend. Und für Schwimmer gilt: Je weniger Haare an Kopf und Körper, desto schneller geht's zum Sieg. Laut einer Untersuchung an der Universität Bochum gewinnt man nach einer Ganzkörperenthaarung volle 1,7 Sekunden auf 100 Meter.

Und wer sich mit diesem Trostpflaster nicht begnügen mag, sollte bis 2005 ausharren. Dann, so der Immunbiologe Thomas Boem und andere Wissenschaftler des Freiburger Max-Planck-Instituts, werden spezielle proteinhaltige Cremes und Shampoos auf den Markt kommen, die das Problem bei den Wurzeln packen und lösen. Den Forschern ist es zumindest kürzlich geglückt, aufgrund ihres Produkts eine Nacktmaus in ein wollig behaartes Tierchen zu verwandeln. Und was bei der Maus klappt, sollte doch auch beim Menschen möglich sein.

Achenbach, Reinhard K., Der Haut-Ratgeber: Alles über Haut, Haare, Nägel, Trias, Thieme, Stuttgart 1997; »Glatze ist keine Krankheit«, Abendzeitung vom 5. April 2000; »Eine Reise ins Innere des Haares, P.M., 5/1999; »Glatzköpfe in Gefahr. Haarausfall bedeutet Risiko fürs Herz«, Süddeutsche Zeitung, 30. Mai 2000; »Schneller ohne Haare. Vorsprung rasierter Schwimmer gemessen«, Süddeutsche Zeitung vom 21. März 2000; »Auf Glatzen wieder Löckchen drehen«, menshealth.de vom 29. November 2000.

Potenz 2
Testosteron steigert die Potenz

Wenn das männliche Geschlechtshormon Testosteron in der Pubertät seine volle Kraft entfaltet, macht es Buben zu jungen Wilden und bringt die Jungs fast um den Verstand. Dann nämlich steigt der Wert des Testosterons im Blut um das 400- bis 1.000-fache an: »Jungen in diesem Alter sind wandelnde Granaten, die nur darauf warten, gezündet zu werden«, so die amerikanische Ärztin und Sexualforscherin Theresa Crenshaw. Denn mehr als jeder andere Stoff beeinflusst Testosteron die Entwicklung und Ausprägung männlicher Merkmale. Da sprießen plötzlich Bartstoppeln inmitten der blühenden Akne, der Stimmbruch setzt ein, das Wachstum der Muskeln beginnt und die jungen Männer bekommen einen intensiven Körpergeruch. Interessanterweise lässt ein hoher Testosteronspiegel später beim Mann dessen männlichen Körpergeruch für Frauen anziehender werden.

Und natürlich werden Spermien gebildet, Millionen von Spermien, die nach draußen wollen. Testosteron macht aus einem Jungen einen ganzen Mann. Also sorgt dieser Stoff auch für die männliche Potenz, oder?

Erst kürzlich schrieb das Magazin »Men's Health«, dass Testosteron der Stoff ist, der aus einem Mann einen Supermann macht. Na also! »Sind Sie im Bett immer standfest?«, fragt der Autor des Beitrags. »Wenn nicht, liegt die Ursache wohl in Ihrem Hormonhaushalt.« Der Schreiber machte die fehlende Substanz Testosteron für den Schlappschwanz verantwortlich. Seine Schlussfolgerung: Dort, wo die Werte dieses männlichen Geschlechtshormons nachlassen, verringert sich auch die Potenz.

Tatsächlich schauen seit einigen Jahren immer mehr Männer gebannt auf die von Endokrinologen oder Männerärzten diagnostizierten Werte des männlichen Geschlechtshormons Testosteron. Die Mengen werden in Nanogramm gemessen (1 Nanogramm = ein Milliardstel Gramm). Normalerweise gehören zwischen 3,5 und 10 Nanogramm Testosteron in einen Milliliter Blut eines 30 bis 40 Jahre alten Mannes, sagen Endokrinologen.

Was aber passiert, wenn das Soll nicht erfüllt wird? Nun, alles deutet darauf hin, dass ein sehr niedriger Testosteronspiegel Antriebslosigkeit und depressive Verstimmung auslösen kann. Es ist jedoch ein großer Irrtum, zu glauben, je mehr Testosteron im Blut zirkuliere, desto strammer zeige der Penis, wo's lang geht. Dann wäre auch der Umkehrschluss richtig: Je weniger Testosteron, desto seltener steht er. Eunuchen, denen die Hoden entfernt wurden, konnten jedoch sehr wohl ein erfülltes Sexualleben haben. Obwohl sie nur auf einen Bruchteil an Testosteron zurückgreifen konnten, das in ihrem Körper, beispielsweise in den Nebennierenrinden, gebildet wurde. Wieviel der Minimalmenge an Testosteron vorhanden sein muss, um sich »normal« zu fühlen und zu verhalten, kann bisher leider niemand sagen, auch wenn Normwerte ausgegeben werden. Ein erhöhter Testosteronspiegel steigert zwar die erotische Fantasie und die Lust auf Sex – Freud nannte es Libido – doch das hat auf das Stehvermögen des Penis' leider kaum Einfluss.

Was die Testosteronmenge im Körper erhöht oder erniedrigt, ist bis heute noch nicht ganz geklärt. Sicher sind sich Männerärzte (Andrologen), dass häufiger Sex den Testosteronspiegel in die Höhe treibt, ebenso wie Sport. Dagegen lassen Nikotin und Alkohol den Hormonspiegel absinken.

Auch Konkurrenzsituationen wirken sich auf die im Körper tummelnden Testosteronmengen positiv aus: Die Gewinner weisen zumindest einen höheren Status der männlichen Geschlechtshormone aus als die Verlierer. Auffällig ist, dass die Sieger schon vor dem Wettkampf höhere Konzentrationen des Botenstoffes im Blut besaßen. Ob das mit dem erhöhten Aggressionspotential zusammenhängt, das dem Testosteron zugeschrieben wird?

Stress ist der totale Testosteronkiller. Das ist auch der Grund, warum heute viele erfolgreiche 30-Jährige einen sehr niedrigen Testosteronspiegel haben. Vielleicht könnte man sagen, ein guter Schuss Testosteron im Blut gibt Antrieb und macht Lust, doch damit der »kleine Freund« auf Befehl steht, braucht es ganz offensichtlich mehr. In der Massachussetts Male Aging Study von 1994, der wahrscheinlich umfangreichsten neueren Studie zur männlichen Sexualität, wurden mehr als 1700 Männer zwischen 40 und 70 Jahren befragt. Interessanterweise fand sich darin kein Zusammenhang zwischen Potenz und dem männlichen Geschlechtshormon Testosteron – oder anders ausgedrückt zwischen Impotenz und Testosteron!

»Super T im Blut«, menshealth.de, Februar, 2001; Theresa L. Crenshaw, Die Alchemie von Liebe und Lust. Hormone steuern unser Liebesleben, Deutscher Taschenbuch Verlag, München 1999; Gaby Miketta, Claudia Tebel-Nagy, Liebe & Sex. Über die Biochemie leidenschaftlicher Gefühle, Trias Verlag, Stuttgart 1996; Jed Diamond, Der Feuerzeichen-Mann. Wenn Männer in die Wechseljahre kommen, C.H. Beck'sche Verlagsbuchhandlung, München 1999, »Warum Männer schwach werden«, Psychologie heute, Mai 1994.

Potenz 3
Mit einem Superhormon werden alte Männer wieder sexuell aktiv

Hunderttausende amerikanischer Männer schwören auf ein Hormon, das auch bei uns seit neuestem als Jungbrunnen gilt: das Geschlechtshormon Dehydroepiandrosteron, kurz DHEA. Die regelmäßige Einnahme des Hormons soll die Stimmung und das Wohlbefinden älterer Männer verbessern und ihre sexuelle Aktivität steigern. Selbstversucher wie der Krebsarzt William Regelson aus Virginia jubeln bereits begeistert: »Das, was ich bemerkt habe, ist die Rückkehr meiner morgendlichen Erektionen.« Und ein Immunologe behauptet, dass sich seine Lust seit der Einnahme von DHEA so auffällig verändert habe, dass er sich seitdem wie 20 fühle.

Wiebke Arlt von der Universität Würzburg hat in einer Studie jedoch gezeigt, dass DHEA den natürlichen Verfall des Körpers nicht aufhalten kann. Dazu gab sie gesunden Männern im Alter zwischen 50 und 70 Jahren sowohl das so genannte Wunderhormon als auch Placebos. Tatsächlich stiegen die Werte der Sexualhormone bei den DHEA-Probanden auf die junger Männer an. Doch leider hatte die Hormonkonzentration im Blut keinerlei Auswirkungen auf die Stimmung, das Wohlbefinden oder das Sexualleben. Auch der Knochenstoffwechsel oder die körperliche Leistungsfähigkeit steigerte sich damit nicht. Wiebke Arlt gibt zu bedenken, dass heute noch unklar ist, wie sich die unnatürliche Steigerung von Androgenen auf Zielgewebe – beispielsweise auf die Prostata – auswirkt. Möglicherweise erhöht eine Einnahme von DHEA das Risiko, an Prostatakrebs zu erkranken.

Gaby Miketta, Claudia Tebel-Nagy, Liebe & Sex. Über die Biochemie leidenschaftlicher Gefühle, Trias Verlag, Stuttgart 1996; »Das Hormon der ewigen Jugend erscheint wirkungslos«, Informationsdienst Wissenschaft, Pressemitteilung, Bayerische Julius-Maximilians-Universität, Würzburg, 6. Dezember 2000; »Alt bleibt alt«, bild der wissenschaft, 3/2001.

Professorin
Weil viele Frauen Medizin studieren, gibt es auch viele Medizinprofessorinnen

Wenn man junge Frauen nach ihrem Traumberuf fragt, kommt an zweiter oder dritter Stelle prompt der Wunsch, später mal Ärztin werden zu wollen. So ergab eine Allensbach-Umfrage unter 1.019 Schülerinnen und Schülern ab 14 Jahren an allgemein bildenden Schulen im Jahr 2000, dass 37 Prozent Designerin werden wollen – dicht gefolgt von 27 Prozent, die Ärztin als Traumberuf angeben. Bei einer anderen Allensbach-Umfrage wurden im selben Jahr 2.114 Bundesbürger ab 16 Jahren interviewt – 16 Prozent der Mädchen und Frauen sagten, sie würden gern Ärztin werden. Viele junge Frauen setzen ihren Wunsch auch in die Tat um, denn von den insgesamt 82.333 Studenten, die im Wintersemester 1998/1999 das Fach Humanmedizin studierten, waren die Hälfte Frauen.

Wenn es jedoch darum geht, wer später tatsächlich als Mediziner arbeitet, dann sieht das Bild schon ganz anders aus: Denn ausgerechnet das Fach Medizin sei »ausgesprochen resistent gegenüber Frauen«, erklärt Beate Krais, Soziologin an der Technischen Universität Darmstadt. So ist nur 8,3 Prozent des habilitierten Hochschulpersonals weiblichen Geschlechts, in der klinischen Medizin liegt der Anteil sogar noch darunter: Dort sind nur 17 von 742 Ordinariaten von Frauen besetzt – magere 2,3 Prozent.

Ein Blick in die Geschichte: Im März des Jahres 1901 legte erstmals eine Frau in Deutschland das medizinische Staatsexamen ab – Ida Democh aus Statzen in Ostpreußen hatte an der Universität Halle studiert. Im gleichen Jahr bestanden in Freiburg, Halle und Königsberg noch acht weitere Frauen die medizinische Staatsprüfung. Doch es sollte fast ein Jahrhundert dauern, bis die erste Medizinerin eine C4-Professur bekam. Derzeit gibt es nur drei Frauen, die diese höchste Position an der Universität erreicht haben: Marion Brigitta Kiechle ist seit 1999 die einzige C4-Professorin für Frauenheilkunde und Geburtshilfe, sie lehrt an der Technischen Universität München. Im selben Jahr ging Gabriele Nöldge-Schomburg als erste deutsche C4-Professorin für Anästhesie an die Universität Rostock, und seit Oktober 2001 hat Doris Henne-Bruns als erste Professorin für Chirurgie in Deutschland einen C4-Lehrstuhl an der Universitätsklinik Ulm.

Auch der Ärztinnenbund weist darauf hin, dass die Frauenheilkunde in Deutschland immer noch fest in Männerhand ist: Denn derzeit sind rund 13.700 Ärzte und Ärztinnen in der Gynäkologie tätig, darunter sind aber nur 4800 Frauen.

»Die Vergabe von Professuren (wird) meist unter männlichen Kollegen ausgehandelt. Qualifizierte Ärztinnen werden oft gerade nicht auf die ersten Plätze gesetzt, um ihre Berufung zu verhindern«, erklärt Astrid Bühren, Präsidentin des Ärztinnenbundes. Die Berufung von C4-Professorinnen sieht sie als »ein Zeichen dafür, dass herausragenden Ärztinnen trotz vieler Vorurteile der Aufstieg möglich ist«. Es müsse aber noch viel passieren, »bis eine Gleichbehandlung der Ärztinnen in den universitären Berufungsverfahren eine Selbstverständlichkeit ist«.

»Traumjobs im Web-Zeitalter«, Informationsdienst des Instituts der deutschen Wirtschaft, 18. Januar 2001; »Sture Böcke, eitle Zicken«, Geo Wissen Nr. 26 Frau & Mann, August 2000; »100 Jahre Ärztinnen in Deutschland«, Pressemitteilung des idw vom 15. Februar 2001.

Prostitution 1
Huren verdienen einen Haufen Geld

Von allen Ursachen der Prostitution ist keine wirksamer als die Arbeitslosigkeit und das Elend, die unausbleiblichen Folgen unzureichender Löhne.

Parent-Duchâtelet

Die Einkommen von Prostituierten sind in den letzten Jahren drastisch gesunken, sagen Kennerinnen des Milieus. Genaue Zahlen gibt es nicht, denn Huren bekommen ihren Verdienst oft bar auf die Hand. Meist geben sie einen großen Teil des Geldes sofort wieder aus: für die Tagesmiete des Arbeitszimmers, für Anzeigen, Kosmetik und teure Klamotten. Der Rest geht für die normalen Lebenshaltungskosten drauf. »Wer Glück hat«, so Simone Ortner vom Café Mimikry, der Beratungsstelle für anschaffende Mädchen und Frauen in München, »kommt nach Abzug aller Kosten mit Null raus.«

Prostituierte, so eine Berliner Umfrage bei 260 Anschaffenden, haben im Schnitt 2.000 Mark netto monatlich im Portemonnaie – jede zweite sogar weniger. Auch in München sieht Simone Ortner große Not unter den

Prostituierten, von denen am Ende ihrer Karriere rund 70 Prozent auf einem Schuldenberg sitzen.

Klingt ziemlich realistisch, was Insider da sagen, denn die Preise sind für die Freier in den letzten Jahren gleich geblieben, sogar eher gesunken: Eine Frau auf dem Straßenstrich beginnt ihren Job ab 30 Mark, im Club geht von 300 Mark aufwärts die Post ab.

Erschwert wird das Anschaffen-Gehen durch die wesentlich schärfere Konkurrenz unter den Huren selbst: Waren es in den 70er Jahren vor allem Asiatinnen, Lateinamerikanerinnen und Afrikanerinnen, die ihre günstige Dienste vermehrt in Deutschland anboten, drängen heute vor allem Frauen aus den Ostblockstaaten mit Dumpingpreisen auf den deutschen Markt. Schätzungen gehen derzeit in Deutschland von 50.000 bis 400.000 Prostituierten aus. Zählt man die zahlreichen Studentinnen, Hausfrauen und Sozialhilfeempfängerinnen dazu, die sich als Gelegenheits-Prostituierte ein Zubrot verdienen wollen, wird es auf dem Prostitutionsmarkt täglich enger – und damit verschlechtern sich die Bedingungen der Frauen zusehends.

Für Sandra Kösch, Hure und Prostituiertenrechtlerin des Nürnberger Vereins Kassandra, geht die Tendenz eindeutig in Richtung Armutsprostitution. Die Hamburger Ex-Domina Domenica sagt es noch drastischer: »Die jungen Mädchen müssen doch wissen, was auf dem Strich auf sie zukommt. Nämlich Elend. Verdammt viel Elend. 90 von 100 Huren werden ein Fall fürs Sozialamt. Eine Warnung – das ist das wenigste, was wir als Alt-Huren den Frauen schuldig sind.« Die Geschichte vom »leicht und viel verdienten Geld« ist eben nur ein gern geglaubter Mythos.

Irmingard Schewe-Gerigk, frauenpolitische Sprecherin der Grünen im Bundestag; Simone Ortner, Mimikry, Beratungsstelle für anschaffende Mädchen und Frauen, Innere Mission, München; Sandra Kösch, »Veränderungen der Prostitutionsformen: von 1949 bis heute«, zit. in HWG e.V. (Hrsg.), Prostitution. Ein Handbuch, Verlag Schüren, Marburg 1994; »Prostitution & Menschenwürde«, Emma, März/April 2000;

Prostitution 2
Prostituierte haben einen Knacks weg, weil sie als Kinder missbraucht wurden

Hure ist nicht gleich Hure. Und dennoch gibt es Frauen, die an die Öffentlichkeit gehen und das Bild der allseits missbrauchten Hure stützen. Sicherlich sind die Ergebnisse unterschiedlich, je nachdem, welche Prostituierten man fragt. Sind es die, die eine psychologische Beratung aufsuchen? Oder jene, die zu ihrem vorgeschriebenen Gesundheitscheck ins Gesundheitsamt gehen und dort bereit sind, über so ein heikles Thema wie sexuellen Missbrauch Auskunft zu geben? Repräsentieren diese Huren den Durchschnitt oder eher die Ausnahme?

Zahlreiche Studien versuchen jedenfalls die allgemein herrschende Vorstellung der in der Kindheit missbrauchten Hure zu festigen, wie etwa eine Untersuchung des Sozialpädagogischen Instituts in Berlin oder ein parlamentarischer Bericht der schwedischen SP-Abgeordneten Inger Segelström. Sie behauptet: »Der Zusammenhang zwischen Prostitution und sexuellem Missbrauch wird immer offenbarer. Für Frauen, die sich zum ersten Mal prostituieren, ist dies selten ein plötzlicher Fall in die Selbsterniedrigung. Ihr Lebensweg zeigt meist lange vorher in Richtung Prostitution.«

Dem widerspricht eine kürzlich erstellte Diplomarbeit aus Bochum. Zwar wird auch darin festgestellt, dass Prostituierte tendenziell eher Opfer von sexueller Gewalt werden (30,2 Prozent) als andere Frauen (25 Prozent). Allerdings sind mehr als die Hälfte der befragten Frauen vor ihrem Einstieg in die Prostitution nicht mit sexueller Gewalt in Kontakt gekommen. »Würde man alle Wurstverkäuferinnen in einer Großstadt fragen, käme man wahrscheinlich auf eine ähnliche Zahl. Aber natürlich hat man diese Berufsgruppe nicht gefragt«, so die Sozialpädagogin Simone Ortner von Mimikry in München. Bemerkenswert ist allerdings, dass mehr als Dreiviertel der Frauen, die Opfer von sexueller Gewalt wurden, schon sehr früh, nämlich im Alter zwischen 17 bis 20 Jahren, zu Prostituierten wurden.

»Prostitution & Menschenwürde«, Emma, März/April 2000; Corinna Köppel, Zum Zusammenhang von erlittener sexueller Gewalt im Kindes- und Jugendalter und der späteren Berufsausübung in der Prostitution, Diplomarbeit an der Evangelischen Fachhochschule Rheinland-Westfalen-Lippe, Bochum 1999; Simone Ortner, Mimikry, Beratungsstelle für anschaffende Mädchen und Frauen, Innere Mission, München.

Prostitution 3
Huren sind arbeitsscheue Nymphomaninnen

Wenn Frauen zu Huren werden, hat das vielerlei Gründe. Faulheit gehört sicher nicht dazu, denn mit dieser Einstellung verdienen sie nichts. Manche Sexarbeiterinnen stöhnen sogar, dass sie als Kassiererin bei Aldi mehr Lohn bekommen würden als auf dem Strich. Sicher ist: Freier kommen heute unregelmäßiger als noch vor drei Jahren. Wo das 13. Monatsgehalt wegfällt, sitzt die Mark nicht mehr so locker wie früher. Mit dem Urlaubsgeld wird ebenfalls geknausert. Da muss eine Prostituierte schon mal zehn Stunden herumstehen oder -sitzen, um ihren Minimalschnitt zu machen.

»Da ist die Hure, die nur auf mich gewartet hat und unersättlich nach Sex mit mir ist. Sie wird mich befriedigen, meinen Bedingungen folgen und meinem Willen gehorchen.« Das ist für männliche Kunden offensichtlich ein faszinierender Gedanke. Doch was die sexuelle Unersättlichkeit angeht, braucht man nur die verschiedenen Prostituierten selbst zu fragen. Manchen macht die Sexarbeit tatsächlich Spaß, andere hoffen, damit an das schnelle Geld zu kommen. Wieder andere verdienen sich damit ihre Extras oder ihre Ausbildung, wie jene bosnische Studentin, die von der römischen Polizei festgenommen wurde, gerade als sie sich mit der Lektüre von Immanuel Kant das Warten auf den nächsten Kunden verkürzen wollte. Einige sind »einfach so reingerutscht«. Viele Huren sagen: »Es ist ein Job wie jeder andere.« Andere halten dagegen: »Prostitution ist keine Arbeit wie jede andere.« Und dann gibt es ja noch die Frauen, die durch Zuhälter zur Prostitution gezwungen werden. Fazit: Huren sind weder arbeitsscheuer noch nymphomanischer als der Durchschnitt der deutschen Frauen.

Prostituierten-Projekt Hydra (Hrsg.), Beruf: Hure, Galgenberg, Hamburg 1988; Simone Ortner, Mimikry, Beratungsstelle für anschaffende Mädchen und Frauen, Innere Mission, München; Süddeutsche Zeitung, 21. März 2000.

Prostitution 4
Prostituierte sein ist kein Beruf sondern eine Berufung

Diesem Statement widersprechen die Sexarbeiterinnen mit Nachdruck. Sie haben Fertigkeiten in sexuellen Techniken und Verhütungsfragen, psychologische und schauspielerische Qualifikationen während ihrer Arbeit entwickelt. Viele von ihnen wünschen sich, dass ihr Beruf, wie jeder andere auch, als Dienstleistung anerkannt wird. Denn nur dann könnten Huren Arbeitsverträge abschließen, die sie auch sozial absichern und vielleicht eher vor schlimmen Arbeitsbedingungen schützen. Nach Artikel 12 Absatz 1 des Grundgesetzes ist die Freiheit der Berufswahl und -ausübung verfassungsrechtlich geschützt. Das gilt jedoch bisher nicht für den Arbeitsbereich Prostitution.

Dabei soll nicht der Verharmlosung der Prostitution das Wort geredet werden und auch nicht dem Menschenhandel mit Frauen. Unsere Nachbarn in Holland haben den Beruf der Prostituierten bereits aus der Grauzone geholt und legalisiert. Damit hoffen sie, die Kriminalität aus dem Milieu zu vertreiben. In Schweden schlägt man seit 1999 jedoch eine härtere Gangart ein: Dort wird bestraft, wer beim gekauften Sex erwischt wird. Allerdings werden nicht die Sexarbeiterinnen, sondern die Freier strafrechtlich verfolgt. Im schlimmsten Fall müssen diese mit bis zu sechs Monaten Haft rechnen. Bisher gab es für die Sexsünder jedoch nur Geldstrafen und die private Bloßstellung. Ob das der Anerkennung eines schwierigen Berufszweiges hilft?

HWG e.V. (Hrsg.), Prostitution. Ein Handbuch, Schüren Verlag, Marburg 1994; »Prostitution & Menschenwürde«, Emma, März/April 2000; Corinna Köppel, »Zum Zusammenhang von erlittener sexueller Gewalt im Kindes- und Jugendalter und der späteren Berufsausübung in der Prostitution«, Diplomarbeit an der Evangelischen Fachhochschule Rheinland-Westfalen-Lippe, Bochum 1999.

Prostitution 5
Prostituierte leiden unter ihren brutalen Zuhältern

Prostituierte werden auch heute noch als »gefallene Mädchen« beschrieben, die in die Gewalt von Zuhältern geraten sind. Zuhälter, so die gängige Meinung, schlagen, missbrauchen, vergewaltigen die Prostituierten, machen sie drogenabhängig, beuten sie aus und betrügen sie. Tatsache aber ist: Machtpositionen konnten und können Zuhälter nur in Städten erlangen, in denen es rigide Sperrbezirksverordnungen gibt, die Prostituierten so wenig Arbeitsmöglichkeiten lassen, dass Kontrolle und Schutzgelderpressung möglich werden, sagen Frauen aus dem Milieu. In solchen Städten ist es selbstverständlich auch schwieriger für Prostituierte, einen unliebsamen Gefährten wieder loszuwerden, denn dann verliert sie möglicherweise ihren Arbeitsplatz.

Am Handgelenk eine Rolex, am kleinen Finger einen fetten Brilli, auf dem Hintersitz eine sabbernde Dogge, so fährt der Prototyp eines Zuhälters im Chevy durch die Straßen und kontrolliert seine Miezen bei der Arbeit. Und wenn sie nicht spuren, werden sie halt verprügelt. Solche Klischees vom goldbehängten »Loddel«, »Zuhälter« oder »Luden« spuken in den meisten Köpfen der Menschen herum. Doch die haben ihr Wissen in der Regel aus zweiter Hand, aus mehr oder eher weniger seriösen Zeitschriften und Fernsehsendungen. Sicherlich gibt es auch ausbeuterische Zuhälter und hilflose Frauen – aber solche Stereotypen wiederholen nur das gängige Rollenklischee vom Mann als Herrscher und der Frau als Opfer. Und es wird Zeit, dass auch in diesem Bereich der Prostitution unterschieden wird zwischen einer Zwangssituation und der freien Entscheidung eines erwachsenen Menschen.

Untersuchungen aus den vergangenen zehn Jahren haben beispielsweise aufgedeckt, dass in der Ehe weitaus mehr Missbrauch durch Ehemänner stattfindet als erwartet und dass in der Prostitution weitaus weniger Missbrauch durch Zuhälter stattfindet als erwartet. Die Aussagen von Prostituierten deuten darauf hin, dass sie weniger von Zuhältern als von der Polizei missbraucht werden, insbesondere in Ländern wie den USA und Frankreich. Dort führen strenge Verbote der Prostitution dazu, dass die Polizei eher zur Korruption neigt als anderswo. Bei der Straßenprostitution, wo keine Hotels oder Appartments zur Verfügung stehen und die

Frauen gezwungen sind, in Autos oder dunklen Ecken zu arbeiten, ist die Gefahr besonders groß, dass Freier Prostituierte in ihre Gewalt bringen. Paradoxerweise sucht eine Prostituierte sich also dann häufiger einen Zuhälter, je größer die Bedrohung von außen durch Polizei oder Kunden ist.

Das Verhältnis von Huren und Zuhältern ist oft genug sehr kompliziert: Sie sind gefühlsmäßig auf einer privaten und auf einer gesellschaftlichen Ebene verbunden und dazu noch beruflich ein »Team«.

Oft liebt die Hure ihren Zuhälter. Sie findet es toll, ihn ausstaffieren zu können und möchte als Gegenleistung von ihm geliebt, geachtet und beschützt werden. Sie möchte gar nicht, dass er einer anderen Arbeit nachgeht. Auch ein Zuhälter hat also eine festgeschriebene Rolle, einerseits durch seine alleinverdienende Partnerin, andererseits durch das Milieu, in dem er sich bewegt. Eine schwierige Konstellation.

Christine Drössler (Hrsg.), Women at work. Sexarbeit, Binnenmarkt und Emanzipation, Auftrag der HWG e.V. Europäischer Prostituiertenkongress, Schüren-Verlag, Marburg 1992; Sandra Kösch, »Sexindustrie und Sexarbeit« zit. in HWG e.V. (Hrsg.), Prostitution. Ein Handbuch Verlag Schüren, Marburg 1994; Prostituierten Projekt Hydra (Hrsg.), Beruf Hure, Verlag Galgenberg, Hamburg 1988; Prostituierten-Projekt Hydra (Hrsg.), Freier. Das heimliche Treiben der Männer, Knaur, München 1994.

Prostitution 6
Zwischen Freier und Hure geht es nur um Sex pur

Viele Kunden wollen beim Sex mit einer Hure Abwechslung erleben und ihre sexuellen Vorlieben ausleben, ohne eine ernsthafte Beziehung einzugehen. Allerdings haben die Forscher Dieter Kleiber und Doris Velten herausgefunden, dass jeder vierte Freier sich dabei »eigentlich eine normale Beziehung zu einer Frau« erhoffte. Die Beziehung ist jedenfalls in den Gedanken des Freiers nicht ausschließlich eine rein geschäftliche. Über zwei Drittel der befragten Kunden glaubten zum Beispiel, dass die Huren sie sympathisch fanden. Es war ihnen also wichtig, von den Sexarbeiterinnen akzeptiert zu werden. Gefühle sind mit im Spiel. »Da, wo ich hingegangen bin, hatte ich das Gefühl, dass sie es sehr bewusst und sehr gern machen«, sagte ein 42-jähriger Industrieller. Und ein 38-jähriger Krankenpfleger erwartet sogar: »Zärtlichkeit… Schmusen, einfach zärtlich zusammenliegen, auch ein bisschen reden.«

75 Prozent der Freier wird nicht nur Sex, sondern auch eine Illusion verkauft. Wie Grenzen verwischen können, stellten die Forscher fest, als sie Freier danach fragten, welchen Typ Frau sie sich kaufen. Ergebnis: Die Männer orientierten sich bei der Wahl einer Prostituierten grundsätzlich am Bild ihrer Idealpartnerin.

Dieter Kleiber, Doris Velten, Prostitutionskunden. Eine Untersuchung über soziale und psychologische Charakteristika von Besuchern weiblicher Prostituierter in Zeiten von AIDS, in: Band 30 Schriftenreihe des Bundesministeriums für Gesundheit, Nomos-Verlag, Baden-Baden 1994; Prostituierten-Projekt Hydra (Hrsg.), Freier. Das heimliche Treiben der Männer, Knaur, München 1994.

Prostitution 7
Frustrierte Ehemänner gehen zu Huren

Die Prostituierte ist ein Sündenbock. Der Mann lädt auf sie seine Schändlichkeit ab und verleugnet sie dann.

Simone de Beauvoir

Unter den Freiern gibt es überproportional viele ledige und geschiedene Männer (65,2 Prozent). Nur ein Drittel der Kunden war nach einer Studie des Bundesministeriums für Gesundheit verheiratet.

Freier outen sich nicht gern, denn sie sind, ähnlich wie Prostituierte, gesellschaftlich geächtet. Frauen vom Prostituierten-Projekt Hydra rechnen jedoch vor, dass drei von vier Männern in Deutschland Freier sind. In einer aktuellen Umfrage des Meinungsforschungsinstituts Emnid für die Zeitschrift »Playboy« gab ein Drittel der 1.049 befragten Männer an, schon einmal bei einer Prostituierten gewesen zu sein. Forscher wie Dieter Kleiber und Doris Velten gehen davon aus, dass nur ein Fünftel aller deutschen Männer Huren aufsuchen. In Schweden sollen sogar nur zehn Prozent der Männer Freier sein. Nehmen wir an, die Zahlen für Deutschland sind völlig übertrieben. Auch dann sind sie immer noch ziemlich beunruhigend für sämtliche bürgerliche Frauen: Geht er, mein eigener Bruder, Vater, Freund, Ehemann, zu Prostituierten?

Die oft zitierte so genannte »Jedermanns – Hypothese«, nach der jeder ein potentieller Freier sein kann, scheint nicht ins Schwarze zu treffen. Sicher: Der Metzgermeister von der Ecke, der Taxifahrer, der renommierte Rechtsanwalt, der Fabrikarbeiter, der Polizist und der Richter sind Kunden. Erstaunlicherweise schaut aber der Akademiker häufiger bei einer Prostituierten vorbei als der kleine Angestellte oder Arbeiter. Denn wie Dieter Kleiber und Doris Velten feststellten, haben Freier überdurchschnittlich oft eine höhere Schulbildung. Und warum gehen Männer zu Huren? Die Hauptkunden sollen vor allem Männer im Alter bis 40 sein, die unzufrieden mit ihrer Lebenssituation sind. Sie sehnen sich nach sexueller Abwechslung und Befriedigung durch eine Prostituierte. Ähnliche Gründe fand auch das Meinungsforschungsinstitut Emnid heraus: Fast die Hälfte der Männer, die Huren besuchen gaben an, dass sie das tun, weil sie sexuelle Wünsche haben, die die Partnerin nicht erfüllen will. Rund 37 Prozent gaben an, Probleme in der Beziehung zu haben.

Erstaunlich wird es, wenn man betrachtet, welche politische Parteien die Bordellbesucher bevorzugen: Ganz vorne sind die CDU/CSU-Anhänger. Von denen waren 23 Prozent schon einmal bei einer Prostituierten. Bei den PDS-Anhängern sind es nur sieben Prozent.

Dieter Kleiber, Doris Velten in: Prostitutionskunden. Eine Untersuchung über soziale und psychologische Charakteristika von Besuchern weiblicher Prostituierter in Zeiten von AIDS. Band 30 Schriftenreihe des Bundesministeriums für Gesundheit, Nomos-Verlag, Baden-Baden 1994; Prostituierten-Projekt Hydra (Hrsg.), Freier. Das heimliche Treiben der Männer, Knaur, München 1994, »Warum Männer Liebe kaufen«, Abendzeitung vom 15. Februar 2001.

Prostitution 8
Prostituierte können jederzeit aus dem Milieu aussteigen

Ich liebe Männer, die eine Zukunft, und Frauen, die eine Vergangenheit haben.

Oscar Wilde

Aus der Prostitution können die wenigsten so einfach aussteigen. Und diese wenigen schaffen es auch selten aus eigener Kraft. Viele wissen nicht einmal, dass sie im Falle eines Ausstiegs ein Recht auf Sozialhilfe haben. Aber auch wenn sie es wüssten – helfen würde es ihnen nicht viel. Denn das Sozialamt bedeutet für die meisten Huren eine enorme Hürde. Dort müssen sie sich peinliche Fragen nach ihrer Vergangenheit gefallen lassen, und nicht selten bekommen sie zu hören: »Sie sehen doch noch ganz gut aus, warum gehen Sie nicht weiter anschaffen?« Die Suche nach einer Arbeitsstelle außerhalb des Milieus wird zunehmend schwieriger, je länger eine Frau im einschlägigen Gewerbe tätig war.

Prostituierte arbeiten in einer Grauzone, denn Prostitution galt bis vor kurzem noch als sittenwidrig und ist als Beruf bislang nicht anerkannt. Aus diesem Grund sind in der Regel sämtliche Huren weder sozial- noch krankenversichert. Zwar können sich Huren privat krankenversichern, allerdings nicht unter der Bezeichnung »Prostituierte«, sondern beispielsweise als »Modell« oder »Hausfrau«. Passiert jedoch während der Arbeit etwas, zahlt die Versicherung wegen der falschen Angaben nichts.

In die Kassen der Arbeitslosenversicherung dürfen Huren auch nichts einzahlen. Also haben sie weder ein Recht auf Arbeitslosengeld noch auf eine bezahlte Umschulung. Der Staat hingegen hält die Hände auf: Denn Huren müssen Einkommens- und Umsatzsteuer zahlen.

Prostituierte, die aus dem Milieu aussteigen wollen, haben ein großes Problem: Wie sollen sie die Lücke in ihrer Erwerbsbiographie stopfen? »Konkret bedeutet das für eine Frau, die, sagen wir, 10 Jahre angeschafft hat, vielleicht davor sogar eine Ausbildung in einem bürgerlichen Beruf absolviert hat, dass sie einen Arbeitgeber finden muss, dem sie erklären kann,
a) dass sie 10 Jahre einem Freund den Haushalt geführt hat, oder
b) dass sie 10 Jahre in Ibiza am Strand gelegen hat, oder
c) dass sie 10 Jahre überhaupt nichts gemacht hat, oder
d) dass sie 10 Jahre angeschafft hat«, sagen die Betreiberinnen des Prostituiertenprojekts Hydra e.V. in Berlin. Weiter stellen sie fest: »Der Arbeitgeber, der diese Frau einstellt, muss erst noch geboren werden«. Deshalb ist es oft allein die Sozialhilfe, die den Frauen das Überleben sichert, so Simone Ortner vom Mimikry in München.

Erschwerend kommt hinzu, dass die meisten Aussteigerinnen körperlich und seelisch erschöpft sind. Viele leiden unter Alpträumen, Depressionen, Schlafstörungen und haben Probleme mit Medikamentenmissbrauch oder Alkohol. Das alles macht es den Frauen schwer, in einen neuen Job zu wechseln. Und nicht zuletzt geben diese Frauen so gut wie immer ihre bisherige Existenz ohne Alternative – auch im privaten Bereich – auf. Denn mit ihrem Beruf verlieren sie gleichzeitig wichtige Freundinnen und Freunde.

Doch vielleicht brechen bald neue Zeiten an. Ein Silberstreif am Horizont konnte bereits ausgemacht werden. Vor kurzem entschied erstmals ein Richter eines deutschen Gerichts, dass Prostitution nicht mehr als sittenwidrig eingestuft werden darf. Vorausgesetzt, die Prostitution werde ohne kriminelle Begleiterscheinungen und von den Frauen freiwillig ausgeübt, so das Berliner Verwaltungsgericht. Und weiter: Die Achtung der Menschenwürde gebiete es, Prostituierte nicht gegen ihren Willen zu bevormunden. Hintergrund des Richterspruchs war die vom Bezirksamt Berlin-Wilmersdorf geforderte Schließung des »Café Pssst!«. Dort hatte die Besitzerin Zimmer zu einem moderaten Preis an Prostituierte vermietet, die ohne Zuhälter und in angenehmer Atmosphäre ihre Freier bedienten.

Mimikry Jahresbericht 1999, Innere Mission München; Beruf Hure, Hrsg. Prostituierten Projekt Hydra, Verlag Galgenberg, Hamburg 1988; »Prostitution & Menschenwürde«, Emma, März/April 2000; »Richter: Prostitution nicht sittenwidrig«, Süddeutsche Zeitung vom 2. Dezember 2000.

Quickie
Nur Männer stehen auf Quickies

Männer kommen meist schneller auf Touren. Das heißt aber nicht, dass alle Frauen erst nach langem Streicheln können. Manchmal sind beide Partner so im Hormonrausch, dass sich das Vorspiel aufs Kleider-vom-Leib-Reißen beschränkt. Da genügte der verführerische Blick, der laszive Beckenschwung oder die erotisierende Table-Dance-Nummer, damit sich beide in die Arme fallen. Damit aber so ein hemmungsloses Spiel – im Gästebadezimmer oder zwischen Tür und Angel – Spaß macht, muss das Verhältnis zum eigenen Körper und der Lust unverkrampft sein.

Umfrage bei 20 Frauen (Alter zwischen 17 und 50); Brigitte, Young Miss (Hrsg.), Küss mich!, rororo Rotfuchs, Juni 1999.

Rauchen
Rauchen ist für Mann und Frau gleich schädlich

Im Bundesgesundheits-Survey des Robert-Koch-Instituts von 1998 wurden alarmierende Zahlen übers Rauchen veröffentlicht: So nähern sich die Zahlen der rauchenden Männer und Frauen immer mehr an. Vor allem sind es die jungen Frauen, die immer häufiger zum Glimmstängel greifen. Unterscheiden sich die Anteile von Männern und Frauen, die rauchen, in der Altersgruppe der 18- bis 79-Jährigen in den alten Bundesländern mit 36 Prozent für Männer und 28 Prozent für Frauen noch recht deutlich, ist diese Differenz bei den 18- bis 29-Jährigen auf zwei bis vier Prozent zusammengeschmolzen. Bei jungen Frauen ist ein deutlicher Trend zur Zigarette auszumachen.

Grundsätzlich ist Rauchen für jeden Menschen schädlich. Dieselbe Menge täglich gerauchter Zigaretten verursacht bei Frauen jedoch mehr Beschwerden im Bereich der Atemwege als bei Männern.

Die Lungenkrebs-Sterbeziffern sprechen ihre eigene Sprache: In der Altersgruppe der Männer zwischen 45 und 74 Jahren sind die Zahlen um vier bis 14 Prozent gesunken, bei Frauen um 21 bis 87 Prozent gestiegen.

In Norwegen haben die Frauen bereits die Männer beim Rauchen überrundet (30,6 Prozent Frauen; 29,7 Prozent Männer). Zudem hat nun eine große norwegische Studie, an der 65.717 Bewohner der Provinz Nord-Trondelag teilnahmen, gezeigt, dass Frauen tatsächlich das Rauchen schlechter vertragen als Männer. So betrug der Anteil der Asthmatikerinnen bei ehemaligen Raucherinnen 6,4 Prozent (ehemalige Raucher 5,7 Prozent). Bei aktiven Raucherinnen erhöhte sich dieser Anteil mit zunehmendem Zigarettenkonsum auf mehr als zehn Prozent. Eine Wirkung, den die Forscher bei den Rauchern in dieser Deutlichkeit nicht feststellen konnten.

Eine erschöpfende Erklärung für diese unterschiedliche Krankheitsanfälligkeit gibt es nicht. Die Wissenschaftler vermuten, dass möglicherweise ein »anti-östrogener« Effekt durch die Inhaltsstoffe der Zigarette zum Zuge kommt. Denn Östrogene schützen Frauen nachweislich vor Herz-Kreislauf- und anderen Erkrankungen. Und obwohl Männer wie Frauen gleich intensiv inhalieren, ist aufgrund der physischen Unterschiede die Konzentration der eingeatmeteten Schadstoffe im Respirationstrakt der

Frauen höher. Er wird deshalb auch stärker belastet als bei den Männern. Außerdem fällt es Frauen offensichtlich schwerer, mit dem Rauchen aufzuhören. So hatten sich in der besagten norwegischen Studie ein Drittel der ehemaligen Raucher von der Zigarette entwöhnt, ohne Beschwerden zu haben, während das nur bei einem Fünftel der Ex-Raucherinnen der Fall war. Vor allem junge Frauen zwischen 18 und 20 können das Qualmen nicht lassen. Und nicht einmal die Hälfte aller rauchenden Frauen, die schwanger werden, schafften es, auf den Glimmstängel zu verzichten.

»Das Rauchverhalten in Deutschland«, Das Gesundheitswesen, Robert Koch Institut, Sonderheft, 61. Jahrgang, Dezember 1999; »Rauchen für Frauen schädlicher«, »Frauen rauchen weniger – aber immer noch zu viel«, Ärztliche Praxis, Ausgabe 15/2000; www.sued deutsche.de vom 17. November 2000.

Recht
Vor dem Gesetz sind alle Menschen gleich

Das wäre wünschenswert, ist jedoch ein vielgeglaubter Irrtum. Bringt ein Mann seine Frau um, so kann er damit rechnen, dass ihm die Richter weit wohlgesonnener sind, als wenn eine Frau ihren Mann umbringt. Das zeigen Zahlen, die die deutsche Wissenschaftlerin Christiane Schmerl auswertete. Die Frau, die ihren Mann tötet, landet für den Großteil ihres Lebens im Gefängnis oder in der Psychiatrie. Sie muss mit einer durchschnittlichen Strafe zwischen 15 und 20 Jahren rechnen. Dagegen sitzt ein Ehemann nach dem Mord an seiner Frau nur eine Zeit zwischen zwei bis sechs Jahren ab.

Ehemänner bringen übrigens ihre Frauen 2,4-mal so oft um wie umgekehrt. Durch die Schutzangebote für misshandelte Frauen, vorübergehend in Frauenhäuser ziehen zu können, geht zwar die Anzahl der ihren Ehemann tötenden Frauen zurück, nicht jedoch die Zahl der Männer, die ihre Frauen ermorden.

»Wenn Frauen zu Hyänen werden«, Psychologie heute Compact, 1998.

Sadomaso
Frauen haben keine Lust auf Sadomaso-Spielchen

Die Zeitschrift »Emma« berichtete 1977 erstmals über Frauen, die sado-masochistische Sexualpraktiken bevorzugen. Über Sexualität und Gewalt wurde in den folgenden Jahren vor allem in den Fernseh-Talkshows immer häufiger diskutiert, und das öffentliche Interesse an dieser von Paaren und Gruppen inszenierten Spielart der Sexualität scheint bis heute anzuhalten: In den Medien stellen sich nicht nur professionelle Dominas vor, sondern auch »ganz normale« Frauen, die eine Vorliebe für sadistische und maso-chistische Praktiken und Fantasien haben. Jeder Porno-Shop, der auf sich hält, führt Sexspielzeuge wie Handschellen und Peitschen, und selbstver-ständlich gehören auch Frauen zum Kundenkreis.

Wissenschaftlich erforscht wurde das Thema »Sadomasochismus« (kurz: SM) jedoch bislang kaum. Aus einer Studie der Universität Trier geht hervor, dass von den 143 befragten zur SM-Szene zählenden Perso-nen 38 Prozent Frauen waren. Auf die Frage nach den Präferenzen be-zeichnete sich etwas mehr als ein Drittel der Frauen als »aktiv«. An zwei-ter Stelle folgte die Gruppe der Frauen, die abwechselnd die sadistische und die masochistische Rolle einnahmen. Ausschließlich den passiven Part übernahmen fast 28 Prozent. Mehr als die Hälfte aller befragten Frauen holten sich ein- oder mehrmals im Monat Anregungen aus pornografi-schen Zeitschriften, Büchern und Filmen.

Dominante Frauen sind – ganz gleich, ob sie finanzielle Interessen ver-folgen oder nicht – die »Königinnen« der SM-Szene: Wenn sie sich einer Gruppe anschließen, haben sie häufig ihren eigenen Hofstaat an Sklaven und Sklavinnen. Was eine Domina an den Sexspielen reizt, mag im Einzel-fall recht unterschiedlich sein. Die meisten Frauen erzählen jedoch, dass sie eine sexuelle Lust empfinden, wenn sie nach zuvor festgelegten Regeln Gewalt ausüben können. Ähnlich breit ist das Gefühlsspektrum bei Frau-en, die bei Sexspielen die passive Rolle übernehmen: Vor allem berichten sie von Wohlgefühlen, wenn sie – im Rahmen der Inszenierungen – Schmerzen erleiden. Übrigens: Frauen, die beim Sex dominant oder devot sind, übertragen dieses Verhalten nicht zwangsläufig auf den Alltag und das Berufsleben. Auch umgekehrt gibt es scheinbar keine Zusammenhän-ge.

Thomas A. Wetzstein, Linda Steinmetz, Christa Reis, Roland Eckert, Sadomasochismus. Szenen und Rituale, Rowohlt, Reinbek 1993.

Scheidung 1
Das verflixte siebte Jahr ist das Aus für viele Ehen

Mit manchem Mann versteht man sich vor und nach der Ehe ausgezeichnet – bloß dazwischen klappt es nicht.

Zsa Zsa Gabor

»Bis dass der Tod uns scheidet«, versprechen sich verliebte Paare bei der Trauung und glauben in diesem Moment auch fest daran. Lotte Lenya, berühmte Kurt-Weill-Interpretin, sprach aus Erfahrung, als sie feststellte: »Die Liebe ist ewig, solange sie dauert.«

Wir alle wissen, dass das Gefühl der Verliebtheit meist einen Anfang und ein Ende hat. Eines Tages wird der zündende Funke von einem »neutralen Gefühl« für die geliebte Person abgelöst. Im günstigsten Fall wird dann aus der anfänglichen Euphorie Zuneigung. Nach drei bis vier Jahren, behaupten Experten, ändert sich die Biochemie des Gehirns, die romantischen Gefühle schwinden. Dann entscheidet sich, »ob der Kleb hält«, wie es der amerikanische Psychologe David Lykken es einmal ausdrückte.

Ein kleines Dossier über die durchschnittliche Zerfallszeit von Liebesbeziehungen lässt der Romanautor Peter Schneider seinen Helden Eduard aufstellen: »Das bisher gesammelte Material ließ den Schluss zu, dass irgendein Trennungsvirus in der ummauerten Stadt grassierte. Eine erste über den Daumen gepeilte Hochrechnung ergab, dass eine Paarbeziehung eine durchschnittliche Lebenserwartung von drei Jahren einhundertsiebenundsechzig Tagen und zwei Stunden hatte.« Diese sicher willkürlich gewählte Zahl kommt der Wirklichkeit verblüffend nah.

Um festzustellen, wann Paare sich trennen, verglich die amerikanische Anthropologin Helen Fisher weltweit Scheidungszahlen und fand Spannendes heraus: Nicht im sprichwörtlichen siebten Jahr trennen sich Paare, sondern schon im »verflixten« vierten Ehejahr geht alles in die Brüche. In den 61 von ihr verglichenen Kulturen stiegen die Scheidungen bis zu einem Gipfel um das vierte Ehejahr an, um dann wieder abzufallen. Und das geschah überraschenderweise quer durch alle Kulturen. Dabei hatte das beobachtete Scheidungsmuster nichts mit der Scheidungshäufigkeit zu tun. Dieselbe Zeitspanne findet sich in Gesellschaften mit hoher Scheidungsquote ebenso wie in Kulturen, in denen Scheidungen eher selten sind.

Was Helen Fisher besonders faszinierte war, dass das Auseinanderbrechen von Ehen sich in allen Kulturen nach dem gleichen Muster vollzog. Sie fand heraus, dass auch bei den Yanomamo, einem Volk im Amazonasgebiet von Venezuela, die kleinen Kinder zunächst mit Mutter und Vater zusammenlebten. Erreichten Kinder jedoch das fünfte Lebensjahr, nahm die Zahl der zusammenlebenden Elternpaare deutlich ab. Das geschah nicht etwa, weil einer der Partner gestorben war, sondern weil sich die Eltern trennten.

Warum ist das in Amerika und Finnland so, bei den Yanomamo in Venezuela und bei den Ngoni im ostafrikanischen Fort Jameson? Helen Fishers Theorie: Der anregende amphetaminähnliche Botenstoff Phenyläthylamin, kurz PEA, der von Verliebten in hohen Mengen produziert wird, lässt ein Paar so lange zusammenbleiben, bis ihr Kind aus dem Gröbsten heraus ist. Eine Trennung von Mann und Frau droht also erst dann, wenn ein Kind nicht mehr auf die intensive Betreuung angewiesen ist. »Die Mutter braucht dann nicht mehr so sehr die Hilfe des Mannes und hat Gelegenheit, sich nach einem neuen Partner umzusehen.« Diese Theorie würde auch die Beobachtung stützen, dass dort, wo mehrere Kinder waren, die Eltern auch länger zusammenblieben.

Professor Wassilios Fthenakis vom Staatsinstitut für Frühpädagogik in München kommt mit seinem Team zu einem ähnlichen Ergebnis, jedoch aus einem anderen Blickwinkel. In der kürzlich veröffentlichten Studie »Junge Familie« wurde die Entwicklung von 175 Familien in den ersten drei Jahren nach der Geburt eines Kindes verfolgt. Eines der Ergebnisse: Drei bis vier Jahre nach der Geburt des ersten Kindes ist die Scheidungsrate am höchsten.

Seltener gehen Paare immer noch dort auseinander, wo wirtschaftliche Zwänge herrschen. Ist die Frau beispielsweise finanziell vom Mann abhängig oder bewirtschaften beide gemeinsam Land, bleiben Partner eher zusammen. Andersherum gilt das natürlich auch: Ein Mann, dessen Frau wirtschaftlich unabhängig ist, wird sich selbst schneller aus einer unglücklichen Beziehung lösen.

Gemeinsame Verpflichtungen dagegen knüpfen grundsätzlich ein festeres Eheband. Anthropologin Fisher folgert daraus: »Wie die Paarbindung bei Rotfüchsen, Wanderdrosseln und vielen anderen Arten, die sich nur für eine Brutperiode zusammenschließen, bestand auch die Paarbindung des Menschen ursprünglich nur so lange, bis ein Einzelkind die Kleinkindphase beendet hatte, nämlich vier Jahre, es sei denn, es kam zu einer zweiten Empfängnis.«

Helen Fisher, Anatomie der Liebe. Warum Paare sich finden, binden und auseinandergehen, Droemer Knaur Verlag, München 1993; »Scheiden tut wohl«, Leben, Liebe, Partnerschaft, bild der wissenschaft, special, März 2000; »Liebe. Die Zukunft eines altmodischen Gefühls«, Psychologie heute, Dezember 1994; »Sprengstoff für die Beziehung«, Süddeutsche Zeitung, 30. Juni 2000; Helen Fisher, Das starke Geschlecht. Wie das weibliche Denken die Zukunft verändern wird, Wilhelm Heyne Verlag, München 2000.

Scheidung 2
Eine Scheidung kommt den Ehemann teuer zu stehen

Heutzutage wird fast jede dritte Ehe geschieden, Tendenz steigend. Nicht nur dass der Schlussstrich unter eine Beziehung weh tut, die geschiedenen Partner haben danach zudem mit finanziellen Einbußen zu kämpfen. Das Haushaltseinkommen sinkt, doch die Belastungen sind zwischen den Geschlechtern unterschiedlich verteilt: Denn das Pro-Kopf-Einkommen der Frauen fällt um durchschnittlich 44 Prozent, bei Haushalten mit Kindern sind es 37 Prozent. Im Vergleich dazu kommen die Männer wesentlich besser weg, ihr Pro-Kopf-Einkommen verringert sich durchschnittlich nur um sieben Prozent. Das geht aus einem Gutachten von Professor Hans-Jürgen Andress und Henning Lohmann von der Universität Bielefeld hervor, die alle verfügbaren nationalen und internationalen empirischen Studien auswerteten.

Und wie erklärt es sich, dass so viele Frauen nach der Scheidung finanziell schlechter da stehen als ihre Ex-Männer? Die Bielefelder Autoren fanden heraus, dass fast zwei Drittel aller Ehefrauen auf ihnen zustehende Zahlungen teilweise oder ganz verzichten. Das betrifft vor allem die Mütter, vermutet Familienministerin Dr. Christine Bergmann: »Viele Frauen verzichten auf ihre Unterhaltsansprüche und die ihrer Kinder …

Nicht selten, so ist zu vermuten, wird durch den Verzicht auch die Zustimmung der Männer zur Scheidung erkauft.« Halten wir also fest: Eine Scheidung kommt einen Mann teuer zu stehen, aber noch härter trifft es die Frau.

Interessant ist aber, dass Frauen ihre finanziellen Einbußen weniger dramatisch bewerten als die Männer: 28 Prozent der Frauen empfinden ihre finanzielle Lage besser als vor der Scheidung, bei den Männern sind es jedoch nur 24 Prozent. Und mehr als ein Viertel aller Männer, die nach der Scheidung gar keine Einbußen haben, behaupten steif und fest: »Unsere finanzielle Lage hat sich verschlechtert!«

»Die wirtschaftlichen Folgen von Trennung und Scheidung«, Pressemeldung des Bundesfamilienministeriums vom 3. August 2000.

Schwanger 1
Für Männer ändert sich erst mal nichts, wenn ihre Partnerin schwanger wird

Eine schwangere Frau fährt auf einer neunmonatigen Berg- und Talbahn. Denn während einer Schwangerschaft erhöhen sich unterschiedliche Mengen an Hormonen im weiblichen Körper drastisch, unter anderem das Prolaktin, das für die Milchbildung zuständig ist, das Stresshormon Cortisol, und auch das weibliche Geschlechtshormon Östrogen schnellt in die Höhe. Und das wirkt sich einschneidend auf das Lebensgefühl der Schwangeren aus. Gleich nach der Geburt fallen diese Hormone wieder auf Normalniveau. Meist ist dies ein Sturzflug ungeahnten Ausmaßes.

Bisher nahm man an, dass diese hormonellen Veränderungen vom Ungeborenen hervorgerufen werden. Jetzt fanden Wissenschaftler heraus, dass der werdende Vater bei dieser Schwindel erregenden Tour mit an Bord ist. Denn auch seine Hormonwerte von Cortisol, Prolaktin und Testosteron veränderten sich während der Schwangerschaft ihrer Partnerin deutlich.

Das wurde kürzlich in einer Studie der kanadischen Memorial Universität in St-John's, Neufundland, nachgewiesen. Die Wissenschaftler stellten bei Blutuntersuchungen fest, dass Männer während der Schwangerschaft ihrer Partnerinnen deutliche Veränderungen ihrer Hormone zeigten. »Die hormonellen Veränderungen bei den werdenden Müttern sind viel dramatischer, aber die Muster waren sich sehr ähnlich«, sagte Anne Storey, die Leiterin des Forscherteams. Entsprechend den hormonellen Schwankungen bemerkten die Wissenschaftler bei den künftigen Vätern auch typische Schwangerschaftserscheinungen wie Müdigkeit und veränderten Appetit. Sofort nach der Geburt fiel der Testosteron-Spiegel bei den Männern um 33 Prozent. Und niedrigere Mengen an Testosteron wurden damit verbunden, dass frisch gebackene Väter weniger aggressiv, dafür fürsorglicher wurden.

Anne Storey vermutet nun, dass ein Mix aus Verhalten und Pheromonen, den körpereigenen Duftstoffen der Schwangeren, den werdenden Vater auf unbekannte Weise veranlasst, sich auf die Geburt seines Kindes vorzubereiten. Deshalb sollte niemand den Kopf verständnislos schütteln, wenn werdende Väter sich mit Heißhunger über saure Gurken hermachen oder ein Büronickerchen halten müssen, weil sie ein Baby erwarten.

»Fatherly love. When new dads go gooey-eyed, blame their hormones«, New Scientist vom 8. Januar 2000; »Werdende Väter haben Hormonschwankungen«, Süddeutsche Zeitung vom 7. Januar 2000.

Schwanger 2
Männer können nicht schwanger werden

1997 erregte die Geburt eines Schafes weltweit die Gemüter: Dolly kam in einem schottischen Stall nahe Edinburgh zur Welt – es war der erste Klon eines erwachsenen Säugetiers und hatte keinen Vater, aber dafür drei Mütter. Obwohl es bislang verboten ist, auch Menschen zu klonen, ist es wahrscheinlich nur eine Frage der Zeit, bis irgendwo auf der Welt die ersten Versuche gemacht werden.

Einen Vorgeschmack auf das, was uns vielleicht sonst noch blüht, gab 1994 der Kinofilm »Junior«. Da spielte Arnold Schwarzenegger den Wissenschaftler Dr. Alexander Hesse, der eine Fruchtbarkeitspille entwickelte und sie am eigenen Leibe ausprobierte. Das Experiment war so erfolgreich, dass der muskulöse Schauspieler in die Kamera rief: »Ich bin schwanger. Ich bin tatsächlich schwanger ... Wir haben eine Eizelle befruchtet und sie in meinen Unterleib gesetzt. Unterstützt vom Medikament und hormonellen Ergänzungen bin ich jetzt im siebten Monat.« Einige Wochen später setzten dann auch die Wehen ein und per Kaiserschnitt kam ein sieben Pfund schweres Mädchen zur Welt. Dr. Hesse alias Arnold Schwarzenegger wurde schließlich als der »erste schwangere Mann der Welt« gefeiert.

Nun könnte man einwenden, dass Fantasie und Wirklichkeit manchmal sehr weit auseinanderklaffen. Wie alt diese Zukunftsvisionen jedoch sind, lässt sich an religiös motivierten Berichten und Darstellungen ablesen, die es schon vor Jahrhunderten gab. Bemerkenswert sind vor allem die Quellen, die nahe legen, dass Eva nicht aus Adams Rippe entstand, sondern aus seinem Leib herauskam. Solche Bilder, die es auf den Domportalen von Freiburg, Ulm und Worms, in Italien, Frankreich und im russischen Nowgorod zu sehen gibt, ließen auch den Forscher Roberto Zapperi nicht mehr los. In seinem Buch »Der schwangere Mann« beschreibt er eine Darstellung aus dem 11. Jahrhundert an der Domtür der Bischofsstadt Augsburg: »Gott zieht mit der linken Hand aus der Seite des schlafenden Adam den bereits völlig geformten Körper Evas hervor, während er die Rechte segnend in die Höhe hält ... Nicht mehr Gott erschafft Eva aus Adams Rippe, sondern Adam selbst bringt Eva auf Gottes Geheiß hervor.«

Auch in Sizilien soll es der Sage nach einen schwangeren Mann gegeben haben. Das Bild des Mannes mit dem birnenförmig geschwollenen Leib befindet sich im Dom von Monreale. Roberto Zapperi schreibt dazu: »Der Schwangere von Monreale war ein Mann, dem Bauch und Schenkel so stark angeschwollen waren, dass er dem Tode nahe war. Da kamen die Wundärzte und schnitten ihn auf, aber anstelle von Wasser und Eiter kam ein Kind hervor. Die Angelegenheit erregte großes Aufsehen, und heute noch spricht man vom schwangeren Mann aus Monreale.« Korrekterweise muss man hinzufügen, dass sich die sizilianische Darstellung auf eine ganz bestimmte Stelle in der Bibel (Lukas 14, 1-6) bezieht. Dabei geht es um die Heilung eines »Wassersüchtigen« am Sabbat – es könnte also sein, dass die Ursache für den dicken Bauch des Mannes keine Schwangerschaft war, sondern eine nicht genauer beschriebene Krankheit.

Wie viele Männer sich überhaupt wünschen, schwanger werden zu können, wurde leider noch nicht untersucht. Bekannt ist jedoch, dass viele Mann-zu-Frau-Transsexuelle davon träumen, ein Kind gebären und Mutter werden zu können. Denn das ist für sie das Einzige, was sie trotz der Einnahme von Geschlechtshormonen und trotz aller chirurgischen Maßnahmen von den biologischen Frauen unterscheidet. In ihrem Buch »Conundrum« schreibt zum Beispiel die transsexuelle Engländerin Jan Morris, die 1926 geboren wurde und noch in der Männerrolle unter dem Namen James Morris als Auslandskorrespondent der »Times« arbeitete: »Ich weiß heute, dass ich damals sehnlichst wünschte, ich könnte eines Tages Mutter werden, und mein übergroßes Interesse für die jungfräuliche Geburt war vielleicht nur Ausdruck der Erkenntnis, es niemals sein zu können. Und als ich schließlich das Alter erreichte, in dem man Mutter werden kann, und ich einsehen musste, dass ich es nun mal nicht werden konnte, tat ich einfach das Nächstbeste und wurde stattdessen Vater.« Die Transsexuelle ist Vater von vier Kindern, sie ließ sich im Alter von 35 Jahren operieren.

Vor Jahren war es noch undenkbar, dass auch Männer schwanger werden können. Doch 1999 gingen zwei spektakuläre Fälle durch die Medien, die das Unmögliche möglich erscheinen lassen: Die Rede ist von Bauchhöhlenschwangerschaften, die bei Frauen sehr selten vorkommen und noch seltener mit der Geburt eines gesunden Babys enden. Im ersten Fall war eine Frau in Oxfordshire mit einem Fötus schwanger, der mit seinem Mutterkuchen (Plazenta) an ihrem Darm angewachsen war. Die Mutter entschied sich, die Schwangerschaft fortzusetzen und wurde ohne Probleme von einem gesunden Kind entbunden.

Der zweite Fall ereignete sich in London – dabei kam ein Junge nach einer Bauchhöhlenschwangerschaft zur Welt. Das Kuriose dabei: Die Ärzte der 32 Jahre alten Jane Ingram aus der Grafschaft Suffolk hatten erst zehn Tage vor dem Geburtstermin festgestellt, dass die Frau Drillinge erwartete. Die beiden Mädchen waren in der Gebärmutter herangewachsen, nach 29 Wochen wurden sie – zusammen mit ihrem 928 Gramm schweren Bruder – mit Hilfe eines Kaiserschnitts geholt. »Die Empfängnis ist ein Wunder, die Geburt ist ein Wunder und das Überleben aller vier Beteiligten ist ein Wunder«, sagte der Gynäkologe Davor Jurkovic vom Universitäts-Krankenhaus des King's College, der bei der Entbindung mit 26 Ärzten und Krankenschwestern zusammenarbeitete.

Solche geglückten Bauchhöhlenschwangerschaften regen die Fantasie der Mediziner und Wissenschaftler an: »Schwangere Männer wären bestimmt möglich«, erklärte denn auch Lord Robert Winston, Professor an der Londoner Uni-Klinik Hammersmith Hospital, in einem Interview. Der Arzt, der in England als renommiertester Experte für die künstliche Befruchtung gilt, kann sich den schwangeren Mann vorstellen: Die Befruchtung würde im Reagenzglas stattfinden, den Embryo müsste man dann mitsamt Mutterkuchen in die Bauchhöhle einpflanzen. Die Plazenta würde an ein beliebiges Organ »angekoppelt« und von diesem über den Blutkreislauf ernährt. Während der Schwangerschaft müssten dem Mann große Mengen weiblicher Hormone gegeben werden, so dass ihm wahrscheinlich ein Busen wächst. »Die Schwangerschaft eines Mannes ist durchaus möglich«, erklärte der britische Mediziner, der aber kaum mit einem wahren Ansturm von Leuten rechnet, die diese Methode anwenden wollen.

Auch Simon Fishel, früherer Wissenschaftlicher Direktor der Universitätsklinik in Nottingham, ist überzeugt: »Es ist allein die Plazenta, also der Mutterkuchen, die die nötigen hormonellen Voraussetzungen schafft, und deswegen muss es nicht unbedingt eine Frau sein.« Der britische Fruchtbarkeitsspezialist berichtete, dass er bereits von drei Männern gebeten worden sei, ihnen einen Embryo einzupflanzen. Wegen der möglichen Risiken habe er aber abgelehnt.

Und was sagt Tim Hedgley vom weltweiten Netzwerk für Unfruchtbarkeit (Worldwide Infertility Network) dazu, dass demnächst auch Männer Mütter werden können? »Daran ist überhaupt nichts Makabres. Man könnte einen Mann rechtlich nicht daran hindern, denn das wäre Diskriminierung.«

Roberto Zapperi, Der schwangere Mann, Beck, München 1984; Kinofilm »Junior«, 1994; Jan Morris, Conundrum. Mein Weg vom Mann zur Frau, Ullstein, Frankfurt 1993; Karin Hertzer, Mann oder Frau. Wenn die Grenzen fließend werden, Ariston, München 1999; »Drillingsgeburt mit einer Bauchhöhlenschwangerschaft«, www.wunschkinder.de/news/ arch999/ 12.html; »Sensation: Drillingsgeburt mit einer Bauchhöhlenschwangerschaft«, in: www.klingelschild.de/mehrlinge/inhalte/artikel_mopo01.htm; »Schwangere Männer?!«, Hamburger Morgenpost Online vom 22. Februar 1999; »Schwangere Männer sind sicher möglich«, »Auch Männer können Kinder bekommen«, in: www.transgender.at/Archiv/ schwangere.htm.

Schwimmen
Synchronschwimmen ist ein Frauensport

Es sieht aus wie ein Wasserballett: Die Schwimmerinnen bewegen sich grazil im Takt, sie strecken Hände und Füße in die Höhe, tauchen unter und kommen zugleich wieder nach oben. Das Synchronschwimmen wurde 1945 eingeführt, seit 1984 ist es auch olympische Disziplin – aber nur für Frauen.

Auch wenn sie wollten: Laut der Wettkampfregeln dürfen Männer bis zum heutigen Tag im Synchronschwimmen weder an Welt- und Europameisterschaften, geschweige denn an den olympischen Spielen teilnehmen. »Anders ist das bei nationalen Meisterschaften – da bestimmt jedes Land für sich«, erklärt Peter Purps vom Deutschen Schwimm-Verband. »International betreiben aber nur sehr wenige Männer diesen Sport – in Deutschland leistungsmäßig keiner.«

An den amerikanischen Synchronschwimm-Meisterschaften dürfen Männer seit 1994 teilnehmen. Und in den USA lebt auch der Mann, der es wagt, an den althergebrachten Manifesten zu rütteln: Der 21-jährige Bill May ist Mitglied der amerikanischen Nationalmannschaft und fünffacher amerikanischer Meister. 1998 gewann er bei den Good-Will-Games zusammen mit seiner Partnerin Kristina Lum die Silbermedaille im Duett. 1997, 1999 und 2000 wurde er Einzelmeister bei den Swiss Open. 1999 holte er bei den German Open mit seiner Gruppe »Santa Clara Aquamaids« den Titel. Im Jahr 2000 gewann er in den USA alle Disziplinen – Solo, Duett und Gruppe –, doch bei den Olympischen Spielen in Sydney durfte er nicht antreten. Der Internationale Schwimmverband (FINA) hatte seine Teilnahme verboten.

In den USA, wo das Synchronschwimmen großes Ansehen genießt, trat die Entscheidung eine »erregte Diskussion über kastrierte Männerrechte« los. Auch die »taz« ließ sich zu einem Kommentar hinreißen, in einem Bericht hieß es: »Nasenklammern halten auch auf männlichen Zinken.« Und von Bill May selbst ist überliefert, was er nach einem Sieg über all die konkurrierenden Frauen sagte: »This is one small step for me, one giant step for man-kind« (Das ist ein kleiner Schritt für mich, aber ein großer für die Männer). Mit diesem Ausspruch zitierte der Synchronschwimmer den Astronauten Armstrong, der aber nicht von »man-kind« sprach sondern von »mankind« (Menschheit).

Und wie lange wird es noch dauern, bis Männer grundsätzlich an allen Wettbewerben im Synchronschwimmen teilnehmen dürfen? Peter Purps vom Deutschen Schwimm-Verband ist überzeugt: »Die Zukunft gehört sicherlich dem beidergeschlechtlichen Synchronschwimmen und die Länder werden im Vorteil sein, die sich langfristig auf diese Entscheidung vorbereiten.« Einen ersten Schritt nach vorn hat der Internationale Schwimmverband (FIFA) bereits gemacht: Die Funktionäre prüfen derzeit einen Antrag aus den USA, wonach zumindest gemischte Paare bei internationalen Meisterschaften zugelassen werden sollen. Als Startschuss ist die Weltmeisterschaft 2002 in Zürich angepeilt – für Bill May eine große Chance, um auch andere Synchronschwimmer aus Kanada, Frankreich, China und aus der Schweiz persönlich kennenzulernen.

Und wer glaubt, dass sich das Vorurteil »Balletttänzer sind schwul« so ohne weiteres auch auf Synchronschwimmer wie Bill May übertragen lässt, der irrt wahrscheinlich: Der Amerikaner trägt kurze Haare und raffiniert geschnittene und Gold bestickte Bademode, für seine Auftritte schminkt er sich sogar sehr dezent. Es stimmt zwar, dass der 21-Jährige immer wieder Fanpost von schwulen Männern erhält. Doch die »taz« weiß zu berichten: »May ist so hetero wie Wasser nass.«

Mail von Peter Purps, Referent Synchronschwimmen im Deutschen Schwimm-Verband e. V. vom 9. Januar 2001; www.usasynchro.org; sports.oxygen.com/feature_bmay. html; »Paragrafen und Pailletten«, Der Spiegel, 39/1999; »Prof. Holger Hirsch-Wurz über die Männermaid«, taz vom 31. August 2000.

Seitensprung 1
Seitensprung ist Männersache

Es gibt Frauen, die sind so treu, dass sie jedesmal Gewissensbisse haben, wenn sie ihren Mann betrügen.

Guy de Maupassant

»Die ehelichen Ketten wiegen schwer. Man benötigt zwei Personen, sie zu tragen, und mitunter drei«, sagte einst Oscar Wilde. Wir Menschen sind eben mehr oder weniger monogam veranlagt. Je nach kulturellem Hintergrund und eigener Entscheidung gehen wir im Lauf unseres Lebens gar nicht, selten oder häufiger fremd.

Ehebruch ist keine westliche Spezialität. Es gibt ihn in allen bekannten Gesellschaften. Und in manchen Gemeinschaften ist Ehebruch unter bestimmten Voraussetzungen geradezu ein Beweis von Freundschaft: So werden einem Jagdgefährten bei verschiedenen Inuit-Stämmen die sexuellen Dienste der angeheirateten Frau angeboten. Sofern sie zustimmt und alle drei mit dem Deal einverstanden sind, schläft die Ehefrau mehrere Tage oder auch Wochen mit dem Geschäftspartner, um die Beziehung zwischen den zwei männlichen Partnern zu festigen.

In vielen Kulturen, etwa in Indien, China, Japan und auch in westlichen Gesellschaften, besaß der verheiratete Mann früher in gewissem Rahmen sexuelle Freiheiten durch die Anspruchnahme der Dienste von Konkubinen, Geishas, Sklavinnen oder Kurtisanen. Es wurde allgemein als normal angesehen, dass der Mann sexuelle Abwechslung braucht.

Bei einer Frau war das ganz anders. Deren Wert bemaß sich zu bestimmten Zeiten nach zwei Faktoren: ihrer Fähigkeit, durch eine gute Mitgift den Wohlstand des Mannes zu vermehren, und der Fähigkeit, ihm Nachkommen – vor allem Söhne – zu gebären. Um die Stammeslinie nicht zu gefährden, wachte häufig die gesamte Sippe darüber, dass die angeheiratete Frau auch treu blieb. Außerehelicher Geschlechtsverkehr war Frauen strengstens untersagt und wurde bei Verstößen mit dem Tod bestraft.

Bereits im frühen Christentum wurde Ehebruch mit Sünde verbunden. Und noch etwas passierte, seit Augustinus sich von seiner Geliebten und dem gemeinsamen Sohn losgesagt und Christ wurde: Der Ehebruch des Mannes ebenso wie der jeder Frau war des Teufels. Ehebruch galt von nun an bei beiden Geschlechtern als Verfehlung. Jedoch offensichtlich nur so lange, bis ein Modus gefunden wurde, einen Seitensprung ohne Folgen begehen zu können.

So behauptet zum Beispiel der Psychologe Lewis Diana, dass entlang der mittleren und südlichen Adriaküste Italiens Ehebruch eher die Regel als die Ausnahme ist. Fast jeder Mann habe dort eine Geliebte, die er regelmäßig unter der Woche trifft, nämlich dann, wenn deren Ehemänner noch im Weingarten arbeiten oder mit den Fischerbooten auf dem Meer unterwegs sind oder selbst ihren heimlichen Liebschaften nachgehen. Am beständigsten seien die Beziehungen dort, wo in der Liebesaffäre beide Partner verheiratet sind. Tabu seien lediglich Beziehungen zwischen allein stehenden, älteren Frauen und unverheirateten jungen Männern. Denn wie jeder weiß, geben Letztere gern mit ihren sexuellen Abenteuern an. Doch Klatsch kann sich eine meist übersichtliche Lebensgemeinschaft nicht leisten. Getuschel könnte zu viel Sprengstoff für die Gemeinschaft beinhalten. Also werden mögliche »Schwätzer« mit einem Tabu belegt und der Rest wahrt absolutes Stillschweigen, denn das in Italien hochgehaltene Familienleben darf nicht untergraben werden.

Aber wer macht es denn nun häufiger? Die Männer oder die Frauen? Ehebruch wird schon seit langem intensiv erforscht. So berichtete Gilbert Hamilton, amerikanischer Psychoanalytiker und Pionier in der Sexualforschung in den zwanziger Jahren des letzten Jahrhunderts, dass 28 von 100 befragten Männern und 24 von 100 befragten Frauen fremdgegangen waren. Eine vom »Playboy« in den USA in Auftrag gegebene Befragung aus den 1970er Jahren ergab, dass 41 Prozent der befragten 691 Männer und etwa jede vierte Frau der 740 verheirateten weißen Frauen aus dem Mittelstand Affären hatten. Dabei zeichneten sich zwei neue Trends deutlich ab: Beide Geschlechter begannen mit ihren Liebschaften früher als in den vergangenen Jahrzehnten und die sexuelle Doppelmoral – nämlich, dass Männer außerehelichen Sex haben dürfen, Frauen jedoch nicht, bröckelte zusehends.

Die Amerikanerin Shere Hite stellte in ihrem Buch »Frauen und Liebe« 1987 fest, dass 70 Prozent der von ihr Interviewten und seit fünf Jahren oder länger verheirateten Frauen außereheliche Affären gehabt hatten. Die britische Soziologin Anette Lawson kam auf 60 Prozent der von ihr befragten Frauen, die mit 40 mindestens eine außereheliche Liebschaft hinter sich hatten. Ähnliche Resultate ergab kürzlich eine Erhebung des Kondomherstellers Durex und der Zeitschrift »Men's Health« bei 2.700 Männern und Frauen: Genau wie zwei Drittel aller Männer können sich auch zwei Drittel aller Frauen einen Seitensprung durchaus vorstellen. 75 Prozent der Befragten gaben an, in einer festen Beziehung zu leben. 23 Prozent möchten nur übergangsweise Single sein.

Der amerikanische Sozialpsychologe und »Liebes-Forscher« Robert J. Sternberg sieht denn auch bei der sexuellen Treue hinsichtlich der Bereitschaft zum Seitensprung keine Unterschiede zwischen Männern und Frauen. Allerdings tendieren Männer seiner Meinung nach eher zum Seitensprung, wenn sie ihre feste Beziehung als wenig leidenschaftlich erleben, während Frauen eher fehlende Nähe dazu treibt.

Erst kürzlich versuchten Wissenschaftler vorhandene Zahlen wieder einmal »richtig« zu interpretieren. So glaubten sie eine Fehlerquelle entdeckt zu haben, die nicht in den Schwindeleien des »starken« Geschlechts zu suchen ist. Wissenschaftler der Universität von Washington berichteten in dem Fachmagazin »Proceedings of the National Academy of Sciences«, dass bisher wohl mehrere Studien zu diesem Thema die Sexualkontakte der Männer mit Prostituierten außer Acht gelassen hätten. Die Forscher analysierten die Daten verschiedener Studien über das Sexualverhalten der Amerikaner. Dabei fanden sie heraus, dass Frauen, die als Prostituierte arbeiten, zu wenig in die Studien einbezogen wurden. »Bei der Auswahl der Studienteilnehmer wurden die Wohnstätten ausgespart, in denen Prostituierte oft leben, so zum Beispiel Motels und Obdachlosen-Unterkünfte«, berichtet der Studienautor Devon Brewer. Sobald die Wissenschaftler die Prostituierten mit in ihre Berechnungen einbezogen, schienen für die Rechenkünstler die Unstimmigkeiten zu verschwinden.

Können wir also den Aussagen und Zahlenspielen der Sexualwissenschaftler und Soziologen blind vertrauen? Nein, sagt die amerikanische Anthropologin Helen Fisher. Sie gibt zu bedenken, dass Männer gern mit ihren sexuellen Abenteuern angeben, Frauen da jedoch wesentlich zurückhaltender sind. Sie bestreitet, dass Meinungsforscher mit ihren Stichproben wirklich einen repräsentativen Querschnitt erzielen können. Denn die Fragen der Forscher können unterschiedlich sein oder die von ihnen ausgewählten Personen begingen eher Seitensprünge oder räumten das bereitwilliger ein.

Schließlich haben Frauen, die untreu sind, mehr zu befürchten als Männer. Denn Männer, die glauben, sexuell betrogen worden zu sein, nehmen das meist sehr übel und neigen eher zu körperlicher Gewalt gegenüber ihrer Ehepartnerin oder dem Rivalen. Weltweit begehen Männer den überwiegenden Großteil der Morde an Ehepartnern. In vielen Gesellschaften, so Helen Fisher, sind Männer schnell bereit, sich wegen Untreue von ihrer Frau scheiden zu lassen. Zwei Gründe mehr für wirtschaftlich abhängige Frauen, besser den Mund zu halten und einen Seitensprung perfekt zu vertuschen. Dass dem so ist, nehmen italienische Psychologen an. In Zusammenarbeit mit einer auf Ehebruch spezialisierten Detektei nahmen sie mehr als 3.000 Paare kürzlich unter die Lupe. Das Resultat: Innerhalb der letzten zehn Jahre soll sich die Zahl der fremdgehenden Ehefrauen zwischen 30 und 45 vervierfacht haben. Noch 1990 waren nur zehn Prozent aller Verdächtigten Frauen, heute dagegen mehr als 40 Prozent. Allerdings gehen Frauen beim Seitensprung so geschickt vor, dass nicht einmal die Detektive ihnen immer auf die Schliche kommen. Taschentücher mit Monogramm – in der Sofaritze vergessen, Hotelrechnungen und Flugtickets, die eine Affäre auffliegen lassen könnten, gibt es nur zu fünf Prozent bei Frauen. Beim anderen Geschlecht sind es immerhin 37 Prozent, die Verräterisches zu beseitigen versäumen.

Auch die britische Soziologin Anette Lawson ist überzeugt: Frauen praktizieren Fehltritte häufiger und bekennen sich seltener dazu, weil sie ernste Konsequenzen für die Ehe fürchten müssen. Umso überraschender ist die Aussage vieler interviewter Männer: »Frauen brauchten nicht so viel Abwechslung« und »Die meisten Frauen sind mit nur einem Mann zufrieden«.

Männer denken selten daran, dass ihre eigene Frau sie betrügen könnte, obwohl sie ironischerweise häufig mit anderen verheirateten Frauen ein Verhältnis begannen, wie Wendy Dennis und auch Helen Fisher feststellten. Vielleicht hängt der Trugschluss der Männer, häufiger Seitensprünge zu begehen, damit zusammen, dass der Mann es kaum aushalten würde, ständigen Fantasien ausgeliefert zu sein, was seine Partnerin alles anstellt, wenn er tagsüber und manchmal nachts von ihr getrennt ist. Denn die Furcht, zum Hahnrei zu werden, sitzt tief. Da ist ihm lieber, anzunehmen, dass Männer grundsätzlich sexuell aktiver sind. Eine schützende Geste der Überheblichkeit. Frauen wissen das, und es kommt ihnen gerade recht.

Dafür, dass Seitensprünge schon in den Anfangszeiten des Menschseins für Männer und Frauen gleichermaßen zum Teil überlebensnotwendig waren – wenn auch aus unterschiedlichen Gründen –, gibt es auch eine evolutionsbiologische Erklärung: Traf sich ein urzeitlicher Mann mit einer Frau eines anderen Stammes heimlich im Gebüsch, so konnte er davon ausgehen, dass er seine Gene auch in andere Gesellschaften hineintrug. Doch auch die Frau ging nicht leer dabei aus. Konnte sie ein Treffen mit einem jungen oder angesehenen Mann eines fremden Stammes arrangieren, erhielt sie zusätzlichen Schutz und Nahrung und es bot sich ihr die Gelegenheit, Kinder mit einer besseren genetischen Ausstattung zu empfangen. Die Samen unterschiedlicher Männer sicherten zudem die genetische Vielfalt eines Stammes. Ohne sich dessen bewusst zu werden, verfolgen Frauen diese Taktik heute nach wie vor. Fremdgehende Frauen treffen sich während ihres Eisprungs häufiger zu einem Date mit ihrem Liebhaber.

Hinter den Erklärungen könnte sich – wenn auch völlig unbewusst – das ererbte mächtige Verlangen verbergen, fremdzugehen, um das Überleben der eigenen DNS zu fördern. Allerdings sind wir keine Marionetten. Auch wenn uns das Gefühl und die Hormone in die Arme eines anderen als des Partners drängen, besitzen wir bestimmte Gehirnareale, in denen wir rationale Entscheidungen treffen können. Auch gegen das Fremdgehen.

Helen Fisher, Anatomie der Liebe. Warum Paare sich finden, binden und wieder auseinandergehen, Droemer Knaur, München 1993; Helen Fisher, Das starke Geschlecht. Wie das weibliche Denken die Zukunft verändern wird, Wilhelm Heyne Verlag, München 2000; »Frauen gehen immer öfter fremd – und sind dabei cleverer«, Die Welt vom 31. Oktober 2000; »Wie treu sind die Deutschen?«, P.M. Perspektive, Liebe, Sex und Partnerschaft, 1997; Netdoktor.de, vom 10. Oktober 2000; »Untreue in den 90er Jahren: Die Frauen holen auf«, Psychologie heute, Oktober 1993; »Abenteurer: Sie wie er«, Frauenzeitschrift Maxi, März 2000; »Die Liebe – eine Geschichte?« Psychologie heute, Dezember 1994; Robert Wright, Diesseits von Gut und Böse. The moral animal. Die biologischen Grundlagen unserer Ethik, Limes Verlag, München 1996.

Seitensprung 2
Kuckuckskinder gibt's nur bei Vögeln

Immer liebt eine Mutter die Kinder mehr als der Vater. Denn sie weiß, dass es ihre Kinder sind, für die Vaterschaft gibt es keine Gewissheit.

Euripides

Der Kuckuck zieht seine Jungen nicht selbst auf, sondern legt seine Eier in fremde Nester. Dass Ähnliches auch bei Menschen vorkommen soll, wurde bislang eher als Ausnahme abgetan. Mit dieser Vorstellung hat jedoch der britische Biologe und Sexualforscher Robin Baker gründlich aufgeräumt. Hier das Ergebnis von 16 Vaterschaftsstudien, bei denen im Laufe von 25 Jahren mehr als zehntausend Familien in Europa und den USA untersucht wurden: »Jedes zehnte Kind ist nicht von dem Mann, der glaubt, der Vater zu sein.«

Nur vereinzelt ließen sich laut Baker Abweichungen von diesen Werten feststellen, wie zum Beispiel in der Schweiz. Dort ist nur jedes hundertste Kind bei einem Seitensprung gezeugt worden. Im Südosten Englands sind Frauen und Männer besonders umtriebig, denn da ist jedes dritte Kind ein so genanntes »Kuckuckskind«. In einer Studie aus den USA entdeckten die Forscher, dass eines von 70 weißen und eines von zehn schwarzen Kindern nicht das Erbgut vom Ehemann der Mutter in sich trugen. »Allerdings sind die Befunde nie veröffentlicht und daher nicht unabhängig überprüft worden«, so das Nachrichtenmagazin »Der Spiegel«.

Untreue ist in einer anonymen Atmosphäre leichter möglich als in einer kleinen Ansiedlung von Jägern und Sammlern, argumentiert der amerikanische Biologe und Verhaltensforscher Robert Wright. Denn weitere Vaterschaftstudien zeigen, dass nur zwei Prozent der Kinder in einem Dorf der !Kung San in der Kalahari Ergebnis weiblicher Untreue sind, während in den Großstädten mehr als 20 Prozent der Nachkommen »falsche« Väter haben können.

In Deutschland sind bisher noch keine Vaterschaftsstudien durchgeführt worden. Doch auch hier finden Ärzte und Wissenschaftler bei vielen Gelegenheiten heraus, dass die vermeintlichen Erzeuger keinesfalls immer mit dem biologischen Vater übereinstimmen. Meistens wird der Seitensprung offenkundig, wenn die Blutgruppe oder das Knochenmark eines Kindes untersucht werden. Oder wenn Paare ein Kind mit einem genetischen Defekt haben und nun wissen wollen, wie hoch die Wahrscheinlichkeit dafür beim nächsten Kind ist.

Seit 1990 können Vaterschaften anhand des Erbmaterials überprüft werden. Nur wenig Speichel des Kindes genügt, damit Labors die Erbsubstanz analysieren können. Die DNA (Desoxyribonukleinsäure) hat das Kind je zur Hälfte von Mutter und Vater. Doch wie werden für das Kind und den Mann charakteristische vererbbare Merkmale nachgewiesen? Unter anderem werden die Längen von bestimmten Bruchstücken genetischer Information verglichen. Diese Länge ist bei jedem Menschen durch Vererbung festgelegt. Zur Auswertung werden diese Bruchstücke nach der Größe aufgetrennt und auf einer Folie als Banden sichtbar gemacht. Das Muster dieser Banden ist für einen Menschen charakteristisch. Beim Vater und beim Kind sowie bei der Mutter und beim Kind stimmt jeweils eine Bande überein. Innerhalb von drei Wochen werden die vererbbaren Merkmale vom Mann und vom Nachwuchs verglichen. Mit 99,9-prozentiger Wahrscheinlichkeit lässt sich dabei feststellen, ob der soziale Vater auch der biologische ist. Stimmen nämlich bei der Probe eines als Vater angenommenen Mannes und der Probe des Kindes keine dieser Banden überein, kann der Mann nicht der Vater sein.

Zahlreiche Väter ahnen etwas und wenden sich an das einzige Labor in Deutschland, das die Vaterschaft ohne Wissen der Mutter überprüft. Bei Genedia in München fragen täglich rund 20 Männer nach, was sie tun können. Jörg Epplen, Leiter des Instituts für Humangenetik an der Universität Bochum, nimmt an, dass fünf bis zehn Prozent der Frauen in Deutschland Kinder mit Männern außerhalb der eigenen Familie haben.

Viele Väter finden allerdings nie heraus, dass sie gar nicht der Vater »ihres« Kindes sind, denn normalerweise nimmt der Arzt die Frau nach dem Befund beiseite, um ihr sein Wissen mitzuteilen. Er überlässt es der Frau, mit der Wahrheit herauszurücken oder weiter ihr Geheimnis zu hüten.

Robin Baker zufolge können sich Männer beim zweiten Kind am sichersten sein, dass es sie zu Recht »Daddy« nennt. Das Erstgeborene dagegen habe oft den Vorgänger des Ehemanns als Vater, während der dritte Sprössling möglicherweise ein Produkt dessen ist, was Baker als den »genetischen Einkaufsbummel« der Mutter bezeichnet. Dabei sucht die Frau – wie der amerikanische Biologe und Verhaltensforscher Robert Wright erläutert – die bestmöglichen Gene für ihren Nachwuchs. Das Argument der Wissenschaftler: Ein passender Partner muss für eine Frau vor allem zwei Dinge besitzen: gute Gene und großes Interesse, viel in den Nachwuchs zu investieren.

Aber was macht eine Frau, wenn sie keinen Mann findet, der beide Vorzüge in sich vereint? Eine Lösung wäre, einen liebevollen, großzügigen und vielleicht sogar wohlhabenden – wenngleich körperlich und intellektuell nicht besonders aufregenden Mann dazu zu bringen, den Nachwuchs eines anderen aufzuziehen.

Die Frau braucht sich dieser Strategie keinesfalls bewusst zu sein. Schlafen Frauen mit mehreren Männern, fand Robin Baker heraus, tun sie das fast immer innerhalb von zwei bis drei Tagen, nämlich in der Zeit ihres Eisprungs. Da Samenzellen ohne weiteres bis zu sieben Tagen im weiblichen Körper überleben können, findet ein regelrechter »Krieg der Spermien« statt. So nehmen manche Frauen unbewusst jene Männer ins Visier, die die besseren Gene zu bieten haben.

Dass Frauen ihr Geheimnis oft für sich behalten, hat unter anderem damit zu tun, dass der betroffene Partner in vielen Gesellschaften seinen Zorn und verletzten Stolz am Kind auslässt, die liebevolle Zuneigung zum Kind einfriert und letztlich viele Partnerschaften daran zerbrechen. Es gibt jedoch auch Gesellschaften, zum Beispiel die in Brasilien ansässigen Canela, wo Kinder viele Väter haben – und die Frauen dementsprechend so viele Liebhaber.

Diese Fakten überraschten die Wissenschaftler und machen sicher so manchen Daddy nervös. Dabei mussten erst vor zwei Jahren Primatenforscher ihre bis dahin geltende Überzeugung über die Sexualität von Schimpansenweibchen für hinfällig erklären. 17 Jahre lang hatte die Forschergruppe eine Schimpansenhorde bis ins letzte Detail ihrer Fortpflanzung studiert. Es galt nur noch zu klären, welches der elf Männchen nun der Star aller Begatter war. Das überraschende Ergebnis: »Mehr als die Hälfte des Nachwuchses war von völlig unbekannten Schimpansenmännchen gezeugt worden.« Die Weibchen waren offenbar über all die Jahre fremd gegangen, ohne dass die Forscher das jemals gemerkt hätten. Dadurch war auch die gute alte Theorie dahin, dass Schimpansenweibchen am liebsten dem Alpha-Männchen der Gruppe willfährig sind, wenn es ums Kindermachen geht.

»Schließlich bin ich immer noch dein Vater, oder?«, Süddeutsche Zeitung vom 4. Februar 2000; Genedia Gesellschaft für molekularbiologische Begutachtung GmbH, München; »Frauen in freier Wildbahn«, Der Spiegel, 5/1999; Robin Baker, Krieg der Spermien. Weshalb wir lieben und leiden, uns verbinden, trennen und betrügen, Limes Verlag, München 1997; »Our Cheating Hearts«, Time vom 15. August 1994; Robert Wright, Diesseits von Gut und Böse. The moral animal. Die biologischen Grundlagen unserer Ethik, Limes, München 1996; »Wenn der Seitensprung Folgen hat«, Psychologie Heute, Oktober 1993.

Sekretärin
Im Vorzimmer des Chefs sitzen keine Männer

»Die ›Vorzimmerdame‹ von einst stirbt aus, genauer gesagt, sie ist fast überall schon ausgestorben«, schrieb die Frauenzeitschrift »Brigitte« im Jahr 1998. Was ist passiert? Haben die Sekretärinnen etwa allesamt gekündigt? Nein, das nun wirklich nicht. In Deutschland gibt es etwa 300.000 Sekretärinnen. Sie sind also nicht ausgestorben, aber ihre Aufgaben haben sich mittlerweile stark verändert. Denn sie schreiben nicht den ganzen Tag lang nur Briefe, sondern organisieren Konferenzen, stimmen eine Fülle von Terminen aufeinander ab und buchen Geschäftsreisen. Als qualifizierte Allround-Kräfte kennen sie sich auch mit dem Computersystem und der Software für den Officebereich aus und bereiten Materialien für die Präsentation vor. Gute Sprachkenntnisse in Englisch und einer weiteren Fremdsprache sowie betriebswirtschaftliches Know-how können manchmal auch nicht schaden, um alle Aufgaben, die im Vorzimmer des Chefs anfallen, erledigen zu können. Und zwischendurch kochen Sekretärinnen auch mal Kaffee oder wimmeln lästige Anrufer mit dem Kommentar ab, der Chef sei gerade nicht da oder in einer Besprechung.

»Wenn du was vom Chef willst, stell dich gut mit seiner Sekretärin« – das haben mittlerweile auch viele Angestellte und Freiberufler erkannt. Denn Sekretärinnen arbeiten sehr eng mit ihren Vorgesetzten zusammen und tragen wesentlich dazu bei, dass die Chemie im Büro stimmt. Diese menschlichen und kommunikativen Eigenschaften schätzen auch die Vorgesetzten hoch ein, viele Führungskräfte legen darauf sogar noch mehr Wert als auf die fachlichen Qualifikationen – so das Ergebnis einer Studie, die am Fraunhofer Institut für Arbeitswirtschaft und Organisation erstellt wurde.

Doch sind es diese persönlichen Eigenschaften, die uns beim Wort »Sekretärin« automatisch an eine Frau im Vorzimmer des Chefs denken lassen? Gibt es wirklich keine Männer, die diese Aufgaben erfüllen können? Antje Barmeyer, Vorsitzende des Bundesverbands Sekretariat und Büromanagement, erklärt: »Unter den 4.500 Mitgliedern unseres Verbandes gibt es derzeit nur einen Mann, und in den Seminaren, die ich unterrichte, habe ich meist auch nur einen Mann pro Jahr.« Ein ähnliches Bild ergibt sich, wenn man die Ausbildungslehrgänge anschaut: Im Jahr 1999 legten in Deutschland 1.093 Personen die Prüfung zum Fachkaufmann/Sekretariat ab – unter ihnen war nur ein Mann.

Kürzlich bekannte sich einer dieser wenigen Vorzimmerherren öffentlich zu seinem Beruf: In einem Interview mit Rudolf Schröter war zu lesen, er sei die einzige männliche Sekretärin beim Fernsehsender Vox, seit mehr als drei Jahren sei sein Chef eine Frau. »Das Wichtigste ist doch, dass die Chemie stimmt. Mann oder Frau ist dabei egal«, sagte der 36-Jährige. Angesichts dieses Beispiels aus Köln drängt sich doch gleich die nächste Frage auf: Würde es in Zukunft mehr Sekretäre geben, wenn es mehr Chefinnen gäbe? Antje Barmeyer vom Bundesverband Sekretariat und Büromanagement ist skeptisch: »Ich glaube nicht, dass sich dann etwas ändern würde.«

Könnte es denn sein, dass sich Männer deshalb nicht für den Beruf interessieren, weil Sekretärinnen einfach zu wenig verdienen? Daran wird es wohl kaum liegen, denn eine Sekretärin, die Anfang 20 ist, erhält ein Jahresgehalt von 49.000 Mark, eine 40 Jahre alte Vorstandssekretärin kann auf 74.000 Mark kommen – das ist mehr, als viele Männer in so genannten Männerberufen verdienen.

Und was müsste passieren, damit das Berufsbild auch für Männer attraktiver wird? Ganz einfach. Das Wort »Sekretärin« müsste nur durch ein anderes ersetzt werden, das weniger mit Vorurteilen beladen ist. Das englische »office administrator« träfe es jedoch nicht so gut, meint Antje Barmeyer, und ein anderes habe man noch nicht gefunden. Die Vorstandsvorsitzende ist jedoch überzeugt, dass sich der Begriff »Sekretärin« allmählich auflösen wird – parallel zu den vielen Veränderungen, die in nächster Zeit auf die Bürobranche zukommen. So ist es denn auch kein Wunder, dass es jetzt schon Jobs gibt, bei denen man Aufgaben übernehmen muss, die weit über die einer klassischen Sekretärin hinausgehen. Antje Barmeyer: »Wenn Sie eine Frau auf einem solchen Posten fragen, wird sie sich wahrscheinlich als Sekretärin bezeichnen. Männer sagen dann lieber, sie seien Sachbearbeiter, kaufmännische Mitarbeiter, Team- oder Projektassistenten.«

Antje Barmeyer, Vorsitzende des Bundesverbands Sekretariat und Büromanagement in Mannheim; »Männer an den Herd!«, Amica, 3/2000; »Frau Meyer, können Sie mir die E-Mail aus Madrid mal übersetzen?«, Brigitte, 26/1998; Pressestelle des Bayerischen Innenministeriums.

Selbstbewusstsein
Moderne, junge Frauen sind selbstbewusst

Das jedenfalls suggerieren Werbe- und Modebranche sowie zahlreiche Frauenzeitschriften. Glaubt man ihnen, lässt sich die moderne, aufgeschlossene Frau nicht mehr kampflos die Butter vom Brot nehmen. Allerdings zeichnen repräsentative Umfragen und Studien ein etwas anderes Mädchen- und Frauenbild. Danach sind Frauen weit weniger selbstbewusst als gemeinhin angenommen wird. Das gilt auch für die jungen, coolen Girlies.

So versuchte ein Team von Sozialwissenschaftlern um Klaus Hurrelmann an der Universität Bielefeld über vier Jahre lang herauszufinden, wie Jugendliche mit den Alltagsbelastungen klarkommen. Die Wissenschaftler befragten dazu 1.700 Jungen und Mädchen im Alter von 12 bis 14 Jahren. Dabei fanden die Forscher heraus, dass Mädchen viel häufiger das Gefühl haben, überfordert zu sein. Die weiblichen Jugendlichen gaben an, dass Anforderungen von Schule, Eltern und Gleichaltrigen ihnen oft über den Kopf wachsen. So reagieren 27 Prozent der Mädchen mit Kopfschmerzen, aber nur 14 Prozent der Jungen. Mädchen leiden doppelt so oft unter Schlaflosigkeit und 23 Prozent der Mädchen, aber nur acht Prozent der Jungen gaben an, öfter traurig zu sein. Ängstlichkeit ist gleichfalls bei Mädchen (13 Prozent) wesentlich verbreiteter als bei Jungen (zwei Prozent). Oder die Mädchen geben es zumindest eher zu.

Obendrein fühlen sich Mädchen in ihrer Haut höchst unwohl und wollen häufiger anders sein als sie sind. Sie fühlen sich »unwichtig« und »überflüssig« und sind äußerst unzufrieden mit sich selbst. 44 Prozent der Mädchen machten diese Aussage, aber nur ein knappes Drittel der Jungen.

Ähnliche Ergebnisse wie die Bielefelder Studie lieferte auch eine amerikanische Untersuchung an 3.000 Kindern, durchgeführt von der »American Association of University Women«. Diese Studie fand heraus, dass sich Mädchen bis zum Alter von etwa zehn Jahren nicht von den männlichen Altersgenossen unterscheiden und sogar deutlich weniger psychisch oder sozial belastet scheinen. Das ändert sich mit der Pubertät dramatisch: Plötzlich haben Mädchen nur noch wenig Vertrauen in sich selbst, halten sich für weniger fähig als Jungen und stellen keine großen Erwartungen ans Leben. »Ich bin zufrieden mit mir, wie ich bin« bestätigten zwei Drittel aller jüngeren Mädchen, jedoch nur noch ein knappes Drittel der weiblichen Jugendlichen. Was ist da nur passiert?

Beim Heranwachsen der Mädchen zu jungen Frauen, so Uta Zybell vom Institut für Berufspädagogik an der Technischen Universität Darmstadt, setzt sehr früh eine Außenbewertung ein, eine »befremdliche Begutachtung« des weiblichen Körpers. Für die von Uta Zybell befragten jungen Frauen war die Sorge um ihre äußerliche Attraktivität und deren Wertschätzung durch den Mann wichtiger als die selbstbewusste Planung ihrer beruflichen Zukunft. Anstatt sich mit ihrer beruflichen Laufbahn zu befassen, richten weibliche Jugendliche ihren Blick auf die in den Medien vorgegebenen Schönheitsnormen und messen daran kritisch ihren Körper. Aus diesem ständigen Begutachten und Beurteilen entsteht eine tiefe Unzufriedenheit mit sich selbst, die junge Frauen nicht gerade selbstbewusster werden lässt. Uta Zybell folgert: »Das Körpergefühl junger Frauen ist oft gebrochen, denn die gesellschaftliche Botschaft lautet, dass es in erster Linie um den attraktiven Körper der Frau geht, dass eine Frau nur durch den Mann Bestätigung finden und durch ihn ihre Vervollständigung erlangen kann.« Auch die Bielefelder Forscher betonen, dass Mädchen noch immer in den Konflikt zwischen der traditionellen Frauenrolle und den neuen beruflichen Möglichkeiten geraten. Und das verunsichert Mädchen und junge Frauen.

Wie aber sieht es bei erwachsenen Frauen mit der Selbstsicherheit aus? In einer aktuellen Befragung des Allensbacher Instituts für Demoskopie unter 1.600 Frauen im Alter zwischen 20 und 49 Jahren in Deutschland, Österreich und in der Schweiz fühlt sich rund die Hälfte aller Frauen selbstsicher. Trotzdem wünschen sich 77 Prozent der deutschen Frauen, 85 Prozent der Österreicherinnen und 53 Prozent der Frauen aus der Schweiz noch mehr Selbstsicherheit. 97 Prozent aller Befragten halten Selbstsicherheit für ein wichtiges und erstrebenswertes Lebensziel.

Allerdings währt die Selbstsicherheit der Frauen vor allem so lange, wie sie sich im vertrauten Kreis bewegen. Außerhalb davon steigt die Unsicherheit. Am meisten verunsichert Kritik, gefolgt von öffentlichem Auftreten und unpassender Kleidung. Sogar von selbstsicheren Frauen werden solche Situationen als Bewährungsprobe erlebt. Repräsentieren – auch im kleinsten Kreis – macht offensichtlich Frauen unsicher. Dazu gaben rund 40 Prozent der Befragten an, sich von angeblichen »Superfrauen« einschüchtern zu lassen.

Die Mehrheit der Frauen glaubt, dass vor allem die Familie, der Partner und gute Freunde, sowie ein funktionierendes soziales Netzwerk ausschlaggebend für die weibliche Selbstsicherheit sind. Dabei unterschätzen sie jedoch die Bedeutung des Berufs für das Selbstwertgefühl, so die Auswertung der Umfrage. Denn zwischen berufstätigen und nicht berufstätigen Frauen gibt es erhebliche Unterschiede: Gut 50 Prozent der im Beruf stehenden Frauen, aber nur 38 Prozent der Frauen ohne Erwerbstätigkeit stufen sich als sehr selbstsicher ein. So gewinnen Frauen aus ihrer Berufstätigkeit auch immaterielle Werte wie Durchsetzungsvermögen und Selbstsicherheit. Trotzdem finden 70 Prozent aller berufstätigen Frauen, dass sie mehr Selbstsicherheit bräuchten, um Gleichberechtigung am Arbeitsplatz und ihre eigenen Interessen durchsetzen zu können.

Auch Astrid Schütz vom Institut für Psychologie, Differentielle Psychologie und Diagnostik an der TU Chemnitz befasste sich intensiv mit dem Selbstwertgefühl von Frauen und Männern. Sie fand heraus: Je geringer die Selbstachtung eines Menschen ist, desto verzweifelter hängt er daran und verteidigt dieses kleine Bisschen mit Händen und Füßen. Das gilt besonders für Frauen. Weniger selbstbewusste Frauen fühlten sich bedrohter, gestresster und vor allem schuldig. Bei Männern mit geringem Selbstbewusstsein steht dagegen die Angst vor Verletzung durch den anderen und vor möglichem Verlust im Vordergrund. Beide Geschlechter sehen sich jedoch als Opfer, wenn ihnen das nötige Selbstvertrauen fehlt.

Anders herum gesagt: Ein hohes Maß an Selbstvertrauen geht mit wirkungsvollen Strategien, Konflikte passend zu lösen, einher. So fand die Wissenschaftlerin heraus, dass selbstbewusste Frauen in kniffligen Situationen ruhig und rational agierten, während Frauen mit geringer Selbstachtung eher feindlich und abwehrend handelten und mit dem Verhalten ihres Partners nicht einverstanden waren. Ihr Fazit: Menschen mit höherer Selbstachtung besitzen größeres Selbstvertrauen und machen sich weniger Sorgen über auftauchende Probleme.

Um ihr Selbstbewusstsein zu steigern, könnten Frauen manchmal von den Männern lernen. So halten sich Männer beispielsweise für klüger als Frauen, obwohl nichts dafür spricht. Das machte eine kürzlich durchgeführte Erhebung deutlich. Dabei sollten 502 Frauen und 265 Männer ihren eigenen Intelligenzquotienten, sowie den ihres Vaters und ihrer Mutter einschätzen. Normal sei ein IQ von 100 wurde dazu gesagt. Die Frauen stuften sich durchschnittlich bei 120 ein, die Männer bei 127. Außerdem glaubten die meisten Männer, sie seien klüger als ihre Mütter und ähnlich schlau wie ihr Vater. Die Frauen dagegen meinten, sie hätten einen niedrigeren IQ als ihr Vater und einen ähnlich hohen wie ihre Mutter. Die niedrigere Selbsteinschätzung der Frauen ist symptomatisch.

Was also sollte sich ändern, damit sich auch das Selbstwertgefühl der Frauen ändern kann? Barbara Fredrickson und ihre Mitarbeiter von der Universität Michigan beklagen, dass sich Frauen zu viele Gedanken über ihr Aussehen machen. Mädchen und Frauen sollten daran denken, dass die Sorge ums Aussehen dem Denkvermögen schade, das Selbstvertrauen annage, albern sei und nur unnötiger kultureller Ballast.

Möglicherweise ist die Empfehlung des amerikanischen Psychologen Frank Pittman da genau das Richtige. Er gibt allen Frauen den Rat: Akzeptiert das eigene Geschlecht vorbehaltlos und nehmt Männer nicht zu ernst. Und weiter: »Sie dürfen sich lieben und unterstützen lassen von einem Mann. Aber niemals dürfen sie sich von einem Mann definieren lassen.«

»Noch nicht selbstsicher genug«, Psychologie heute, März 2001; »Der Körper als Handicap«, Psychologie heute, März 2001; »Wunsch nach mehr Sicherheit hoch im Kurs«, Always Selbst & Sicher Frauenstudie, Presse-Information März 2001; »Coping with threats to self-esteem: the differing patterns of subjects with high versus low trait self esteem in first-person accounts«, European Journal of Personality, Vol. 12: 169-186, 1998; »Sorge ums Aussehen schadet dem Denkvermögen«, Psychologie heute, September 1999; »Die schwierige Kunst, ein Erwachsener zu sein«, Psychologie heute, April 2001.

Sex 1
Mädchen haben früher Sex als Jungen

Mädchen sind sexuell rund zwei Jahre früher reif als Jungen. Also haben sie auch früher Sex. Dieses Vorurteil hält sich noch immer. Tatsache ist, dass die Pubertätsentwicklung der Jungen etwas später als bei den Mädchen einsetzt und auch insgesamt etwas länger dauert, sich jedoch seit Jahren immer mehr an die Entwicklung der Mädchen angleicht. Mädchen bekommen im Durchschnitt mit 12,5 Jahren ihre erste Menstruation und die meisten Jungen mit 13 Jahren ihren ersten Samenerguss.

Für den ersten Geschlechtsverkehr sind die Zahlen von Mädchen und Jungen in den frühen Jahren gleich. So hatten sieben Prozent der 14-jährigen Jungen und Mädchen bereits Sex mit einem Partner oder einer Partnerin. Das sind die Ergebnisse einer ausführlichen Befragung des Sexualwissenschaftlers Norbert Kluge aus Landau unter 1.481 Mädchen und 1.522 Jungen im Alter von 14 bis 17 Jahren aus dem gesamten Bundesgebiet. Bei den 15-Jährigen sind es jeweils 15 Prozent und bei den 16-Jährigen hatten schon jedes dritte Mädchen und jeder dritte Junge Erfahrungen mit Geschlechtsverkehr. Nur die 17-jährigen Mädchen (65 Prozent mit Erfahrungen im Geschlechtsverkehr) waren ihren männlichen Altersgenossen (59 Prozent) etwas voraus.

Norbert Kluge, Sexualverhalten Jugendlicher heute. Ergebnisse einer repräsentativen Jugend- und Elternstudie über Verhalten und Einstellungen zur Sexualität, Juventa Verlag, Weinheim und München 1998; Ingolf Schmid-Tannwald und Norbert Kluge, Sexualität und Kontrazeption aus der Sicht der Jugendlichen und ihrer Eltern, in: Bundeszentrale für gesundheitliche Aufklärung (Hrsg.), Köln 1998.

MMS – Manche möchten schon

Wie oft haben Paare Sex, wenn Sie Anfang 20 sind? MMS – Montag, Mittwoch, Samstag.
Wie oft haben Paare Sex, wenn Sie Mitte 30 sind? MMS – März, Mai, September.
Wie oft haben Paare Sex, wenn Sie über 60 sind? MMS – Man möchte schon...

Sex 2
Männer wollen nur Rein-raus-Sex

Sex ohne Eros ist ein Kontakt zweier Hautbesitzer.

Marguerite Duras

»Sie lässt sich Zeit, er hat es eilig«, behauptet Dr. John Gray. Der bekannte amerikanische Paar- und Familientherapeut meint damit, dass die Frau beim Sex überall am Körper zärtlich berührt werden möchte, während der Mann nur eine erogene Zone kennt – seinen Penis, die Hoden und nochmals seinen Penis und die Hoden. Das vorrangige Ziel des Mannes sei es deshalb, so schnell wie möglich in die Frau einzudringen.

Dass das schnelle Rein-Raus perfekt funktioniert, wird Männern in zahlreichen Filmen – und das nicht nur in Pornos – vorgeführt. Auf der Leinwand geht es üblicherweise schnell zur Sache: Nach zwei Sekunden an einem passenden Ort fallen die Verliebten übereinander her. Und haben heißen Sex miteinander. Sekundenschnell kommen sie auf Hochtouren und sind ebenso rasch erschöpft und glücklich vom gemeinsam erreichten Gipfel zurückgekehrt.

Glauben Männer tatsächlich, dass es so funktioniert? Viele winken müde ab, sie sind längst weiter. Für sie sind die Weisheiten amerikanischer Paartherapeuten abgestandener kalter Kaffee und eine Beleidigung obendrein. Sind nämlich tiefe Gefühle mit im Spiel, bevorzugt auch der Mann beim Sex die langsame, genussvolle Variante. Da steht er der Frau in nichts nach.

Weil Mann und Frau aber dennoch verschieden sind, machen sich die Unterschiede erst nach einer Weile im Liebesleben bemerkbar, nämlich dann, wenn der erste Rausch verflogen ist. Dann versiegt allmählich auch das als »Liebesmolekül« bekannte Phenyläthylamin, kurz PEA, das an diesem leidenschaftlichen Ausnahmezustand wesentlich beteiligt ist.

Anzeichen dafür: Viele Frauen wünschen sich mehr Zärtlichkeit, Zuneigung und Intimität, während Männer hin und wieder Mut und Fantasie bei ihren Partnerinnen vermissen. Fehlt das Knistern, kommt es häufiger zur Routine des Rein-raus-Sex. Vom Wollen der Männer kann also wirklich nicht die Rede sein, sondern eher davon, dass hinreißender Sex langsam durch Routine ersetzt wird.

Das, was da häufig in Paarbeziehungen passiert, nennen die Psychologen »Coolidge-Effekt«, nach dem 30. Präsidenten der Vereinigten Staaten, Calvin Coolidge (1872-1933). Einer Anekdote zufolge besuchte Präsident Coolidge mit seiner Frau einst eine Farm, wo Mrs. Coolidge die erstaunlichen Leistungen der Hähne bewunderte. Als der stolze Farmer ihr mitteilte, der Hahn vollzöge diesen Akt bis zu zwölfmal am Tag, soll sie geantwortet haben: »Sagen Sie das einmal meinem Mann!« Der Präsident fragte nun seinerseits nach: »Immer mit der gleichen Henne?« Nachdem ihm versichert wurde, es sei jedesmal eine andere, konterte er: »Sagen Sie das meiner Frau!«

Was uns diese kleine Geschichte lehrt, ist: Geht der Reiz des Neuen abhanden, wird guter Sex seltener. Legionen partnerschaftlicher Ratgeberbücher zeugen lediglich davon, dass es eben keine Patentrezepte gibt, wie man die »Neu-Gier« in einer langfristigen Beziehung beibehält oder neu weckt.

Film: Heart – jeder kann sein Herz verlieren, Großbritannien 1998; John Gray, Mars, Venus & Eros. Männer lieben anders. Frauen auch, Goldmann Verlag, München 1996; Kirsten von Sydow, Informationen Deutscher Psychologen vom 24. Juni 1999; »Kriechen Sie unter die Bettdecke der Deutschen«, GQ, 5/2000; Theresa L. Crenshaw Die Alchemie von Liebe und Lust. Hormone steuern unser Liebesleben, Deutscher Taschenbuch Verlag, München 1999.

Sex 3
Die Missionarsstellung stimuliert Frauen am meisten

Ich habe keine Ahnung vom Sex. Ich war immer verheiratet.

Zsa Zsa Gabor

Frauen lieben die Missionarsstellung. Neee, nee – auch wenn das viele Männer heute noch aus purer Unwissenheit glauben. Dazu kommen Legionen von Schreibern, die nicht müde werden, in den verschiedenen Gazetten und Magazinen diesen Irrtum stets aufs Neue zu behaupten.

Einer älteren Untersuchung nach soll die Missionarsstellung, bei der der Mann Gesicht gegen Gesicht auf der Frau liegt, bei 70 Prozent der Amerikaner tatsächlich die Norm des Geschlechtsverkehrs sein. Da können wir nur zugunsten der Frauen hoffen, dass sich das in der Zwischenzeit geändert hat. Wir befragten 30 Frauen aus unserem nächsten Bekanntenkreis, was sie von der Mann-oben-Frau-unten Position halten. Das ist zwar keinesfalls repräsentativ, wirft jedoch ein kleines Licht auf das, was Frauen bei der Missionarsstellung fühlen. Keine einzige der Frauen wird in dieser Position besonders erregt, denn es fehlt dabei die Stimulierung der Klitoris. Doch genau das mögen die meisten Frauen. Der letzte Kick, nämlich der Orgasmus, bleibt in der Missionarsstellung bei Frauen so gut wie immer aus. Denn wie Kinsey schon durch Befragungen von 6.000 Amerikanerinnen feststellte, ist die Mehrheit der Frauen auf die Massage des Kitzlers angewiesen, um die Höhen der Lust zu erklimmen. Für den Mann ist die Missionarsstellung dagegen sehr lustvoll, weil sein Penis an der Scheidenwand hin und her reibt. Wie Wissenschaftler mit Hilfe von Hightech-Instrumenten im Labor feststellen konnten, hat die Frau dort jedoch keinerlei Reizzonen. Was sagt das dem verliebten Mann? Will er mit seiner Partnerin ekstatischen Sex erleben, dann nix wie weg von der langweiligsten aller Stellungen.

30 Frauen zwischen 27 und 50 Jahren, die anonym bleiben wollen; »Der Orgasmus. Er ist einfach das Höchste«, P.M. Perspektive, Liebe, Sex und Partnerschaft, 1997; »Wissenschaft Sex«, P.M. 11/1997; »Wie der Orgasmus entstand und welche Vorteile er Lebewesen verschafft«, natur, 11/1992; Volker Sommer, »Die Affen«, Geo Buch, Gruner+Jahr, Hamburg 1989.

Sexladen 1
Frauen gehen nicht in Sexshops

Wer das glaubt, irrt gewaltig. In größeren Städten machen Frauen oft die Hälfte der Käufer in Sexläden aus. Insgesamt ist in den bundesweit rund 1500 Sexshops der Anteil weiblicher Kunden in den vergangenen Jahren deutlich gestiegen. Schwellenangst haben diese Frauen selten und häufig wissen sie genau, was sie wollen. Im Gegensatz zum einzelgängerischen Mann – höchstens am Wochenende schaut er mit seiner Partnerin herein – gehen Frauen auch mal zusammen mit einer Freundin in einen solchen Laden. Nach Schätzungen des Sexshop-Personals sind die meisten Frauen zwischen 30 und 50 Jahre alt, doch auch 70-Jährige informieren sich über verschiedene Sexspielzeuge und Hilfsmittel.

Wer sich nicht in die üblichen Sexshops wagt, hat als Frau die Möglichkeit, in Läden einzukaufen, die allein ihr vorbehalten sind. Dort ist sie vor männlicher Anmache und anzüglichen Blicken sicher. »Frauen entdecken vermehrt die eigene Lust am Körper und möchten sich im Geschäft ungestört umsehen können. Da ist nichts Schmuddliges dabei«, sagt Evelyn Hilse, Besitzerin von »Ladies First« in München. Bedient und beraten wird hier wie dort äußerst diskret und sachlich.

Auf der Wunschliste ganz oben steht bei Frauen der Dildo, gefolgt von ausgefallenen Dessous in Spitze, Lack und Latex. Für so manche Frau ist es ein Zeichen großer Liebe, wenn ihr ein Mann erotische Wäsche schenkt. Da jedoch fast ein Viertel aller Frauen noch nie von ihm mit Dessous verwöhnt worden ist, holen sie sich selbst die winzigen Teile.

Der Trend geht eindeutig hin zu Fetischgegenständen und sanften Fesselwerkzeugen wie Handschellen, gleich ob metallen oder plüschbezogen. Zu erotischen Bildbänden und Büchern greifen vor allem Frauen, dagegen sind Sex- und Kontaktmagazine eher Männersache. Es sind auch die Frauen, die an pfiffigen kleinen Extras gefallen haben, denn anzügliche Geburtstagsgags, zum Beispiel Pralinen mit eindeutig sexuellen Motiven, werden meist von Frauen gekauft. »Frauen haben da mehr Humor und weniger Hemmungen als Männer«, stellt eine Sexshop-Verkäuferin, die ungenannt bleiben will, fest. Die Erfahrung vieler Sexartikel-Anbieter: Haben sich Frauen einmal in den Laden hineingetraut, kommen sie gerne wieder.

Und denen, die sich nicht trauen, bleibt schließlich noch die Möglichkeit, per Versand zu bestellen. Bei Beate Uhse ist derzeit jeder dritte Versandkunde weiblich, bei Orion macht der Anteil der Frauen an der Gesamtkäuferschaft 20 Prozent aus.

Bundesverband Erotik Handel, Hamburg; Erotik-Shop, Berlin; erotix Video & Fashion Shop, Berlin; Ladies First, München; Beate Uhse Läden, GmbH & Co., Flensburg, München; ErotikLand, Rudolf Wachtveitl, München; »Erotik-Branche will Frauen«, www.focus.money.de.

Sexladen 2
Frauen kaufen keine Pornos

Fragt man Frauen, würden sie gern mehr Pornofilme kaufen. Aber erotisch sollten sie schon sein. Und bitte schön, eine Handlung wäre auch nicht schlecht. Genau daran aber mangelt es vielen Pornofilmen. Zu primitiv, zu langweilig, zu schlampig gemacht, so das Urteil vieler Frauen über die gängigen Pornoproduktionen. Der bloße Sexakt, das radikale Herumgebumse, das gelegentlich ganz animierend sein kann, langweilt auf Dauer. Daran ändern weder die verschiedenen Praktiken, etwa mit Fesseln in Richtung Sado-Maso etwas, noch die grell ausgeleuchteten, monströsen Geschlechtsteile. Überhaupt ärgert es Frauen, dass in Pornos selten von Freiwilligkeit die Rede ist. Häufig werden Frauen erniedrigt und benutzt. Der Mann ist und bleibt beim pornografischen Sex stets der Überlegene, der Stärkere. Sinnliche Filme mit einer richtigen Handlung, in denen die Frau die Verführerin oder die Verführte ist, antörnende Spielfilme also, gibt es nur in Ausnahmefällen.

Das Hamburger Gewis-Institut ermittelte schon vor Jahren, dass von 1.200 Befragten 54 Prozent der Frauen Pornos anschauen, bei Männern sind es 73 Prozent. Anbieter in Erotikläden meinen, dass die Pornofilme in ihren Verkaufsregalen noch zu sehr auf den Geschmack der Männer zugeschnitten seien, dass Frauen jedoch auch Interesse an dieser Ware signalisieren würden. Und sie befürchten, wenn da kein Umdenken in der Branche passiere, werden Konkurrenten wie die Sender RTL2 oder Vox mit ihren dämlichen Softpornos ihnen die Klientel vor der Nase wegschnappen. Denn Frauen stehen auf erotische Filme. Das beweisen nicht zuletzt die kürzlich erhobenen Daten von Media Control: Danach machen es sich beispielsweise deutlich mehr Frauen bei Erotikshows und Filmen vor der Glotze gemütlich als Männer.

Bundesverband Erotik Handel, Hamburg; Umfrage Gewis-Institut, 1989; AGF/GKF-Fernsehforschung/PC#TV/Media Control; »Ein guter Porno ist immer schlecht gemacht«, Brigitte, 20/1989.

Sexladen 3
Nur wenige scharfe Frauen besitzen einen Dildo

Vibratoren sind der absolute Verkaufshit der Sexshops, weit vor erotischen Dessous und Sex-Videos. Angeboten werden Dildos in den unterschiedlichsten Materialien, mit und ohne Noppen. Die neuen sollen vor allem den geheimnisvollen G-Punkt, einen besonders empfindsamen Bereich in der Scheide der Frau, stimulieren. Genaue Verkaufszahlen gibt es nicht, allerdings vermuten Verkäufer und Verkäuferinnen, dass inzwischen jeder zweite deutsche Haushalt dieses begehrte Sexspielzeug besitzt.

Außer jungen Käuferinnen fragen viele Frauen zwischen 50 und 60 nach dem Luststab. Und auch Männer haben Dildos in ihren Einkaufskörben.

Beate Uhse Läden, GmbH & Co., Flensburg, München; ErotikLand, Rudolf Wachtveitl, München.

Sexualtrieb 1
Frauen haben einen schwächeren Sexualtrieb als Männer

Wir wollen bei den Frauen der Erste sein, sie bei uns die Letzte.

Arthur Schnitzler

Männer denken immer nur an das eine. Dagegen soll die sexuelle Begierde der Frau eher verhalten sein. Davon sind auch zahlreiche Wissenschaftler überzeugt, folgern M. B. Oliver und J. S. Hyde aus international gesammelten und ausgewerteten Daten. Aber wie wird der stärkere Sexualtrieb festgestellt? Etwa mit der Annahme: Wer viel masturbiert, hat auch einen größeren Sexualtrieb. Da beinahe hundert Prozent der Männer, aber nur rund 85 Prozent der Frauen angeben, dass sie es mit der Hand tun, schließen Wissenschaftler daraus, dass der weibliche Sexualtrieb schwächer sei. Ein weiteres Indiz für den heftigeren männlichen Sexualtrieb ist für zahlreiche Forscher der häufigere Partnerwechsel bei Männern.

Aber sind das wirklich schlüssige Erklärungen für einen schwächeren Sexualtrieb der Frau, fragt die amerikanische Anthropologin Helen Fisher. Für sie deuten Wissenschaftler und Laien sexuelles Verlangen aus männlicher Sicht, wenn sie ihre Erkenntnis über den Sexualtrieb auf Faktoren wie Häufigkeit der Masturbation und Anzahl der Partner gründen. Ihrer Meinung nach ist dieser Blickwinkel willkürlich und eingeengt, denn Geschlechtstrieb ist für sie mehr als masturbieren und öfter mal Abwechslung suchen. Helen Fisher findet, dass diese Forscher die weibliche Sexualität falsch bewerten, denn der weibliche Trieb sei »subtiler, komplexer«.

In Deutschland wollte man wissen, wie es die Jugendlichen miteinander in puncto Sex halten. 1994 veröffentlichte das Bielefelder Emnid-Institut Ergebnisse über die sexuellen Gewohnheiten junger Mädchen und Jungen zwischen 14 und 17 Jahren. Das Ergebnis: Mädchen haben mehr Praxis beim Sex, gehen also häufiger mit ihrem Partner ins Bett, während die Jungen dafür öfter mal die Partnerin wechseln. Aufs Jahr gesehen hatten die jungen Kerle deshalb seltener sexuelle Kontakte als die jungen Frauen. Wie verhält es sich also mit dem Sexdrive?

Seit jeher glaubten Männer, dass Frauen verführerisch und dadurch bedrohlich aktiv sind: Eva reichte Adam den Apfel, nicht umgekehrt. Wegen

Helena brach der Trojanische Krieg aus, Sirenen wollten Odysseus mit ihren Gesängen ins Verderben stürzen, und die erfolgreiche Spionin Mata Hari entlockte den Männern im Bett ihre wohl gehüteten Geheimnisse. Weil Frauen so verführerisch sind, müssen sie sich in islamischen Gesellschaften verhüllen, auch um unvorsichtige Männer vorm »Unglück« zu bewahren. Die Anstandsdame, gleichfalls eine männliche Erfindung, ist angeblich zum Schutz der Frau in verschiedenen Gesellschaften eingeführt worden.

Die Lust der Frau gefährdet den Mann in seinem Selbstverständnis, ihre potenzielle sexuelle Unersättlichkeit bedroht ihn in einem solchen Maße, dass er sie mit Gewalt in Schranken weist. Überall auf der Welt werden auch aus diesem Grund heute noch jährlich Millionen Frauen beschnitten, ihrer Genitalien und ihrer Lust beraubt. »Wissenschaftler sind sich darüber einig, dass die Verstümmelung der weiblichen Geschlechtsteile auf das Bestreben der Männer zurückzuführen ist, die weibliche Sexualität unter Kontrolle zu halten«, schreibt die amerikanische Wissenschaftsjournalistin Mary Batten. Noch 1988 traten auf einer internationalen Konferenz in Somalia einige muslimische Religionsgelehrte dafür ein, dass eine »milde Form der Beschneidung« beibehalten werden sollte, »um die weibliche Sexualität zu dämpfen«.

Viele Familien, ob in Süd- und Osteuropa, in Asien und Afrika, legen immer noch einen gesteigerten Wert auf die Jungfräulichkeit ihrer Töchter, denn deren »Reinheit« ist wichtig für die Familienehre und eine Voraussetzung für einen Schwiegersohn mit hohem Ansehen. Die Familie des Bräutigams legt deshalb so viel Wert auf eine jungfräuliche Braut, weil allein eine treue junge Frau der Familie das Weitergeben ihrer Gene sichert. Denn nur die Frau weiß, dass das Kind von ihr ist, der Mann kann sich nie sicher sein. Und so scheut die Familie des Mädchens keine Mittel und Wege, um die Keuschheit der Tochter zu bewahren.

Männern macht es Angst, zu wissen, dass Frauen körperlich fähig sind, mehrere Orgasmen erleben zu können, während sie ihre eigenen täglichen Orgasmen an wenigen Fingern abzählen können. Vielleicht passt hier der Spruch des griechischen Dramenschreibers Euripides (um 480-406 v.Chr.): »Eine der wertvollsten Eigenschaften der Männer ist, dass sie genau wissen, was sie nicht glauben.«

Jedenfalls gibt es überlieferte Anzeichen dafür, dass Männer an den geringeren Sexualtrieb der Frauen niemals ernsthaft geglaubt haben. So schrieben die Verfasser des Talmud, dem Hauptwerk des Judentums, den Frauen den stärkeren Geschlechtstrieb zu. In dieser Schrift mahnen die Autoren die Ehemänner, ihrer Pflicht nachzukommen und regelmäßig mit der Ehefrau Geschlechtsverkehr zu haben, damit sie mit ihrem Mann zufrieden bleibt.

Wie immer, wenn es sehr kompliziert wird, versuchen Wissenschaftler, Ähnliches im Tierreich zu finden. Für einen starken weiblichen Geschlechtstrieb finden sich jedenfalls genügend Beweise, auch wenn es manchem Evolutionsbiologen nicht in seine Argumentationskette passt. Alle weiblichen Säugetiere werden beispielsweise in regelmäßigen Abständen brünstig und bedrängen zur Zeit ihres Eisprungs aktiv die Männchen, ein als »Paarungsaufforderung« bekanntes Verhalten. Schimpansinnen, die dem Menschen am nächsten verwandten Affen, sind sexuell aggressiv und schätzen Sex-Abenteuer. Brünstige Schimpansinnen schließen sich oft einer reinen Männergruppe an und verführen dann alle Männchen bis auf ihre Söhne und Brüder. Manchmal stehen bis zu acht Männchen Schlange und warten, bis sie an die Reihe kommen. Warum sollten Menschenfrauen da so anders sein? Tatsächlich fanden Forscher heraus, dass Frauen zu bestimmten Zeiten im Monat offensichtlich größere Lust auf Sex und auch aufs Fremdgehen haben. So steigt die sexuelle Erregbarkeit und die Lust der Frau während ihres Eisprung plötzlich an. Eine ganz vernünftige Einrichtung der Natur, sagen einige Wissenschaftler, auch wenn es Männern nicht sonderlich gefallen wird.

Bei den Nayar an der Malabarküste im indischen Unionsstaat Kerala ist es Frauen erlaubt, sich so viele Liebhaber zu nehmen wie sie wollen – so etwas ist bei uns nicht so einfach, wie es in den Medien gern propagiert wird. Denn sichtbar gelebte weibliche Sexualität ist in christlich geprägten Kulturen unerwünscht. Das erklärt auch, warum in einer 1990 durchgeführten Untersuchung von 14.070 Amerikanern 87 Prozent der Ansicht waren, dass Frauen weniger an Sex interessiert seien als Männer. Denn eine andere amerikanische Studie aus dem darauffolgenden Jahr deckt einen wichtigen Grund dafür auf, warum sich Frauen weniger interessiert an Sex zeigen: Frauen, die sich sexuell aktiv geben, haben schlechtere Chancen auf dem Heiratsmarkt. Damals wurden 750 Studenten von drei Universitäten gefragt, welche Frau für sie als Ehefrau in Frage käme.

Sämtliche jungen Männer waren sich einig: Eine Partnerin wurde dann als mögliche Heiratskandidatin und Freundin betrachtet, wenn sie eine geringe sexuelle Aktivität vermuten ließ. Frauen, die sich leicht »rumkriegen lassen«, waren in den Augen dieser Männer keine gute Partie. Obgleich als Heiratspartnerin abgelehnt, hätten die Befragten diese sexuell aktiven Frauen jedoch als Partnerinnen beim Ausgehen bevorzugt.

Hier zeigt sich die uralte Angst des Mannes: Eine Frau, die signalisiert, sie habe große sexuelle Lust, wird von Männern nicht gern als mögliche Mutter ihrer gemeinsamen zukünftigen Kinder gewählt. Denn wie kann er sich wirklich sicher sein, dass der sich ankündigende Nachwuchs tatsächlich auch von ihm stammt? Für Männer ist also eine an Sex außerordentlich interessierte Frau eine scheinbar wenig verlässliche Partnerin und möglicherweise keine gute Wahl.

Das heißt im Klartext: Männer messen mit zweierlei Maß. Was für sie recht ist, ist für Frauen noch lange nicht billig. Frauen wissen das genau – und verhalten sich deshalb in zahlreichen Fällen nach außen hin sexuell zurückhaltend. »Wenn der weibliche Sexualtrieb im Vergleich mit dem männlichen tatsächlich gedämpft ist, warum müssen die Männer überall auf der Welt so drastische Maßnahmen ergreifen, um ihn zu zügeln und im Zaum zu halten?« fragt denn auch die amerikanische Biologin Barbara Smuts. Und Erwin Haeberle, Leiter des Archivs für Sexualwissenschaft am Berliner Robert-Koch-Institut ist sich sicher: »98 Prozent unseres Sexualverhaltens sind kulturell bedingt«.

Helen Fisher, Das starke Geschlecht. Wie das weibliche Denken die Zukunft verändern wird, Wilhelm Heyne Verlag, München 2000; »Urknall der Hormone«, Der Spiegel, 16/1995; Karl Grammer, Signale der Liebe. Die biologischen Gesetze der Partnerschaft, Deutscher Taschenbuch Verlag, München 1995; Helen Fisher, Anatomie der Liebe. Warum Paare sich finden, sich binden und auseinandergehen, Droemer Knaur, München 1993; Mary Batten, Natürlich Damenwahl. Die Paarungsstrategien in der Natur, Deutscher Taschenbuch Verlag, München 1994; Robert Wright, Diesseits von Gut und Böse. The moral animal. Die biologischen Grundlagen unserer Ethik, Limes Verlag, München 1996; »Warum Sex Spaß macht«, Focus, 43/1997.

Sexualtrieb 2
Beim Sex geht's nur um die Arterhaltung

»Ochs tut es, Kuh tut es, ein gesundes Känguruh tut es, tu du es«, sang Hildegard Knef und meinte dabei zunächst einmal das Verlieben. Und nach dem Verlieben kommt der Sex. Warum wir den miteinander haben, schien noch vor ein paar Jahrzehnten völlig außer Frage zu stehen. Natürlich, um die eigene Art zu erhalten. Doch dann beobachteten Verhaltensforscher unsere nächsten Verwandten, die Affen: Überrascht stellten die Wissenschaftler fest, dass es sich beim Sex der Bonobos, Schimpansen und Savannen-Paviane nicht nur um das eine dreht.

Bonoboweibchen zum Beispiel bieten den Männchen ein lukratives Tauschgeschäft an: Sex gegen Leckerbissen. Sieht ein Bonoboweibchen einen Artgenossen Zuckerrohr fressen, geht es auf ihn zu, setzt sich neben ihn, bettelt mit geöffneten Handflächen und schaut sehnsüchtig erst auf den Leckerbissen und dann auf ihn. Lässt er dem Weibchen tatsächlich etwas zukommen, reckt es ihm das Hinterteil hin, kopuliert und trollt sich dann mit dem Zuckerrohr.

Bonobos betteln auch Geschlechtsgenossinnen an. In diesem Fall schlendert das Weibchen auf die Betreffende zu, schmiegt sich von vorn in ihre Arme, schlingt ihr die Beine um die Taille und reibt ihre Genitalien an denen der Partnerin, um anschließend ebenfalls ein Stück des begehrten Zuckerrohrs in Empfang zu nehmen. Das Gleiche funktioniert auch zwischen den Männchen. Die Forscher stellten fest: Bonobos tauschen Sex aus, um Spannungen abzubauen, bei Mahlzeiten die Bereitschaft zum Teilen zu wecken, auf Streifzügen, um Freundschaften zu erhalten und um den Stress zu mindern.

Die These »Sex gegen Leckerbissen« hat der Verhaltensforscher Ian Gilby von der Universität von Minnesota mittlerweile für Schimpansen zumindest relativiert. Er beobachtete die Affen drei Monate lang im Gombe Nationalpark in Tansania und fand heraus, dass Sex weniger der Grund für die Großzügigkeit eines Männchens ist. Vielmehr wollen sie nur in Ruhe essen. Dieser Schluss lag nahe, weil die Männchen vor allem aggressiven Weibchen von ihrer Beute etwas abgaben, während weniger aggressive Weibchen leer ausgingen.

Primaten haben auch aus einem weiteren Grund Sex, ohne gerade empfängnisbereit zu sein: So beobachtete die amerikanische Verhaltensforscherin Sarah Hrdy Schimpansinnen, die Sex mit unterschiedlichen Männchen haben. Sie wollen damit die Freundschaft mit Männchen pflegen und später den eigenen Nachwuchs schützen. Sind sich nämlich die Männchen hinsichtlich ihrer Vaterschaft unsicher, beschützen sie das Neugeborene bei Gefahr und lassen das Junge später in ihrer Nähe nach Futter suchen. Fremden Nachwuchs töten sie hingegen häufig. Die vorgetäuschte Empfängnisbereitschaft und die Paarung mit verschiedenen Männchen ist deshalb eine Möglichkeit der Weibchen, die Männchen darüber im Unklaren zu lassen, wer von ihnen der Vater der Nachkommen ist.

Der Sex mit mehreren Männchen bedeutet demnach für die Jungen eine Art soziales Auffangnetz. »Viele Tiere setzen Sex als Mittel zum Zweck ein«, bestätigt auch Erwin Haeberle vom Berliner Robert-Koch-Institut. »Sie sichern damit ihre Rangfolge, zeigen ihre Macht oder bauen Aggressionen ab.« Sex als Mittel zum Zweck ist auch den Menschen gut bekannt.

Helen Fisher, Anatomie der Liebe. Warum Paare sich finden, binden und auseinandergehen, Droemer Knaur, München 1993; »Warum Sex Spaß macht«, Focus, 43/1997; Spektrum Ticker vom 16. Mai 2000, www.spectrum.de/ticker.

Sexuelle Fantasien
Frauen stehen auf Partnertausch

Die Mehrheit der Frauen und Männer denken sich immer wieder sexuell anregende Situationen aus, während sie Sex mit einem Partner haben. Die erträumten Bilder sind jedoch bei Frau und Mann sehr unterschiedlich. Partnertausch zu machen, findet nur knapp ein Drittel aller Frauen sexuell besonders erregend, während es in den Männerfantasien die Hauptrolle spielt. Frauen empfinden einen besonderen Kitzel bei der Vorstellung, jemand beobachte sie beim Sex: Es im Treppenhaus heimlich zu treiben, davon träumen immerhin 40 Prozent aller Frauen. Männer erregen vor allem Bilder von Sexszenarien mit zwei Männern beziehungsweise zwei Frauen und Orgien mit Fremden. Das ergab eine repräsentative Untersuchung über die sexuellen Wunschvorstellungen von bundesdeutschen Frauen und Männern bis 45 Jahre. Befragt wurden 4.351 Personen beiderlei Geschlechts.

Den größten Kick erleben Frauen allerdings, wenn sie sich in ihrer Fantasie einem Geliebten im Bett völlig ausliefern – dem gesichtslosen Prinzen, dem anonymen Fremden. In ihren sexuellen Träumen erregt es 69 Prozent aller Frauen, sich bedingungslos einem Partner zu unterwerfen. Das hat jedoch nichts mit Vergewaltigungsfantasien zu tun: Weniger als 0,5 Prozent der Frauen wollen zum Sex gezwungen werden und weniger als 0,5 Prozent der Männer gefällt es, eine Frau zum Sex zu zwingen. Daten belegen jedoch, dass Frauen sich am liebsten diesen erregenden Kontrollverlustfantasien hingeben. Nur etwas mehr als ein Drittel aller Männer finden das ähnlich toll.

Warum das für Frauen so ist? Psychologen haben eine Erklärung parat: Frauen geben sich dieser Fantasie der Unterwerfung und Hilflosigkeit hin, um kein Schuldgefühl wegen ihres Sexualtriebs zu empfinden. Die Psychologin Gerti Senger und der Psychoanalytiker Walter Hoffmann meinen, dass eine Frau, die in ihrer Fantasie ans Bett gefesselt zu sexuellen Praktiken gezwungen wird, »unmöglich für das, was mit ihr geschieht zur Verantwortung gezogen werden« kann. Fantasien sozusagen als Gewissensentlastung für Frauen mit strengem Gewissen, meinen die Wissenschaftler. Übrigens: Total abtörnend finden Frauen den Sex mit dem Ex – nur fünf Prozent aller befragten Frauen brachte diese Vorstellung im Bett auf Touren.

G.R.P. Institut für Rationelle Psychologie; Helen Fisher, Das starke Geschlecht. Wie das weibliche Denken die Zukunft verändern wird, Wilhelm Heyne Verlag, München 2000; Gerti Senger, Walter Hoffmann, »Die sexuelle Kraft der Frau«, Franz Deuticke Verlagsgesellschaft, Wien, München 1998.

Sexy Körper
Frauen schauen Männern zuerst auf den Po

Der Po ist offensichtlich ein viel beachtetes Körperteil an Männern. Allerdings sind die Fakten und Zahlen, die es dazu gibt, faszinierend uneindeutig. Ist es das viel gerühmte Spiel der Frauen, sich nicht in die Karten schauen zu lassen, was da Verwirrung stiftet? Bei einer Umfrage für »PM Perspektive«, eine Zeitschrift, die vor allem von Männern gelesen wird, geben jedenfalls knapp 40 Prozent der Frauen an: Ein kleiner knackigmuskulöser Hintern macht den Mann körperlich attraktiv. An zweiter Stelle, aber schon weit dahinter, steht der flache Bauch, den 13 Prozent aller Frauen favorisieren. Darauf folgen Augen mit elf Prozent, lange Beine mit sechs Prozent, Größe und Haarstruktur, beides mit fünf Prozent.

Ein anderes Urteil fällten befragte Frauen ein Jahr später in dem Männermagazin GQ. Da kam der knackige Hintern erst an vierter Stelle. Augen, Lächeln und schöne Hände finden die jungen Frauen wesentlich attraktiver. Die Männer allerdings waren fest davon überzeugt, dass Frauen zuerst auf den Po schauen würden. Gleich dahinter platzierten sie einen großen Penis. Welches Missverständnis.

Wirklich sexy machen den Mann weder Po noch Pimmel. Auf einer Skala von 1 bis 10 vergaben Frauen in einer Untersuchung des Psychologen Peter Haaß die Bestnote 9,4 an die Selbstsicherheit. Es folgten Charme (8,7), Lächeln (8,7) und dann erst der Po mit 8,6 Punkten. Oder um es mit den Worten des Schweizer Schuh-Designers und Galeristen Andy Jllien zu sagen: »Frauen schauen Männern zuerst auf die Schuhe, dann in die Augen, auf die Hände und schließlich auf den Po. Und sagen: Es sind die inneren Werte, die zählen.«

»Er will sie, sie will ihn«, PM Perspektive, 1997; GQ, zitiert nach »Brainsex«, Welt der Wunder vom März 1998, »Der originale Rebell«, werben & verkaufen, 5/2000.

Singen
Frauen singen lieber als Männer

Frauen haben Spaß am Singen. Und Männer bringen – wenn überhaupt – nur unter der Dusche mal ein paar Töne heraus? Das mag zwar für ein paar Exemplare der Gattung »Mensch« zutreffen. Doch die Zahlen, die der Deutsche Sängerbund für 1995 herausgab, lassen einen ganz anderen Trend erkennen: Demnach hat der Dachverband 1,8 Millionen Mitglieder, davon allerdings nur 704.000 aktive. Insgesamt gab es – einschließlich der Kinder- und Jugendchöre – 20.983 Bundeschöre. Darunter waren 9.177 reine Männerchöre, aber »nur« 2.172 reine Frauenchöre.

Statistisches Bundesamt (Hrsg.), Datenreport 1997, Bonn 1998.

Spenden
Weil Männer mehr verdienen, spenden sie auch mehr

Tatsache ist: In Europa verdienen die Frauen nur rund 75 Prozent der Männergehälter. Oder anders ausgedrückt: Frauen schuften vier Wochen lang, arbeiten aber eine Woche völlig umsonst. Den griechischen Frauen geht es vergleichsweise am schlechtesten, sie kommen nur auf 68 Prozent der Männergehälter. In den Niederlanden sind es 71 Prozent und in Portugal 72 Prozent. Für Westdeutschland ist die Situation ähnlich, denn dort tragen die Frauen nur knapp 77 Prozent dessen nach Hause, was ihre männlichen Kollegen erhalten. Auf ganz Europa bezogen, geht es in den neuen Bundesländern noch am ehesten gerecht zu: Dort verdienen die Frauen immerhin fast 90 Prozent der Löhne und Gehälter, die Männern ausgezahlt werden.

Frauen verdienen also 25 Prozent weniger als Männer, umgekehrt ausgedrückt wird die Ungerechtigkeit aber noch deutlicher: Denn Männer verdienen 33 Prozent mehr als Frauen. Wer viel hat, kann auch viel geben – sollte man meinen. Doch die Rechnung »mehr Gehalt = mehr Spenden« geht nicht auf. Denn die vier Milliarden Mark, die in Deutschland für humanitäre und karitative Zwecke gespendet werden, kommen hauptsächlich von den Frauen: 52 Prozent der Spendengelder stammen von weiblichen Wohltätern. Und für was spenden Frauen heute am häufigsten? Für Kinder in Not (35 Prozent), bettelnde Personen am Straßenrand (34 Prozent), den Tierschutz (24 Prozent), bei Katastrophen (22 Prozent), für persönlich bekannte Familien (19 Prozent), für Jugendheime (14 Prozent) und bei Straßensammlungen bekannter Hilfsorganisationen (12 Prozent) – in der Gewis-Umfrage von 1998 waren Mehrfachnennungen möglich.

Und was sagt der Sänger und Multimillionär Phil Collins dazu? »Ich spende viel. Nicht weil ich supernett bin, sondern weil ich ein Mensch bin – und zwar ein superreicher.«

Presse- und Informationsamt der Bundesregierung (Hrsg.), »Frauen in Europa«, Berlin, Oktober 1999; »Wofür spenden Frauen am häufigsten?«, Für Sie, 26/1998; Zitat aus Brigitte, 4/1999.

Spermien
Alle Spermien wollen dasselbe

Ein normales Ejakulat enthält etwa 200 Millionen Spermien. Es können aber auch bis zu 600 Millionen Spermien sein. In einer Art Säule stehen sie zum Abschuss bereit: vorne die alten, die Nachhut bilden die jüngsten und agilsten Spermien. Und alle Spermien wollen nur das eine: Nämlich nach dem Sex auf ihrem Weg durch die Scheide, die Gebärmutter und durch den Eileiter einer Eizelle begegnen, mit der sie verschmelzen können. Stimmt nicht, sagt der englische Biologe Robert Baker und erklärt: Ein Spermium besitzt einen Kopf, ein kurzes starres Mittelstück und einen langen, beweglichen Schwanz. Der Kopf ist oval und abgeflacht und trägt eine Kappe. Im Kopf befindet sich das DNS-Paket, jene Gene, die ein fruchtbares Spermium ins innere einer Eizelle befördert. Allerdings bestehen nur bis zu rund 60 Prozent der Spermien aus diesen kraftvollen Athleten. Die restlichen 40 Prozent sind ein bunt gewürfelter Haufen: Die einen Spermien haben einen kleinen Kopf, andere einen riesengroßen. Wieder andere sind so winzig wie Stecknadelköpfe, so dass kein Platz für das DNS-Paket bleibt. Manche Köpfe sind rund, andere ähneln einer Birne und wiederum andere gleichen Fantasiegebilden. Es gibt sogar regelrechte Monster unter den Spermien – da sitzt nicht nur ein Kopf auf einem wedelnden Schwanz, sondern es gibt zwei, drei und selten sogar vier Köpfe.

Nicht nur in ihrem Aussehen unterscheiden sich die Spermien, sondern auch in ihren Aufgaben. Sie wollen also nicht alle dasselbe, sondern es gibt drei Typen: den Blockierer, den Killer und den Ei-Krieger. Alte Spermien sind die faulen Blockierer. Sie setzen sich im Gebärmutterschleim fest, um später kommende, fremde Spermien aufzuhalten. Diese manchmal unförmigen, groß- oder mehrköpfigen Spermien, mit geknicktem Mittelstück bauen eine solide Barriere.

Ein hoher Anteil der athletischen, schlanken Spermien im Ejakulat sind Killer. Sie schweifen umher auf der Suche nach fremden Spermien von anderen Männern. Begegnet so ein Killerspermium einem anderen Spermium, prüft es sofort die chemischen Substanzen auf der Oberfläche des Kopfes seines Gegenübers. Gleichen sich die chemischen Stoffe, erkennt es einen Verbündeten und wendet sich ab, um weiter zu suchen. Erkennt das Killerspermium einen Fremden, versucht es mit der Spitze seines Kopfes in die verwundbare Seite des gegnerischen Kopfes zu stechen und eine kleine Menge Gift hinein zubringen. Nach mehreren Stichen wendet es sich ab, und das attackierte Spermium stirbt. Ein Killerspermium führt genügend Gift mit sich, um zahlreiche Spermien des Gegners zu töten. Geht der Vorrat des Giftes zur Neige, versucht sich das Killerspermium ein letztes Mal an einen Eindringling zu heften, um so mit den letzten tödlichen Tropfen den Rivalen unschädlich zu machen.

Killerspermien geben den fruchtbaren Spermien, den Ei-Kriegern, sozusagen Geleitschutz. Killerspermien und Ei-Krieger ähneln sich im Aussehen, allerdings ist der Kopf des Ei-Kriegers etwas größer. Die Ei-Krieger strömen hinauf zu den Eileitern. Wenn die Frau eine Eizelle aus einem ihrer Eierstöcke entlässt, wandert ein chemisches Signal den Eileiter hinunter. Und nun beeilen sich die Ei-Krieger in den Eileiter zu gelangen, wo sich das zu befruchtende Ei befindet. Der schnellste, wendigste und vitalste Ei-Krieger wird siegen.

Robin Baker, Krieg der Spermien. Weshalb wir lieben und leiden, uns verbinden, trennen und betrügen, Limes Verlag, München 1997.

Sticken
Sticken ist nur was für Frauen

Kreuzstich, Plattstich, Strichstich, Steppstich, Kettenstich und Schlingstich – wer sich für das Sticken begeistern kann, hat eine große Auswahl, einen Stoff kunstvoll zu verzieren. Voraussetzung dafür sind Zeit und Muße, eine ruhige Hand und gute Augen (bzw. eine Brille oder Kontaktlinsen), um die Anleitungen lesen und umsetzen zu können. Die Arbeit geht nur Millimeter für Millimeter voran und da Frauen heutzutage viel zu beschäftigt sind, ist es verständlich, dass sich die meisten von ihnen nur zum Sticken von einzelnen Motiven auf Tischdecken, Kopfkissenbezügen und Stofftaschentüchern motivieren können.

Doch es gab eine Zeit, als das Sticken noch Männersache war – und damals waren die Stickereien wesentlich größer. In den Klöstern stellten Mönche ebenso wie Nonnen prachtvolle Gewänder für liturgische Zwecke her, für den weltlichen Bedarf betätigten sich gewerbsmäßige Sticker, die Umhänge und Mäntel für Fürsten, Könige und Kaiser kunstvoll mit Gold- und Seidenfäden verzierten.

Schon um die erste Jahrtausendwende gab es Männer, die sticken konnten: Englische Benediktinermönche fertigten damals hochwertige Stickereien, doch nur wenige sind heute noch so gut erhalten wie die priesterliche Stola, die in einer Kathedrale in Durham gefunden wurde.

Später kamen viele der berühmten »weltlichen« Sticker aus Sizilien. So gab König Roger II. von Sizilien 1133 den prächtigen Krönungsmantel des Heiligen Römischen Reiches bei den hervorragenden sarazenischen Künstlern in Palermo in Auftrag. Die Seiden- und Goldstickerei des Umhangs zeigt zu beiden Seiten eines Lebensbaumes einen Löwen, der ein Kamel in den Klauen hat. Mehr als 100 Jahre lang war Palermo der Inbegriff für hochwertige Stickereien. Doch als 1266 die Franzosen Sizilien eroberten, flohen die besten Sticker nach Italien, wo vor allem die Stickereiwerkstätten in Florenz für ihre sorgfältig gearbeiteten und farbenprächtigen Arbeiten berühmt wurden. Einer der bekanntesten Sticker des 14. Jahrhunderts war Jacobo Cambi aus Florenz.

Wie eine gute Stickerei auszusehen hat, war durch die Zünfte für Sticker streng geregelt. Die jungen Männer konnten eine Gesellen- und eine Meisterprüfung ablegen – das Meisterstück musste innerhalb von vier Monaten angefertigt werden. Die meisten Sticker arbeiteten im Auftrag von Fürsten, Königen und Kaisern. Auch König Ludwig XIV. ließ eine Stickerei-Werkstatt einrichten. Der bekannteste spanische Hofsticker war Jaume Cope, er fertigte von 1360 bis 1394 aufwändige Arbeiten an.

Viele Sticker arbeiteten eng mit Malern – und später auch mit Kupferstechern – zusammen. Bekannt waren der Kölner Sticker Johann von Bornheim, der 1470 Zunftmeister wurde, sowie der Passauer Seidensticker Wolf Popp, der 1574 ein Zunftsymbol in Relief-Stickerei fertigte. Auch der Nürnberger Maler Albrecht Dürer (1471 – 1528) soll Entwürfe für Sticker angefertigt haben. Für ihre Arbeiten wurden auch die Sticker in Antwerpen, Brüssel, Brügge und Innsbruck bekannt. Auch in Schweden gab es gewerbsmäßige Sticker: Albertus Pictor, der Ende des 15. Jahrhunderts lebte, ging als Albert der Sticker in die Geschichte ein. Er hatte Messgewänder bestickt, die in der Kathedrale von Uppsala aufbewahrt werden.

Wie es in der Werkstatt eines Seidenstickers aussah, zeigen etliche Holzschnitte und Kupferstiche aus dem 16. und 17. Jahrhundert: Dargestellt werden aber immer nur Männer mit Nadel und Faden in der Hand. Erst auf einem französischen Kupferstich von 1750 sind Frauen am Stickrahmen abgebildet. Wahrscheinlich wurden sie von einem berufsmäßigen Sticker angelernt – denn am französischen Hof waren es die Männer, die für das Design zuständig waren und die Frauen in die Kunst des Stickens einführten.

Die Stickerei wurde früher also wesentlich ernsthafter als heute betrieben, und es sieht so aus, dass auch etliche Männer sticken konnten – wie der kurze Streifzug durch die Geschichte zeigt.

Idee von Helene Weinold-Leipold, Aystetten; Marianne Stradal, Ulrike Brommer, Mit Nadel und Faden durch die Jahrhunderte. Aus der Kulturgeschichte vom Stricken, Sticken und Häkeln, Heidenheimer Verlagsanstalt, Heidenheim 1990; Kaffe Fassett, Patchwork. Meine Welt der Farben, Augustus Verlag, Augsburg 1999; »Frickel frackel strickel strackel«, in: Emma, Januar/Februar 1996.

Stierkampf
Es gibt keine weiblichen Matadore

In Spanien finden von Ostern bis Oktober an allen Sonn- und Feiertagen Stierkämpfe statt. Das Spektakel dauert jeweils etwa eine halbe Stunde, der Torero tritt jedoch erst in der letzten Phase in die Arena – dann ist der Stier schon aufs Äußerste gereizt: Helfer (Peones) haben das Tier dann bereits mit einem roten Mantel in Rage gebracht, und ein berittener Picador hat Lanzen in seinen Nacken gestochen. Wenn dann endlich der Torero auftritt, tobt das Volk. Mit einem 90 Zentimeter langen Stoßdegen und einem roten Tuch, das an einem Stock befestigt ist, veranlasst der Torero den aufgebrachten Stier zu bestimmten Passagen. Im letzten Abschnitt des Schaukampfes wird der Torero dann Matador (matar = töten, schlachten) genannt. Denn seine Aufgabe ist es, den Stier mit einem Degenstoß von vorn zwischen die Schulterblätter zu töten. Falls das nicht gelingt, bekommt das Tier einen tödlichen Gnadenstoß.

»Stierkampf ist ein Sport für Machos: ein Mann, ein Bulle – und wer ist stärker?«, frotzeln die einen. Die anderen entrüsten sich: »Solch eine Tierquälerei! Dazu sind doch nur die Männer fähig.« Und da in den Reiseführern und auf den Ankündigungsplakaten meist nur von männlichen Matadoren die Rede ist, gehen die meisten deutschen Touristen davon aus, dass Frauen kein Interesse daran haben oder überhaupt nicht zugelassen sind.

Doch es gab und gibt sie, die Stierkämpferinnen: Die erste Matadora der spanischen Geschichte hieß Juanita Cruz – sie begann in den 30er Jahren des 20. Jahrhunderts zu trainieren, aber die Franco-Diktatur verbot es ihr, in der Arena zu kämpfen.

Erst 1998 gab es eine weitere Matadora: Cristina Sanchez. Schon ihr Vater war Stierkämpfer, in der Hierarchie kam er jedoch nicht weit nach oben. Cristina hatte erst eine Friseurlehre begonnen, doch im Alter von 16 Jahren brach sie die Ausbildung ab und ging – gegen den Willen ihres Vaters – an die renommierte Madrider Stierkampfschule. Sie trat in Spanien, Ecuador und Südamerika auf, bis sie schließlich auch in der berühmten »Plaza de Madrid« ihr Debüt geben durfte. Sie kämpfte erfolgreich in Sevilla und in der »Plaza de Mexico« und trat mit Stars wie César Alfonso »E Calesa« Ramírez und Diego »Rubito« Martín auf – einen coolen Spitznamen wie ihre anderen berühmten Kollegen erhielt sie jedoch nicht. Nach mehr als 500 Kämpfen wurde sie 1998 schließlich zur »Matadora« ernannt, das ist die höchste Stufe in der Laufbahn eines Toreros.

Welche Erfahrungen Cristina Sanchez mit ihren männlichen Kollegen machte, wird in ihrer Autobiographie »Matadora – mein Leben als Stierkämpferin« nur angedeutet. In einem Interview sagte sie damals: »Ich habe einen Knebel im Mund, der mich nicht frei reden lässt.«

Schon ein Jahr später kündigte die Matadora ihren Rücktritt an und beklagte sich über die Vorurteile der Männer ihr gegenüber: Einige Stierkämpfer hatten öffentlich erklärt, dass sie niemals zusammen mit einer Matadora auftreten würden.

Ob es in Spanien jemals wieder so weit kommen wird, dass eine Frau einem Stier den Todesstoß verpasst, bleibt abzuwarten. Nachwuchs gibt es jedenfalls – zu den Newcomerinnen gehören unter anderem Loria Manuel und Maria Paz Vega. Auch José Luis Bote, Matador und Lehrer an der Madrider Stierkampfschule, ist davon überzeugt, dass man zwischen Frau und Mann in der Arena keinen Unterschied machen dürfe: Stierkämpfer sei ein sehr harter Beruf, und beim Kampf mit einem Stier komme es lediglich auf das Training, den Mut und den Charakter an und nicht auf das Geschlecht.

Bibliographisches Institut & F. A. Brockhaus AG (Hrsg.), Meyers großes Taschenlexikon, Mannheim 1992; www.andalucia.com/bullfight/bullfighters/cristinasanchez/home.htm; www.geocities.com/Athens/Academy/6671/CristinaSan.html; »La Matadora«, Emma, November/Dezember 1998.

Stimme
Echte Kerle haben eine tiefe Stimme

Viele Frauen sprechen Männern mit einer vollen Bassstimme mehr Sex-Appeal zu. Wenn sie eine solche Stimme hören, stellen sie sich den Mann größer, älter und muskulöser vor, als wenn sie eine hohe Männerstimme hören. Hinzu kommt, dass Männer mit einer tiefen Stimme angeblich auch eine stärkere Brustbehaarung haben und mehr wiegen.

Nur das mit dem größeren Gewicht scheint zu stimmen, in allen anderen Punkten liegen Frauen mit ihren Vorstellungen falsch. Das zumindest fand Sarah Collins von der Universität Nottingham in England heraus. Die Sprachforscherin befragte 54 Frauen, nachdem diese sich mehr als 30 Männerstimmen angehört hatten. Ihre Ergebnisse veröffentlichte sie übrigens in der Fachzeitschrift »Tierverhalten«.

www.menshealth.de vom 16. Januar 2001

Stricher
Stricher sind schwul

Stricher erfüllen in der Regel die sexuellen Wünsche von männlichen Freiern. Doch aus dieser Tatsache, dass sich alle Stricher auch privat in Männer verlieben – also schwul sind –, der irrt. Zu diesem Ergebnis kam eine Untersuchung, an der 30 Klienten und 40 Mitarbeiterinnen und Mitarbeiter der Stricherberatungsstellen in Hamburg, Berlin, Frankfurt, Köln und München teilnahmen.

Das Ergebnis: 53 Prozent der befragten Stricher bekennen sich als homosexuell, 21 Prozent als bisexuell und 19 Prozent als heterosexuell. Der Rest machte keine Angaben oder bezeichnete sich als transsexuell – ein Kriterium, dass jedoch nichts über die sexuelle Orientierung aussagt.

Ein ähnliches Bild ergab auch die Befragung der Mitarbeiter und Mitarbeiterinnen in den Beratungsstellen: Ihrer Meinung nach hatten 65 Prozent ihrer Klienten überwiegend homosexuelle Kontakte, 6,8 Prozent seien bisexuell und 22 Prozent definierten sich im Privatleben als überwiegend heterosexuell. Über einige ihrer Klienten konnten sie keine Angaben machen.

Doch ob nun 19 oder 22 Prozent der befragten Stricher heterosexuell sind – das Vorurteil, alle Stricher seien schwul, ist damit vom Tisch.

Interview mit Mimikry, München; Michael T. Wright, Eine Prozessevaluierung der gesund-heitsfördernden Arbeit der Stricherprojekte in Deutschland, Studie im Auftrag der Deutschen Aids-Hilfe, Berlin, 30. Januar 2000.

Stricken
Männer haben zu dicke Finger fürs Stricken

Lang, lang ist's her, als Großmutter dicke Strümpfe und wollene Unterho-sen strickte. Und wenn etwas sehr teuer war, fiel häufig der Spruch: »Da muss eine alte Frau lange für stricken.« Auch heute noch lernen die Mäd-chen im Handarbeitsunterricht, wie man mit Hilfe von zwei Nadeln und einem Wollknäuel flauschig warme Schals und Pullover zustande bringt. Einige von ihnen werden zu wahren Meisterinnen ihres Fachs. Sie beherr-schen fünf Nadeln zur selben Zeit und verarbeiten mehrere Farbknäuel zu kunstvollen Mustern. Gelegenheiten zum Stricken gibt es auch heute noch genug: beim Fernsehen, bei langweiligen Vorträgen, beim Auswendiglern-nen für Prüfungen oder auf dem Spielplatz, wenn die Kinder unter sich bleiben wollen.

Doch wer denkt schon an Männer, wenn es ums Stricken geht? »Zu di-cke Finger«, heißt es dann schnell, auch wenn das nur eine dumme Ausre-de ist. Dass Männer im Durchschnitt größere und vielleicht auch dickere Finger als Frauen haben, mag statistisch gesehen ja noch sein. Doch was ist mit den Männern mit sehr schlanken Händen und feingliedrigen Fin-gern? Ob sie diejenigen sind, die weniger Probleme beim Stricken haben als andere Männer? Wahrscheinlich werden wir das nie erfahren, denn ein Wettbewerb der »dicken Finger« gegen die »dünnen Finger« wurde bis-lang noch nicht ausgelobt. Sicher ist nur, dass auch Mädchen und Frauen, die das Stricken gerade erst lernen, etliche Stunden üben müssen, bis die Nadeln nicht mehr quietschen oder keine ungewollten Lochmuster mehr entstehen.

Zwei rechts, zwei links, eine fallen lassen – ein Blick in die Geschichte des Strickens zeigt, dass Männer sehr wohl stricken können: So wurde 1527 die erste Strickergilde in Paris gegründet, in Deutschland entstand die erste Zunft für Stricker Ende des 16. Jahrhunderts in Berlin – und alle Quellen weisen ausdrücklich darauf hin, dass das Stricken von da an zu einer Beschäftigung der Männer wurde! Vor allem als handgestrickte Seidenstrümpfe für vornehme Damen und Herren in Mode waren, wurden diese fast ausschließlich von Männern gefertigt. Berühmt war vor allem das Strickerzentrum im südfranzösischen Departement Landes. Aber auch die Strumpfstricker in Bologna verstanden ihr Handwerk: Auf einer Abbildung von 1600 ist ein Mann zu sehen, der mit zwei Fäden gleichzeitig arbeitet. Die beiden Garnrollen sind auf einem Brett befestigt, das seitlich an der Hüfte hängt.

Die Zunftordnung war recht streng und sah vor, dass ein Stricker bis zu sieben Jahre in die Lehre gehen musste. Drei Jahre davon blieb er bei seinem Meister, in den folgenden drei Jahren war er auf Wanderschaft. Im siebten Jahr musste der Stricker dann die Meisterprüfung ablegen: »Zum Meisterstücke muss er machen ein schönen Teppich nach der Mahlerkunst von vielen Farben durchbrochen, ferner ein Futterhemde oder Camisol, daran nichts genähet ist, ein paar feine dicke Strümpfe, ein paar Handschuhe und ein Manns- und Weiber-Paret«, heißt es in einem Lexikon der Berliner Gilde. Die besten Stricker des 17. Jahrhunderts kamen aus dem Elsass, vom Oberrhein und aus Schlesien – als Meisterstück mussten sie einen Wandteppich mit farbigen Mustern stricken. Der wohl älteste deutsche Strickteppich wird dem Meister Balthasar Böhme zugeschrieben: Das wertvolle Stück stammt aus dem Jahre 1667 und zeigt das Wappen der heute polnischen Stadt Neiße.

Nicht nur Profi-Stricker sondern auch ganz gewöhnliche Schäfer konnten geschickt mit den dünnen Nadeln umgehen – davon zeugt eine historische Darstellung, auf der ein Schäfer, dessen Herde und ein Hütehund zu sehen sind. Um den besseren Überblick zu behalten, steht der Schäfer auf Stelzen, die zu einem Dreibein erweitert sind. Deutlich erkennbar ist, dass der Mann gerade kurz davor ist, einen Strumpf fertigzustellen. Auch die deutsche Dichterin Annette von Droste-Hülshoff (1797 – 1848) erzählt von einem Schäfer, der in der Heide lebte und sich die Zeit mit dem Stricken vertrieb. Eine andere Quelle berichtet, dass im 17. und 18. Jahrhundert die meisten handgestrickten Handschuhe und Strümpfe aus Großbritannien kamen – traditionell waren dort die Frauen für das Spinnen zuständig und die Männer für das Stricken.

Selbst Soldaten scheinen Experten für das Stricken von Socken und Schals gewesen zu sein, denn Ende des 19. Jahrhunderts stellte der Maler Karl Spitzweg auf mehreren Bildern strickende Männer in Uniform dar: Der eine steht Wache, das Gewehr an die Mauer gelehnt, die nicht gerade funktionstüchtig wirkende Kanone neben sich – und strickt. Der andere sitzt auf einer Mauer vor einer Burg und hält Ausschau nach dem Feind – die Nadeln in der Hand, das Strickzeug liegt im Schoß. Historiker gehen davon aus, dass Spitzweg durch solche Bilder auf einen »verteidigungspolitischen Notstand« hinweisen wollte: Bayern war ungewollt in den Krieg zwischen Preußen und Österreich einbezogen worden und fühlte sich keineswegs gut gerüstet – und die strickenden Soldaten galten als Symbol dafür.

Natürlich liegt das alles schon ein wenig zurück. Doch es beweist, dass Männer sehr wohl stricken könnten, wenn sie nur wollten. So ist es kein Wunder, dass es auch heutzutage Männer gibt, die Zeit und Lust zum Stricken haben. Und wenn sie erst einmal etwas anpacken, dann schreiben sie auch gleich ein Buch darüber: Einer der Autoren heißt Horst Schulz. Der Berliner hatte das Stricken schon vor Jahren gelernt, übernahm dann die Beratungsstunden in der Strickabteilung eines Unternehmens und entwickelte schließlich ein neues Strickprinzip für Pullover, Jacken und Westen, die auf der Patchworktechnik basiert. Der Autor Kaffe Fassett arbeitete ursprünglich als Maler in London. Als er Mitte der 80er Jahre des 20. Jahrhunderts in einer schottischen Weberei unzählige Garne erworben hatte, war er von der Farbenpracht so fasziniert, dass er auf der Zugfahrt nach Hause eine Dame ansprach, ob sie ihm nicht das Stricken beibringen könne. Der Maler war so begeistert, dass er im Laufe der Jahre gleich mehrere Bücher übers Stricken schrieb. Der dritte Mann im Bunde ist Rosey Grier: Auch er liebt das Klappern der Stricknadeln und schrieb ein Anleitungsbuch für Männer. Und wer auf die Idee kommen sollte, dass strickende Männer zu den Weicheiern gehören, wird enttäuscht: Rosey Grier ist 1,96 Meter groß, er wiegt 150 Kilogramm und spielte früher Football bei den Los Angeles Rams und den New York Giants.

Idee von Helene Weinold-Leipold, Aystetten; Marianne Stradal, Ulrike Brommer, Mit Nadel und Faden durch die Jahrhunderte. Aus der Kulturgeschichte vom Stricken, Sticken und Häkeln, Heidenheimer Verlagsanstalt, Heidenheim 1990; Sabine Domnick, Pullover für Wind und Wetter, Augustus Verlag, Augsburg 1998; »Frickel frackel strickel strackel«, in:

Emma, Januar/Februar 1996; Horst Schulz, Das neue Stricken, Augustus Verlag, Augsburg 1995; Kaffe Fassett, Patchwork. Meine Welt der Farben, Augustus Verlag, Augsburg 1999; www.geocities.com/wkim68/index-oddsends.html.

Studentenverbindung
Frauen haben keinen Zutritt zu Studentenverbindungen

Wenn das Gespräch in einer lockeren Stammtischrunde auf Studentenverbindungen kommt, dann fallen schnell auch viele andere Begriffe, die damit zusammenhängen: Da geht es um Burschenschaften, Landsmannschaften und Korporationen – aber vor allem um das Saufen und die Mensur, diesen Zweikampf, der mit scharfen Waffen ausgeführt wird und auch heute noch bei einigen deutschen, österreichischen und schweizerischen Studentenverbindungen üblich ist.

Für viele ist es eine grausige Vorstellung, dass die Mitglieder von schlagenden Verbindungen ihr Leben lang durch einen Schmiss auf der Wange gezeichnet sind. Aber noch immer gibt es einige Männer, die eine solche Narbe stolz zur Schau tragen. Bis zur Gleichberechtigung scheint es jedenfalls bei schlagenden Verbindungen noch weit zu sein. »Wenn sich eine Korporation zum Mensurprinzip bekennt, so verbietet es sich wohl von selbst, Frauen dieser Prozedur zu unterziehen«, meint denn auch der Bonner Professor Hans G. Trüper, Vorsitzender der AH-Vereinigung Schaumburgia-Tuiskonia zu Marburg.

Die wenigsten der ungefähr tausend Studentenverbindungen in Deutschland gehören zu den schlagenden Korporationen. Und dennoch sind die meisten Verbindungen auch heute noch reine Männerbünde. Etliche nehmen mittlerweile auch Studentinnen in ihren Reihen auf, denn: »Heute kann es sich keine auf gesellschaftliche Relevanz bedachte Gruppe mehr leisten, die Studentinnen zu ignorieren oder sie bestenfalls bei ein paar Veranstaltungen einzuladen und mitdiskutieren zu lassen«, schreibt Peter Krause in einem Artikel über die Geschichte der »Mädchen in Couleur«.

Bei den Diskussionen, ob Frauen aufgenommen werden sollten oder nicht, gehen die Meinungen weit auseinander: Die einen sind überzeugt, dass die weiblichen Mitglieder dazu beitragen können, Vorurteile abzubauen und das zum Teil schlechte Ansehen der Verbindungen in der Gesellschaft anzuheben. Für ihre Aktivitäten versprechen sich die Befürworter eine lebendigere Kommunikation und eine größere Meinungsvielfalt. Die Gegner hingegen nehmen an, dass den Frauen das stark männlich orientierte Brauchtum nicht zuzumuten sei. Sie befürchten Eifersüchteleien, Partnerschaftskonflikte und auf lange Sicht sogar den Untergang der Verbindungen.

Wie dem auch sei: Nach Angaben der AV Parnassia zu Göttingen gibt es heute 20 Verbindungen, die nur Frauen aufnehmen. Zu diesen 18 Damenverbindungen und zwei Schülerinnenverbindungen kommen noch einmal fünf rein katholische Studentinnenverbindungen, die dem Unitas-Verband nahe stehen. Einen Dachverband haben all diese Gruppen zwar noch nicht gegründet, die Mitglieder treffen sich jedoch einmal im Jahr zum Kennenlernen und zum Erfahrungsaustausch.

Die Hochburg der Damenverbindungen scheint Würzburg zu sein. Dort jedenfalls gibt es gleich drei Gruppen: die ADV Athenia, die ADV Hypatia und die ADV Salia. Ansonsten spannt sich das Netz über die ganze Bundesrepublik – von der Concordia Feminarum in Kiel über die Alethia zu Greifswald, die Helenia Monasteria zu Münster, die Lysistrata zu Berlin bis hin zur Merzhausia zu Freiburg und zur Laetitia zu Tübingen. In Österreich und in der Schweiz gibt es insgesamt zehn weitere Damenverbindungen, wobei Wien mit drei und St. Gallen mit zwei Gruppen vertreten ist.

Die erste Studentinnenverbindung überhaupt wurde 1899 gegründet, es war die Hilaritas Bonn. In Österreich begann die Entwicklung 1912 mit dem Verein Deutscher Hochschülerinnen in Graz, und in Wien gab es schließlich im Jahr 1984 auch die erste Promotion einer Studentin in Couleur.

In der Öffentlichkeit zu erkennen sind die Mitglieder der Damenverbindungen nicht immer auf den ersten Blick: Bei ihren Veranstaltungen tragen nur einige ein Band oder eine Mütze, manche – wie die Merzhausia in Freiburg – schmücken sich mit einem Schleifchen.

www.cousin.de/cousin/allgemein/mitglied/frauen.html; »Blut, Ehre, Bier und Vaterland«, in: Karriere durch Bildung, Spiegel special, 11/1996; coburger-convent.de/ccblaetter/ccblaetter 994/studentenkorporationen.html.

Studium 1
Weil Frauen so sprachbegabt sind, studieren sie am liebsten Sprachen

Immer wieder hört man, dass sich die Mädchen doch viel leichter mit den Fremdsprachen tun als die Jungen. Schülerinnen haben demnach eine Vorliebe für sprachlich-musische Fächer. Sie sind es angeblich, die in Englisch und Französisch die guten Noten nach Hause bringen.

Kein Wunder also, dass sich so viele Abiturientinnen für ein Sprachenstudium entscheiden.

Im Wintersemester 1998/99 studierten 114.167 Frauen Altphilologie, Neugriechisch, Germanistik, Anglistik, Amerikanistik, Romanistik, Slawistik oder Baltistik – damit liegt die Sprachwissenschaft auf Platz 1 der Beliebtheitsskala.

Wer jedoch daraus schließt, dass auch der Frauenanteil in diesen Fächern am höchsten ist, der irrt. Denn die bundesweit höchste Frauenquote gibt es im Fach Tiermedizin, dort lag der Anteil im Wintersemester 1998/99 bei 77,55 Prozent. Bei den Sprachwissenschaften waren es 72,03 Prozent, damit liegen sie auf Platz 2, gefolgt von der Kunst und der Kunstwissenschaft mit knapp 62 Prozent.

Insgesamt studieren im Laufe der Jahre immer mehr Frauen: Im Wintersemester 1998/99 lag der Anteil der weiblichen Studierenden bei 44,48 Prozent, bei den Studienanfängern erreichte die Frauenquote zum selben Zeitpunkt schon 48,58 Prozent. In ähnlichem Maße kletterten auch die Zahlen für die drei Lieblingsfächer: Im ersten Hochschulsemester lag der Frauenanteil für Tiermedizin bereits bei 81,02 Prozent. Auch für die Sprachwissenschaften waren es mehr Studienanfängerinnen als früher, mit 78,15 Prozent bleibt das Fach jedoch weiterhin auf Platz 2.

Statistisches Bundesamt, Fachserie 11, R 4.1, Wintersemester 1998/99.

Studium 2
Frauen, die nur mit Frauen studieren, haben später keine Chancen

Bis 1899 durften Frauen in Deutschland noch nicht einmal als Gasthörerinnen an Vorlesungen in den Universitäten teilnehmen, in Preußen konnten sie sich erst ab 1908 als »ordentliche Studentinnen« bewerben, und es dauerte noch einmal elf Jahre, bis sich die Gleichberechtigung von Frauen und Männern schließlich im deutschen Bildungswesen durchsetzte.

Knapp achtzig Jahre später wagte es die erste deutsche Hochschule, einen Studiengang nur für Frauen anzubieten. Seit 1996 können sich jeweils zum Wintersemester 40 Frauen an der Fachhochschule Wilhelmshaven einschreiben lassen, um Wirtschaftsingenieurwesen zu studieren. Sie belegen Fächer wie Finanzmathematik, Mechanik, Datenverarbeitung und Bilanzierung und können nach acht Semestern ein Diplom ablegen. Dieser Modellversuch ist vorerst auf sechs Jahre angelegt. Den Vorwurf, die Frauen würden in einem Schonraum ausgebildet und kämen nachher in der rauen Arbeitswelt nicht zurecht, weist Dekan Manfred Siegle zurück.

Auch in Bielefeld engagiert man sich für die Frauen: Von 1994 bis 1997 begleitete die Fachhochschule den Bund-Länder-Modellversuch »Frauen im Ingenieurstudium an Fachhochschulen«. Verglichen wurden die Aussagen von 289 Studentinnen und 219 Studenten in den Fachbereichen Elektrotechnik und Maschinenbau – mit dem Ziel, den Anteil der Frauen von durchschnittlich sieben Prozent langfristig zu erhöhen. Derzeit sammelt die Hochschule Erfahrungen mit dem Studiengang »Energieberatung und -marketing«, der fünf Jahre lang für Frauen reserviert ist. Auch an der Fachhochschule Aalen gibt es einen Frauenstudiengang, dort bleiben die Studentinnen im Fach Mikro- und Feinwerktechnik/Mechatronik unter sich. Ein Frauenstudium Wirtschaftswissenschaften werden zudem die Fachhochschulen in Stralsund und Wismar anbieten.

Aufgrund der guten Erfahrungen mit den Frauenstudiengängen planen nun Wissenschaftlerinnen auch die erste Frauenuniversität in Deutschland. Sie soll ähnlich wie die Privatuniversität Witten/Herdecke aufgebaut sein und vielleicht noch im Jahr 2001 gegründet werden. Erste Erfahrungen sammelte man bereits auf der EXPO 2000 in Hannover: Drei Monate lang fand dort der Modellversuch »Internationale Frauenuniversität«

statt, an dem 900 Frauen aus aller Welt teilnahmen. Das interdisziplinäre Studienangebot konzentrierte sich auf die Themen Körper, Stadt, Information, Migration, Wasser und Arbeit.

Bis es jedoch in Deutschland eine »richtige« Frauenuniversität gibt, werden sicherlich noch einige Jahre ins Land gehen. So gesehen ist Deutschland wieder einmal später dran als viele andere Länder: In den USA eröffnete bereits 1830 das erste Frauencollege, England zog 1861 nach. Auch Frankreich war schneller, dort nahm im Jahre 1903 die »École Normale Supérieure de Fontenay – St. Cloud«, eine Elite-Universität für Frauen, den Betrieb auf.

In den USA existieren heute noch 84 Frauencolleges. Zu den »sieben stolzen Schwestern« – wie die berühmten Frauencolleges an der Ostküste genannt werden – gehören Bryn Mawr in Pennsylvania, das Smith College, Wellesley, Mount Holyoke und Radcliffe in Massachussetts sowie Barnard und Vassar im Staat New York. Erstaunlicherweise ist das Smith College das einzige in dieser Gruppe, das von einer Frau gestiftet wurde: Es begann 1875 mit 17 Studentinnen, heute studieren dort mehr als 2.500 Frauen – und damit ist es das größte Frauencollege der Welt. Über mangelnde Nachfrage kann sich aber auch die Konkurrenz nicht beklagen: Zwischen 1991 und 1994 stieg die Zahl der Bewerbungen an den amerikanischen Frauenhochschulen um durchschnittlich 14 Prozent.

»Frauencolleges geben Studentinnen das gleiche Gefühl, das die Gesellschaft sonst nur jungen Männern gibt: Nämlich, dass ihnen die Welt offen steht«, erklärte Jadwiga Sebrechts, Präsidentin der »Women's College Coalition«, in einem Interview. Und eine deutsche Studentin, die ein Stipendium für Bryn Mawr hatte, freut sich: »Da pumpen sie dich voll mit Selbstbewusstsein.«

Überdurchschnittliches Wissen und Können sowie eben eine gehörige Portion Selbstbewusstsein müssen wohl zusammenkommen, damit die Absolventinnen der Frauencolleges später auch erfolgreich im Beruf sind. Aber das scheint kein Problem zu sein: Das kleine Wellesley-College zum Beispiel hat einen besonders guten Ruf. »Auf keinem anderen Campus in den USA tummeln sich gegen Semesterende so viele Firmenvertreter wie in Wellesley, kein anderes College kann unter den Absolventinnen auf mehr Managerinnen verweisen«, stellte die deutsche Wirtschaftswoche fest.

Eine amerikanische Studie bestätigt den Erfolg der Frauenhochschulen: Sie belegt, dass Frauen, die an diesen Colleges studiert haben, häufiger Karriere machen als solche von anderen Hochschulen. So hat jede dritte Führungsfrau in den 1000 größten amerikanischen Unternehmen an einem Frauencollege studiert, bei den weiblichen Kongressabgeordneten machen die Absolventinnen einen Anteil von 25 Prozent aus.

Wenn Frauen zusammen mit Frauen studieren, können sie sich also später sehr wohl in der »feindlichen Männerwelt« durchsetzen. Das zeigt auch die lange Liste der berühmt gewordenen Amerikanerinnen, die an Frauencolleges studierten: Zu den bekanntesten gehören sicherlich Hillary Clinton und Madeleine Albright. Hinzu kommt Pakistans Ex-Ministerpräsidentin Benazir Bhutto – sie lernte auf dem Radcliffe-College in Massachussetts, wie man in einer fundamentalistischen Männergesellschaft überlebt.

»Frauen für die Firma«, Süddeutsche Zeitung vom 7. Juli 1998; www.int-frauenuni.de/; http://fh-wilhelmshaven.de/fbwi; »Realitäten und Visionen an deutschen Unis«, »Pionierinnen in einer Männerdomäne« und »Womens College. From here you can go anywhere«, Emma, Januar/Februar 1998.

Tanzen
Bei Tanzturnieren tanzt immer ein Mann mit einer Frau

»Die Herren fordern jetzt die Damen zum Tanz auf« – diesen Satz des Tanzlehrers fürchten die meisten Jungs ebenso sehr wie die Mädchen. Denn die bange Frage für die Jungen lautet: Wie schaffe ich es, am schnellsten zu dem schönsten und nettesten Mädchen zu kommen und alle anderen Konkurrenten auszustechen? Und die Mädchen bibbern: Hoffentlich kommt der Richtige bzw. hoffentlich kommt überhaupt einer!

Wer an der Tanzstunde Spaß hat und sich bei den Übungen nicht gegenseitig ständig auf die Füße tritt, ist für das gesellschaftliche Leben gewappnet. Und wenn »Damenwahl« ansteht, kommen eben auch mal die Herren ins Schwitzen – Gerechtigkeit muss sein.

An einer Tradition halten die meisten Veranstalter von offiziellen Feiern und Bällen jedoch fest: Getanzt wird in Paaren und ein Paar definiert sich in diesen Kreisen als »Frau und Mann«. Bei Seniorenfeiern mag es ja noch erlaubt sein, dass zwei Omas miteinander tanzen, weil es schlichtweg nicht so viele Männer in dieser Altersgruppe gibt. Doch ein Wiener Opernball, bei dem sich zwei Frauen bzw. zwei Männer im Walzertrakt drehen, ist heutzutage noch undenkbar.

Doch es tut sich was in den Ballsälen: Denn einige Tanzschulen bieten mittlerweile Kurse für schwule und lesbische Paare an, bei den großen Tuntenbällen in Berlin, Hamburg und Wien ist es selbstverständlich, dass Frauen mit Frauen und Männer mit Männern tanzen, und es gibt auch schon Tanzmeisterschaften für gleichgeschlechtliche Paare. Selbst der Deutsche Tanzsportverband entsendet anerkannte Wertungsrichter zu den Homo-Turnieren – noch 1995 hatte der Dachverband der Landestanz-sportverbände den Teilnehmern und Wertungsrichtern der Euro-Games in Frankfurt gedroht, sie aus dem »heterosexuellen« Tanzsport auszuschließen.

Als Trendsetter in Deutschland gilt der Berliner Tanzsportclub, der die Initiative »Pink Ballroom« ins Leben rief und 1998 als erster Verein ein professionelles Turniertraining für Homo-Paare in den Standard- und lateinamerikanischen Tänzen anbot. Zuschauer und Wertungsrichter müssen sich etwas umstellen, wenn sie beurteilen wollen, wie gut ein Frauen- oder Männer-Duo tanzt. Denn bei einem Paso doble entscheidet sich erst im Laufe des Tanzes, wer der Stier und wer das rote Tuch ist. Hinzu kommt, dass die Tanzpartner mitten im Tanz die Führung wechseln können – das ist Gleichberechtigung auf ganzer Linie.

»Die Frage, wer Stier und wer Tuch sein wird«, taz vom 3. Juli 1999.

Teenager
Pubertierende Mädchen sind Weltmeister im Telefonieren

Sie hängen an der Strippe wie der Alkoholiker an der Flasche: pubertierende Mädchen. Stundenlang telefonieren sie mit ihren Freundinnen, dem neuen Freund. Da werden geballte Banalitäten ausgetauscht, da wird jede Kleinigkeit des Alltäglichen zerredet. Mütter stöhnen genervt, und Väter würden am liebsten den Stecker herausziehen, um dem stundenlangen Geplausche ein Ende zu machen. Doch halt! Nicht die Teenager sind Spitzenreiter im Quatschen, sondern eher ihre Mütter. In 62 Prozent aller Haushalte führen Frauen die längsten Telefonate. Nur in jeder fünften Familie mit pubertierenden Kindern sind es die Jugendlichen, die sich als Plaudertaschen hervortun. Und da ist bisher noch nicht eindeutig geklärt, welches der Geschlechter den Telefonhörer länger am Ohr hält.

»Billiger telefonieren«, Brigitte, 9/1999.

Teilzeitjobs
Die Mehrzahl der berufstätigen Frauen arbeiten Teilzeit

Da sich immer noch die Mütter traditionell um die Kinder kümmern, könnte man meinen, dass die Mehrzahl der berufstätigen Frauen »nur« einen Teilzeitjob hat. Doch das stimmt nicht so ganz: Denn nicht mehr als die Hälfte, sondern »nur« 38 Prozent der berufstätigen Frauen haben eine Teilzeitstelle. In den neuen Bundesländern liegt der Anteil mit 23 Prozent sehr viel niedriger als in den alten Bundesländern: Dort gibt es – mit 42 Prozent – fast doppelt so viele Frauen mit Teilzeitstellen. Das ergab der

Mikrozensus 2000, der statistische Aussagen über die Haushalte in Deutschland macht.

Die West-Frauen geben zu 65 Prozent persönliche oder familiäre Verpflichtungen als Grund für ihre Entscheidung an (Ost-Frauen: nur 21 Prozent). Hinzu kommen noch zwei weitere Gründe: Vier Prozent der West-Frauen und fünf Prozent der Ost-Frauen wollen sich in der gewonnenen Freizeit weiterbilden. Vor allem die ostdeutschen Frauen würden sogar mehr arbeiten wollen, wenn man sie nur ließe. Doch in den neuen Bundesländern fehlen schlichtweg die Vollzeitjobs – das beklagen 52 Prozent der Ost-Frauen. Im Westen fällt dieser Faktor nicht so stark ins Gewicht, denn dort würden nur sechs Prozent der Teilzeitarbeiterinnen gern auch Vollzeit arbeiten.

Übrigens: Wer nur halbtags angestellt sein oder weniger als 20 Stunden in der Woche arbeiten möchte, hat ein kleines Handicap, denn nicht jede Firma will sich auf flexible Anforderungen einstellen. Doch wer glaubt, bei größeren Firmen bessere Karten zu haben, der irrt. Denn 40 Prozent der Beschäftigten (ohne Auszubildende) arbeiten in Firmen mit einem oder zwei Mitarbeitern, der Frauenanteil liegt bei 60 Prozent. Zum Vergleich: Betriebe mit 50 und mehr Mitarbeitern setzen noch immer auf Vollzeitarbeitsplätze. Nur knapp 15 Prozent der dort Beschäftigten haben einen Teilzeitjob.

»Teilzeit, die Frauendomäne«, Tagesspiegel online vom 20. April 2001; Statistisches Bundesamt (Hrsg.), Datenreport 1997, Bundeszentrale für Politische Bildung, Bonn 1998; Statistisches Bundesamt (Hrsg.), Mikrozensus 2000. Leben und Arbeiten in Deutschland, 4/2001.

Testosteron
Männer und Frühlingsgefühle – das liegt am hohen Testosteronspiegel

Der Testosteronspiegel beim Mann schwankt im Laufe eines Tages etwa alle 15 bis 20 Minuten. Sind diese ständigen Testosteronschübe etwa dafür verantwortlich, dass den Mann alle 20 Minuten sexuelle Gedanken und Regungen überfallen? Möglicherweise schon. Denn auch Männer unterliegen einem Zyklus. Abends gegen acht Uhr sinkt der Spiegel des Sexualhormons. Morgens um vier erreicht es dagegen seinen Höhepunkt. Eine mögliche Erklärung für die Morgenlatte. Zusätzlich schwanken diese Hormonwerte im jahreszeitlichen Rhythmus. »Im Frühjahr jedoch«, so die amerikanische Ärztin und Sexualforscherin Theresa Crenshaw, »wenn angeblich alle Gedanken eines jungen Mannes sich um die Liebe drehen, ist der Testosteronspiegel am niedrigsten.« Im Herbst hingegen schütten die Hoden besonders viel Testosteron aus.

Theresa L. Crenshaw, Die Alchemie von Liebe und Lust. Hormone steuern unser Liebesleben, Deutscher Taschenbuch Verlag, München 1999; »Männer und Frauen – die wahren Unterschiede«, natur, 4/1992.

Titanic

»Frauen und Kinder zuerst« hieß es auch beim Untergang der Titanic: »Ob reich oder arm, zählte nicht an diesem 15. April (1912), es zählte nur das Geschlecht. Die Statistik: Gerettete Frauen der ersten Klasse: 97 Prozent, der zweiten Klasse: 87,5 Prozent, der dritten Klasse: immerhin noch 51 Prozent. Die Zahlen für die Männer hierzu lauten: 33,8 und 13,5 Prozent.

Paul-Hermann Gruner, Frauen und Kinder zuerst. Denkblockade Feminisimus

Transsexualität
Wenn ein Mann eine Frau wird, verliebt sie sich in Männer

Hetero, homo oder bi? Bei Transsexuellen ist es nicht ganz einfach, eindeutige Aussagen über deren sexuelle Orientierung zu machen. Viele Menschen gehen aber davon aus, dass sich durch die Hormoneinnahme und die geschlechtsangleichende Operation auch das sexuelle Verlangen verändert. Nach dem Motto: Wenn ein Mann, der früher Frauen geliebt hat (also heterosexuell war), eine Frau wird, dann muss sie doch heterosexuell bleiben und sich von nun an nur noch in Männer verlieben – sonst wäre sie doch keine »richtige« Frau.

Da Transsexuelle das Gefühl haben, im falschen Körper geboren worden zu sein, unterscheiden sie zwischen dem angeborenen Geschlecht und dem Wunschgeschlecht. Die Begriffe heterosexuell, homosexuell und bisexuell beziehen sie meist auf das Geschlecht, zu dem sie sich innerlich zuge-hörig fühlen – unabhängig davon, ob sie über die Zeit vor oder nach der Personenstandsänderung sprechen. So lässt sich auch der Satz »Ich war schon immer ein lesbischer Mann« verstehen. Für eine Mann-zu-Frau-Transsexuelle heißt das: Als sie noch in der Männerrolle lebte, verliebte sie sich in Frauen. Und wenn sie heute eine Beziehung eingehen würde, dann auch weiterhin nur mit einer Frau. Nur für Außenstehende sieht es so aus, als ob der vormals heterosexuelle Mensch nun homosexuell geworden sei.

Der Frau-zu-Mann-Transsexuelle Peter R. erklärt: »Bei den Transse-xuellen gibt es ähnlich viele Heterosexuelle, Homosexuelle und Bisexuelle wie in der ›normalen‹ Gesellschaft. Wie viele vor der Geschlechtsanglei-chung eine andere sexuelle Neigung haben als danach, ist aber nicht be-kannt.«

Auch die Zahl der verheirateten Transsexuellen kennt man nicht. Die Münchner Psychiaterin und Psychotherapeutin Dorette Poland erklärt: »Ehen mit Mann-zu-Frau-Transsexuellen scheinen seltener zu sein als Ehen mit Frau-zu-Mann-Transsexuellen. Man geht von einem Verhältnis von 1:20 aus.« Statistiken über die Qualität bzw. die Dauer dieser Bezie-hungen gibt es jedoch nicht.

Interview mit Dr. Dorette Poland, München; Karin Hertzer, Mann oder Frau. Wenn die Grenzen fließend werden, Ariston, München 1999; Christine Wolfrum, Karin Hertzer, Hauptsache gesund! Das Frauenbuch für Körper und Seele, Mosaik, München 2001.

Transvestiten 1
Transvestiten sind schwul

Transvestiten, Transsexuelle, Tunten und Travestie-Künstler – es ist schon verwirrend, dass alle diese Begriffe mit »T« beginnen. So kommt es auch, dass viele Menschen annehmen, alle Transvestiten seien schwul. Denn wenn sie »Transvestit« sagen, meinen sie eigentlich Tunten oder Travestie-Künstler – und dann liegen sie mit ihrer Vermutung in der Regel wieder richtig. Denn unter Tunten versteht man schwule Männer, die sich für eine Party, einen Ball oder zum Fasching verkleiden. Sie tragen aufwändige Kostüme, schrille Perücken und funkelnden Schmuck, die meisten betonen ihr Gesicht mit starkem Make-up, knallrotem Lippenstift und künstlichen

Wimpern. In Schwulenkreisen werden die Tunten auch als »Fummel-Tri-nen« bezeichnet, auf Englisch heißen sie »Drag-Queens«.

Auch die meisten Travestie-Künstler sind homosexuell, einige verlieben sich in Männer und Frauen. Männer, die als Travestie-Künstler auftreten, haben ihr Hobby zum Beruf gemacht: Sie spielen auf der Bühne Frauen, in ihrer weiblichen Rolle singen und tanzen sie, manche plaudern auch aus ihrem Leben und unterhalten die Leute mit ihren Witzen und Sketchen. Im Englischen werden Travestie-Künstler auch als Drag-Queens bezeichnet.

Im Gegensatz dazu bleiben Transvestiten meist im Verborgenen. Nur wenige trauen sich auf die Straße oder gehen in eine Bar. In der Regel sind diese Männer heterosexuell veranlagt, sie verlieben sich in Frauen. Einige Transvestiten leben mit ihren Partnerinnen zusammen, andere sind verhei-ratet und haben Kinder. Nach außen hin führen sie »normale« Partner-schaften und sind »normale« Familienväter, ihr Geheimnis hüten sie manchmal jahrelang. Es gibt aber auch einige bisexuelle Transvestiten.

Die Münchner Psychotherapeutin und Psychiaterin Dorette Poland er-klärt: »Ich halte es für sehr unwahrscheinlich, dass sich ein Transvestit ernsthaft in einen Mann verliebt. Denn bei einer homosexuellen Beziehung würde ein Transvestit immer wieder damit konfrontiert, dass sein Partner in ihm den ›ganzen Mann‹ sehen will. Doch das kann er sich nicht leisten, denn sein zentrales Problem ist es ja gerade, dass er eine brüchige männli-che Identität hat.«

Interview mit Dr. Dorette Poland, München; Karin Hertzer, Mann oder Frau. Wenn die Grenzen fließend werden, Ariston, München 1999.

Transvestiten 2
Alle Transvestiten sind Fetischisten

Transvestiten ziehen sich nur deshalb Dessous, Seidenstrümpfe und Klei-der an, um sich einen runterzuholen – dieses Vorurteil existiert immer noch. Auch in der älteren Fachliteratur gibt es Autoren, die behaupten, alle Transvestiten seien Fetischisten. Das Vorurteil entstand auch deshalb, weil einer der ersten weltberühmten Sexualwissenschaftler die beiden Be-griffe gleichsetzte: In seinem 1886 erschienenen Buch »Psychopathia sexu-alis« beschrieb der Wiener Psychiater Richard von Krafft-Ebing Männer in Frauenkleidern und bezeichnete sie als Fetischisten – und das hat sich über die Generationen hinweg in den Köpfen der Menschen festgesetzt.

Mittlerweile weiß man aber, dass es viele Transvestiten gibt, die Frauenkleider tragen, ohne davon sexuell erregt zu werden. Medizinisch korrekt unterscheidet man denn auch (transsexuelle) Transvestiten und fetischistische Transvestiten: Männer, die zur ersten Gruppe gehören, leiden unter einer gestörten Geschlechtsidentität. Für sie ist der Kleidertausch eine Möglichkeit, sich zeitweise als Frau zu fühlen. Der fetischistische Transvestismus hingegen wird als Störung der Sexualpräferenz bezeichnet. Er ist deutlich an die sexuelle Erregung und das starke Verlangen gekoppelt, die Kleidung nach dem eingetretenen Orgasmus und dem Nachlassen der sexuellen Erregung wieder abzulegen.

Da es eine sehr hohe Dunkelziffer gibt, lässt sich nicht feststellen, wie viele Transvestiten durch das Tragen der Kleider sexuell erregt werden und wie viele nicht. Nach Ansicht von Experten ist es aber sehr wahrscheinlich, dass es jüngere Transvestiten erotisch finden, sich als Frau zu kleiden, und dass dieser Effekt im Laufe der Jahre zurücktritt oder ganz verschwindet.

Richard von Krafft-Ebing, Psychopathia sexualis, Matthes & Seitz Verlag, München 1984; Institut für Medizinische Dokumentation und Information (Hrsg.), Internationale statistische Klassifikation der Krankheiten und verwandter Gesundheitsprobleme (ICD-10), Köln 1994; Karin Hertzer, Mann oder Frau. Wenn die Grenzen fließend werden, Ariston, München 1999.

Transvestiten 3
Weibliche Transvestiten gibt es nicht

Das Wort »Transvestit« geht auf Magnus Hirschfeld zurück. In seinem 1910 erschienenen Buch «Der Transvestit» beschrieb der Berliner Arzt etliche Männer, die meist heimlich Frauenkleider trugen. Das Wort leitete Hirschfeld von »trans« (über, hinüber) und »vestere« (kleiden) ab, es stellt also den Aspekt des Verkleidens in den Vordergrund. Ähnlich verhält es sich mit dem Begriff »Crossdresser«, mit dem man im anglo-amerikanischen Sprachraum Transvestiten bezeichnet. Auch dieses Wort verweist nur auf den Kleidertausch (cross: gekreuzt, entgegengesetzt, gegenseitig;

dress: Kleid). Bei einem Crossdresser muss es sich aber nicht unbedingt um einen Mann handeln, der gern Frauenkleider trägt. Denn in der Homosexuellen-Szene versteht man zum Beispiel unter einem Crossdresser einen Mann, der sich in der Regel als ganz »normaler« Schwuler kleidet, an einem anderen Tag zum Lederkerl wird und sich nur zu besonderen Partys und Festen als Tunte – also übertrieben weiblich – zurechtmacht. Der Begriff »Kleidertausch« beschränkt sich also nicht nur auf weibliche und männliche Kleidung, sondern wird wesentlich weiter gefasst.

Und trotzdem: Ein Wort, welches das weibliche Pendant zum Transvestiten beschreibt, gibt es im Grunde nicht. »Weiblicher Transvestit« oder »Transvestitin« haben sich nicht durchgesetzt, obwohl es natürlich schon immer Frauen in Männerkleidern gab: Im Theater spielten Frauen in so genannten »Hosenrollen«, in der Literaturgeschichte tauchen immer wieder Autorinnen auf, die sich als Männer ausgaben – Furore machten zum Beispiel Schriftstellerinnen wie George Sand und Gertrude Stein. Rudolf Dekker und Lotte van de Pol berichten über 120 Frauen, die zwischen 1550 und 1839 in der Armee oder bei der Marine waren oder als Piratinnen aktenkundig wurden. Weitere Beispiele vor allem aus der Literatur gibt Gertrud Lehnert in ihrem Buch »Wenn Frauen Männerkleider tragen«.

Weibliche Transvestiten nennt man heutzutage »Drag-Kings« als Pendant zu den Drag-Queens, wie Tunten und Travestie-Künstler häufig in englischsprachigen Ländern genannt werden. Drag-Kings sind also Frauen, die privat in die Männerrolle schlüpfen oder als Männer auf der Bühne auftreten. In Deutschland bekannt sind vor allem die Performance-Künstlerinnen Diane Torr aus den USA und Bridge Markland aus Berlin. Privat kleiden sie sich jedoch wie andere Frauen auch: mal weiblicher und mal männlicher.

Früher gab es noch die »kessen Väter« – ein Begriff aus der Lesbenszene. Einige von ihnen nennen sich heute lieber »Drag-Kings«, andere fühlen sich mit dem amerikanischen Szenebegriff »Butch« wohler. Sie fühlen sich erotisch zu sehr weiblichen Frauen (Femmes) hingezogen, deshalb erwähnt man die beiden Begriffe meistens im Zusammenhang: Die eine Frau fühlt sich als Butch, die andere als Femme – diese Zuordnungen sind aber nur bei einigen Lesbenpaaren extrem ausgeprägt.

Als Steigerung von »Butch« gibt es noch den Begriff »Stone Butch«: Damit ist eine Lesbe gemeint, die sexuell ausschließlich an der Befriedigung ihrer Femme interessiert ist. Eine Stone Butch fühlt sich trotz all ihrer Männlichkeit in der Regel noch immer als Frau. Es kann sein, dass sie männliche Hormone nimmt. In manchen Fällen sind die Übergänge zur Transsexualität fließend.

Dass es schon immer Männer gab, die gern Frauenkleider tragen, und Frauen, die gern Männerkleider tragen, steht bereits in der Bibel – wenn auch zwischen den Zeilen. Denn im Alten Testament heißt es: »Eine Frau soll nicht Männersachen tragen, und ein Mann soll nicht Frauenkleider anziehen; denn wer das tut, der ist dem Herrn, deinem Gott, ein Greuel.«

Aber selbst Kirchenhistoriker munkeln, dass sich wahrscheinlich nicht alle Würdenträger an diese Weisung gehalten haben. Die Diskussionen ranken sich vor allem um eine gelehrte und sehr religiöse Johanna, die im 9. Jahrhundert in Ingelheim am Rhein lebte. Sie wurde Papst bzw. Gegenpapst, obwohl dieses Amt nur von Männern ausgeübt werden darf. Die Geister streiten sich zwar, wie wahr diese Geschichte ist. In einer Chronik steht jedoch, dass Johanna zum Papst gewählt wurde, weil sie sehr intelligent war, sich als Mann verkleidete und als Mönch Johannes ausgab: »Es wird berichtet, dass dieser Johannes eine Frau gewesen und von einem ihrer Diener geschwängert worden sei. Die Päpstin, in andere Umstände geraten, brachte ein Kind zur Welt, weswegen sie von einigen nicht mit zu den Pontifizes gezählt wird.«

Die Legende von der Päpstin Johanna behauptet sich bis heute, das neuerliche Interesse an ihr weckte 1997 Donna W. Cross mit ihrem Roman »Die Päpstin«. In einem Interview antwortete die amerikanische Autorin auf die Frage, warum die Geschichte der Päpstin Johanna so wenig bekannt sei: »Als sich im 16. Jahrhundert die Reformation und das Luthertum durchsetzten, fühlten sich die Kirchen in solchen Fällen sehr angreifbar. Also hat man die Spuren verwischt. Johannas Geschichte [...] ist schlicht verloren gegangen.«

Magnus Hirschfeld, Der Transvestit, Berlin 1910; Rudolf Dekker, Lotte van de Pol, Frauen in Männerkleidern, Verlag Klaus Wagenbach, Berlin 1989; Gertrud Lehnert, Wenn Frauen Männerkleider tragen, Deutscher Taschenbuchverlag, München 1997; Andrea Stoll, Verena Wodtke-Werner (Hrsg.), Sakkorausch und Rollentausch, edition ebersbach, Dortmund 1997; Leslie Feinberg, Träume in den erwachenden Morgen, Krug & Schadenberg, Berlin 1996; Altes Testament (5. Mos. 22,5); Donna W. Cross, Die Päpstin, Rütten & Loening, Berlin 1997; Peter Stanford, Die wahre Geschichte der Päpstin Johanna, Rütten & Loening, Berlin 1999; »Ihrer Zeit voraus«, in: Buchjournal 4/1997.

Traumfrau
Die Traumfrau ist einfühlsam, intelligent und hat eine tolle Figur

Für mich gibt es zwei Arten von Frauen – Göttinnen oder Fußmatten.

Pablo Picasso

Beim ersten Date mit dem Traummann möchte jede Frau witzig sein, geistreich und charmant, eben auffallen. Und vor allem: ihm gefallen. Sie hat nichts hinzu gelernt, könnte jemand spöttisch kommentieren. Denn weibliche Intelligenz beeindruckt Männer wenig. Schließlich sind sie es, die bewundert werden wollen.

Sicher, jede Frau sollte intelligent genug sein, um die richtige Wahl für sich zu treffen (falls sie die treffen will). Doch ihren IQ – falls er über dem Durchschnitt liegt – sollte keine bindungswillige Frau an die große Glocke hängen. Das jedenfalls legen zahlreiche Befragungen nahe.

Denn ganz oben auf der männlichen Wunschliste steht bei den Eigenschaften, die eine Traumfrau haben sollte, die weibliche Treue. Rund 90 Prozent aller Männer halten sie für das Wichtigste bei ihrer Märchenprinzessin. Danach folgen Zuverlässigkeit (85 Prozent), Zärtlichkeit (79 Prozent) und Einfühlungsvermögen (74 Prozent). Und auch Sparsamkeit (63 Prozent) schätzen Männer am weiblichen Geschlecht. Ob sie da wohl ihr eigenes, sauer verdientes Monatssalär im Auge haben?

Alle Jahre wieder werden Männer gefragt, wie ihre Idealfrau beschaffen sein sollte. Dabei spielt es keine Rolle, ob der Kognitionspsychologe Steven Pinker Nordamerikaner befragt oder das Institut für Rationelle Psychologie die Wünsche der Männer in Deutschland unter die Lupe nimmt. Im Grunde genommen sucht der Mann nicht das Supermodel, sondern eine Frau, »die sein Selbstbewusstsein stärkt«. Dagegen durften weibliche Intelligenz (23 Prozent) und Willensstärke (18 Prozent) eher vernachlässigt werden.

War das der Grund, warum Pamela Anderson, Meg Ryan, Ivana Trump und all die anderen Schönheiten eine dicke Lippe riskierten? Denn sie alle haben sich mehr oder weniger gelungene Schmollmünder verpassen lassen. Und warum die Tortur? Männer stehen nun mal vor allem auf sinnliche Schnütchen (85 Prozent), gefolgt von vollen, festen Brüsten (84 Prozent). Weniger interessant ist da ein knackiger weiblicher Po. Den finden

»nur« 39 Prozent aller Männer toll. Das hatte auch schon der amerikanische Evolutionsbiologe David Buss, der mit seinem Forscherteam die unterschiedlichsten Gesellschaften untersuchte, herausgefunden. »Volle Lippen, reine und zarte Haut, klare Augen, üppiges Haar und straffe Muskeln«, meint David Buss, »sind überall gefragt«.

Auf die Modelmaße kommt es bei einer Frau allerdings nicht an. Gefragt ist eher der Durchschnittstyp: mittelgroß, mit Normalgewicht, sie kann sogar rundlich bis mollig sein. Das Argument der Evolutionsbiologen: Der homo industrialis ist immer noch nur einen Steinwurf vom Steinzeitmenschen entfernt, egal wie modern er sich gebärdet. Die sichtbaren Fettreserven auf den Hüften der Frau sollen auch in Hungerzeiten eine erfolgreiche Schwangerschaft sichern.

Eine Frau mit sportlichem, leistungsfähigem, attraktivem Aussehen und einer schlanken Figur suchen junge ledige Männer zwischen 14 und 29 Jahren, die unter- oder normalgewichtig sind, ermittelten die Sexualwissenschaftler Norbert Kluge und Marion Sonnenmoser von der Universität Landau. Männer, die übergewichtig und/oder im fortgeschrittenen Alter sind insgesamt weniger hohe Ansprüche an das Aussehen ihrer Partnerin. Weiter kam bei der Umfrage unter 1.466 Deutschen zwischen 14 und 91 Jahren heraus: Am wichtigsten an einer idealen Lebensgefährtin sind Natürlichkeit, Gepflegtheit (94 Prozent) und Gesundheit (90 Prozent). Erst dann folgen mit weitem Abstand (71 Prozent) Wünsche nach Schönheit und Schlankheit. Allerdings fanden die Forscher heraus, dass es den Männern im Vergleich zu Frauen – unabhängig von ihrem Alter und ihrem Körperumfang – immer sehr wichtig ist, dass ihre Partnerin hübsch aussieht und modisch gekleidet ist.

Natalie Angier glaubt, dass viele Männer ein gutes Gespür für die Durchschnittsschönheit einer Frau haben, weil extreme Schönheit nicht notwendigerweise ein Zeichen dafür ist, die Gene weitergeben zu können. Von zahlreichen Models und Schauspielerinnen glaubt man zum Beispiel, dass sie eine besondere genetische Ausprägung, testikuläre Feminisierung oder kurz AIS genannt haben. Dieses AIS steht für Androgenresistenz-Syndrom. Dabei fehlt einem Fetus mit männlichen Chromosomen die Möglichkeit auf Androgene anzusprechen. Das heißt, er kann nicht auf die männlichen Hormone reagieren. Das passiert bei einem von rund 20.000 Ungeborenen. Die Folge: Der Körper des Ungeborenen entwickelt sich weiblich. Solche Frauen wachsen oft zu außergewöhnlichen Schönheiten heran, mit langen Beinen, feinporiger, zarter Haut, hohen Brüsten und dichtem Haar. Allerdings fehlen Frauen mit diesem Syndrom die inneren weibliche Organe wie Eierstöcke, Eileiter und Gebärmutter. Sie können deshalb keine Kinder bekommen. Übergroße Schönheit kann also auch trügerisch sein. Ob das die Männer intuitiv wissen und deshalb dem Durchschnittstyp den Vorzug geben?

»Welche Frauen Männer wirklich wollen«, XXLiving, Juli/August 1998; Abendzeitung vom 18. Januar 2001; David M. Buss, Die Evolution des Begehrens. Geheimnisse der Partnerwahl, Goldmann Verlag, München 1997; Norbert Kluge, Marion Sonnenmoser, »Traumfrauen und Traummänner. Über Wunschvorstellungen vom Aussehen des Partners«, Umfrage der Forschungsstelle für Sexualwissenschaft und Sexualpädagogik, Universität Landau, April 2001; Natalie Angier, Frau. Eine intime Geografie des weiblichen Körpers, Bertelsmann Verlag, München 2000.

Traummann
Frauen legen wenig Wert aufs Äußere des Mannes

Was a' Mann scheener is' wia a Aff', is' a Luxus.

Friedrich Torberg

Frauen ist es egal, wie die Männer aussehen. Dieser Mythos kursiert immer noch unter Männern. Möglicherweise als eine Art Schutzbehauptung. Denn was zählt schon ein knackiger Hintern und ein Waschbrettbauch, wenn der Mann charakterfest und humorvoll ist und verspricht, sich später um die Kinder zu kümmern?

Sicher, mit fortschreitendem Alter und möglicherweise realistischerer Einschätzung des eigenen Aussehens wird auch die Wunschliste der Frauen an ihren Traumpartner kürzer. Das bestätigt jedenfalls eine aktuelle Umfrage des Instituts Emnid unter 1.466 Deutschen zwischen 14 und 91 Jahren im Auftrag der Forschungsstelle für Sexualwissenschaft und Sozialpädagogik der Universität Landau. Von den über 60-Jährigen wünschen sich mit 43,4 Prozent nicht einmal die Hälfte aller Frauen, dass ihr Partner sportlich fit und leistungsfähig aussieht. Und auch stark übergewichtige Frauen schrauben ihre Wünsche an das Äußere des Partners deutlich herunter, vielleicht aus dem Wissen, dass auch sie nicht den gängigen Schönheitsidealen entsprechen.

Bei den jüngeren Frauen sieht es jedoch generell anders aus. Junge, ledige und untergewichtige Frauen zwischen 14 und 29 Jahren fordern am meisten: 88,2 Prozent von ihnen möchten, dass ihr Partner sportlich fit aussieht. Und drei von vier befragten Frauen wünschen sich einen schlanken Partner. Und nicht nur das: Junge Frauen achten sehr wohl darauf, ob der Mann was in der Hose hat. Nicht vorne. Eher schwärmen sie von prallen Pobacken, die jede Jeans proper ausfüllen können.

Im Auftrag von »Fit for Fun« hat das Meinungsforschungsinstituts Gewis 1.094 Frauen zwischen 16 und 45 Jahren befragt. 42 Prozent aller Frauen schauen Männern zuerst auf den Po. Es gibt jedoch kleine Altersunterschiede: Für Frauen bis 29 ist das Gesicht noch etwas wichtiger (43 zu 38 Prozent). Frauen ab 30 sind stärker pofixiert mit 45 zu 36 Prozent.

Ihr Wunsch an die Männerwelt: Haltet euren Po besser in Form. Ganze 74 Prozent aller Befragten finden, dass Männer ihren Hintern zu sehr hängen lassen. Da rackern sich die Buben ab, um Bizeps aufzubauen und kämpfen für einen harten Waschbrettbauch, statt sich ihres unteren Rückens anzunehmen. So ein Pech. Denn ein muskulöser Po schlägt sogar bei der Nachfrage, welcher Anblick die Frauen mehr anmacht, den formschönsten Waschbrettbauch (68 zu 32 Prozent).

»Traumfrauen und Traummänner. Über Wunschvorstellungen vom Aussehen des Partners«, Umfrage der Forschungsstelle für Sexualwissenschaft und Sexualpädagogik, Universität Landau, April 2001; »Freiheit für den Knackarsch«, Fit for Fun, März 2001.

Travestie
Transvestiten treten in Travestieshows auf

Die Verwirrung entsteht schon allein durch die beiden Begriffe, die sich stark ähneln. Und tatsächlich handelt es sich bei Transvestiten und Travestie-Künstlern um Männer, die sich zeitweise weiblich kleiden und wie Frauen schminken. Da liegt es nahe, sie in einen Topf zu werfen und zu behaupten: »In Travestieshows treten Transvestiten auf.« Doch diese Annahme ist falsch.

Denn: Transvestiten haben Probleme mit ihrer Geschlechtsidentität. Sie wollen »wie eine Frau« aussehen, viele fühlen sich zeitweise auch als Frau. Aus Angst ertappt zu werden, leben viele Transvestiten ihre Neigung nur in den eigenen vier Wänden aus. Nur wenige trauen sich in der Frauenrolle auf die Straße, in eine Kneipe oder in ein Restaurant. Die meisten sind heterosexuell, einige bezeichnen sich auch als bisexuell. Oft wissen noch nicht einmal die Partnerinnen von dem Geheimnis ihrer Männer, von den Kollegen am Arbeitsplatz ganz zu schweigen.

Travestie-Künstler hingegen sind Männer, die ein schauspielerisches Talent haben und als Frauen gekleidet das Publikum unterhalten wollen. Ihre aufwändig gestalteten Kostüme tragen sie nur dann, wenn sie ihren Beruf ausüben, privat bevorzugen sie in der Regel Männerkleidung. Die meisten Travestiekünstler sind homosexuell, manche verstehen sich als bisexuell. Während die Frauenimitatoren früher nur in Bars und Clubs nahe des Rotlichtviertels zu sehen waren, treten sie heute in größeren Häusern und in populären Fernsehsendungen auf und erreichen so ein Millionenpublikum. Dass der Beruf des Travestie-Künstlers hier zu Lande gesellschaftsfähig wurde, ist vor allem Georg Preusse zu verdanken, der seine Bühnenkarriere zusammen mit seinem bereits verstorbenen Partner (»Mary und Gordy«) begann. In Deutschland gibt es derzeit mehr als 30 Bühnen für Travestie-Künstler: Zu den bekanntesten gehören das Hamburger »Pulverfass« mit etwa 20 Bühnenfrauen und das »Chez Nous« in Berlin mit zwölf Künstlern.

Die einen so, die anderen anders: Viele Travestie-Künstler sehnen sich danach, vor großem Publikum auftreten zu können. Sie genießen den Applaus und den Medienrummel. Die meisten Transvestiten fürchten sich jedoch in der Regel davor, als solche erkannt zu werden. Schon allein deshalb ist es sehr unwahrscheinlich, dass ein Transvestit jemals in einer Travestie-Show auftritt.

»Nie möchte ich eine Frau sein«, Abendzeitung, 3. Mai 1997; »Frivole Show mit Flitter und Glamour«, Braunschweiger Zeitung, 6. Februar 1996; »Travestie«, Our Munich, März 1998; »Ein Missverständnis in Blond«, Stern 17/1996; »Die Waffen der Frau«, Stern 24/2000; »Der Glanz von Gloria«, Süddeutsche Zeitung vom 6. März 1999; Susanne Benedek, Adolphe Binder, Von tanzenden Kleidern und sprechenden Leibern, edition ebersbach, Dortmund 1996; Karin Hertzer, Mann oder Frau. Wenn die Grenzen fließend werden, Ariston, München 1999.

Trennung

Manche Männer sind wie Uhren: Sobald man sie repariert hat, gehen sie.

Ingrid van Bergen

Unfall

Männer erleiden die allermeisten Arbeitsunfälle, in den USA sind beispielsweise 95 Prozent aller tödlich verlaufenden Arbeitsunfälle »männlich«. Auch invalide zu werden, ist allermeist »männlich«.

Paul-Hermann Gruner, Frauen und Kinder zuerst

Unterhosen 1
Männer lieben Boxer-Shorts

Hollywood hat die Boxer-Shorts für die Männerwelt entdeckt: Sie geben Beinfreiheit und verleihen ihren Trägern einen sportlichen Touch. So konnten sich die Schauspieler in den Filmen aus den 40er Jahren des 20. Jahrhunderts sehen lassen, ohne dass die Zuschauer gleich etwas allzu Frivoles vermuten mussten. Auch heute noch stehen die locker sitzenden Unterhosen hoch im Kurs: »Je jünger (sprich modischer) der Mann, desto größer ist seine Unterhose«, stellten denn auch die Marktforscher von Jockey fest.

Während Frauen Männer in Boxer-Shorts sexy finden, konnten sich 1996 nur 8,2 Prozent der Männer mit dem lockeren Sitz der Baumwollunterhosen anfreunden – damit stehen Boxer-Shorts nur auf Platz vier der Hitliste. Die ersten drei Plätze belegen die Modelle mit den Namen Boris, Karl-Heinz und Walter, während Boris – der Minislip – vor allem bei den jungen Männern gut ankommt: Etwa 40 Prozent tragen ihn, erst im zunehmenden Alter wird Boris den Männern zu gewagt. Und wer glaubt, dass Tangas »in« sind und lange Unterhosen »out«, der irrt: Denn nur 2,3 Prozent der Männer kaufen Tangas, aber sieben Prozent greifen zu langen Unterhosen.

»Hip in Slips«, XXLiving, Mai/Juni 1998.

Unterhosen 2
Frauen kaufen die Unterhosen für ihre Männer

Die meisten Männer überlassen es ihren Partnerinnen, welche Unterhosen in ihrem Wäscheschrank landen. Doch eine Trendwende ist in Sicht: So stellte zum Beispiel die Firma Jockey fest, es sei »gelungen, den Mann für den Kauf seiner Unterwäsche zu emanzipieren«. Auch Hermann Kratzer, Inhaber des Münchner Herrenwäsche-Geschäftes »Tous les Caleçons«, bestätigt: Früher »kauften bei mir noch zwei Drittel Frauen ein, heute sind es zwei Drittel Männer.«

Aber es gibt sie noch: die Ehefrauen und Mütter, die sich gezwungen sehen, ihren Männern und Söhnen immere wieder mal ein paar neue Unterhosen zu schenken. Das bestätigt auch eine Frau so Anfang 50, die gerade im Kaufhaus eine karierte Unterhose für ihren Mann erstanden hatte: »Wenn ich nicht ab und zu mal etwas Neues kaufen würde, würde mein Mann die alten Dinger immer noch anziehen. Das fällt doch auch schlecht auf mich zurück, wenn er sich zum Golfen umzieht und die anderen sehen, dass er so eine unmoderne Unterhose anhat.«

Übrigens: Nur jede zehnte Ehefrau kann sich in Sachen Dessous-Einkauf auf ihren Mann verlassen. Da wundert man sich doch tatsächlich, warum sich in Damenwäsche-Abteilungen so viele Männer herumdrücken – ob das am Ende alles Transvestiten sind, die sich für ihren ganz persönlichen Bedarf eindecken?

»Hip in Slips«, XXLiving, Mai/Juni 1998.

Unterhosen 3
Männer wechseln ihre Unterhosen täglich

Unter der Überschrift »Es tut gut, ein Mann zu sein« veröffentlichte das Männermagazin »alexx« in seiner ersten und zugleich letzten Ausgabe eine Liste der »zehn Gebote«: Spitzenreiter war das Argument: »52,4 Prozent aller Babys sind männlich. Du hast Deine Chance genutzt.« Auf Platz Vier landete die Erkenntnis: »Die Nackten im Kino sind fast immer weiblich.« Erst auf Platz Neun wurde das leidige Thema mit den Unterhosen angesprochen. Doch auch da hatte sich die Redaktion ein Trostpflaster für die Männer einfallen lassen: »Wenn Du willst, kosten Deine Unterhosen 15 Mark im Dreierpack.«

Sicherlich gibt es auch preisgünstige Damenwäsche zu kaufen, doch darum geht es hier nicht. Vielmehr interessiert uns, ob die Männer jeden Tag eine andere, frische Unterhose anziehen. Ein Indiz dafür ist die Menge der Unterhosen, die bei Männern im Schrank liegen. Nach dem Motto: Wer viele Slips hat, kann auch jeden Tag ein neues Exemplar anziehen, ohne mehrmals in der Woche waschen zu müssen. So wahnsinnig viele Unterhosen können es jedenfalls nicht sein: Denn der deutsche Mann kauft pro Jahr durchschnittlich nicht mehr als drei Slips und kommt so auf Unkosten in Höhe von 43 Mark. Peter F. Giernoth vom Gesamtverband der Deutschen Maschenindustrie behauptet deshalb bissig, der deutsche Mann habe »mehr Zylinder unter der Motorhaube als Unterhosen im Schrank«.

Eine private Umfrage unter den Freunden und Bekannten der Autorinnen scheiterte leider an der Sprachlosigkeit der Männer: Stellten wir in der Runde beiläufig die Frage »Wie oft wechselt ihr eure Unterhosen?«, meldeten sich leider nur diejenigen zu Wort, die jeden Tag einen frischen Slip anziehen. Die anderen verstummten von einer Sekunde auf die nächste, und auch durch mehrmaliges Nachfragen ließen sie sich keine genauen Angaben zu ihrer Wechsel-Frequenz entlocken.

Also fragten wir einen Arzt, der im Krankenhaus arbeitet und so allerhand zu sehen (und zu riechen) bekommt. Sein Kommentar: »Je dunkler die Farbe der Unterhosen, desto mehr stinken sie.« Als wir das hörten, atmeten wir erst einmal tief durch und erkundigten uns nach den beliebtesten Farben der Unterhosen für Männer. Das Ergebnis stimmt leider nachdenklich, denn »nur« 50 Prozent der Slips sind weiß, beige, orange oder grau und somit als »hell« zu bezeichnen. Jede zweite Unterhose ist jedoch »dunkel« – angefangen von blau über grün, rot und schwarz bis hin zu lila.

Die Nürnberger Gesellschaft für Konsumforschung brachte es dann im Juni 2001 endlich auf den Punkt: Jeder vierte Mann wechselt seine Unterwäsche nicht täglich, fünf Prozent der Männer greifen sogar nur jeden dritten Tag oder noch seltener zu einer frischen Unterhose. Das ergab eine

Umfrage unter 2.677 Bundesbürgern. Zum Vergleich: Jede achte Frau wechselt ihre Unterwäsche nicht täglich.

Den Kampf um die Reinlichkeit haben die Männer also längst noch nicht gewonnen. Und wenn das Gespräch auf die dreckigen Unterhosen kommt, reden sich einige nach wie vor gern heraus. Denn: »Da hilft kein Schütteln, da hilft kein Klopfen. In die Hose geht der letzte Tropfen.«

Idee von Ellen Kreipe, München; »Es tut gut, ein Mann zu sein«, alexx – Das Magazin, das Männer brauchen, September 1999; »Hip in Slips«, XXLiving, Mai/Juni 1998; »Wie sauber sind die Deutschen?«, Apotheken Umschau, 6/2001.

Unternehmensnachfolge
Söhne sind bessere Juniorchefs als Töchter

In Deutschland gibt es rund 1,5 Millionen Familienunternehmen. Sie steuern mehr als die Hälfte zum Bruttosozialprodukt bei und beschäftigen 60 Prozent aller Arbeitnehmer. Zwischen 1999 und 2004 mussten und müssen 380.000 Familienunternehmen einen neuen Chef suchen – doch nur etwa jeder dritte Firmenboss findet einen geeigneten Nachfolger in der eigenen Familie. Jede zehnte Firma überlebt in der dritten Generation, und bis zur vierten Generation schafft es nur jeder 20. Betrieb.

Traditionell war es üblich, dass die Väter ihre Firmen an ihre Söhne übergeben. Und wenn sie nur Töchter hatten, setzten sie auch schon mal auf den Schwiegersohn – auf jeden Fall trauten die konservativen Unternehmer den Männern in ihrer Familie mehr zu als den Frauen.

160.000 Familienunternehmen stehen in den nächsten Jahren zur Übergabe an. Doch welche ausgesprochen männlichen Qualitäten muss ein Nachfolger mitbringen, damit er, der Sohn oder Schwiegersohn, auserkoren wird und nicht sie, die Tochter – oder gar die Schwiegertochter? Fachkenntnisse sind wichtig, aber das versteht sich ja von selbst. Damit eine Übernahme aber tatsächlich gelingt, muss der Nachfolger grundsätzlich bereit sein, mit dem Vorgänger zusammenzuarbeiten. Er muss sich an die vorgegebene Organisation anpassen und zugleich den Mut haben, eingefahrenes Denken zu überwinden, überkommene Strukturen zu verändern und Neues einzuführen. Bei einer Firmenübernahme geht es also nicht darum, das Rad neu zu erfinden, sondern ein begonnenes Werk behutsam weiterzuführen und sensibel an die eigene Persönlichkeit anzupassen – und das alles sollen typisch männliche Eigenschaften sein?

In einer Studie des Bundesfamilienministeriums für Familie, Senioren, Frauen und Jugend stellte die Autorin Carola Busch fest: »Nicht selten gestaltet sich der Generationenwechsel zwischen Vater und Sohn als unüberwindliches Familienproblem.« Denn viele Söhne müssen sich schon allein wegen ihres Geschlechts gefallen lassen, ständig mit dem Seniorchef verglichen zu werden und bekommen immer wieder zu hören, dass früher doch alles besser gewesen sei. »Der Apfel fällt nicht weit vom Stamm« heißt es dann, aber Lob und Tadel liegen da manchmal schon recht nah beieinander.

Um sich dieser schwierigen Situation erst gar nicht aussetzen zu müssen, pochen manche Söhne gleich von vornherein auf ihre Eigenständigkeit. Sie versuchen, sich strikt vom väterlichen Führungsstil abzugrenzen, und müssen dann feststellen, dass die Angestellten und die Kunden da nicht mitziehen – von der Enttäuschung des Vaters ganz zu schweigen. Carola Busch kam zu dem Ergebnis, dass »dieser Kampf um Position und Eigenständigkeit ... als ausschlaggebend für viele misslungene Unternehmensübergaben gesehen wird«.

Einige Söhne scheinen schon im Vorhinein zu ahnen, dass ihnen dieser Kampf zu anstrengend wird und dass sie nur wenig Aussicht auf Erfolg haben. Sie lehnen es schlichtweg ab, den väterlichen Betrieb zu übernehmen. Doch wenn sich kein anderer Nachfolger findet, droht dem Familienunternehmen das endgültige Aus – ein Schicksal, das nahezu 30 Prozent aller Familienbetriebe ereilt.

Und wie steht es mit den Frauen? Warum trauen nur wenige Väter ihren Töchtern zu, die Firma erfolgreich weiterzuführen? »Bei Töchtern weiß man nie, ob sie nicht einmal wegheiraten und nicht mehr da sind«, antwortete ein Unternehmer bei einem der Interviews von Carola Busch. Ein anderer Vater suchte jemanden, der den Handwerksbetrieb »handfest« weiterführt, »da konnte man kein Risiko eingehen«. Eine weitere Tochter bekam zu hören: »Was der Vati nicht schafft, das kannst du nie schaffen!«

Aber sie schaffen es doch, die Töchter. Denn die Zusammenarbeit von Vater und Tochter hat besondere Vorzüge, wie Carola Busch feststellte. Ihrer Meinung nach können sich Töchter bei ähnlichen Voraussetzungen eine gewisse Eigenständigkeit bewahren – schon allein durch ihr anderes

Geschlecht. Die befragten Angestellten und Geschäftskunden nahmen die weiblichen Eigenschaften der Töchter als Ergänzung zum väterlich-männlichen Stil wahr, sie »akzeptierten ... die junge Chefin und nahmen den neuen Stil an, auch wenn sie vielfach, speziell ältere Mitarbeiter, sehr an den alten Führungsduktus gewöhnt waren«.

Als kluger Schachzug hat es sich erwiesen, wenn sich die Töchter fachlich an die Interessengebiete der Väter anlehnen. Häufig kommen aber auch die Väter auf ihre Töchter zu und weisen sie in die männertypischen Tätigkeiten ein, die in der Firma anfallen. Carola Busch: »Töchter können leichter die Inhalte des Vaters weiterführen, da sie als Frauen nie mit dem Vater gleichgesetzt werden und so ihre eigene Persönlichkeit immer gewahrt bleibt. Andererseits können sie die väterliche Tätigkeit um die eigene – weibliche – Komponente ergänzen, ohne dass der Vater sein Werk und seine Position in Frage gestellt sieht.«

Der Familienfrieden bleibt wohl auch deshalb gewahrt, weil sich viele Töchter intensiv auf ihre neuen Aufgaben vorbereiten und zu Kurskorrekturen bereit sind. Sie denken über ihre Rolle sehr stark nach und wollen – wie die Buchautoren Habig und Berninghaus 1998 feststellten – »im Gegensatz zu ihren männlichen Kollegen wohl seltener und weniger mit dem Kopf durch die Wand«.

Bundesministerium für Familie, Senioren, Frauen und Jugend (Hrsg.), Betriebsübernahmen – Unternehmensnachfolge von Frauen, Nr. 71, Dezember 1998; Bundesministerium für Familie, Senioren, Frauen und Jugend (Hrsg.), Materialien zur Frauenpolitik, Nr. 74/2000; »Betriebsnachfolge als Chance für Frauen«, Womanticker vom 17. Februar 2000; »Kinder an die Macht«, BIZZ, 9/1998.

Unterschied

Was ist der Unterschied zwischen einer Frau und einem Mann? Es gibt keinen. Von hinten sind sie gleich; und vorne passen sie zusammen.

Väter 1
Männer sind die schlechteren Mütter

Mütter seid Väter! möchte man zurufen, und: Väter seid Mütter!

Jean Paul

Seit 1986 steht es Eltern frei, bis zum dritten Geburtstag ihres Kindes Erziehungsarbeit zu leisten. Doch nur ein verschwindend geringer Anteil von knapp zwei Prozent der »Erziehungsurlauber« sind Männer. Und das, obwohl 87 Prozent der deutschen Bevölkerung in einer repräsentativen Umfrage die Gleichstellung in der Familienarbeit befürworteten. Sind also acht Millionen Väter von minderjährigen Kindern auf der Flucht vor Familie und Haushalt?

Nein, sagen Wissenschaftler wie der Familienforscher Laszlo Vascovics von der Universität Bamberg: »Das Schlagwort von der vaterlosen Gesellschaft war empirisch niemals richtig ... Männer nehmen kontinuierlich mehr familiale Aufgaben wahr.« So hat eine repräsentative Untersuchung des Bamberger Staatsinstituts für Familienforschung zwar festgestellt, dass vor allem Väter von Kleinkindern besonders viel außer Haus arbeiten und deshalb durchschnittlich mehr als neun Stunden täglich beruflich unterwegs sind. Nach der Arbeit beschäftigt sich aber die Mehrheit der Väter noch mindestens eineinhalb Stunden mit dem Nachwuchs. Und am Wochenende nehmen sich viele Väter Zeit, um mit ihren Kleinen ausgiebig herum zu tollen.

Was ebenfalls erstaunlich ist: In Deutschland wächst eine besondere Familienform am schnellsten – der alleinerziehende Vater. Die Zuwachsrate in den vergangenen 40 Jahren betrug rund 250 Prozent. Ein extremer Anstieg, der mit den niedrigen Ausgangszahlen zusammenhängt. Trotzdem: Rund ein Fünftel aller allein Erziehenden sind Männer.

Kann das gut gehen? Sind Männer für die Erzieherrolle überhaupt geeignet? Wissenschaftler blicken in diesem Zusammenhang gern in die Tierwelt. Denn die Natur bietet verschiedene Formen der Aufzucht – und nicht selten bleibt dort das Aufpäppeln des Nachwuchses ganz den Männchen überlassen: Beim Emu in Australien rollt die Henne nur rasch die Eier ins Nest, alles andere ist seine Sache. Pinguine sind eher für Arbeitsteilung und unterstützen sich partnerschaftlich, um den Nachwuchs auszubrüten und großzuziehen. Bei den südamerikanischen Löwenäffchen ist es der Vater, der sein Junges gleich nach der Geburt herumträgt. Nur zum Füttern überreicht er es der Affenmutter. Männliche Seepferdchen und Seedrachen brüten die Eier des Weibchens aus, ebenso wie einige Fische und das Geburtshelferkrötenmännchen den Laich.

Die Menschenweibchen trauen dagegen ihren Partnern weit weniger zu. Viele Väter machen deshalb gleich nach der Geburt ihres Kindes eine tiefgreifende frustrierende Erfahrung: Immer weiß die Mutter des Babys alles besser – beim Füttern, Waschen, Baden, Pflegen, Spielen und Beruhigen des Neugeborenen wird er gemaßregelt. Er soll sich doch bitteschön an ihre Empfehlungen und Vorgaben halten. Aber kann sie es auch wirklich besser?

Nein, meinen zahlreiche Forscher. Denn normalerweise knüpft ein Vater so wie eine Mutter nach der Geburt sofort eine enge emotionale Beziehung zum Kind. Ross Parke, Vaterforscher an der Universität von Kalifornien, hat Väter mit Neugeborenen eingehend im Labor und zu Hause beobachtet. Sein Fazit: Väter sprechen genauso viel mit ihren Babys, küssen sie genauso oft, spielen mit ihnen genauso lange wie Mütter. Nur beim Lachen sind sie zurückhaltender.

Wichtig ist, die Zeichen eines Babys richtig zu deuten, damit es das bekommt, was es gerade braucht. Aber auch das wurde untersucht. Mit dem Ergebnis: Es gibt keinen Unterschied zwischen den Elternteilen, Vater wie Mutter erkennen eindeutig, ob ein Kind aus Hunger, Angst oder Langeweile schreit.

Zahlreiche weitere Studien wurden gemacht. An wem hängt das Kleine mehr, an der Mutter oder dem Vater? Ist die Situation entspannt und dem Kind vertraut, zeigt es die gleiche Bindungsstärke zu Vater und Mutter. Weil Kinder ihre Eltern in unterschiedlichen Situationen im Alltag erleben, schlagen sie sich mal mehr auf die eine, mal mehr auf die andere Seite. »Nicht biologische Imperative, sondern soziale Konventionen erzeugen die traditionelle Teilung elterlicher Verantwortung«, so das Fazit des amerikanischen Wissenschaftlers Michael Lamb. Die Versorgung der Kleinen kommt dabei meist den Müttern zu, die Väter sind für Spaß und Spiele zuständig.

Ein Psychologenteam um Karin Grossmann und Heinz Kindler von der Universität Regensburg werteten alte Videos aus einer Langzeitstudie von über 20 Jahren aus, bei der Väter und Kinder alle vier bis sechs Jahre beim Spielen beobachtet wurden. Die Überraschung: Es zeigte sich ein deutlicher Zusammenhang zwischen der Feinfühligkeit des Vaters und dem Bindungsverhalten der Kinder – auch noch im Alter von 16 und 22 Jahren. Je sensibler der Vater das Kleinkind behandelt hat, desto sicherer geht der junge Erwachsene mit emotionalen Bindungen um. Mehr noch: Als Erwachsene wiederholten die Kinder die Beziehungen, die die Väter beim Spielen mit ihnen gezeigt hatten.

Deshalb braucht unser Land neue engagierte Väter. Den »neuen Mann« gibt es bereits, so die Sozialwissenschaftler Paul M. Zulehner und Rainer Volz in ihrer Forschungsarbeit für das Ludwig-Boltzmann-Institut für Werteforschung. In ihrer Studie, die Anfang 1998 mit 1.200 Männern durchgeführt wurde, gaben 19 Prozent der befragten Männer an: »Für einen Mann ist es eine Bereicherung, zur Betreuung seines kleinen Kindes in Erziehungsurlaub zu gehen.« Und diese Männer – in der Regel unter 46 Jahre alt, politisch eher links orientiert, tolerant und sexuell aktiv – finden es am besten, wenn der Mann und die Frau beide halbtags erwerbstätig sind und sich beide gleich um Haushalt und Kinder kümmern.

Ohne sanften Druck seitens der Regierung ist es jedoch sicher schwierig, das neue Vaterbild auf breiterer Basis zu etablieren. Denn so lange Familienarbeit in unserer Gesellschaft nichts gilt, »wird sich kein Mann vor seinem Vorgesetzten rühmen können, zwei Jahre Familienpause eingelegt zu haben«, so Harald Rost vom Bamberger Staatsinstitut für Familienforschung. Schließlich ging es auch im Norden Europas nicht ohne einen gewissen Druck. So verfällt zum Beispiel in Schweden ein Teil des Erziehungsurlaubs, wenn der Vater sich nicht beteiligt.

Allerdings, inwieweit ein Vater bei der Erziehung mitmischen darf, hängt weitgehend von seiner Partnerin ab. Er kann noch so überzeugt sein, den Kinderalltag gut auf die Reihe zu bringen – ist es seine Frau nicht, kommt er voraussichtlich kaum zum Zuge.

»Väter allein zu Haus«, Psychologie heute, November 1999; »Was Vatersein so besonders macht«, Geo, 1/2001; Christine Wolfrum, Magdalena Köster, »Was Kinder über Tiere wissen wollen«, Naturbuch Verlag, Augsburg 1995; Barbara Reichle, Wir werden Familie, Juventa, Weinheim und München 1999; Paul M. Zulehner, Rainer Volz, Männer im Aufbruch. Wie Deutschlands Männer sich selbst und wie Frauen sie sehen. Ein Forschungsbericht, Schwabenverlag, Ostfildern 1998.

Väter 2
Schwule sind keine guten Väter

Wenn ein Kind eine Familie malen soll, zeichnet es meistens einen Vater, eine Mutter und sich selbst, das Kind. Manchmal kommen auch noch die Geschwister und die Großeltern hinzu. Dass die Kernfamilie jedoch aus Vater, Mutter und Kind besteht, zeigt sich, wenn Kinder Rollenspiele machen. Und wenn kein Junge da ist, der den Vater spielen will, tut's auch ein Mädchen. Eine männliche Mutter ist zwar auch möglich, aber das kommt seltener vor.

Im Mai 2000 gab es in Deutschland 13,4 Millionen Familien. Davon lebten 9,9 Millionen Ehepaare und 0,6 Millionen nichteheliche Lebensgemeinschaften mit Kindern zusammen, hinzu kamen 2,9 Millionen allein erziehende Mütter und Väter – all diese Zahlen beziehen sich jedoch nur auf Erwachsene, die mit Kindern im Haushalt leben. Wie viele Mütter und Väter noch hinzu kommen, deren Kinder nicht (mehr) zum gemeinsamen Haushalt gehören, kann das Statistische Bundesamt nicht feststellen.

Über die sexuelle Orientierung der Mütter und Väter sagt die amtliche Statistik nichts aus – ob also das Bild Vater-Mutter-Kind tatsächlich stimmt, lässt sich auf diesem Wege nicht überprüfen. Die Zahl der lesbischen Mütter und schwulen Väter setzen die Vertreter von Homosexuellen-Verbänden recht hoch an. So schätzt die Sozialwissenschaftlerin Angelika Thiel, dass es in Deutschland mehr als zwei Millionen lesbische Mütter und schwule Väter gibt. Spiegel-Autorin Claudia Pai beziffert allein die Zahl der lesbischen Mütter in den alten Bundesländern auf 650.000: »Wie sie mit ihren Kindern leben, welche Schwierigkeiten sie in einer Gesellschaft haben, die Homosexuelle nach wie vor benachteiligt, ist weitgehend unbekannt.«

Wissenschaftliche Untersuchungen über lesbische Mütter mögen vielleicht noch fehlen, über die schwulen Väter gibt es jedoch eine Studie der London School of Economics. Im November 1999 stellte Gillian Dunne vom Gender Institut die Ergebnisse vor. Ihr Fazit: Schwule sind die besseren Väter!

An der Untersuchung nahmen 100 schwule Väter im Alter zwischen Anfang 20 und Ende 70 teil. Elf von ihnen waren verheiratet: Einige entdeckten ihre sexuelle Orientierung erst während der Ehe oder sie dachten, ihre homosexuellen Wünsche seien nur eine vorübergehende Phase. Andere hatten vor der Hochzeit als Schwule gelebt und waren selbst überrascht,

als sie sich in ihre spätere Ehefrau verliebten. 39 schwule Väter waren geschieden. Weitere 40 hatten die Mutter ihrer Kinder gar nicht erst geheiratet, weil sie nur den Samen gespendet hatten oder offen schwul lebten. Einige hatten ein Baby adoptiert, andere planten zusammen mit ihren Partnern Väter zu werden.

Gillian Dunne fand heraus, dass die homosexuellen Väter aufmerksa-
mer und einfühlsamer mit ihren Kindern umgehen als heterosexuelle Väter. Der Grund: Sie hätten keine Scheu, ihre »mütterliche« Seite zu entwickeln und ihre Gefühle offen zu zeigen. Jeder vierte schwule Vater nahm
seine Rolle so wichtig, dass er weniger als 30 Stunden arbeitete oder seinen Beruf sogar wegen der Kindererziehung ganz aufgab. »Fast alle Befragten hatten das Gefühl, dass Kinder viele Vorteile davon hätten, wenn
sie mit einem schwulen Vater aufwachsen, ein wichtiges Geschenk in Sachen Toleranz«, erklärt die Wissenschaftlerin.

In Deutschland bekommen schwule Väter nach der Scheidung in der
Regel kein Sorgerecht – es sei denn, die sexuelle Orientierung des Vaters
wird bei der Scheidung nicht aktenkundig. Eines der wenigen Trios aus
Vater-Vater-Sohn lebte 1998 in Frankfurt am Main: Der damals 17 Jahre
alte Nils Hilbert wohnte dort zusammen mit seinem Vater Michael Spielmann und seinem »Stiefvater« Bernhard Moltmann, der selbst noch zwei
Töchter hat. »Meine Väter haben sich gefunden und sind glücklich«, sagte Nils in einem Interview. Und Vater Michael Spielmann war überzeugt:
»Der ist bei uns besser aufgehoben als die meisten Kinder in so genannten
normalen Familien.«

»Die Zahl der Woche«, Statistisches Bundesamt, 15. Mai 2001; Angelika Thiel, Kinder? Na
klar! Ein Ratgeber für Lesben und Schwule, Campus, Frankfurt 1996; »Zwei Mütter und ein
Baby«, Spiegel special Liebe, 5/1995; Dr. Gillian A. Dunne, The Different Dimensions of Gay
Fatherhood, London, November 1999; »Schwule sind angeblich die besseren Väter«, Süddeutsche Zeitung vom 15. Januar 2000; »Meine Mama heißt Bernhard«, Süddeutsche Zeitung Magazin vom 8. Mai 1998.

Vererbung

*Meine Mutter war Sportlehrerin, mein Vater Zahnarzt. Ich habe schlech-
te Zähne und kann gut rennen.*

Herbert Achternbusch

Verhütung 1
Wenn Frauen richtig verhüten, werden sie auch nicht schwanger

Vom Reden allein wird man nicht schwanger.

Spruch aus dem Jiddischen

Geht's schief, waren sie zu blöd, richtig zu verhüten, sagen Besserwisser. Wenn sich trotz sachgerechter Verhütung Nachwuchs einstellt, reagieren viele Männer ungewöhnlich erstaunt und erschrocken. »Wie konnte das passieren?«, lautet dann die fassungslose Frage. Denn Frauen und Männern wird der Mythos vorgegaukelt, dass absolute Verhütung machbar sei.

Dabei gibt seit jeher der so genannte Pearl Index Aufschluss darüber, wie sicher oder unsicher ein Verhütungsmittel ist. Dieser Index ist eine statistische Größe und sagt aus, wieviele Frauen von hundert in einem Jahr mit einer bestimmten Verhütungsmethode schwanger geworden sind. Wer Sex hat, kann also trotz sorgfältiger Verhütung schwanger werden. Eines der sichersten Verhütungsmitteln ist die Pille mit einem Pearl Index von 0,1 bis 3,0 (Kombinationspräparate: 0,1 bis 0,9; Minipille: 0,4 bis 3,0). Das heißt, von hundert Frauen, die die Pille ein Jahr lang nehmen, werden maximal drei pro Jahr schwanger. Beim Kondom und beim Diaphragma sind es je drei bis vier Frauen jährlich. Benutzt die Frau Sprays, Zäpfchen, Schaum und Gel, kann sie es genausogut mit dem Auszählen der fruchtbaren Tage probieren, denn etwa 36 von 100 Frauen werden mit dieser Methode im Lauf eines Jahres schwanger. Frauen, die auf Nummer sicher gehen wollen, können sich ein Hormonstäbchen unter die Haut im Oberarm pflanzen lassen – darauf soll hundertprozentig Verlass sein. Dieses neuartige Verhütungsmittel ist aber erst seit Mitte 1999 auf dem Markt und hat seine Bewährungsprobe in der Praxis noch vor sich.

Pro Familia, München; Christine Wolfrum, Peter Süß, So wild nach deinem Erdbeermund, Deutscher Taschenbuch Verlag, München 1996; Christine Wolfrum, Karin Hertzer, Hauptsache gesund! Das Frauenbuch für Körper und Seele, Mosaik, München 2001.

Verhütung 2
Der Spruch »Ich pass' schon auf« kommt bei jungen Frauen nicht mehr an

Vernunft ist so etwas wie ansteckende Gesundheit.

Alberto Moravia

Jeder fünfte Junge schafft es schon beim »ersten Mal«, das Mädchen mit seiner »Ich-pass-schon-auf-Verhütungsstrategie« rumzukriegen. Und das, obwohl heute Jugendliche Verhütung ernster nehmen als früher. Die Versagerquote von 36 Prozent bei dieser Methode – auch unter dem Namen »coitus interruptus« bekannt – alarmierend: Denn zum einen wird lange, bevor es zur Ejakulation des Samens kommt, der so genannte »Sehnsuchtstropfen« gebildet und mit dem Penis in die Scheide geführt. In dieser Samenflüssigkeit tummeln sich bereits befruchtungsfähige Spermien. Außerdem will der junge Mann so lange wie möglich genießen. Vom »plötzlichen« Orgasmus überwältigt, kommt das Rausziehen dann leider zu spät. Allerdings gehen keinesfalls nur Unerfahrene, sondern auch sexuell versierte junge Erwachsene dieses Risiko häufig ein. Vertrauen in die Reaktionsschnelligkeit der Jungs ist gut, gekonnte Verhütung ist wohl besser.

Norbert Kluge, Sexualverhalten Jugendlicher heute. Ergebnisse einer repräsentativen Jugend- und Elternstudie über Verhalten und Einstellungen zur Sexualität, Juventa, Weinheim und München 1998; Christine Wolfrum, Ich und ein Baby? Gefühle, Gedanken, Erfahrungen, Deutscher Taschenbuch Verlag pocket reader, München 1999.

Verhütung 3
Eine Frau kann nicht schwanger werden, wenn sie ihre Tage hat

Der verfluchte Kerl, rief sie, hat mich in gesegnete Umstände gebracht.

Karl Kraus

Während der Menstruation können Frauen nicht schwanger werden – diese Fehlannahme hat schon für manchen Nachwuchs gesorgt. Denn was viele nicht wissen: Spermien überleben locker fünf bis sieben Tage (manche Ärzte behaupten sogar neun Tage) in der Gebärmutter und im Eileiter. Ein paar Zahlenspiele reichen, um den Irrtum aufzuklären. Der monatliche Zyklus einer Frau soll normalerweise 28 Tage dauern. Tatsächlich schwankt er aber oft zwischen 25 bis 32 Tagen. Das ist von Frau zu Frau verschieden und oft sogar von Monat zu Monat, vorausgesetzt sie nimmt nicht die Pille.

Viele Frauen rechnen mit ihrem Eisprung, also ihren fruchtbaren Tagen, zwischen dem 12. und 16. Tag nach dem Beginn der monatlichen Blutung. Aber gerade die Zahl der Tage vom Beginn der Menstruation bis zum Eisprung ist selten klar bestimmbar. »Diese Phase, weit davon entfernt, berechenbare vierzehn Tage zu dauern, kann bei einer normalen Frau zwischen vier und achtundzwanzig Tagen schwanken«, wie der englische Biologe Robin Baker schreibt. Weder der Mann noch die Frau kann den fruchtbarsten Tag des weiblichen Zyklus einfach in der Weise vorhersagen, dass er oder sie vom Beginn der letzten Periode an abzählt. Und auch wenn der Eisprung annähernd regelmäßig stattfindet, kann noch einiges schiefgehen. Schläft eine Frau beispielsweise am vierten Tag ihrer Menstruation – sie dauert durchschnittlich vier bis acht Tage – mit einem Mann und ist der Eisprung nur um drei Tage früher, hat sie eine gute Chance schwanger zu werden. Die Samen sind nämlich am 11. und 12. Zyklustag noch quicklebendig. Und wieder einmal hat sich die Natur gegen simple Rechnerei durchgesetzt.

Auch in Medizinerkreisen gilt die verbreitete Faustregel, das Fruchtbarkeitsfenster sei nur an den Tagen »10 bis 17« des Menstruationszyklus geöffnet. Wie die Forschergruppe um Allen Wilcox vom staatlichen US-Institut für Umweltmedizin feststellte, gleicht diese Regel angesichts der wirklichen Verhältnisse mehr einer »Kaffeesatzleserei« als einem wissenschaftlich fundierten Rat. Die Studie ergab, dass der Eisprung lediglich bei 30 Prozent der untersuchten Frauen tatsächlich innerhalb der so genannten fruchtbaren Tage stattfand. Die Wissenschaftler vom »National Institute of Enviromental Health Sciences« in Durham, USA, hatten an die 700 Zyklen von 221 gesunden Frauen zwischen 25 und 35 Jahren analysiert. Der als »normal« geltende Zyklus von 28 Tagen mit dem Eisprung um den 14. Tag herum kam nur bei 68 Zyklen von allen gemessenen vor.

Dr. Ragna Höfken, Gynäkologin, Pro Familia München; Christine Wolfrum, Ich und ein Baby? Gefühle, Gedanken, Erfahrungen, Deutscher Taschenbuch Verlag pocket reader, München 1999; Robin Baker, Krieg der Spermien. Weshalb wir lieben und leiden, uns verbinden, trennen und betrügen, Limes Verlag, München 1997; »Fruchtbarkeit: Wann sind Frauen nicht empfängnisbereit?«, Psychologie heute, März 2001; www.sueddeutsche.de vom 22. November 2000; Christine Wolfrum, Karin Hertzer, Hauptsache gesund! Das Frauenbuch für Körper und Seele, Mosaik, München 2001.

Verhütung 4
Eine Frau wird nicht schwanger, so lange sie stillt

Zahlreiche Frauen, die ihr Baby voll stillen, behaupten steif und fest, dass sie beim Sex nicht zu verhüten brauchen, weil das Stillen ausreichenden Schutz bietet. Tatsächlich hat Stillen eine gewisse empfängnisverhütende Wirkung: Nach der Geburt eines Babys schüttet die Hirnanhangdrüse das Milchbildungshormon Prolaktin aus. Dieser Botenstoff hemmt gleichzeitig die Bildung zweier wichtiger Hormone: erstens das Hormon FSH, der Stoff, der ein Eibläschen zum Wachsen bringt, und zweitens das Hormon LH, das für den Eisprung notwendig ist. Bei einem deutlich erhöhten Prolaktinspiegel fällt also der Eisprung aus und damit auch eine mögliche Befruchtung. Allerdings sinkt der Prolaktinspiegel nach der Schwangerschaft kontinuierlich, so dass keine Frau sich wirklich sicher sein kann, ob er noch eine natürliche Befruchtungsbarriere bildet. Frauen, die stillen, sollten deshalb nicht ungeschützt Sex haben – es sei denn, sie wollen neun Monate später erneut stillen. Es gibt jede Menge Geschwister, die nur ein Jahr auseinander sind. Allein das spricht Bände.

Ingrid Gerhard, Christine Wolfrum, Kinderwunsch. Natürliche Wege zum Baby, Gräfe und Unzer Verlag, München 1998; Susan Love, Das Brustbuch. Was Frauen wissen wollen, Limes Verlag, München 1996.

Verhütung 5
Mit der »Pille danach« lässt sich jede unerwünschte Schwangerschaft verhüten

Vorsorge verhütet Nachsorge.

Sprichwort

Die »Pille danach« ist sozusagen eine letzte Maßnahme gegen das Einnisten einer befruchteten Eizelle in der Gebärmutter. Zum normalen Verhüten sind die Östrogen/Gestagendragees allerdings absolut ungeeignet. Außerdem haben sie unangenehme Nebenwirkungen: Zahlreiche Frauen leiden nach der Einnahme unter Übelkeit und Erbrechen.

Diese ultimative Notbremse, beispielsweise angewendet wegen eines verrutschten Diaphragmas, bei einem geplatzten Kondom oder nach dem Ausbruch ungezügelter Gefühle, ist nur dann wirksam, wenn sie nicht mehr als einmal während eines Zyklus gezogen wird.

Was tun, wenn's passiert ist? Gleich nach der Panne heißt es schnell zum Frauenarzt, zur nächsten Familienberatungsstelle (z.B. Pro Familia) oder zur Ambulanz einer gynäkologischen Klinik. Denn das Präparat (eigentlich vier Hormontabletten) sollte etwa 24 bis 48 Stunden nach dem Sex geschluckt werden. Im Notfall kann das auch noch bis zu 60 Stunden später passieren, dann ist allerdings die Erfolgsquote entsprechend geringer. Auch wenn das Mittel sofort eingenommen wird, gibt es keine hundertprozentige Sicherheit. Doch liegt die Erfolgsquote bei satten 97 bis 99 Prozent.

Dr. Ragna Höffken, Pro Familia München; Christine Wolfrum, Peter Süß, So wild nach deinem Erdbeermund, Deutscher Taschenbuch Verlag pocket reader, München 1996.

Verpackung

Die Frau ist das einzige Geschenk, das sich selbst verpackt.

Jean-Paul Belmondo

Viren
Viren befallen jeden Computer – ganz gleich, ob er einer Frau oder einem Mann gehört

Viren, Trojaner und Würmer greifen an, und zwar auch die privaten Computer. 41 Prozent aller Internet-User hatten schon mal Erfahrung mit diesen zerstörerischen Programmen. Das ergab eine Umfrage des Hamburger Marktforschungsinstituts Ears and Eyes, für die 1341 Anwender im Alter zwischen 14 und 49 Jahren befragt wurden. 28 Prozent mussten mindestens einmal gegen Viren kämpfen, elf Prozent hatten es mit Trojanern zu tun, und die Computer von drei Prozent der Befragten waren schon mal von Würmern befallen. Sieben Prozent gaben an, schon mal einen unbekannten Virus auf dem Computer gehabt zu haben – Mehrfachnennungen waren möglich.

Das Erstaunliche: Viren, Trojaner und Würmer haben scheinbar eine Vorliebe für die Computer, die Jungen oder Männern gehören. 46 Prozent der »männlichen« Geräte erkrankten, aber nur 33 Prozent der »weiblichen«. Was soll uns das sagen?

»Studie: 41 Prozent der User hatten schon Viren«, de.news.yohoo.com vom 9. Mai 2001.

Ware

Ich betrachte mich keineswegs als eine Ware, aber ich bin sicher, dass viele Leute das tun.

Marylin Monroe

Wechseljahre 1
Frauen nach den Wechseljahren sind von der Natur nicht vorgesehen

Frauen haben heute eine Lebenserwartung von 79,5 Jahren. Männer werden durchschnittlich 73 Jahre alt. Früher, so sagen zahlreiche Wissenschaftler, wurden Frauen gerade mal halb so alt. Sie starben, sobald sie nicht mehr fruchtbar waren. Und das war spätestens mit fünfzig Jahren der Fall. Das ist auch der Grund, warum die moderne Frau in ihrer restlichen Lebensspanne weibliche Hormone schlucken sollte, finden zahlreiche Wissenschaftler. Denn eigentlich sei der weibliche Körper gar nicht auf die Zeit der Menopause – also die Phase nach der Menstruation – eingerichtet. Paläontologen kamen den Hormon-Propagandisten zu Hilfe. Sie sagten, dass bis vor wenigen Jahrtausenden so gut wie niemand viel älter als 40 Jahre wurde. Jedenfalls bewahrten sie keinerlei Knochen von Greisinnen in ihren Asservatenkammern auf.

In die gleiche Kerbe haute die amerikanische Journalistin Jane Brody in einem Artikel in der »New York Times«. Sie schrieb, dass sich Frauen keine Gedanken darüber machen müssten, dass die Hormontherapie etwas Widernatürliches sei: »Unsere gegenwärtige durchschnittliche Lebenserwartung von siebzig Jahren ist ebenso wenig natürlich!«

Ist es aber wirklich so unnatürlich, siebzig Jahre und älter zu werden? Nach Auskunft der Bibel »währet unser Leben siebenzig Jahre«. Die Mystikerin Hildegard von Bingen soll sogar 81 geworden sein. Und die Dichterin Bettina von Arnim erreichte immerhin 74 Lebensjahre. Alles nur Ausnahmen?

Statistisch gesehen war die durchschnittliche Lebenserwartung unserer Urmütter tatsächlich niedriger als heute. Allerdings drückte schon die extreme Säuglings- und Kindersterblichkeit den Schnitt dramatisch nach unten. Auch die hohe Müttersterblichkeit aufgrund des häufig auftretenden Kindbettfiebers setzte das durchschnittliche Lebensalter der Frauen herab.

Anhand der Lebensmuster von Einzelpersonen in 24 traditionellen Gesellschaften berechneten die amerikanischen Anthropologinnen Jane Lancaster von der Universität von New Mexico und Barbara King vom College of William and Mary, »dass die Wahrscheinlichkeit einer urzeitlichen Frau, 45 Jahre alt zu werden – und hiermit in die Menopause zu kommen –, bei 53 Prozent lag, sofern sie das Alter von 15 Jahren erlebte«. Schätzungen zufolge erreichte der Homo habilis, eine menschliche Spezies, die vor zwei Millionen Jahren in Ostafrika lebte, ein Alter von 61 Jahren, vorausgesetzt er überlebte das Babyalter und die Kindheit. Frauen lebten also lange genug, um der Natur die Möglichkeit zu geben, sich für eine Menopause zu entscheiden.

Die beiden amerikanischen Anthropologen Kristen Hawkes und James O' Conell von der Universität von Utah forschten über das Sammler- und Jägervolk der Hadza, das in einer unwegsamen Bergregion des Ostafrikanischen Grabens im nördlichen Tansania lebt. Ihr Ergebnis: Frauen wurden und werden alt, damit ihre Enkel genug zu essen bekommen und eine größere Chance haben zu überleben.

Diese so genannte Großmüttertheorie war schon einmal in den 50er Jahren populär gewesen. Wissenschaftler behaupteten damals, dass Großmütter schon bei unseren Vorfahren sehr wichtig gewesen seien, um menschliches Überleben zu sichern. Schließlich war es mühsam, ein Menschenkind großzuziehen. Es brauchte mindestens dreizehn Jahre, bis es auf eigenen Füßen stehen konnte. Aufgrund ihrer Feldforschungen behaupteten nun die Wissenschaftler, dass es die Großmütter einer Sippe seien, die ihre Enkel in erheblichem Maße mit zusätzlicher Nahrung versorgten. Und so war es nur vernünftig von der Natur eingerichtet, dass die Produktion von Eizellen rechtzeitig vom Körper eingestellt wurde. Denn nur ohne die Gefahr nochmals schwanger zu werden, konnten ältere Frauen anderen Aufgaben zum Nutzen ihrer Kinder und Enkel nachkommen.

Und so war und ist es bis heute bei dem Stamm der Hazda: Nach der Geburt eines Babys können die Mütter bei weitem nicht so lange nach Nahrung für ihre bereits entwöhnten Kinder suchen, wie es vor der Ankunft des neuen Erdenbürgers gewesen ist. Hier helfen die Großmütter, die häufig bereits weit in den Sechzigern sind, tatkräftig aus. Die Mütter stillen also ihre Kinder weniger lang und können so während ihrer fruchtbaren Jahre mehr Babys in kürzeren Zeitabständen austragen und aufziehen, als es ohne die helfenden Hände der Großmütter möglich gewesen wäre. Die Großmütter sichern zudem die Überlebenschancen ihrer eigenen Gene.

Und so folgert Hawkes, dass diejenigen weiblichen Vorfahren, die Infektionen, Krankheiten und Geburten überlebten und höchstwahrscheinlich ein sehr respektables Alter erreichten, für ihre Gesellschaft von großem Nutzen waren.

Natalie Angier, Frau. Eine intime Geographie des weiblichen Körpers, C. Bertelsmann Verlag, München 2000; Die Bibel, Psalm 90, Vers 10, Nürnberg, Wilhelm Tümmels 1900; Helen Fisher, Das starke Geschlecht. Wie das weibliche Denken die Zukunft verändern wird, Wilhelm Heyne Verlag, München 2000; »Evolution brachte Frauen ein langes Leben und die Menstruation«, Frankfurter Rundschau vom 24. Januar 1998; Helen Fisher, Anatomie der Liebe. Warum Paare sich finden, sich binden und auseinandergehen, Droemer Knaur, München 1993.

Wechseljahre 2
Nach den Wechseljahren haben Frauen keine Lust mehr auf Sex

Viele Frauen fürchten sich vor den Wechseljahren, aus Angst, dass diese ihrer Weiblichkeit ein jähes Ende bereiten. Angeblich versiegen alle weiblichen Hormone, die Schönheit vergeht und was noch viel schlimmer ist, Sex soll keinen Spaß mehr machen, weil die Scheide schrumpft, die Haut trocken und dünn wird.

Dagegen predigten schon vor Jahren attraktive 50-Jährige wie Jane Fonda, Lauren Hutton, Tina Turner, Christine Kaufmann die pure Menopausen-Lust, d.h. Sex zu haben ohne die Angst, schwanger zu werden und die über Jahre hinweg gesammelte erotische Erfahrung in die Begegnung mit einbringen zu können. Selbstbewusst berichten sie von einer befriedigenden Orgasmus- und Liebesfähigkeit.

Helen Fisher, amerikanische Anthropologin, bestätigt diese Aussagen prominenter Frauen. Zum Beweis befragte sie mit Kollegen Ende der achtziger Jahre 497 Schwedinnen mittleren Alters, die in stabilen Ehen lebten, über den Zustand ihrer Partnerschaft und ihres Sexualtriebes. Sechs Jahre später stellten die Wissenschaftler denselben Frauen die Fragen erneut. Dabei fanden sie heraus, dass das sexuelle Verlangen bei fast zwei Drittel der Frauen bemerkenswert stabil blieb. Zehn Prozent führten sogar an, dass sich ihre sexuelle Lust gesteigert habe.

Bei den rund 27 Prozent der Frauen, die von einem Rückgang ihrer Libido sprachen, stand nicht etwa das Alter im Vordergrund. Vielmehr hatten diese Frauen alkoholkranke Partner, vermissten Vertraulichkeit in der Beziehung, beklagten sich über mangelnde emotionale und finanzielle Unterstützung durch ihre Partner, einzelne litten sogar unter einer schweren Depression.

Der Amerikaner John Bancroft, Direktor des Kinsey-Instituts für Sexualforschung, berichtet Ähnliches. Er weist darauf hin, dass die Lust der Frauen grundsätzlich eine größere Variationsbreite als die der Männer hat und der Versuch, ein nachlassendes sexuelles Interesse bei der Frau mit der Menopause in Verbindung zu bringen, ziemlich erfolglos blieb. Seiner Meinung nach steht die sexuelle Aktivität der Frau in einem engen Zusammenhang mit ihrer gesellschaftlichen Stellung. Je höher ihr Status und ihre wirtschaftliche Unabhängigkeit, desto länger hat sie Spaß an sexuellen Kontakten. In Gesellschaften, in denen Frauen selbst über ihre Fruchtbarkeit bestimmen, gehen sie laut Bancroft viel entspannter mit ihrer Sexualität um. Und diese Frauen sind in der Regel gesünder und sexuell aktiver. Nicht geklärt ist jedoch bisher: Sind Frauen aktiver, weil sie gesund sind oder sind sie gesund, weil sie aktiver sind?

Eine deutsche Studie deutet ebenfalls in die Richtung, dass Sex im Alter keinesfalls nur ein Privileg des männlichen Geschlechts ist. Denn, so die Aachener Leiterin der Sexualmedizinischen Ambulanz der Psychiatrischen Universitätsklinik Ulrike Brandenburg: »Ältere Frauen sind keineswegs sexuelle Neutren.« Das sei ein Mythos. Ihre Abteilung hatte 52 Frauen im Alter von 60 bis 90 Jahren nach ihren sexuellen Aktivitäten und Wünschen intensiv befragt. 75 Prozent der Frauen gaben an, sich selbst zärtlich zu streicheln und erotische Träume zu haben. Besonders fiel auf, dass diejenigen Frauen, die eine positive Einstellung zu ihrem Körper hatten, sehr zufrieden mit ihrem Sexualleben waren.

Leider wird der Wert der Frauen durch ein junges und schönes Aussehen bestimmt. »Ein alter, welker Körper in Erregung, das passt nicht.« Frauen, die entsprechend dieser Normen im Alter an Wert verlieren, fühlen sich wertlos und sexuell nicht mehr attraktiv, so die Ärztin. Und das macht krank! Schon lange belegt ist, dass bei Völkern, in denen die Frau an Ansehen und Wert im Alter gewinnt, Beschwerden in den Wechseljahren seltener bis unbekannt sind.

Winnifred Cutler, Biologin an der Universität von Pennsylvania, rät all den Frauen, die ihre sexuelle Freude behalten wollen, zu regelmäßigem Geschlechtsverkehr. Schon ein einziger Akt pro Woche reguliert die Hormonfunktionen der Eierstöcke, vor allem die Gelbkörperfunktion, fand die Biologin in einer Studie heraus. Frauen Ende 40, die jede Woche einmal Sex mit einem Mann hatten, besaßen einen doppelt so hohen Östrogenspiegel wie enthaltsame Frauen. Und in einer Redbook-Studie über alternde Frauen kam heraus, dass sich fast 40 Prozent darüber beklagten, nicht oft genug Sex zu haben.

So kann das Credo des Wissenschaftlers Bancrofts »Use it or loose it« für alle Frauen als Richtschnur gelten, die Spass am Sex haben, egal ob vor oder nach den Wechseljahren: Tu's oder verlier's.«

Gaby Miketta, Claudia Tebel-Nagy, Liebe & Sex. Über die Biochemie leidenschaftlicher Gefühle, Trias Verlag, Stuttgart 1996; Helen Fisher, Das starke Geschlecht. Wie das weibliche Denken die Zukunft verändern wird, Wilhelm Heyne Verlag, München 2000; »Ein Lustiges Geschäft«, Der Spiegel 38/1999; »Jede zweite Frau über 60 hat erotische Träume«, Ärzte Zeitung vom 11. Dezember 2000.

Wechseljahre 3
Nach den Wechseljahren sind Gebärmutter und Eierstöcke überflüssig

»Wie alt sind Sie«, fragt der Gynäkologe die Frau. »45«. – »Ja, warum lassen Sie sich dann nicht das unnütze Glump rausmachen?« Mit dem »Glump« meinte der angesehene Arzt aus Bayern die Gebärmutter samt Eierstöcken seiner Patientin. Abgesehen davon, dass dieser Gynäkologe roh und herzlos ist, kann man ihm kaum ein Vorwurf machen. Er hat es nicht anders gelernt. Weil viele Mediziner – weibliche inbegriffen – die Komplexität der Aufgaben weiblicher Organe bis heute noch nicht umfassend erkannt haben, glauben sie, dass Gebärmütter nach den Wechseljahren nur Ärger machen, und Eierstöcke schrumpeln und zu nichts mehr nutze seien. Doch das ist definitiv falsch, sagt die amerikanische Frauen-ärztin und Chirurgin Susan Love.

Die Gebärmutter wie auch die Eierstöcke sind Teil des endokrinen Sys-tems unseres Körpers. Das ist das komplizierte System von Drüsen und sonstigen Organen, die Hormone absondern und auf solche reagieren. So steht die Gebärmutter in enger biochemischer Verbindung mit den Neben-nieren, den Eierstöcken, dem Hypothalamus und der Hypophyse im Zwischenhirn. Doch das weiß man erst seit kurzem. Die Gebärmutter ist eine Art Laboratorium, in dem Botenstoffe hergestellt werden, behauptet die amerikanische Wissenschaftsjournalistin und Pulitzerpreisträgerin Na-talie Angier. Was diese Botenstoffe in anderen Organen genau bewirken, ist bisher noch nicht eindeutig geklärt.

Hinsichtlich der Eierstöcke besteht ebenfalls noch viel Unkenntnis. Auch wenn angesehene Medizin-Professoren, wie beispielsweise Wolfgang Nocke aus Bonn, unbeirrt behaupten, dass bei heutigen Frauen die »Ös-trogenproduktion aber unvermindert mit etwa 50 Jahren erlischt«. Susan Love kontert: »In Wirklichkeit besteht die Funktion der Ovarien nicht nur in der Produktion von Eiern, genausowenig wie eine Frau nur die Funk-tion hat, Kinder zu gebären.«

Ein Eierstock ist wie die Gebärmutter ein endokrines Organ, das vor, während und nach der Menopause Hormone produziert. Während der Wechseljahre verändern sich dann die Aufgaben der Eierstöcke: Die große Östrogen- und Progesteron-»Fabrik« rüstet um und produziert von nun an bindegewebsreiches Östrogen und Androgen. Das Fazit von Susan Love: »Das menopausale Ovar versagt weder, noch ist es nutzlos. Es geht nur von seiner Fortpflanzungsfunktion zu seiner Stoffwechselfunktion über. In der Mitte des Lebens tut es genau das, was viele Menschen tun – es übernimmt andere Aufgaben.«

Natalie Angier, Frau. Eine intime Geographie des weiblichen Körpers, C. Bertelsmann Ver-lag, München, 2000; Dr. Susan Love, Das Hormonbuch. Was Frauen wissen sollten, Weltbild Verlag, Bechtermünz, Augsburg 1997; Zitat: Prof. emer. Dr. Wolfgang Nocke, Bonn; Christi-ne Wolfrum, Karin Hertzer, Hauptsache gesund! Das Frauenbuch für Körper und Seele, Mo-saik, München 2001.

Wechseljahre 4
Nur Frauen kommen in die Wechseljahre

Grauenvoll, wenn der Östrogenspiegel sinkt, die Jugend für immer dahin ist, schlaffes Bindegewebe den Körper umwellt, Fettpolster wabbeln und die Knochen porös werden. Und nicht allein das: Frauen in den Wechseljahren werden unberechenbar und zickig, leiden unter Schlaflosigkeit, Hitzewallungen, Depressionen und allgemeiner Lustlosigkeit.

Dem Mann kommen die Tränen. Nur gut, dass er anders gebaut ist. Und nun soll auch er in die Wechseljahre kommen? Wie ist so etwas nur möglich?

Bereits 1939 glaubten Ärzte, bei Männern ein Klimakterium diagnostizieren zu können. Moderne Mediziner wissen, dass auch der Mann unter den typischen Symptomen leidet. Für Lothar Heinemann, Direktor des Zentrums für Epidemiologie und Gesundheitsforschung in Berlin, sind die Zeichen der männlichen Wechseljahre Muskel- und Gelenkbeschwerden, Leistungsabfall, Konzentrationsmangel, Schlafstörungen, Hitzewallungen, abnehmende sexuelle Lust und depressive Verstimmung. Aber so Heinemann: »Er (der Mann) will es noch nicht wahrhaben, dass dies auch für ihn zutrifft.«

Wahrhaben wollte der amerikanische Psychotherapeut Jed Diamond das auch nicht. In ihm sträubte sich alles gegen die Vorstellung männlicher Wechseljahre. Als er mit seinen Recherchen über das männliche Klimakterium begann, war er überzeugt: »Okay, eine Art Midlife-Crisis hätte ich akzeptieren können. Angst, alt zu werden, uuuh, das vielleicht auch. Aber eine Art Wechseljahre für Männer? Holla! Das muss etwas sein, was militante Feministinnen erfunden haben, dachte ich mir, um die Männer für die Jahrtausende patriarchalischer Unterdrückung zu bestrafen.«

Nach eingehendem Studium zieht Diamond jedoch das Fazit, dass jeder Mann in die Wechseljahre mit all ihren typischen tiefgreifenden körperlichen und emotionalen Veränderungen kommt. Allerdings geht er einen anderen Weg als die Mediziner ihn sich wünschen dürften: Er versucht dem Mann die Ganzheit seines Lebens nahe zu bringen, beschreibt die sich verändernden Bedingungen nicht als Krankheit und Mangelsituation, wie bei Ärzten eher üblich, sondern als Möglichkeit zu begreifen, dass es mehr gibt als die Fixierung auf die derzeit gültigen männlichen Statussymbole von Kraft, Potenz, Durchsetzungsvermögen und Erfolg. Und bei der Unterstützung des körperlichen Wohlbefindens setzt er weniger auf chemische Keulen – bei denen übrigens Langzeitstudien ausstehen – als auf Naturheilmethoden.

Schulmediziner haben einen anderen Ansatz: Sicher ist, dass auch Männer einem hormonellen Zyklus unterliegen. Obwohl der sich nicht so deutlich bemerkbar macht, wie bei Frauen, ist er trotzdem sehr real. So schwankt beispielsweise das Geschlechtshormon Testosteron je nach Tageszeit und sogar Monat. Am höchsten liegen die Testosteronwerte vormittags, abends sieht es eher schlecht damit aus. Besteht ein Mangel an Androgenen – das ist der Überbegriff für alle männlichen Geschlechtshormone, zu denen auch Testosteron zählt – lassen Libido, Tatendrang, Bizepsumfang, Körperkraft, Optimismus und Gedächtnis langsam nach. Auch Konzentrationsmangel, Müdigkeit, Nervosität und verminderte Stressresistenz wird mit einem geringeren Testosteronspiegel in Zusammenhang gebracht. Das Einzige, was wächst, ist der Bauchumfang. (So gesehen fangen die Wechseljahre beim Mann schon mit 28 Jahren an.) Allerdings ist es völlig normal, wenn der Testosteronspiegel beim Mann ab dem 40. Lebensjahr ständig abnimmt – im Mittel um 1,2 Prozent pro Jahr.

Was liegt da für Ärzte näher, als dem Mann Ähnliches wie der Frau anzubieten, nämlich Hormone, um das Leben zu meistern? Immerhin haben zahlreiche Mediziner es geschafft, die Wechseljahre der Frau als Krankheit und damit als behandlungsbedürftig hinzustellen. Die Wechseljahre sind jedoch der Pubertät sehr ähnlich, und von dieser Entwicklungsphase haben wir bisher noch nicht gehört, dass sie eine Krankheit sei.

Doch nun ist der Mann ins Visier der Mediziner geraten. Der Endokrinologe Rolf-Dieter Hesch aus Konstanz geht von fünf bis zehn Millionen Männern in Deutschland aus, deren Testosteronwerte dauerhaft zu niedrig liegen. Zu niedrig heisst unter 10 Nanomol pro Liter Blut. Würden diese Männer behandelt, hätten einige Pharmafirmen alle Hände voll zu tun. Nur gegen das leidige Potenzproblem scheinen Testosterongaben nicht zu wirken, weil beim Mann in einem solchen Fall meist mehrere Faktoren im Spiel sind.

Der Londoner Hormonforscher Howard Jacobs betont, dass weder eine mangelnde männliche »Standfestigkeit« noch eine schwache Libido eindeutig mit dem Männerhormon in Zusammenhang stünden. So mahnt der Lübecker Arzt Rolf Eichenauer zur Zurückhaltung, da auch andere Hormone und viele nichthormonelle Faktoren das männliche Wohlergehen beeinflussten. Trotzdem jubeln Experten, dass Männer durch verschiedene Hormongaben noch »stärker profitieren, weil sie schlichter gestrickt seien als Frauen. Der Unterschied sei etwa so groß wie zwischen einer Swatch und einer Schweizer Präzisionsuhr«.

Testosteron kommt im Blut in an Eiweißmoleküle gebundener und in freier Form vor. So kann es durchaus passieren, »dass zwei Männer mit demselben Testosterongehalt und dessen wirksamen Produkten, dennoch eine völlig andere Wirkung spüren, weil eben die Andockstellen des einen Mannes anders sind als die des anderen«, gibt der niederländische Männerarzt (Androloge) Bo Coolsaet zu bedenken. Selbst bei zwei Männern mit exakt gleichem Hormonstatus können die Ergebnisse also erheblich voneinander abweichen. Zudem besteht bei von außen zugeführtem Testosteron die Gefahr, dass die Prostata entartet oder ein abnormes Wachstum beginnt. Ganz abgesehen davon hat allein Tabletten schlucken noch niemandem geholfen, ein erfüllteres Leben zu führen.

Die Schweizer Psychotherapeutin Julia Onken versteht die Wechseljahre als einen unmissverständlichen Schnittpunkt zweier Lebenslinien: Wir werden aufgerufen, von der körperlichen auf die geistige Lebenslinie umzusteigen. Die Weichen sind gestellt. Doch verwirklichen müssen wir diesen Prozess selbst. Vielleicht beginnen Männer, sich dann nach anderen Kriterien zu beurteilen und müssen sich nicht schämen, nicht mehr mit den Jungen mithalten zu können. Ihr Wertesystem kann sich verändern. Dann geht es raus aus der rauen, aggressiven Haltung gegenüber dem Spiel des Lebens, wo es nur darauf ankommt zu siegen, und hinein in zwischenmenschliche Beziehungen, in denen die Pflege sozialer und emotionaler Kontakte zählen. Warum sollten gerade Männer von diesem Abenteuer ausgeschlossen werden?

»Wenn beide in die Jahre kommen«, Geo Wissen, Frau & Mann. Alte Mythen, neue Rollen, Nr. 26, November 2000; Jed, Diamond, Der Feuerzeichenmann. Wenn Männer in die Wechseljahre kommen, C.H. Beck'sche Verlagsbuchhandlung, München 1999; »Jenapharm – dem Hormontief auf der Spur«, Pressekonferenz in Weimar am 23. September 1999; »Zwei Millionen Männer haben Hypogonadismus«, Ärzte-Zeitung vom 14. Oktober 1999; »Die Männlichkeitstherapie«, Psychologie heute, Mai 2001; »Ölwechsel für den Körper«, Der

Spiegel 17/2000; »Super T im Blut«, Mens Health, 2/2001; »Wenn Männer in die Jahre kommen«, Deutsche Gesundheits-Korrespondenz, Deutsches Grünes Kreuz e.V. Marburg, Nr. 1-2/2001; Bo Coolsaet, Der Pinsel der Liebe. Leben und Werk des Penis, Kiepenheuer & Witsch 1999; Julia Onken, Feuerzeichenfrau. Ein Bericht über die Wechseljahre, C. H. Beck'-sche Verlagsbuchhandlung, München 1994.

Weib

Einem alten Weib ist nichts mehr recht zu machen, ja sogar ein Teufel macht es nicht mehr lachen.

Spruch aus Russland

Werbung
Es gibt immer mehr frauenfeindliche Werbung

»In der Werbung werden Frauen vermarktet und als Sexsymbol missbraucht« – mit diesem Vorwurf müssen sich werbetreibende Firmen und Organisationen jedes Jahr auf's Neue auseinandersetzen. Wenn es um Beschwerden gegen Wirtschaftsunternehmen geht, ist der Deutsche Werberat zur Stelle, der 1972 als Organ der Selbstkontrolle gegründet wurde. Das Gremium besteht aus 13 Personen, die vier verschiedenen Gruppen angehören. Es ist nur für die werbetreibende Wirtschaft zuständig aber nicht für politische Parteien, staatliche Instanzen, Kirchen, Gewerkschaften und soziale Einrichtungen.

Wenn es um frauenfeindliche Werbung geht, stellt sich zunächst einmal die Frage, was man denn darunter versteht. Für den Werberat steht frauenfeindliche Werbung im Zusammenhang mit der Herabwürdigung und Diskriminierung von Menschen. In einer Verlautbarung von 1991 heißt es dazu: »Darstellungen und Aussagen in der Werbung dürfen nicht die Menschenwürde und das allgemeine Anstandsgefühl verletzen ... Deshalb darf vor allem nicht der Eindruck erweckt werden, dass Menschen wegen ihres Geschlechts, wegen ihrer Herkunft oder ihrer Anschauungen minderwertig seien oder in Gesellschaft, Beruf und Familie willkürlich ungleich behandelt werden können.«

Einige Kritiker fordern, die Abbildung von nackten oder lediglich mit einem Bikini bekleideten Frauen grundsätzlich zu unterbinden. Der Werberat hat da jedoch eine andere Ansicht: »Die Abbildung eines nackten

Körpers ist, sofern weder sexistische noch diskriminierende Anhaltspunkte ersichtlich sind, auch ohne direkten Produktbezug nicht grundsätzlich als herabwürdigend in Bezug auf Frauen anzusehen.«

Es ist nicht ganz einfach zu entscheiden, ob es heutzutage mehr frauenfeindliche Werbung gibt als früher. Denn die Antwort beruht auf einer ganzen Reihe von Argumenten, die in die Waagschale geworfen werden müssen: Wie viele Beschwerden insgesamt gehen beim Werberat ein? Bei wie vielen dieser Eingaben begründen die Kritiker ihre Beschwerde damit, dass es sich ihrer Meinung nach um eine Diskriminierung von Frauen handelt? Wie viele dieser Fälle erfüllen die Kriterien des Werberats? In wie vielen Fällen entscheidet der Werberat, dass die Vorwürfe berechtigt sind? In wie vielen Fällen erreicht der Werberat, dass die Werbemaßnahmen eingestellt oder geändert werden? Und zu guter Letzt: In wie vielen Fällen spricht der Werberat eine öffentliche Rüge aus?

Schon allein die Anzahl der Fragen deutet darauf hin, dass es für die vergangenen zehn Jahre keine eindeutige Antwort geben kann. Für die Jahre 1990 bis 1999 lässt sich feststellen, dass immer mehr »Profis« eine Beschwerde beim Werberat einreichen: 1999 kam knapp ein Viertel aller Beanstandungen von Frauenbeauftragten und Gleichstellungsstellen, die Einzelbeschwerden wurden überwiegend von Frauen eingereicht. Doch auch Männer beklagen sich über angeblich frauenfeindliche Werbemaßnahmen: Ihr Anteil unter den Beschwerdeführern stieg 1999 auf 25 Prozent.

Pro Jahr entscheidet der Werberat durchschnittlich über 63 Frauen-Fälle: Die meisten – nämlich 83 – gab es im Jahre 1995, in den drei folgenden Jahren sank die Zahl kontinuierlich auf 59 Fälle. 1998 hätte man also behaupten können, dass sich der Werberat tendenziell mit immer weniger Fällen beschäftigen muss, bei denen es sich um die Diskriminierung von Frauen handelt. Der Trend wurde jedoch ein Jahr später gebrochen, denn 1999 gab es einen sprunghaften Anstieg auf 72 Frauen-Fälle, über die der Werberat zu entscheiden hatte. Da die Zahlen für 2000 noch nicht vorliegen, lässt sich noch nicht sagen, ob das Jahr 1999 nur ein »Ausrutscher« war oder ob die Zahlen von nun an wieder steigen werden.

Ob die Werbung heutzutage frauenfeindlicher ist als früher, hängt auch davon ab, wie erfolgreich eine Beschwerde am Ende ist. Im Jahr 1999 konnten sich die Kritiker jedenfalls besser durchsetzen als im Jahr zuvor – der Werberat erreichte, dass eine Werbemaßnahme geändert und 28 Kampagnen eingestellt wurden. In zwei Fällen waren die Unternehmen so hartnäckig, dass das Gremium eine öffentliche Rüge aussprach.

Die Zahl der Rügen für frauendiskriminierende Werbung hat in den vergangenen drei Jahren abgenommen: 1997 betrafen fünf der insgesamt sechs Rügen Frauen, 1998 war es »nur« eine von zwei Rügen, 1999 waren es zwei von sechs Rügen. Doch was sagen uns diese Zahlen? Sie belegen eigentlich nur, dass sich die meisten Unternehmen um ein positives Image bemühen. Sie sehen ihren »Fehler« ein und reagieren mehr oder weniger sofort darauf, wenn der Werberat eine Werbemaßnahme beanstandet. Schließlich riskieren sie sonst, dass die Presse ihre Werbung in Zukunft nicht mehr schaltet. »Besser wäre es indessen, wenn solche Ereignisse im Werbemarkt erst gar nicht aufträten«, erklärt der Werberat in seinem Jahrbuch von 1999.

Alles in allem kommt das Gremium zu dem Ergebnis: »Der ganz überwiegende Teil der werbenden Firmen orientiert sich an der Würde der Frau.« Und dennoch zeigt sich der Werberat besorgt darüber, dass die beanstandeten Anzeigenkampagnen immer extremer werden. »Offensichtlich scheinen einige Unternehmen zu meinen, sie könnten nur mit extremen Reizen auf ihr Produkt hinlenken – unter Ausklammerung der Würde der Frau. Solche Firmen handeln offensichtlich bewusst, gezielt, kalkuliert gegen herrschende moralische Auffassungen.«

Bei der Diskussion über frauenfeindliche Werbung darf man nicht vergessen, dass nur wenige Menschen tatsächlich auch einen Beschwerdebrief an den Deutschen Werberat schicken. Im Jahr 1999 machten sich zum Beispiel nur 288 Personen und Institutionen die Mühe. Doch was empfinden all die anderen, wenn sie die beanstandete Anzeige oder den Fernsehspot sehen? Ärgern sie sich auch, ist es ihnen völlig egal oder wissen sie nur nicht, an wen sie ihre Kritik richten sollen?

Eine Emnid-Umfrage aus dem Jahre 1988 gibt darüber Aufschluss, was Frauen zum Thema »Nackte Frauen in der Werbung« denken: Danach fühlen sich nur vier Prozent der Befragten durch einen solche Werbung beleidigt und 26 Prozent ärgern sich darüber. Zehn Prozent der Frauen finden es »gut«, wenn nackte Frauen in Zeitschriftenanzeigen oder auf Plakaten dargestellt werden – den meisten Befragten ist es jedoch völlig egal, ob es solche Werbung gibt oder nicht. Insgesamt sprach sich nur jede fünfte Frau für ein Werbeverbot aus.

Mit einer nackten Frau zu werben, ist das eine. Eine Werbung kann jedoch auch dann frauendiskriminierend sein, wenn sie gar keine nackte Haut zeigt. Das jedenfalls ergibt ein kurzer Überblick über die Rügen, die der deutsche Werberat ausgesprochen hat: Da wirbt zum Beispiel ein Bierlokal in einem Prospekt mit »15 Gründen, warum Bier besser als eine Frau ist«. Die herabwürdigenden Aussagen lauten unter anderem: »Ein Bier wird nicht schwanger, wenn du nicht aufpasst«, und »Ein Bier musst du nicht waschen, damit es gut schmeckt.«

In einer Untersuchung über frauenfeindliche Werbung kommt Professor Reinhold Bergler, Direktor des Psychologischen Instituts der Universität Bonn, zu dem Ergebnis: Es gibt keine Werbung, die allgemein als frauendiskriminierend erlebt wird. Was die einen beanstanden, kümmert die anderen noch lange nicht. Denn entscheidend sind die eigenen Wertvorstellungen, mit denen eine Werbemaßnahme erst einmal kollidieren muss.

Frauen kritisieren zwar so einiges an der Werbung, aber konsequent sind sie deshalb noch lange nicht – auch das weist die repräsentative Bonner Studie nach. Denn: 18 Prozent der befragten Frauen sagten, dass sie sich schon mal massiv über das Frauenbild in der Werbung geärgert haben. Doch nur jede vierte verärgerte Frau ging so weit, dass sie das beworbene Produkt tatsächlich auch boykottierte – all die anderen meckerten zwar, kauften die Ware aber trotzdem.

Zentralverband der deutschen Werbewirtschaft (Hrsg.): Jahrbuch deutscher Werberat, Bonn, Ausgaben von 1998, 1999, 2000; »Das Frauenbild in der Werbung«, Vortrag von Volker Nickel, Sprecher des Deutschen Werberats, am 5. Mai 1995 in Bonn.

Witz
Frauen sind nicht witzig

»Was dauert länger – einen Schneemann bauen oder eine Schneefrau? Antwort: einen Schneemann. Da muss noch der Kopf ausgehöhlt werden.« Witze dieser Art kursieren heutzutage immer mehr. Und das zu Recht, finden viele Feministinnen. Sie haben es satt, sich von Männern all die albernen Blondinenwitze anzuhören, und schlagen zurück. Manchmal auch mit Gegenwitzen wie diesem: »Warum sind Blondinenwitze eigentlich so schlicht? Antwort: Damit auch Männer sie verstehen.«

Auch wenn die Liste der Männerwitze immer länger wird, hält sich trotz allem das Vorurteil, dass Frauen nicht witzig seien. Humorforscherinnen wie die Professorin Helga Kotthoff von der Universität Konstanz sehen das jedoch differenzierter. In ihrem Buch »Das Gelächter der Geschlechter« macht sie deutlich, dass der Humor eines Menschen immer von den jeweiligen Machtverhältnissen beeinflusst wird. In Gruppen, in denen Männer das Sagen haben, sind die Männer auch die Witzeerzähler – und sie versuchen, sich dabei gegenseitig auszustechen. In solchen Gruppen gilt: »Frauen werden von Männern auf die Schippe genommen, Männer von Frauen nicht. Männer provozieren Frauen auch mit sexuell gefärbten Scherzen, Frauen nicht.« Untersuchungen in Firmen haben gezeigt, dass das Witze erzählen und das Lachen über einen gelungenen Joke auch wesentlich von der Hierarchie abhängt, in der sich die Menschen befinden. Helga Kotthoff: »Je höher hinauf in der Hierarchie, um so patriarchaler ist das Milieu. Wenn wir uns anschauen, wie die Lachkultur unserer Eliten aussieht, haben wir (die Frauen) nicht mehr viel zu lachen.«

Doch es gibt auch immer mehr Gruppen, in denen Frauen und Männer gleichberechtigt sind. Dort zeigt sich, dass Frauen auch von sich aus Witze machen und nicht jeden Joke eines Mannes mit einem Lächeln quittieren. In diesen Kreisen lösen sich die Stereotypen langsam auf: »Es gibt zunehmend Männer, die auch auf eigene Kosten witzige Geschichten erzählen, und auch Frauen, die aggressive Witze erzählen – ganz nach der Art der Missfits«, erklärt Helga Kotthoff.

Bislang ist der weibliche Humor nur wenig erforscht. Der Grund: Frauen sind lockerer drauf, wenn sie nur unter Frauen sind, in den offiziellen Untersuchungen werden aber meist nur Frauen oder Männer in Gesprächssituationen mit Männern beobachtet.

Mercilee Jenkins von der San Francisco State University stellt die Hypothese auf, dass Humor unter Frauen anders sei als unter Männern. Ihrer Meinung nach ist es typisch für Frauenrunden, dass sich die Witzeerzählerinnen meist spontan in das laufende Gespräch einschalten: Sie beziehen sich dann selbst mit ein, stellen Vertrautheit her und nehmen Rücksicht auf andere. Männlicher Humor hingegen diene der Selbstdarstellung und habe wenig mit dem gerade laufenden Gespräch zu tun. Einige Männer hätten ein Repertoire an Standardwitzen auf Lager, mit denen sie andere Männer herausfordern und ausstechen wollen. Ihre Witze gingen meist auf Kosten anderer: »Selten macht der Erzähler sich selbst zur Zielscheibe.«

Ingrid van Alphen von der Universität von Amsterdam beobachtete, dass Mädchen und Jungen bis zum Vorschulalter einen ähnlichen Humor haben. Später aber scheiden sich die Geister: »Die Jungen machen die Witze, und die Mädchen lachen.« Und dieser Trend setzt sich auch im weiteren Leben fort, wie Studien belegen.

Eine ganz besondere Kategorie des Witzes ist der Ehefrauenwitz, der vor allem in Büttenreden Hochkonjunktur hat. Ehefrauen werden in diesen Witzen »als unattraktive, nörgelnde und fortwährend essende und schwätzende Ungeheuer« dargestellt, wie Helga Kotthoff beobachtete. »Der Ehemannwitz taucht als Typus gar nicht auf«, wohl auch schon allein deshalb, weil es kaum Frauen in der Bütt gibt.

Die Humorforscherin kritisiert aber auch die aggressiven Witze, die einige Männer gern über Frauen machen. Solche Scherze seien in den meisten (patriarchalen) Kulturen eine Domäne der Männer und gäben ihnen auf diesem Wege eine Möglichkeit, Frauen »nur so im Spaß« sexuell zu belästigen – so zeigte auch eine amerikanische Studie aus dem Jahr 1992, dass viele sexuelle Belästigungen am Arbeitsplatz witzelnd ablaufen.

Doch Helga Kotthoff schöpft Hoffnung für die Zukunft: »Die Zeiten, in denen auch der ärmlichste Scherz aus männlichem Munde sich eines Lacherfolgs zumindest bei Frauen sicher sein konnten, scheinen vorbei zu sein ... Viele Männer haben zwischen abwertendem Witz und Scherz und einem Humor, der nicht nur nach unten tritt und nach oben buckelt, unterscheiden gelernt.«

Und dennoch: In den Geschichtsbüchern fehlen die humorvollen Frauen – wahrscheinlich auch, weil sie meist von Männern geschrieben wurden. Als »Herrenclubedition« bezeichnet Helga Kotthoff denn auch die gesammelten Werke von Bernd Eilert, der 1987 das »Hausbuch der literarischen Hochkomik« schrieb. Denn in den drei Bänden werden 366 Texte von Schriftstellern abgedruckt, aber nur vier Texte von Frauen – und zwar von Carson McCullers, Jane Austen und Dorothy Parker. Nach Ansicht der Konstanzer Professorin hätte die Liste der Schriftstellerinnen, die für ihre humorvollen Texte bekannt sind, wesentlich länger sein müssen: Einen Platz in dieser Sammlung hätte sie auch Frauen eingeräumt wie Virginia Woolf, Gert Brantenberg, Irmtraud Morgner, Elfriede Jellinek, Katherine Mansfield, Patricia Highsmith, Irmgard Keun, Helke Sander, Christine Nöstlinger, Agatha Christie, Johanna Schopenhauer, Rahel Varnhagen, Frances Miriam Berry Whitcher, Emily Dickinson, Anne Bradstreet und Jean Kerr.

Ohne den Humor von Frauen geht es nicht – diese Marktlücke haben mittlerweile auch die Medien erkannt: Elke Heidenreich begeisterte mit ihrer Figur Else Stratmann, Jutta Wübbe kennt man als Frau Jaschke, als »Missfits« machten Gerburg Jahnke und Stephanie Überall von sich reden, die Fans von Anke Engelke bedankten sich für das Vorlesen der Nachrichten in der Sendung »Samstag Nacht« immer mit einem lauten »Danke Anke« und Gaby Köster bringt ihre Kalauer bei »Sieben Tage – sieben Köpfe«. Aber auch Hella von Sinnen, Lisa Fitz und Maren Kroymann gehören in diese Runde der witzigen Weiber.

Und wie steht es mit der Präsenz der Frauen im Bereich der Karikatur? Schlecht, wenn man nur den Nachschlagewerken glauben würde. So nennt zum Beispiel der 1992 erschienene Ausstellungskatalog »Karikatur & Satire. Fünf Jahrhunderte Zeitkritik« insgesamt 118 Männer, aber nur zwei Frauen – und zwar Käthe Kollwitz und Winifred Jakob. Über eine solche Auswahl entrüstet sich die Humorforscherin Helga Kotthoff: »Dass im 18. und früheren Jahrhunderten keine Karikaturistinnen gefunden wurden, mag ja noch angehen, aber dass unsere Zeitgenossen … so sehr unter sich bleiben, gibt doch zu denken.« In ihrem Buch stellt die Konstanzer Professorin deshalb eine Gegenliste von Karikaturistinnen auf: Franziska Becker, Marie Marcks, Hogli und Barbara Henniger aus Deutschland, Claire Bretécher aus Frankreich, Magi Wechsler aus der Schweiz, Margaret Tabaka aus Polen, Ada Ganossi aus Griechenland, Ellen Levine, Nicole Hollander und Martha F. Campbell aus den USA sowie Quinos Mafalda aus Argentinien.

Besonders gut gefällt der Humorforscherin der Stil von Franziska Becker, die in ihren Zeichnungen das Verhalten der Männer kritisiert, aber zugleich auch auf die Unzulänglichkeiten der Frauen hinweist: »Beckers Heldinnen des Alltags schimpfen auf das patriarchale Schönheitsdiktat und kneten nichtsdestotrotz mit teuren Cremes an ihrer Cellulitis herum.«

Helga Kotthoff (Hrsg.), Das Gelächter der Geschlechter, Universitätsverlag, Konstanz 1996.

Zuhören
Männer können nicht zuhören

Gibt es jemanden, mit dem du dich weniger unterhalten könntest als mit deiner Frau? – Fast niemanden.

Xenophon

Die Frau redet beim Frühstück mit ihrem Mann. Der sitzt hinter einer Zeitung und gibt hin und wieder nichtssagende, wenn nicht gar grunzende Laute von sich, hört sich an wie »oh ja« und »wie nett«, die die Frau mit einigem guten Willen als Gesprächsbeitrag interpretieren kann. Das ist nicht nur ein blöder Witz, sondern offensichtlich weltweit Wirklichkeit. Wenn sie ihm dann vorhält, er höre nicht zu, behauptet er im Gegenzug, jedes Wort verstanden zu haben. Und tatsächlich beweist er das in den meisten Fällen, indem er wortwörtlich wiederholt, was sie zuvor gesagt hat. Hat er es aber auch verstanden?

1987 fragte Shere Hite 4.000 Amerikanerinnen, was sie an ihrem Partner am meisten stört. Eine überwältigende Mehrheit von 77 Prozent antwortete: »Dass er mir nicht zuhört.« Auch deutsche Frauen vermissen bei ihren Männern diese Eigenschaft. Immerhin beklagt sich noch die Hälfte aller Frauen bei Umfragen darüber, dass ihre Partner nicht zuhören.

Jüngste neurologische Erkenntnisse lassen vermuten, dass der Mann einfach nicht anders kann. Der Radiologe Joseph Lurito von der Indiana University School of Medicine hatte die Gehirnaktivitäten von Männern und Frauen mit einem funktionalen Magnetresonanztomographen (fMRT) aufgezeichnet, während die Probanden dem Roman von John Grisham »The Partner« zuhörten. Das fMRT ist ein bildgebendes Verfahren, das mittels Frequenzunterschieden von Radiowellen in einem Magnetfeld feststellen kann, welche Gehirnareale gerade besonders viel Zucker aufnehmen – also viel Energie verbrauchen, weil sie aktiv sind.

Bei den meisten Männern konzentrierte sich die Gehirnaktivität auf den linken Schläfenlappen – eine klassische Region der Sprachverarbeitung. Bei den Frauen waren auch Bereiche der rechten Gehirnhälfte aktiv, die üblicherweise mit Musikverarbeitung und räumlichen Vorstellungen verbunden sind. Sprachverarbeitung läuft bei Mann und Frau also unterschiedlich ab. Allerdings warnt der Forscher davor, die eine oder andere

Art der Verarbeitung als besser oder schlechter zu werten. Sein Argument: Möglicherweise konzentrieren sich Männer eher auf das Wesentliche einer Mitteilung, sind zielorientierter, während Frauen mehr Fantasie entwickeln. Der Mann filtert heraus. Das macht es ihm dann offensichtlich leicht, das Gehörte ohne Ausschmückung korrekt wiederzugeben. Noch unklar ist außerdem, ob dieser deutliche Unterschied angeboren ist oder sich im Laufe des Lebens herausbildet. Wichtiger, so der Hirnforscher Lurito, ist, dass bei zukünftigen Hirnoperationen die geschlechtsspezifischen Unterschiede berücksichtigt werden sollten.

Lauri Schloff, Marcia Yudkin, Er sagt, sie sagt. Die Kunst miteinander zu reden, Deutscher Taschenbuch Verlag, München 1998; »Der perfekte Ehemann – wie soll er aussehen«, Für Sie, 16/1998; »Was ihr wollt«, Focus 44/1999; »Männer hören nur halb zu«, Geo, 3/2001.

Zwitter
Hermaphroditen können keine Kinder kriegen

Der Volksmund bezeichnet Menschen als Zwitter, die weibliche und männliche Körpermerkmale haben. Dabei kann es sich um die Chromosomen und Hormone handeln, aber auch um die inneren und äußeren Geschlechtsmerkmale. So beruht zum Beispiel das Klinefelter-Syndrom auf einer chromosomalen Störung, das Adrenogenitale Syndrom hat hormonelle Ursachen und die testikuläre Feminisierung wird durch ein fehlendes Enzym hervorgerufen (siehe auch Geschlecht 2). Mediziner bezeichnen diese Menschen als Intersexuelle – und zu dieser Gruppe gehören auch die echten Zwitter bzw. die echten Hermaphroditen. Sie sind jedoch sehr selten: In der Fachliteratur werden weltweit nur rund 280 gesicherte Fälle in den vergangenen 20 Jahren genannt.

Denn bei echten Hermaphroditen müssen Eierstöcke und Hoden zugleich vorhanden sein: Einige Menschen haben einen Eierstock und einen Hoden. Bei anderen sind die weiblichen und männlichen Keimdrüsen zu einem Gebilde verwachsen. Diese Ovotestes liegen in knapp der Hälfte aller Fälle vor. Sie können auf beiden Körperseiten vorhanden sein. Es gibt aber auch echte Hermaphroditen, die mit einem Mischgebilde auf der einen Seite und einem Eierstock bzw. einem Hoden auf der anderen Seite geboren werden.

Bei den meisten echten Hermaphroditen findet man einen weiblichen Chromosomensatz (46, XX), nur sehr wenige haben einen männlichen (46, XY). Bei einigen lässt sich ein so genanntes »Mosaik« nachweisen: Dann sind in einigen Zellen XX-Chromosomen vorhanden und in anderen XY-Chromosomen.

Die äußeren Geschlechtsmerkmale von echten Hermaphroditen sehen häufig entweder wie weibliche oder wie männliche Genitale aus und zeigen nur kleinere Abweichungen. Ob es jemals einen echten Hermaphroditen gab, der sich selbst befruchtet hat, ist nicht bekannt. Und trotzdem gibt es einige, deren Kinderwunsch sich erfüllt hat: Es ist zwar sehr unwahrscheinlich, dass ein Zwitter Vater wird. Denn in der Regel können dessen Hoden keine Spermien bilden. Möglich ist aber, dass ein Hermaphrodit mit einem einzelnen Eierstock Eizellen produziert. So erklärt sich auch, dass zehn der rund 280 untersuchten Personen schwanger wurden. Doch nicht alle Kinder kamen gesund zur Welt. Eine »Frau« soll sogar neun Kinder bekommen haben.

Übrigens gibt es keine für alle Betroffenen gültigen Behandlungsmethoden: Wenn jedoch ein Mischgewebe (Ovotestes) vorhanden ist, wird es in der Regel entfernt. Sonst besteht die Gefahr, dass es im Laufe der Jahre zu einem Krebsgeschwür entartet und sich der Körper irgendwann selbst zerstört.

Interview mit Dr. Annette Eiden, Berg am Starnberger See; Interview mit Professor Dr. Hans-Peter Schwarz, Endokrinologe, Dr. von Haunersches Kinderspital, München; Karin Hertzer, Mann oder Frau. Wenn die Grenzen fließend werden, Ariston, München 1999.